Weit von wo

Claudio Magris

Weit von wo

Verlorene Welt des Ostjudentums

Europaverlag

Titel des italienischen Originals *Lontano da dove*

Übersetzt von Jutta Prasse

Umschlag und Einband von Georg Schmid
Lektorat Juliane Raabe

Gesetzt im Filmsatzzentrum Deutsch-Wagram
Druck Elbemühl Wien
Printed in Austria
ISBN 3-203-50490-1

Für Marisa

Inhalt

Die Flucht aus dem Shtetl

»Damals erzählte man sich unter den Emigranten die Geschichte von dem Juden, der sich mit der Absicht trug, nach Uruguay auszuwandern, und der, als seine Freunde in Paris darüber erstaunten, daß er so weit weg wolle, die Frage stellte: ›Weit von wo?‹ «

(Peter Szondi, Nachwort zu Walter Benjamin, *Städtebilder*, Frankfurt 1955, S. 96–97)

Chronik und Klage

In David Bergelsons Erzählung *An Ejdess* (Ein Zeuge, 1946) berichtet ein alter Jude, der die Vernichtungslager überlebt hat, einer jungen mitschreibenden Frau von den unvorstellbaren erlittenen Gewalttaten und der Ermordung seiner ganzen Familie[1]. Das Mädchen und ein Freund von ihr wundern sich darüber, wie lakonisch er seine Erinnerungen darstellt, »trocken wie ein Protokoll« und mit »ganz und gar einfachen und gebräuchlichen Wörtern und Sätzen[2]«; erst zum Schluß seines unpersönlichen Berichts, als der Alte eine Episode erzählt, die – wenn auch von einer Aura tragischer Zartheit umwoben – bestimmt nicht bestürzender ist als die anderen, gibt er plötzlich die leidenschaftslose Haltung des Chronisten auf, überläßt sich seinen Gefühlen der Teilnahme und bricht in Tränen aus[3].

Diese verspätete Klage in Bergelsons Novelle, die Benjamin wie die berühmte Episode von Herodot als Beispiel und Prototyp für die Kunst des Erzählens und ihre Spannung auf eine befreiende Lösung hin hätte dienen können[4], ist in gewissem Sinn Epigraph und Abschied der ostjüdischen Novellistik, jener Literatur, die – hauptsächlich in jiddischer Sprache, wie übrigens auch die Novelle Bergelsons – Spiegel der Kultur des *Shtetls,* »Kleinstadt«, und Mikrokosmos der Ostjuden, gewesen war. Epos und Chronik einer so oft von Verfolgungen erschütterten Welt, hatte die ostjüdische Erzählkunst meist die Tragödie ausgespart und die Klage und den Schmerz verschwiegen, ihn – wenigstens im Vergleich zur wirklichen Lage – bagatellisiert und dafür das melancholische und ironische Lächeln gesetzt, den tröstenden, verklärenden und beißenden Humor, auf den ja öfters (letztlich auch von Salcia Landmann[5]) hingewiesen worden ist und der letzten Endes das Lachen einer Menschenart war, die weiß, daß sie nicht wirklich geschlagen werden kann. Oder besser: Dieser Humor war der heroische Versuch, der geschichtlichen Wirklichkeit einen religiösen Optimismus entgegenzusetzen, sich an eine beruhigende Mystifikation zu klammern, die zur echten Stütze im elementaren Existenzkampf wurde. In diesem Sinn steht die Erzählung in der Erzählung, beziehungsweise der Erlebnisbericht des Alten, für die klassische ostjüdische Novelle, in der die *pietas* des Erzählens – eine *pietas* weit zurückgehenden chassidischen Einflusses – die Eroberung oder den Besitz einer transzendierenden Bedeutung einschließt und damit eben die Überwindung der Tragödie, Klagelosigkeit oder Beherrschung der Klage. Wenn zum Beispiel an einer der schönsten Stellen eines Meisterwerks der jiddischen Erzählung wie *Tewje der Milchiger* (Die Geschichten Tewjes des Milchhändlers, 1896) von Scholem Alejchem die Tochter Hodel von ihren Eltern Abschied nehmen muß, um dem nach Sibirien deportierten Geliebten zu folgen, überzeugt Tewje seine Frau, daß die Tochter wegen einer Erbschaftsangelegenheit fortreisen müsse und daß es daher, da sie ja vielleicht »den ganzen Winter« über von zu Haus wegbleiben werde, besser wäre, sie mit ein paar Vorräten, ein wenig Wäsche, ein paar Kissen und Bettzeug auszustatten: »So kommandiere ich und sage an, daß niemand weinen soll: Es ist ja Hojschano-Rabo, und an diesem Tage, sage ich, darf man nicht weinen! Das ist im Gesetz ausdrücklich verboten[6]!« Aber Bergelson schreibt über das Ende hinaus, kann nicht mehr wie sein alter Zeuge erzählen und setzt die Geschichte mit der Verzweiflung des Alten fort, den nicht die Erinnerung an die eigenen Leiden und die seiner Lieben zu Tränen rührt, sondern die ins Licht symbolischer und fast legendenhafter Anmut getauchte Erinnerung an den Tod einer jungen wunderschönen Frau mit schwarzen Haaren, die von den Henkern gezwungen wurde, sich nackt von einem Lagergenossen malen zu lassen, und fast glaubte, so vor den Gaskammern gerettet zu werden[7] wie eine Heilige vor den Bestien des Zirkus in einer naiven Heiligenlegende.

Diese Klage über das nazistische Massaker ist auch ein *trenos*, ein Grabgesang auf die ostjüdische Literatur. Und dabei hat nicht allein das von Hitler veranstaltete Blutbad mit seinen unvorstellbaren Ausmaßen zum Untergang jener Epik geführt: obwohl rein zahlenmäßig geringer, hätten die von den russischen und polnischen Pogromen verursachten Menschenopfer hinlänglich genügt, um allen humanistischen Optimismus und jegliche stoisch-religiöse Festigkeit zu erschüttern, wie später auch die Verfolgungen durch Stalin, denen Bergelson selbst, einige Jahre nachdem er *An Ejdess* geschrieben hatte, zum Opfer fallen sollte. Die vom Nazismus durchgeführte Ausrottung bezeichnet den blutigen Höhepunkt eines Auflösungsprozesses des Ostjudentums, an welchem die Assimilation oder die Flucht in den Westen fast ebenso entscheidenden, wenn auch menschlich nicht vergleichbaren Anteil haben. Die dichte, knappe Geschlossenheit der intakten Erzählung ist nunmehr eine Erinnerung an gestern, nicht nur, weil die jüngsten Unterdrückungen die gewaltsamsten des langen Exilweges waren, sondern auch, weil die vollkommene Integrität und

Festigkeit der den Verfolgungen des Exils entgegengesetzten Welt nicht mehr existiert, das trotz seiner objektiven Armut zum organischen und in sich harmonischen Mikrokosmos verklärte *Shtetl*, das, wenn auch auf niedrigster Stufe, eine schützende Präsenz universaler menschlicher Werte geleistet hatte, gültige Bezugspunkte für alle Menschen einer wenn auch begrenzten Gesellschaft. Diese Gegenwelt hatte so die Schaffung des Mythos eines häuslichen Universums erlaubt, in dem die klassischen Werte formuliert werden konnten, an welche das Entstehen einer Epik, die auch den Schmerz gestaltet und der Tragödie einen Sinn verleiht, gebunden ist.

In diesem Sinn schreibt auch Joseph Roth, obwohl er die Durchführung der »Endlösung« nicht mehr erlebt hat, nach dem Ende, er tritt seinen Weg als Künstler und Intellektueller an, als die ihm so viel bedeutende Geschichte sich schon gewendet hat und abgeschlossen ist, seine Welt schon zusammengebrochen und untergegangen und auch die letzten Überreste zu verschwinden beginnen. Roths erzählerisches Gesamtwerk ist ein epischer Zyklus, eine echte Saga genannt worden[8]: Zahlreiche seiner Gestalten erscheinen als Haupt- oder Nebenfiguren und mit verschiedenen Funktionen in mehreren Werken, Rittmeister Taittinger, im *Radetzkymarsch* (1932) eine kleine Nebenfigur, wird zum Protagonisten der *Geschichte von der 1002. Nacht* (1939), die sanfte Mizzi Schinagl verkörpert mehrere Male, schon von der Jugendnovelle *Der Vorzugsschüler*[9] (1916) an, die hilflose, in die sozialen Strukturen der »Welt von gestern« verstrickte Frau, die zwielichtige Figur des Schmugglers Kapturak erscheint in den Romanen *Der stumme Prophet* (1927–1930), *Hiob* (1930), *Radetzkymarsch* und *Das falsche Gewicht* (1937). Es könnten noch viele und detailliertere Beispiele sowohl für die schon genannten Figuren als auch für andere angeführt werden oder auch Milieus, Motive und Situationen. Mit Hilfe des Prinzips der Wiederholung und des Selbstzitats scheint Roth die Koordination eines organischen und abgeschlossenen Universums einer in sich ruhenden Saga errichten zu wollen. Doch in Wirklichkeit dichtet er nur den Epilog dieser Saga und beschreibt das Nachspiel eines Prozesses, die Überreste und Bruchstücke, die nach dem Abschluß eines epischen Zyklus zurückgeblieben sind. Dies gilt nicht nur für die erste Phase seiner Produktion, sondern auch für die folgenden, denen man echte epische Breite bescheinigt hat oder sogar, mit Lukács[10], die positive Konstruktion eines echten historisch-realistischen Romans. Roths Weg beginnt mit dem Ende eines verlorenen Krieges, mit der Auflösung eines Imperiums und mit der Zersetzung einer menschlichen und religiösen Choralität, wie sie das Ostjudentum darstellte; sein Erzählen setzt geistig nach jener biblischen und zugleich trist modernen Sintflut ein, mit der er in seinem späten Roman *Die Kapuzinergruft* (1938) symbolisch den großen Krieg ausbrechen läßt: »Es begann zu regnen. Es war ein Donnerstag. Am nächsten Tag, Freitag also, klebte die Botschaft schon an allen Straßenecken. Es war das Manifest unseres alten Kaisers Franz Joseph, und es hieß: ›An meine Völker[11]!‹« *Die Kapuzinergruft* ist zwar eines der letzten Werke Roths, der etwas forcierte Versuch, die bereits im *Radetzkymarsch* erzählte und abgeschlossene Geschichte der Familie Trotta fortzusetzen, um mit polemischem konservativem Pessimismus die moralische Inflation und die konformistische Unordnung zu gestalten, die das Österreich und das Europa der ersten Nachkriegsjahre überfluten und in die »Kloake[12]« des Nazismus spülen (denn so definiert Roth das Dritte Reich). Doch das Bild des dichten Regens, der die Worte auslöscht, faßt, im Grunde unabhängig vom Roman, in dem es erscheint (und der zudem eine eklektische und zusammengeflickte Einlegearbeit aus vielen früheren Motiven ist), den geistigen Ausgangspunkt Roths, dessen Erzählen eben dann beginnt, als keine Geschichten mehr erzählt werden können, als die Epik untergegangen ist und das Leben sich nicht mehr im Faden der Erzählung aufspulen und in Sicherheit bringen läßt.

Selbstverständlich darf diese Behauptung weder als streng chronologisch noch als unmittelbar psychologisch gemeint verstanden werden: Wenigstens bis zum Beginn der Moderne fängt der Erzähler seinen Bericht stets nach dem bereits vollendeten Geschehen an, wie der Knecht Hiobs, der entkommen ist, um ihm den Tod seiner Kinder zu melden, oder wie der Dichter des *Nibelungenlieds,* dem das Wissen um die Not und das tödliche Ende den Heldengesang eingeben. Der große Krieg und das heißt die Auflösung des Habsburgerreichs und damit des ostjüdischen *Shtetls* steht im Mittelpunkt des Rothschen Erzählwerks, auf ihn bezieht er sich, um die darauffolgende Misere zu beschreiben oder um eine frühere Harmonie in Erinnerung zu rufen, die sich jedoch am Ende ebenfalls als illusorisch und chimärisch erweist[13]. Aber außer dem normalen, durch den Weltuntergang hervorgerufenen Trauma, das ganz natürlich die rechtmäßige Suche nach der verlorenen Zeit und eine aggressive Einstellung zur Gegenwart zur Folge hat, bringt für Roth dieser Untergang an seinem persönlichen Anfang noch tiefere Auswirkungen mit sich. Im Ende, das er überlebt hat, um davon berichten zu können, besiegelt sich für ihn das Ende eines *Imperiums,* einer Ökumene von Bindungen und Beziehungen, in der Affekte und Gefühle geteilt und mitgeteilt werden konnten und die Übertragung von Werten möglich war, einer Ökumene also, die Epik im Sinne einer Hierarchie von Bedeutungen zuließ, als Ordnung von Ereignissen und Vermittlung eines solchen Vermögens in der Harmonie der Erzählung. Es ist in diesem Zusammenhang unwichtig, daß sich diese Idealisierung der Vergangenheit später für Roth selbst als trügerische Illusion enthüllen sollte[14], entscheidend hingegen, daß er den Zusammenbruch des Kaiserreichs subjektiv als das Ende eines auf Koordinaten ruhenden Kosmos empfand, wo der Austausch sinnvoller Erfahrungen und die Dauer ihrer Gültigkeit garantiert war. Roth erlebt – in dieser Hinsicht anders als fast alle anderen habsburgischen Nostalgiker und höchstens Musil vergleichbar, mit dem ihn, ungeachtet des unüberbrückbaren qualitativen Abstands, überraschende Gemeinsamkeiten als Kulturkritiker verbinden[15] – den Untergang des Reiches als Ende der Tradition und Anfang der als Zerstückelung und Säkularisation verstandenen Moderne. Diese Perspektive erhellt in entscheidendem Maße die zwar paradoxen, aber höchst interessanten politischen Ansichten Roths, auf die besonders einzugehen sein wird, auch was die beiden spezifisch »politischen« Romane *Das Spinnennetz* (1923) und *Der stumme Prophet* betrifft, die, obwohl sie chronologisch gesehen zur ersten Phase von Roths Schaffen gehören, nur in direktem kontrapunktischem Bezug zum *Radetzkymarsch* verstanden werden können.

Indem Roth das Habsburgerreich in eine verklärte übergeschichtliche Dimension rückt, identifiziert er es bald bewußt, bald unbewußt mit der heilen, festen Einheit, die er auch in der Dauerverbindung der religiösen, humanen und moralischen Wertesysteme des ebenfalls von der Geschichte bedrängten und bedrohten Ostjudentums findet. Von diesem Gesichtspunkt aus gewinnt vielleicht die von Curt Hohoff vorgeschlagene Einteilung in Schaffensperioden, die in der Entwicklung Roths drei aufeinanderfolgende Phasen unterscheidet, eine andere Färbung: Diese korrekte und nützliche Einteilung in eine erste, mit *Rechts und Links* (1929) abgeschlossene und durch ihren heftig polemischen, anarchisch und sozialistisch klingenden Ton gekennzeichnete Phase, in eine zweite, vom religiösen Moment des *Hiob* (1930) bestimmte, und schließlich in eine dritte, mit *Radetzkymarsch* einsetzende Phase konservativen, legitimistisch klassizistischen Charakters[16] wäre vor allem in bezug auf den märchenhaften und überscharf bewußten Nihilismus des Endes, der die letzte Schaffenszeit Roths in das ironische und mythische Licht des Wissens um das Nichts der

Parabelerzählungen wie *Die Geschichte von der 1002. Nacht, Die Legende vom heiligen Trinker* (1939) und *Der Leviathan* (1940) taucht, zu erweitern; zu präzisieren wäre auch, daß schon in den ersten polemisierenden Romanen die Elemente der traditionalistischen und antisäkularistischen Polemik vorkommen, auf der die spätere konservative Position gründet. Gerade *Der neue Tag* (1919–1927), die jetzt von Ingeborg Sültemeyer[17] herausgegebene Sammlung der hitzigsten antiklerikalen, antimilitaristischen und antibürgerlichen Artikel, die Roth in den ersten Nachkriegsjahren verfaßt hat, läßt eine solche, gesondert zu untersuchende Übergangsphase erkennen. Hohoffs Einteilung in Perioden bleibt dabei im ganzen gültig und hebt zweckmäßig den Protestcharakter der ersten Romane Roths hervor, doch dieser Protestcharakter und seine spätere Aussöhnung werden nur auf dem Hintergrund der besonderen Symbiose verständlich, die Roth zwischen Austriazität und Ostjudentum, zwischen *Imperium* und *Shtetl* schuf.

Auch in dieser Beziehung unterscheidet sich Roth deutlich von den anderen jüdischen *laudatores* der *felix Austria* wie zum Beispiel Franz Werfel oder Stefan Zweig. Es leuchtet ein, daß die Juden, als eine fremdländische Nation unter all den anderen, weniger Schwierigkeiten hatten, sich zu einem übernationalen Staatsgebilde zu bekennen, das wenigstens theoretisch oder teilweise auf der Überwindung des nationalen Prinzips gründete. In Franz Theodor Csokors Drama *Dritter November 1918* (1936) ist im Aufflammen nationalistischer Ressentiments zwischen den ehemaligen Waffengefährten der kaiserlich-königlichen Armee, die dem Ruf ihrer neuen Vaterländer folgen (oder besser gesagt: dem Ruf des Waldes ihrer alten, von der Zivilisation eines bürokratisch-administrativen Staates gedämpften Stammesinstinkte) der einzige, der sich als Erbe Österreichs bekennt, der Jude Doktor Grün[18]. Und wieder einmal könnte hier Werfels *sacrificium nationis*[19] zitiert werden, Zweigs »goldenes Zeitalter der Sicherheit[20]«, Urzidils »hinternationales« Bewußtsein, der erinnert: »*Hinter* den Nationen – nicht über- oder unterhalb – ließ sich leben und durch die Gassen und Durchhäuser streichen[21].«

Gerade in bezug auf Roth hat Friedrich Abendroth vom »Mythos des Donaureiches . . . , der zugleich den Donauvölkern, wie dem Judentum gewidmet ist[22]« gesprochen. Und in den schönen Erinnerungen an seine Jugendzeit an der Universität von Wien vor dem Ausbruch des Ersten Weltkriegs erwähnt Biagio Marin die hochkultivierte und utopische Verherrlichung des habsburgischen Übernationalismus, die Friedrich Wilhelm Foerster[23] seinem Ungestüm als jungem italienischen Irredentisten entgegenhielt. Gewiß finden sich auch bei Roth analoge Stellen: Er spricht zum Beispiel von den Juden als von einer *Übernation,* Modell der zukünftigen Form der *Nation*[24], und feiert »l'ancienne monarchie . . . reproduction de cette diversité du monde (. . .) la seule patrie possible pour les ›sans patrie‹ (. . .) la véritable patrie des éternels errants« (in der Novelle *Le buste de Empereur*[25]). Auch in der *Kapuzinergruft* wird die kaiserlich-königliche Monarchie als Vaterland des Möglichen und des Verschiedenen, als vertraute Synthese einer harmonischen Vielfalt gerühmt[26]. Roth geht jedoch über diese Gleichstellung der habsburgischen Übernationalität mit der jüdischen Übernationalität hinaus, indem er sein besonderes Augenmerk auf das Ostjudentum richtet und nicht auf den allgemeinen Kosmopolitismus der gebildeten und assimilierten Juden des Okzidents, die er im Gegenteil als die negative Abseite des Ostjudentums ansieht. Die pessimistischen, bitteren Romane der ersten Periode stehen, im wahrsten Sinne des Wortes, vor dem Hintergrund des Essays *Juden auf Wanderschaft* (1927), dieses ersten – und dauerndsten – Glaubensbekenntnisses Roths, wenn es sich auch um einen auf den Kopf gestellten, negativen Glauben handelt, der nur in eine vergebliche Gebärde der Anklage ausbricht. *Juden auf Wanderschaft* ist ein Alarmschrei gegen die Assimilation der Ostjuden, die sich auf den Weg in den Westen gemacht haben und daher im Begriff sind, ihre Identität zu verlieren und alle Laster der westlichen Bourgeoisie, insbesondere die der liberalen jüdischen, anzunehmen. Der Essay ist das polemische Epitaph des *Shtetls,* jener »relativen Totalität« – wie es Lucien Goldmann definiert hat[27] –, das in den engen Grenzen einer isolierten Gemeinschaft in oft feindseliger Umgebung einen organischen Kosmos darstellte, in dem die einzelnen Individuen die mütterliche Bindung an die Totalität des Lebens oder wenigstens an das, was in ihren Augen in ihrer besonderen geschichtlichen Lage als Totalität erscheinen konnte, gefunden (oder zu finden geglaubt) hatten.

In fast allen seinen Werken, und besonders in *Juden auf Wanderschaft,* richtet Roth den Blick, in doppeltem Sinn, auf die Mütter, auf eine in ihrem Liebesvermögen heile, unverletzte Menschheit, auf eine intakte, direkt vermittelte Choralität: auf all das, was er angesichts des verlorenen und unerreichbaren angestammten Vaterlands der Juden die *Heimat* nennt. Es ist bekannt, wie hartnäckig Roth die *Heimat* dem *Vaterland,* beziehungsweise die bange, bedrohte Einheit von Lebensraum und Person der aggressiven, rassistischen und barbarisch hochmütigen Kollektivität seines nationalistischen »Kainszeichens«, wie er selbst schrieb[28], gegenüberstellte. Für den Juden der Diaspora bedeutet das *Vaterland* immer Götzendienst, sei es das der »hysterischen[29]« preußischen Stiefel, sei es das der amerikanischen Wolkenkratzer; in den Mühsalen der Exilgeschichte gibt es nur Zuflucht in einer *Heimat* der anhänglichen Zuneigungen und Gefühle: in einer *Mutterheimat,* um das Wort der jüdischen Dichterin Else Lasker-Schüler zu gebrauchen[30], das, nach Giuliano Baioni, »eine völlige Identifikation von Vaterland und Mutter bezeichnet und eigentlich sagen will, daß die Mutter das Vaterland ist, die Zuflucht, das Heim, das verlorene Territorium[31].« Für Roth deckt sich diese Heimat mit dem kaiserlich-königlichen Reich und mit dem *Shtetl.* Das zweite Kapitel von *Juden auf Wanderschaft* trägt den Titel *Das jüdische Städtchen* und ist der typologischen Beschreibung der »kleinen Stadt« gewidmet, von der uns so viele jüdische, deutsche, jiddische, russische und polnische Schriftsteller unverkennbare Porträts gezeichnet haben: ein armseliger Flekken in der grauen eintönigen Ebene; die kleine wirtschaftliche Betriebsamkeit der Ladenbesitzer, Makler, Hausierer; ein paar reiche Händler oder Pächter auf feudalem Landsitz; die Organisation der Arbeit, die (wenigstens in den Familien mit sozialem Ehrgeiz) fast ganz in den Händen der Frauen liegt, damit die Männer sich dem Gebet und dem Talmudstudium in der *Shul* widmen können; die Rivalität zwischen den Anhängern der orthodoxen Rabbiner und den verschiedenen chassidischen *Zaddikim;* die von den Eltern vereinbarten Heiraten; der tägliche Kampf mit der oft bittersten Armut; die autoritäre patriarchalische Geschlossenheit und gleichzeitig schützende Wärme der Familie; die streng untergeordnete Stellung der Frau; die Schichtentypologie der festen »Charaktere« wie der *Batlen* oder Spaßmacher und Erzähler, der *Chasen* oder Synagogensänger, der *Deutsche* oder Modernist, der *Litvak* oder litauische Jude, orthodox aber ohne mystischen Eifer, der *Zaddiq* oder heilige chassidische Wundertäter, die *Agune* oder Frau, die keine Nachricht mehr von ihrem ausgewanderten Mann hat und sich so in der Lage einer weder Verheirateten noch Ledigen, noch Verwitweten, noch Geschiedenen findet und so weiter.

In seinem reportagehaft nüchtern verfaßten Kapitel zeichnet Roth sozusagen einen journalistischen Grundriß der menschlichen Landschaft des so oft in der Literatur verewigten *Shtetls.* Es ist eine unbewegliche und übergeschichtliche Landschaft, »patriarchalisch und völlig rückschrittlich[32]«, wie sie Der Nistr in seiner Novelle *Jossl Bonzjes Riwe* (1945) definiert; sie atmet im Gleichmaß der steten

Wiederholung frommer Bräuche, des täglichen Existenzkampfes, strengen religiösen Formalismus, resignierten Ertragens der Leiden und unerschütterlicher Glaubenserwartung. Der mythischen und metaphorischen Bedeutung des *Shtetls* – wie sie der Weltliteratur mit der gleichnamigen Erzählung von Schalom Asch[33] vertraut geworden ist – sollte sich Roth in seiner nächsten Phase zuwenden, als er es – in *Hiob* – als einen klassischen Mittelpunkt larischer Werte entdeckte und es als unzerstörbare und übergeschichtliche Einheit der zentrifugalen und zerstörerischen Kraft der Geschichte gegenüberstellte. Er kam ja erst im Zeichen des religiösen Antihistorizismus des ostjüdischen *Shtetls* und nicht im Zeichen des habsburgisch-dynastischen Legitimismus zu einer positiven Auffassung und konnte sie seinem Erzählwerk einschmelzen. In dieser ersten Phase sieht er nicht die außerzeitliche Dauer, sondern den konkreten Zerfall des Ostjudentums; gerade weil er sich dem, jedoch ohne sich über den Ausgang des Kampfes zu täuschen, widersetzt, sind die ersten Romane Roths so voll Verlust und Verirrung; erst später wird das wiedergefundene Gefühl der ostjüdischen Einheit das ausgleichen.

Ohne zwar das wirkliche Elend des *Shtetls* zu idealisieren und ohne die negativen Seiten der kleinen Gemeinschaft zu verschweigen, unterstreicht Roth in *Juden auf Wanderschaft* »die grenzenlose Weite des Horizonts«, die »Qualität dieses Menschenmaterials«, die »Melodien von trauriger Größe«, eine noch »echte und unberührte« *humanitas*[34]. Angesichts der zerfallenden Welt des *Shtetls* geht es Roth nicht so sehr um dessen realistische Wertung als vielmehr um dessen Gültigkeit als rein hypothetische und utopische Alternative zum Unbehagen in der westlichen Gesellschaft, in der er leben muß. Die behaupteten Werte des *Shtetls* bekommen so Funktion einer Utopie, einer utopischen, irrealen Landschaft, die der Gegenwart entgegengehalten wird, um im Negativ deren Mängel und Widersprüche erscheinen zu lassen. Es wäre daher völlig unangebracht, Roths idealisiertes Bild mit Margaret Meads ausgezeichneten soziologischen Studien über das *Shtetl* vergleichen zu wollen, wie es anderseits nicht anginge, unmittelbar die Rothsche Mythisierung hinzunehmen oder im Gegenteil zu behaupten, er zeichnete konkrete, realistische Bilder von der Rückständigkeit des *Shtetls* wie Jahrzehnte vorher Karl Emil Franzos oder andere für die jüdische Emanzipation kämpfende Schriftsteller. Wenn Franzos, um nur einen von vielen zu zitieren, in seinem *Pojaz* (1893, erschienen 1905) oder in anderen Erzählungen den schwierigen notwendigen Weg eines Individuums dargestellt hatte, das sich nur auf ein menschenwürdiges Niveau erheben konnte, indem es sich aus den Fesseln der jüdischen Gemeinschaft und Orthodoxie löste, hatte er damit – wie andere bürgerlich-demokratische Intellektuelle seiner Zeit[35] – den Schranken der Ungleichheit, des Obskurantismus und des Aberglaubens konkret den politischen Kampf angesagt, den Kampf gegen die geistige Borniertheit, die oft, wie es überhaupt häufig vorkommt, Verfolger und Verfolgte, Antisemiten und orthodoxe Juden oder fanatische *Chassidim* gleichermaßen gefangenhielt. In den Augen Roths, der sich außerdem einer ganz anderen Situation gegenübersieht, verklärt sich das sterbende oder bereits verschwundene Getto wie für Kafka zum Mythos des Nicht-mehr-Möglichen; oder besser: es wird zur Utopie, zur Utopie einer Vergangenheit, in der miteinbegriffen der Irrtum abgelehnt wird, kraft dessen die Gegenwart eben jene Vergangenheit aufzulösen und zu überwinden trachtete. Die als Beurteilung oder Beschreibung einer bestimmten Realität chimärisch und rückwärtsgewandt wirkende Beschwörung des *Shtetls* hat ihren gültigen Wert als Verneinung der Gegenwart und als Berufung auf Werte, die zwar sicherlich willkürlich auf das *Shtetl* projiziert werden, aber in der zeitgenössischen Geschichte eben fehlen. Roth fasziniert nämlich, was Sartre als die konkrete Universalität definiert hat, das heißt die wirkende Bindung zwischen allen Individuen einer Gesellschaft. Die Sprache der Ostjuden, das Jiddische, erscheint ihm als Symbol einer intersubjektiven Sprache, die über die ganze Welt verbreitet die familiäre und exemplarische Unmittelbarkeit des Dialekts bewahrt. Während die großen Weltliteraturen mit ihrer Epik des dekadenten Ästheten, des ratlosen Bürgers oder des von der Partei enttäuschten Intellektuellen die individuellen Lebensumstände und höchstbesonderen Brechungen des abendländischen Menschen noch zu fördern und zu verschärfen scheinen, besingt das Jiddische, die Sprache von Millionen über jede Grenze hinweg vereinigter Erniedrigter und Beleidigter, in der allerkonkretesten Geschichtlichkeit eines unwiederholbaren *hic et nunc* Leidenschaften, die so alt sind wie der homerische Schild des Achilles: die Vaterliebe des von der Geschichte geschlagenen, aber nicht besiegten Milchhändlers Tewje[36]; oder das alltägliche Paradies der wie Philemon und Baucis unbeirrbar Glücklichen Schachne und Jachne[37], um nur zwei Väter der jiddischen Literatur, Scholem Alejchem und Jizchok Leib Peretz zu zitieren. Wenn Tonio Kröger die russische Literatur »heilig« nennt[38], weil es in ihr seiner Ansicht nach die unmenschliche Antinomie von Kunst und Leben nicht gibt und der Schriftsteller nie der kalte *déraciné* oder intellektuelle

Clown gewesen ist, sondern der warmherzige Interpret der ihn umgebenden Menschheit und die chorale Stimme seiner Leute, so muß die jiddische Literatur wohl unter diesen Begriff der konkreten, alltäglichen Heiligkeit fallen, nach der sich der Held Thomas Manns so verzehrend sehnt. In der Tat findet Roth in der jiddischen Literatur den Ausdruck wirklicher Bindungen zwischen dem Dichter und einer Welt der Liebe und der Gefühle, findet er hier ein einzigartiges Beispiel für eine kreative Einheit zwischen einer persönlichen phantastischen Gestaltung und der Wirklichkeit der alltäglichen Werte, für eine direkte Kommunikation zwischen Autor und Publikum, für eine mundartliche und zugleich kosmopolitische Sprache. Wie Curt Leviant richtig bemerkt, können auch heute alle Leser Alejchems, wenn Tewje der Milchhändler unpassende Zitate anbringt oder biblisch-talmudische oder auch nur umgangssprachliche Elemente verdreht, sofort die stilistische Manipulation erfassen und genießen, während der englische oder amerikanische Leser Eliots auf Fußnoten angewiesen ist oder wenigstens des längeren nachdenken muß[39]. Später wird Roth – jedenfalls seiner Überzeugung nach – diese unveränderlichen larischen Werte wiederfinden, auf denen er sowohl seinen poetisch-moralischen Klassizismus als auch seine politische Einstellung aufbauen wird; im Namen seiner Unangepaßtheit in der industriellen Kultur wird er die Gültigkeit der familiären Gemeinschaft im Hinblick auf die Unzulänglichkeiten der kollektiven Gesellschaft verteidigen. In dieser ersten Phase glaubt Roth zwar ebenfalls an solche Werte, doch ohne je das Archaisch-Rückläufige, das ihnen innewohnt, von ihrer wirklichen menschlichen Substanz zu unterscheiden; immerhin macht sich der Schriftsteller auch in dieser Phase der heftigen Auseinandersetzung mit der gegenwärtigen Realität keine Illusionen über deren Widerstandsfähigkeit gegen die zentrifugalen historisch-sozialen Kräfte. Gerade das Fehlen eines, selbst utopischen Stützpunktes, das den polemischen Anfangsabschnitt der Entwicklung Roths kennzeichnet, macht aus ihm zu diesem Zeitpunkt einen modernen Dichter der Leere und der Sinnlosigkeit.

Roth beobachtet und beschreibt die ihn umgebende Realität aus einer Perspektive, die keine Mitte, keinen bezugsgebenden Mittelpunkt mehr kennt. Diese Leere ist das Ergebnis der Auflösung des Kaiserreichs und des *Shtetls*. Im Jahre 1894 in Schwabendorf, einem Flecken Wolhyniens in der Nähe des von Babel besungenen Brody, geboren, wuchs Roth in einem Milieu auf, das wie wenig andere die geschichtliche und kulturelle Funktion des Habsburgerreichs und seine kosmopolische Prägung bezeugen konnte. In diesem östlichen slawisch-deutsch-jüdischen Schmelztiegel, wo sich die verschiedenen Völkerstämme drängten, mußte das kaiserlich-königliche Reich in höchstem Grade in seiner Funktion als Heimat, als Einheit und Zusammenhang empfunden werden, als eine Heimat, die nicht irgendeinem verratenen Vaterland gleichgesetzt werden konnte, sondern sich gerade deshalb in ihrer viele Völker umspannenden Weite mit jeder der kleinen Heimatgegenden, mit jedem der Völker und mit jeder Kultur, deren gegenseitigen Zusammenhang sie garantierte, identifizieren ließ. Es handelt sich um die Identität des Fernen mit dem Vertrauten, die Roth zum Beispiel in *Le buste de l'Empereur* rühmt: »Comme tous les Autrichiens de ce temps-là, Morstin aimait ce qu'il y avait d'habituel dans le changeant, de familier dans l'inhabituel. Ainsi les choses étrangères lui devenaient familières sans perdre pour cela leur couleur, ainsi la patrie avait l'éternelle magie de l'étranger[40]«. Offensichtlich idealisiert hier wie an vielen anderen Stellen der Traditionalist Roth die konkrete Völkerpolitik der Habsburger, auch und vor allem in bezug auf die Durchführung der föderalistischen Planung im Namen der Autonomie der Kronländer statt der Völker, wodurch im Innern des Kronlandes die vorherrschende Nationalität über die ethnischen Minderheiten des gleichen Territoriums gesetzt war[41]. Die Stimmen der Schriftsteller des 19. Jahrhunderts, die sich ohne nostalgische oder mythisierende Perspektiven mit der politischen Lage der östlichen Provinzen des k. und k.-Reichs auseinandersetzten, klingen wahrhaftig anders als die Roths oder sind zumindest untereinander uneinig: Der von Leopold von Sacher-Masoch gefeierten übernationalen, ja, die kleinen Nationen schützenden und erhaltenden Austriazität steht zum Beispiel die scharfe Anklage, die Franzos gegen die habsburgische Herrschaft und ihre Völkerpolitik erhebt, gegenüber. Doch läßt sich immerhin der im ganzen gesehen positive und zivilisierende Einfluß der Habsburger in jenen äußersten Provinzen Europas, die Franzos selbst (auch er nicht zufällig Jude) »Halb-Asien« genannt hatte, nicht leugnen. Gerade aus jenen ans zaristische Rußland grenzenden Ländern sollten sich nach dem Zusammenbruch die wärmsten Lobpreisungen der kaiserlich-königlichen Monarchie erheben; Roth selbst dichtet eine Saga des habsburgischen Ostens und macht sich zum Vorkämpfer eines Austroslawismus, den er bis zu der Auffassung treibt, alle Völker des Donaureichs seien als Österreicher zu betrachten, bis auf die Deutschösterreicher.

Wolhynien und die angrenzenden Gebiete waren überdies Mittelpunkt und Herzlandschaft des Ostjudentums, das sich in seinen deutlich hervortretenden Charakterzügen nicht nur vom sepharditischen Judentum, sondern auch innerhalb des askenasischen unterschied. Von Ostgalizien bis zur Ukraine und von Litauen bis nach Bessarabien, in diesem ganzen zwischen dem Habsburgerreich und dem Zarenreich aufgeteilten Streifen Osteuropas, waren die Ansiedlungen der größtenteils vom Osten her im Laufe der Jahrhunderte in aufeinanderfolgenden Wellen eingewanderten Juden auf einer primitiven und archaischen gesellschaftlichen Struktur zurückgeblieben (vor allem in den russischen Verwaltungsgebieten der Ukraine und Polens) und hatten gerade deswegen stärker die zentripetale Kraft des Familienzusammenhangs und der religiösen Vorschriften als Verteidigung gegen die Geschichte zu bewahren vermocht. Das Blühen des Chassidismus in diesen Gebieten ist nur ein weiterer Beweis für ihre soziale Rückständigkeit, die der Aufnahme und Ausarbeitung von Formen volkstümlichen Mystizismus besonders günstig war. Kennzeichnend ist, wie exotisch – faszinierend oder abstoßend, auf jeden Fall aber fremd – das polnische oder russische Judentum nicht nur den assimilierten westeuropäischen Juden, sondern zum Beispiel auch den jüdischen Bevölkerungsgruppen Böhmens und Mährens vorkam. Giuliano Baioni hat hervorgehoben, wie für Kafka die Begegnung mit der jiddischen Truppe ostjüdischer Schauspieler ein entscheidendes Erlebnis war[42], und František Langer, Bruder des berühmten Sammlers und Erzählers chassidischer Geschichten Jiři Langer, beschreibt die sonderbare, seltsame Wirkung, die in den Jahren unmittelbar vor dem Ersten Weltkrieg die Erscheinung eines polnischen Juden im Kaftan und mit langen Locken auf den Straßen Prags hervorrief[43]. Übrigens verweisen auch die *Ghettogeschichten* des 19. Jahrhunderts auf höchst verschiedenartige Atmosphären, je nachdem, ob sie polnische, bukovinische oder weißrussische Milieus beschreiben wie die Novellen von Franzos, Härzberg-Fränkel, Sacher-Masoch oder aber wie die Geschichten Komperts, Kulkes oder Salomon Kohns mährische, böhmische oder spezifisch pragerische Milieus, »europäische« eben, trotz aller selbstgefälligen biblisch-judäischen Folklore[44]. »Aus langen Kaftanen ragen Köpfe mit exotischen Gesichtern, denen das Leid schmerzvolle Züge aufgeprägt hat[45]« schrieb Arthur Landsberger, Herausgeber zweier Anthologien ostjüdischer Novellen, und Kafka, der mindestens die eine kannte, hat in bezug auf die »Volkserzählungen (von) alle(n) . . . anderen Schriftsteller(n) des jüdischen Ostens[46]« versichert: »Das Judentum ist ja nicht nur eine Sache des Glaubens, sondern vor allem die Sache der Lebenspraxis einer durch den Glauben bestimmten Gemeinschaft[47].« In diesem Sinn bemerkt auch Roth bei einer Aufführung des jiddischen Theaters in Moskau im Jahre 1926, daß das Ostjudentum »jüdischer«, weil »orientalischer«, frei und dyonisisch[48] sei.

Für Roth bedeutet das Ostjudentum also die Heimat, das Heim und die Kindheit und ist daher an das Reich, das diese schützt und sichert, oder vielmehr schützte und sicherte, als an seine Bedingung gebunden, da das Ende des Reichs notwendigerweise auch das Ende des Ostjudentums bedeutet. »Es war einmal ein Kaiser«, schrieb er 1928, »Ein großer Teil meiner Kindheit und meiner Jugend vollzog sich in dem oft unbarmherzigen Glanz seiner Majestät, von der ich heute zu erzählen das Recht habe, weil ich mich damals gegen sie so heftig empörte ... Er liegt begraben in der Kapuzinergruft und unter den Ruinen seiner Krone, und ich irre lebendig unter ihnen herum ... Und weil der Tod des Kaisers meiner Kindheit genauso wie dem Vaterland ein Ende gemacht hatte, betrauerte ich den Kaiser und das Vaterland wie meine Kindheit[49]«. So »identifiziert sich der kleine Teil meiner Kindheit mit einem kolossalen Reich«, das durch Einwirkung einer unpersönlichen und automatischen Geschichte »im Meer der Zeiten[50]« versunken ist, einer Geschichte, deren irrationale Objektivität Roth durch lakonische parataktische Kürze unterstreicht, wenn er in der Erinnerung an einen Aufmarsch der Veteranen vom »historisch(en) Atem, dem ewigen Wind, der über die Schicksale dieser Erde weht« spricht und hinzusetzt »damals (als er die schillernden Hahnenfederbüsche auf den Hüten der Veteranen wehen ließ) war es nur ein sommerliches Lüftchen[51]«. Das Ende des Reichs bedeutet zugleich den Verlust des Landes, in dem die Väter wohnten, der »einförmige(n), arbeitsame(n), doch tief in mein Herz gegrabene(n) Landschaft meiner Geburtsstadt, die ich ebenso wie meines Vaters ehrliches Antlitz stets in mir trage[52]«, wie Schalom Asch es ausdrückt. Mit dem Untergang des Reichs gibt es jene Harmonie in der Verschiedenheit, jene Einheit in der Vielfalt nicht mehr, die den vertrauten Kosmopolitismus der Diaspora widerspiegelten. Fritz Hakkert hat von zwei großen geistig antithetischen Momenten der Phantasiewelt Roths gesprochen, dem nomadischen ahasverischen und dem der bäuerlichen Verwurzelung[53]; das Reich stellte aber für Roth die Möglichkeit dar, diese beiden Elemente zu versöhnen, so wie das *Shtetl* für die Juden. Das Reich und das *Shtetl* decken sich in der Realität des Heims; die Heimat, das Vaterland, das Imperium, Österreich existieren nur im Heim: „Daheim ... war vielleicht noch Österreich[54]«, denkt Karl Joseph von Trotta *(Radetzkymarsch)*.

Dazu erscheint die geschichtliche Gewalt, die die kaiserlich-familiäre Universalität zerstört, unter einem spezifisch jüdischen Blickwinkel. Wir erleiden die Geschichte, sagt Kafka zum Freund Gustav Janouch auf einem Spaziergang durch die Straßen Prags über den jüdischen Antihistorizismus meditierend[55]; auch Roth spricht von den Juden als von den »ersten Opfern aller Blutbäder . . ., welche die Weltgeschichte veranstaltet[56]«. Der Geschichte gegenüber ist der Mensch unvermögend und passiv, eine schwache, hilflose Einheit, dem es nicht einmal gelingt, ein Kausalgesetz in dem Sturm zu entdecken, der ihn, »Strohhalm im Strom des Geschehens, schwimmend und fortgerissen[57]«, verschlingt, wie Roth in der Erzählung *April. Die Geschichte einer Liebe* (1925) schreibt. Erst in *Hiob* erreicht Roth ein echtes und positives Bewußtsein des jüdischen Antihistorizismus in seiner ganzen Tiefe, doch bereits jetzt bedeutet für ihn die Geschichte Zerstreuung, Exil; und im Exil kann jede eintretende Veränderung nur wieder eine neue Flucht aus Ägypten sein, eine neue Vertreibung und ein neues Pogrom: Der weise Eunuch wird zum unruhigen Schah sagen »es gibt gar keine Abwechslung« *(Die Geschichte von der 1002. Nacht*[58]*)*. Daher die Austauschbarkeit, Gleichgültigkeit, das Ersetzbare der tumultuarischen, aber uneigentlichen Geschicke seiner ersten Helden: Franz Tunda gleitet von einer Liebe zur anderen und vom österreichisch-ungarischen Heer zu den bolschewikischen Truppen und dann in die bürgerlichen Salons, Gabriel Dan sinkt immer tiefer in die Apathie eines sinnlosen Wartens, Paul Bernheim bringt seinen mondänen Englandaufenthalt, dann den Krieg hinter sich, tritt schließlich ins Geschäftsleben ein, ohne je ein wirkliches Erlebnis gehabt zu haben. Die Geschichte ist eine Geschichte der Untergänge, der Niederlagen und der Opfer: Exilgeschichte. »Wir leben ja im Golus« – im Exil, ist der resignierte, unerschütterliche und fast humoristische Stoßseufzer des Diasporajuden angesichts jeder neuen Kalamität. Wie in der Mystik der Kabala – besonders in der von Yitzchàq Luria, der die geschichtliche Angst der spanischen Judenverfolgungen[59] ins Metaphysische übersetzt hatte – wird auch für Roth der religiöse Mythos des Exils zum existentiellen, zum Exil des modernen Menschen und jeder Kreatur unter einem bleiernen Himmel, an dessen Grenzen sich nicht, wie wenigstens bei einem Kerker, Gitter auf einen anderen Himmel öffnen (so denken die politischen Deportierten, die in Ketten nach Sibirien aufbrechen; *Der stumme Prophet*[60]). Die Reiche fallen und der Messias kommt nicht: Dem Ostjuden Joseph Roth wird der Untergang Mitteleuropas zur Parabel, zum allegorischen Märchen von der Zerrissenheit und der Einsamkeit des von allen Wurzeln, allen »Müttern« abgeschnittenen modernen Menschen. So fallen der Verlust des Vaterlands des habsburgischen Überlebenden, die menschliche und religiöse Auflösung des Ostjuden und die unmittelbare Zersplitterung des modernen Menschen – oder genauer: des westlichen Menschen – im allgemeinen völlig zusammen. Auch für Roth wird »der Jude« – wie Ted Hughes über Isaac Bashevis Singer schrieb, der diesen Weg mit unvergleichlicher Größe und Originalität gehen sollte – »der moderne Mensch als Symbol des Leidens, des Verständnisses, des Exils von seinem göttlichen Erbe[61]«.

Der Aufbruch zur Suche nach dem Bekannten

Die Grundstruktur der ersten Romane Roths, die Heimkehrerthematik, ist die gleiche wie von *Juden auf Wanderschaft,* das heißt die Odyssee des in den Westen ziehenden Juden. Gabriel Dan, Heimkehrer aus sibirischer Gefangenschaft, ist das Kind russischer Juden; der Heimkehrer Franz Tunda, der typischste Held des frühen Roth, auf einer willenlosen *Flucht ohne Ende* (Titel des Romans) von Sibirien nach Westeuropa begriffen, ist der Sohn eines österreichischen Majors und einer polnisch-galizischen Jüdin, als sollte damit symbolisch die österreichisch-jüdische Symbiose angezeigt werden, auf deren Hintergrund erst die Rothsche Metapher der Verirrung entsteht[1]. Seinem Naturell als epischem Schriftsteller gemäß müßte Roth eine Ordnung wie die homerischen Hierarchien des Olymps oder der achäischen Heerscharen besingen, die Marthe Robert in ihrer Untersuchung über Cervantes und Kafka[2] zitiert, oder wie den virgilischen Pantheon, Bürgen für zukünftige Ruhmestaten. Doch Roth beginnt mit dem Bericht eines *nostos,* einer Heimreise nach einer Niederlage; sein Erzählen setzt ein, als die Ilias schon zu Ende und der Trojanische Krieg verloren ist, entsprechend dem Bewußtsein Franz Josephs, der von den Kriegen weiß, »daß man sie verliert[3]«. Das Werk des ersten Roth ist eine echte Odyssee oder, wenn man will, eine Fassung des Gleichnisses vom verlorenen Sohn und ein Heimkehrerroman: Es wird erzählt, wie einer nach Hause kommt oder wie einer zurückkommt, um die Heimat zu suchen. Es handelt sich in jedem Fall um einen Zug in den Westen auf der Route der Entfremdung, dem selbstzerstörerischen Weg der Ostjuden auf der Reise in die neuen »Gettos[4]« der europäischen Städte, wie er in *Juden auf Wanderschaft* beschrieben und verurteilt wird. Wie in der Autobiographie Jehudo Epsteins *(Mein Weg von Ost nach West*[5]*, 1929)* ist die Heimat der Ausgangspunkt der Reise, nicht der Endpunkt, eher, wie später in den *Familienbriefen* von Abel J. Herzberg[6], eine Erinnerung, die den Nachkommen überliefert werden muß, als ein Ziel. Der Lebensweg der Figuren Roths verläuft auf der emblematischen Bahn des sein *Shtetl* verlassenden Juden: die Deserteure flüchten aus dem zaristischen Rußland; die Heimkehrer –

wie Gabriel Dan, Theodor Lohse, Franz Tunda, Arnold Zipper, Paul Bernheim und später der letzte Trotta – kehren in den Westen zurück[7], von dem auch die polnischen Legionäre im Gefolge Napoleons (im späteren Roman *Die hundert Tage;* 1935) angezogen wurden; der kommunistische Revolutionär Friedrich Kargan und der anarchistische Ostjude Benjamin Lenz kommen aus Rußland und Galizien nach Europa[8]; andere, wie Mendel Singer, Tarabas und der Protagonist der Erzählung *April* brechen nach Amerika auf[9], folgen der vorgezeichneten Spur der großen jüdischen Auswanderung um die Jahrhundertwende. Scheinbar handelt es sich hier um den umgekehrten Weg: die Juden auf Wanderschaft verlassen ihr Land, die Heimkehrer suchen, dorthin zurückzukehren. Aber der Weg der letzteren ist ebenso trügerisch, und nicht die wiedergefundene Heimat steht an seinem Ende, sondern die Erkenntnis, daß sie anderswo ist, ja, gar nicht existiert. Die zurückkehrenden Söhne – wird in *Zipper und sein Vater* (1928) gesagt – kommen in ein fremdes Land zurück, wo sie nichts mehr finden, weil ihnen alles von den Vätern, die sie in den Krieg geschickt haben, genommen worden ist[10]. Die Söhne sind in Karthago gefallen[11], und die überlebenden Väter haben ihnen alles Gut geraubt, haben mit den Frauen, die den Söhnen bestimmt waren, andere Kinder gezeugt[12]. Die Heimkehrer fühlen sich »fremd« zu Hause, aus dem Schattenreich Wiedergekommene[13]; das ewige Licht auf dem Grab der Gefallenen ist ein grausames Requiem für die Gemütsruhe der Überlebenden[14].

Die ersten Romane Roths erzählen von der Desintegration des Heimkehrers in den Westen, wie *Juden auf Wanderschaft* die Desintegration des sich assimilierenden Ostjuden schildert. Beider Grundriß ist der in der ostjüdischen – und vor allem in der jiddischen – Literatur traditionelle Aufbruch aus dem *Shtetl.* Aus ihren armseligen, aber vertrauten *Shtetlach* mit den scherzhaften, erfundenen Namen, die an Dickenssche Prägungen gemahnen – Kasrilevke, Jehupez, Masepowka, Schnorringen, Tunejadowka, Teterewka – waren die Helden von Mendele Moicher Sfurim und Scholem Alejchem ausgezogen, nicht so sehr, um das Neue zu suchen, als vielmehr um die tröstende Präsenz des Bekannten unter den beunruhigenden Erscheinungen des Verschiedenen und Modernen zu entdecken und sich seiner zu versichern. Die Figur des Schriftstellers – *Magghid,* des wandernden Schriftsteller-Predigers – verkörpert seit der volkstümlichen Dutzendepik Aisik Meier Dicks das Ideal eines Rhapsoden, der mit dem literarischen und religiösen *exemplum* Hierarchien und Wertmodelle setzt[15]. Die Odysseusgestalten des *Shtetls* errichten, oder besser: erzwingen, in bezug auf das Neue eine Ordnung nach biblischen und talmudischen Maßstäben, die feste und beruhigende Archetypen, Beispiele und Nomenklaturen bieten. In den böhmischen Gettogeschichten Leopold Komperts[16] lassen sich diejenigen, die bei irgendeiner Gelegenheit ausnahmsweise über die Gasse hinauskommen, nicht nur in keiner Weise von der »Welt« beeinflussen, sondern ignorieren sie völlig: Sie betrachten und korrigieren sie nach dem Gesetz des Gettos, das sich in ihrem Urteilsvermögen über alle äußere Realität schiebt. Der Kreis vollendet sich innerhalb des *Shtetls,* wie für Agnons Menascheh Hajm, der in *Und das Krumme wird gerade*[17] (1912) nach langem Umherpilgern ins heimatliche Buczacz zum Sterben zurückkehrt. Nicht von ungefähr sind es fast ausschließlich Autoren gewesen, die in der Nationalsprache ihres Landes schrieben, bei denen der Aufbruch aus dem *Shtetl* als Abschied und Befreiung vom rückständigen jüdischen Partikularismus dargestellt wird, wie zum Beispiel bei dem Tschechen Ivan Olbracht in *O smutných očich Hany Karadžičové*[18] (1937). Hingegen vermutet Benjamin der Dritte, der Held Mendele Moicher Sfurims, im *verlorenen Nest*[19] seines Tunejadowka zuerst, daß hinter dem *Shtetl* die Welt zu Ende sei, aber dann überzeugt er sich durch die Lektüre von Reisebeschreibungen »von alten Zeiten«, daß sie da überhaupt erst anfange und dort der Drache, die Schlange und Erez Israel[20] zu finden seien. Mit genialer kritischer Intuition hat Mendele in seinem *Kizur Maisses Binjāmin ha-Schlischi, dās hēißt Die Nessiā, oder a Reisebeschreibung vun Binjāmin dem Dritten* (1878) Marthe Roberts neueste Deutung[21] des *Don Quijote* vorweggenommen. Benjamin, der in Begleitung seines drolligen und verständigen Knappen Senderl auf Abenteuer in die Welt hinauszieht, ist eine echte jüdische Ausgabe des Mannes von der Mancha mit seinem Sancho Pansa. Wie Marthe Robert in bezug auf Don Quijote bemerkt, liegt auch bei Mendele die Bedeutung des Aufbruchs in der Wahrheits- und Realitätsprobe des gelesenen Buches. Der Held wird durch die Lektüre der fabulösen Reisebücher zum Aufbruch bewogen: Es sind die Reisen Rabba Bar Bar Chanas über Meere und durch Wüsteneien, *Das Lob Jerusalems* und *Die Schatten der Welt,* die alle sieben Wissenschaften und wunderbare Berichte über Fabeltiere enthalten, die Chroniken von Eldad der Danit und von Alexander dem Großen an der Pforte zum Paradies, die Beschreibung der Länder, wo die zehn »Verlorenen Stämme« leben und der Fluß Sambatjon fließt, der das Ende der Welt bezeichnet – vor allem aber die Reisen Benjamins von Tudela[22], dieses

Weltfahrers aus dem 12. Jahrhundert, mit dem sich der Held identifiziert und ihn sich so wörtlich zum Vorbild nimmt, daß er auf dem Fluß und nicht zu Lande reist, denn »als Binjamin von Tudela zu seiner Zeit reiste, fuhr er am Anfang den Fluß Ebro hinunter, so steht es ausdrücklich in seinem Buch. Wenn er also in alten Zeiten zu Wasser gefahren ist und nicht zu Lande, muß es wahrscheinlich so geboten sein und nicht anders; er wußte wohl, warum er es tat, und er war doch so klug wie wir, wahrhaftig! Reb Binjamin ist ein Altvorderer, ein Früherer, darum müssen wir ihm folgen, ohne viel zu fragen[23]«.

Sicher schaut Mendele als überzeugter Anhänger der Aufklärung und Verteidiger modernistischer Prinzipien, der er war, und was ihm auch Ärger und Verfolgungen von seiten der Orthodoxen einbrachte[24], mit Ironie auf diese unveränderlichen Verhaltensmuster, für die gilt: »Was gewesen ist, heißt es in der Heiligen Schrift, wird auch sein, und es gibt nichts Neues unter der Sonne[25].« Er verspottet die Puerilität dieser Welt, in der die Menschen wie Kinder an den alten Märchen festhalten und das Neue – wenigstens solange es noch nicht ins Alte eingefügt und eingepaßt worden ist – für verrückt erklären[26]. Die antiquarische *pietas* wird offen verhöhnt: als ein Gelehrter den Fluß Pjatignolowka trockenlegen will, um die antiken Spuren der ursprünglichen Stadt zu suchen, warnt Mendele spöttisch: »Was alte Zeiten angehäuft haben, muß bleiben . . . Man hüte sich, in das Verborgene zu dringen[27].« Und trotzdem gehört die Sympathie des Schriftstellers Benjamins Vertrauen in die Bücher und seiner Identifikation mit ihnen: Benjamin hält sich für Alexander, wird zum Benjamin von Mazedonien oder zum Alexander von Tunejadowka, und der Autor – Mendele der Buchhändler – erklärt, die großen Taten seines Helden nach dessen selbstverfaßter Chronik, die ihrerseits wieder vom Bericht Benjamins von Tudela[28] angeregt ist, wiederzugeben. Mit zärtlicher Rührung beschreibt Mendele das jüdische Bedürfnis, sich an die traditionellen maßgebenden Vorbilder zu halten, um die verwirrende Natur und Realität außerhalb des *Shtetls* begreifen zu können. Das Unbekannte, Neue an der Stadt Glupsk wird vertraut im beruhigenden Gedenken an die Überlieferung von den Boten, die Salomon nach Ophir schickte, die nie gesehenen Wasserpflanzen auf dem Fluß müssen der Rücken des legendären Fisches Kilejna sein, der so groß wie eine Insel ist[29]; in einem anderen Roman scheint die auf einem Zweig sitzende Elster einen *Taled* anzuhaben und zu beten, die Nachtigall ist ein *Chasen*[30], ein Synagogensänger, und für Tewje den Milchhändler, den Helden Scholem Alejchems, werden die Schatten der Bäume im Sonnenuntergang »so lang wie der jüdische Golus[31]«. Auch anderen Romanen Mendeles liegt als gliedernde Bewegung der Auszug und Aufbruch zugrunde: In *Fischke der Krummer* (1869) geht es um ein pikareskes Abenteuer unter epischen Bettlern und Schurken wie von Babel, das diesen Pechvogel von einem Protagonisten bis nach Odessa verschlägt (allerdings nicht über die Grenzen des ostjüdischen Bereichs hinaus); in dem *Wunschfingerl*[32] (1865) werden die an Oliver Twist oder Huckleberry Finn gemahnenden Erlebnisse zweier Jungen, Herschale und Moischale, erzählt, die von einer Gaunerbande entführt wurden; und in der Erzählung *Die Klatsche, oder Zar-bale-chaim*[33] (1873) ist das Leitmotiv eine herumirrende, mißhandelte Stute, in der sich das Schicksal Israels im Exil verkörpert. Gewiß bedient sich Mendele, der »jüdischste Jude[34]«, dieser romanhaften Verwicklungen, um mit kritisch-aufklärerischem Geist die Lebensbedingungen und Sitten seines Volkes zu enthüllen, doch der Auszug führt nie über die Grenzen des Ostjudentums hinaus und ist stets vom Bewußtsein seiner Nutzlosigkeit begleitet: Senderl, der jüdische Sancho Pansa, kommt zu dem Schluß, daß Alexander der Große besser daran getan hätte, sich an den Talmud zu halten, statt mit dem »blöden Herumirren in der Welt[35]« anzufangen, und Fischke hat Heimweh nach seiner Vaterstadt Glupsk[36]. Zwar erweitert sich der Horizont der Erzählungen Mendeles über alle provinzielle Enge hinaus: Moischale geht zum Medizinstudium in den Westen[37], Benjamin und Senderl setzen ihre komische Reise fort, Fischke, der am Ende die Geliebte wieder verloren hat, ist bereit, weiter herumzuziehen, und fragt sich, warum Gott das Licht der Freude aufscheinen und dann wieder verschwinden lasse, während die Sterne da oben stolz und fern strahlen; seine Geschichte rollt endlos ab und kann stets von neuem beginnen[38]. Doch der wirkliche Auszug in die Welt setzt Mendeles Erzählen einen Punkt: Er kann seinen Helden nicht außerhalb des Universums des *Shtetls* folgen, kann nicht ihre Taten in der Welt schildern, nur in einem Epilog ihre Rückkehr andeuten. Das bemerkenswerte Geschichtsverständnis, das er in bezug auf die jüdische Frage zeigt, findet seinen Ausdruck nur auf der Ebene des sich von außen einschaltenden Erzählers, eben in seiner Rolle als Mendele der Buchhändler, Autor und herumziehender Verkäufer seiner Ware, der Bücher. Im Innern der Erzählung, auf der Ebene des Bewußtseins seiner Gestalten, erscheint Geschichte nur als ein Kaleidoskop, wo man für einen Groschen auf den Straßen von Glupsk oder London den Papst und Napoleon, der die Preußen in die Flucht schlägt[39], sehen kann. Auch in Scholem Alejchems Saga von Tewje dem Milchhändler bewegt sich der Held mit seinem Pferd und Wagen immer im vertrauten Umkreis seiner Welt, während es die anderen, das heißt die Töchter, sind, die fortgehen, jede traurigen Schicksalen entgegen; als Tewje, allein zurückgeblieben, sich anschickt, ins gelobte Land zu ziehen, bricht die Erzählung ab, kann ihm nicht mehr weiter folgen, denn mit diesem Aufbruch ist die Geschichte des Helden zu Ende: »So ist es mit Tewje, er ruhe in Frieden, aus[40]!«

Der Auszug aus dem *Shtetl* kann nur positiv sein, wenn er zugleich als Weiterführung und Bewahrung des menschlichen Erbes des *Shtetls* verstanden wird, wie zum Beispiel bei Schalom Asch, der in einer autobiographischen Schrift ausdrücklich den Gegensatz zwischen materiellem Aufbruch und der Treue zur Überlieferung hervorhebt[41]. Auf denselben, äußerst positiv gewerteten Gegensatz gründet sich Roths *Hiob*, die Erzählung von der Bergung der metahistorischen Werte des *Shtetls* in der Welt. Sonst wird der Aufbruch leicht zum Synonym für den Austritt aus dem Judentum, wie ihn oft die Zwangsaushebung ins christliche Heer und die darauffolgende Zwangstaufe symbolisieren: In Salomon Kohns Erzählung *Der Kadisch vor Kol Nidre in der Altneusynagoge* geht der Jude – kaum ist er aus dem Schoß der Gemeinschaft getreten – der »Kabale« der Welt auf den Leim und wird zum Abfall von seinem Glauben gezwungen[42]. In der chassidischen Legende *Chajm Esra Kapitän* von Jakob Jitzchak Niemirower wird der Held als Kind geraubt und dann vom russischen Heer angemustert[43], das auch in anderen Erzählungen, zum Beispiel in der Novelle *Tsvey martirer* von Scholem An-Ski[44], als Symbol für die Grausamkeit der christlichen Welt fungiert. Die Flucht aus dem *Shtetl* bedeutet Austritt aus dem Judentum, das heißt aus einer Welt der transzendenten und transindividuellen Werte, und Eintritt in die Geschichte: »Schiffe fahren aufs hohe Meer hinaus, und Schneider aus Homel werden historische Persönlichkeiten[45]«, schrieb Ilja Ehrenburg in *Das bewegte Leben des Lasik Roitschwantz,* seinem pikaresken Epos des kleinen Ostjuden auf dem Weg in den Westen, das 1927, im gleichen Jahr wie *Juden auf Wanderschaft,* erschienen ist. Auch Roths Gestalten treten in die Geschichte ein, sie verlassen den apolitischen Schoß des Reichs und des *Shtetls* und ziehen aus beider Ruinen ins kapitalistische Westeuropa. Es wird hier ein Prozeß beschrieben, der paradoxerweise gerade durch die Verspätung seines Geschehens in bezug auf die europäische Literatur an äußerster Wichtigkeit und Aktualität gewinnt. Die Flucht aus dem Shtetl – oder die Ablösung vom Judentum – bedeutet den Übergang von einer vorliberalen zu einer liberalen

Gesellschaft und wiederholt daher mit eineinhalb Jahrhunderten Verspätung den *Iter*, den die abendländische Kultur durchlaufen hat, als die freie Marktwirtschaft die transzendenten Werte ausgelöscht hatte, indem sie ihre Funktionen »einem neuen Attribut (rein sozialen Ursprungs) der zu Ware gewordenen Güter: Tauschwert, Preis[46]« übertragen hatte. Dies schreibt Lucien Goldmann, der in seinen beachtenswerten Studien über die Soziologie des modernen Romans gezeigt hat, wie Negierung der transindividuellen Werte auf der Ebene des Wirtschaftslebens und ihre Entwertung auf der universalen Ebene der menschlichen Existenz einander korrelativ entsprechen. Nach Goldmann stellt das Universum des klassischen Romans eine private Welt dieser Werte dar, in der als einziges Ideal das Individuum und seine Entwicklung und Selbstbehauptung gelten, wie der von der liberalen Wirtschaft proklamierten Autonomie des Individuums der philosophische Preis des autonomen und schöpferischen individuellen Bewußtseins entspricht[47]. Der *Shtetl*-Flüchtling findet sich nun in der Lage, verspätet noch einmal den Weg des klassischen Romanhelden durchlaufen zu müssen: Er gerät aus einer vorliberalen Gesellschaft in eine schon ziemlich weit fortgeschrittene kapitalistische Gesellschaft (Westeuropas oder Amerikas), aus einem durch transzendente und überindividuelle Werte (die universalen der Torah) geregelten Kosmos ins schwindelerregende Chaos, dessen einziges Gesetz der Erfolg des einzelnen ist. Die Epik der drei Klassiker der jiddischen Literatur – Mendele, Alejchem, Peretz – stellt sehr oft einen Antihelden vor, der sich mit einer bedrohlichen, schon in der Entwicklung zur industriellen Konzentration der Großstadt begriffenen, immer negativ gesehenen Gesellschaft herumschlägt[48]. Das Verspätete an diesem Erlebnis macht es in unseren Augen keineswegs inaktuell und irrelevant, sondern verleiht ihm eine einzigartige und höchst aktuelle Demystifizierungs- und Demaskierungsfunktion. Vor dem Hintergrund des Archaischen zerplatzen die Illusionen der jüngsten Vergangenheit und damit der Moderne, und die Surrogate der vom klassischen Individualismus behaupteten transzendenten Werte erweisen sich als Fälschungen. Die vom klassischen Roman proklamierte Universalität des Subjektivismus wird zum Popanz erklärt. Die historische Relativierung aller Werte, die Wachstum und Entwicklung der liberalen Kultur kennzeichnet, geht nicht mehr mit einer gepriesenen wiedergefundenen Universalität in neuen Begriffen, eben in subjektiven Begriffen, zusammen: Das stolze, aus allen seinen Bindungen gelöste Individuum erscheint jetzt in seiner Gebrechlichkeit und Schwäche, wie es zum Zeitpunkt seiner Einsetzung als absoluter Wert wohl nicht hätte erscheinen können. Sich in die geschichtliche Welt einzulassen, bedeutet nun, den Schritt in die allertotalste Säkularisation – im weitesten Sinn als Entheiligung der menschlichen Werte verstanden – zu tun, bedeutet, wie Roth sagt, völligen Verlust der »vertikalen«[49] und religiösen Dimension: Bei seiner Rückkehr nach Europa bemerkt Franz Tunda, der Antiheld der *Flucht ohne Ende,* daß die heiligen jüdischen Geräte zu dekorativem Zierrat der Häuser reichgewordener geschmackloser Bourgeois degradiert worden sind[50].

Die Einfügung in die horizontale Ebene der Geschichte wird nicht als Potenzierung des von allen Zwängen befreiten Individuums empfunden, sondern als Schwächung und Zersetzung des aus einem Zusammenhang gerissenen und in seiner Person selbst bedrohten einzelnen, der nun der Einsamkeit, der Verdinglichung zur bloßen Ware und sogar der Vernichtung ausgesetzt ist. Es ist interessant, daß gerade aus einer Gesellschaft, in der die kapitalistische Atomisierung, die Entheiligung des Individuums und die Übermacht der unpersönlichen kollektiven Mechanismen am weitesten fortgeschritten sind, und zwar in den Vereinigten Staaten der sechziger Jahre, ein Schriftsteller das Unbehagen mit der Metapher der Flucht aus dem *Shtetl* ausgedrückt hat. In dem Roman *The Fixer* des amerikanischen Juden Bernard Malamud (1960) geht Yakov Bok, ein zu jeder Arbeit bereiter Armer, der auf der Suche nach dem Glück das *Shtetl* verläßt, in der Welt, in Kiew, in die existentielle Falle und muß die schrecklichsten Leiden erdulden. Kaum aufgebrochen, findet sich Yakov vom Nichts verschlungen, in einer unbegehbaren, kafkaesken Ferne verloren und von imaginären Schneefällen zugedeckt. »Wäre ich im Shtetl geblieben . . .«, in Kerker, Hunger und Qual sucht ihn wie ein Gespenst die zweifelnde Frage heim: »Wäre er im Shtetl geblieben, wäre es niemals geschehen . . . Bricht man einmal auf, ist man draußen unter freiem Himmel; es regnet und schneit. Es schneit Geschichte . . . Wir sind alle in die Geschichte verstrickt, das ist sicher, aber einige sind es mehr als andere, und Juden mehr als viele andere. Wenn es schneit, ist nicht jeder draußen und wird naß . . . Gäbe es weniger Geschichte, könnte man vielleicht an den Ereignissen vorbei- oder durch sie hindurchgehen: Es sah aus wie Regen, aber die Sonne schien. Im Schnee war er einmal auf Nikolai Maximowitsch Lebedev gestoßen, der sein Abzeichen der ›Schwarzen Hundert‹ trug. Kein Mensch lebt mehr im Paradies[51].« Auch Roths Gestalten machen sich auf den Weg in tiefstes Fort-Sein, in ein absolutes Nichts, das Kafkas Wüste gleicht.

Die Nicht-Angepaßtheit dieser Lage in bezug auf die moderne Gesellschaft ist zweifellos mit einer regressiven Tendenz verbunden, doch wird die positive Funktion der Diagnose dadurch keineswegs aufgehoben. In seinem Kafkabuch hat Giuliano Baioni gezeigt, wie das kafkasche Universum, das doch wie wenig andere modernes Bewußtsein widerspiegelt, sich auf jüdischem Lebensgrund aufbaut, und wie Kafkas Angst aus dem Bewußtsein der Zersplitterung der ostjüdischen Einheit entsteht[52]. Dieser Hinweis auf die einzigartige Übereinstimmung des jüdischen *exemplums* mit dem Entwicklungsgang der westlichen Kultur, oder besser: auf die besondere katalysierende Funktion des ersteren in bezug auf das letztere, muß genügen. Heute könnte man Kafka – in einer gleichzeitig auch ergänzenden Antithese – Isaac Bashevis Singer zur Seite stellen, der angesichts der abstrakten Instauration des Mangels als einzige *conditio humana* unserer Zeit immer wieder mit desillusionierter Leidenschaftslosigkeit an die spezifische Ergänzung dieses Mangels mahnt, das heißt an die fehlende Totalität, über deren Nicht-mehr-Sein gepredigt werden kann. Das Unbehagen – dem Roth oft in sentimentaler Hingabe verfällt, das Kafka mit der Klarheit der Neurose registriert und das Singer im unerschütterlichen Rhythmus der Klassizität beherrscht – hat das Verdienst, überhaupt erst auf etwas Fehlendes aufmerksam zu machen. Die Intellektuellen jüdischer Herkunft haben oft die Rolle gehabt, Enthüller und Katalysatoren einer allgemeinen Situation zu sein, die sich in ihrem Drama früher als sonst in ihrer ganzen Deutlichkeit und Tragik angekündigt hat wie im Kontakt mit einem Reagens oder einem Lackmuspapierstreifen. So bedeutet der Reichsmythos für Roth wirklich nicht eine Idealisierung der Vergangenheit – die sich ihm gegen seinen Willen ebenfalls negativ und öde darstellt –, sondern die Suche nach einer Leerstelle außerhalb der Geschichte und frei von aller Dialektik der Macht, eine bloße Chiffre des Transzendenten und Imaginären. Roths Entwicklungsgang läßt im Negativ einige der wesentlichen Elemente der modernen Lebensbedingungen des Menschen hervortreten, mit einer Beispielhaftigkeit und Unmittelbarkeit, die den Schriftsteller in den Augen der Kritiker oft auf die Bedeutung eingeschränkt haben, ein Vermittler der ostjüdischen Tradition für die westeuropäische Kultur gewesen zu sein, oder sogar nur ein vereinfachender und oberflächlicher Divulgator, wie Suhl behauptet, der die Authentizität von Bergelsons *Nuch Alemen* (*Das Ende vom Lied*, 1913) der raffinierten, aber äußerlichen »Übersetzung« (im weitesten Sinne des Wortes) für den westlichen Gebrauch gegenüberstellt, die

Roth in *Hiob* davon gemacht habe[53]. Übrigens sind die härtesten Kritiken an Roth im allgemeinen von Vertretern offizieller jüdischer, orthodoxer oder nicht-orthodoxer Kreise gekommen[54].

Roth war in der Tat auch Sammler und Vermittler einer ostjüdischen literarischen Überlieferung; sein Werk scheint deshalb eine Zusammenfassung ihres Geistes und ein Katalog ihrer Themen und Motive zu sein. Der Weg vom Osten nach dem Westen wickelt sich nach den traditionellen *topoi* ab. Einer davon zum Beispiel, ist die Grenzschenke, Treffpunkt der verschiedensten menschlichen Kategorien, die vor allem den Ausgangspunkt des Zuges in den Westen darstellt und das heißt hier den illegalen Grenzübertritt von Schmugglern, Flüchtigen und Deserteuren. Im Motiv der Grenzschenke kondensiert sich das für Roths geistiges Nomadentum typische Thema der Grenze, eine Atmosphäre verzehrender menschlicher Einsamkeit und verlassener, selbstentfremdeter Hingabe an das Unbekannte in der öden, bleichen slawischen Landschaft, Zone des Übergangs. Die Grenzschenke erscheint im *Radetzkymarsch* und - mit größerer Bedeutung für die Handlung - im *Stummen Propheten* und im *Falschen Gewicht*; immer ist in der Orchestrierung des Motivs kontrapunktisch das Heimweh der Flüchtigen mit der pikaresken Schurkerei ihrer gewinnsüchtigen Komplizen verflochten. Diese sind Schmuggler und Menschenhändler wie der unzerstörbare Kapturak, der im *Stummen Propheten*, in *Hiob*, im *Radetzkymarsch* und in dem *Falschen Gewicht* die Deserteure verschiebt und dann - wenn man einmal Roths Erzählwerk als zusammenhängende Saga betrachten will - seine Karriere in den vertraulichen Diensten des allmächtigen Kremlchefs Savelli, einem durchsichtigen Abbild Stalins, beschließen wird. Die gleiche lyrische Wehmut liegt hier über der epischen Gleichgültigkeit des Schmugglers Jadlovker, dem es nicht darauf ankommt, die säumigen »Kunden[55]« jederzeit an die Grenzposten auszuliefern, und spricht aus dem Heimweh der Deserteure, die unter Tränen *Ja lubyl tibja* spielen - »Sie hatten mehr Sehnsucht nach der verlassenen Heimat, in diesem Augenblick, als Sehnsucht nach der Freiheit[56]« -, die »aus dem Unglück ins Unglück[57]« gehen und die Morgendämmerung begrüßen, »als wäre die Nacht, die sie verließen, die Heimat gewesen und der Morgen erst die Grenze[58]«. Im Thema der Grenzschenke und der »Grenze« im allgemeinen, die wie ein Emblem für den Reiz steht, den die slawische Welt auf Roth ausübte, hat der Schriftsteller sozusagen ausdrücklich erklärt, wie sehr er sich der jiddischen Literatur verpflichtet fühlt, deren drei Klassiker er übrigens in den Übersetzungen seines Freundes Ephraim Frisch[59] sehr gut kannte (Fritz Hackert hat schon darauf hingewiesen). So erscheint zum Beispiel die Grenzschenke mit ihrem Geruch nach Holz, Schnaps, menschlichem Schweiß und feuchter Erde in Mendeles *Fischke der Krummer* am Kreuzweg zwischen Wolhynien und Podolien[60] oder auch in der großartigen Erzählung *A roman fun a ferd-ganev* (*Pferdediebe*, 1913) von Joseph Opatoschu mit ihrer lakonischen und trockenen Poesie des wilden Grenzlebens[61]. Ist die Grenzschenke als Ausgangspunkt des Zuges in den Westen ein traditioneller *topos*, so steht anderseits für den klassischen Endpunkt der Reise Amerika. In den ersten Romanen Roths erscheint das Land nur als Luftspiegelung: Im *Spinnennetz* flüchtet Doktor Trebitsch, der für eine antisemitische Verbindung arbeitende Jude, nach Amerika; in *Hotel Savoy* träumt der Revolutionär Zwonimir von den Staaten, woher der Millionär Bloomfield kommt und wohin er wieder zurückkehrt; in der *Rebellion* tun sich der Phantasie des eben aus dem Gefängnis entlassenen Protagonisten Amerika und Australien auf als »die ganze Unermeßlichkeit der Welt . . . die fremden Gestade der Erde[62]« und in *Zipper und sein Vater* weigert sich der in der Neuen Welt reichgewordene Onkel Arnold, einen »fertigen Europäer[63]«, dorthin mitzunehmen. Doch erst mit *Hiob* nimmt Roth wirklich das in *Juden auf Wanderschaft* nur im allgemeinen behandelte Thema der jüdischen Emigration nach Übersee in Angriff und schließt sich auch in diesem Fall an die jiddische literarische Tradition eines Alejchem, Asch, Schapiro, Rosenfeld und vieler anderer an. Es ist dieselbe Tradition, die als Chiffre hinter Kafkas Amerika steht.

Die Tradition und die Hierarchien des säkularisierten Universums

Mit dem traditionellen Aufbruch aus dem *Shtetl* wird eine neue Ordnung gesetzt, so wie die Odyssee eine Heimreise mit dem Ziel einer wiederherzustellenden Ordnung ist und das Gleichnis vom verlorenen Sohn (das die moderne Literatur thematisch so stark angeregt hat) die bewußte Unterwerfung und freiwillige Wiedereingliederung unter eine Ordnung bedeutet. Doch der Heimkehrerroman stellt in seinen verschiedenen Entwicklungsstufen beim frühen Roth jede erhaltene Hierarchie auf den Kopf. »Wir sind die Söhne. Wir haben die Relativität der Nomenklatur und selbst die der Dinge erlebt. In einer einzigen Minute, die uns vom Tode trennte, brachen wir mit der ganzen Tradition, mit der Sprache, der Wissenschaft, der Literatur, der Kunst: mit dem ganzen Kulturbewußtsein. In einer einzigen Minute wußten wir mehr von der *Wahrheit* als alle Wahrheitssucher der Welt. Wir sind die auferstandenen Toten. Wir kommen mit der ganzen Weisheit des Jenseits beladen, wieder herab zu den ahnungslosen Irdischen. Wir haben die Skepsis der metaphysischen Weisheit[1]«.

Der Rothsche *Revenant* rüttelt an der Hierarchie der Nomenklaturen, dem Angelpunkt jeder epischen Ordnung; er stürzt sie um, auf moralischer und auf struktureller Ebene. Durch seinen Eintritt in die westliche Gesellschaft erfährt der Held eine Auflösung, deren Beispiel hinwiederum die ideologischen Voraussetzungen und konventionellen Lügen dieser Gesellschaft zu zersetzen droht. Im Vaterland, das der Held wiederzufinden glaubt, entfremdet und verliert er sich. Das Getto, das den aus dem *Shtetl* geflüchteten Juden im Westen erwartet, ist »ein anderes, ein bißchen reformiertes, aber nicht weniger grausames Getto[2]«, ja, die westlichen Städte selbst (vor allem Berlin, aber auch Paris, wenn auch in weit geringerem Maße) erscheinen als Gettos. Die Assimilierung bedeutet in erster Linie Selbstentfremdung und Kapitulation vor den *idola tribus* des Nationalismus. »Sie gaben sich auf. Sie verloren sich. Ihre traurige Schönheit fiel von ihnen ab, und eine staubgraue Schicht von Gram ohne Sinn und niedrigem Kummer ohne Tragik blieb auf ihren gekrümmten Rücken. Die Verachtung blieb an ihnen kleben - früher hatten sie nur Steinwürfe erreicht. Sie schlossen Kompromisse. Sie veränderten ihre Tracht, ihre Bärte, ihr Kopfhaar, ihren Gottesdienst, ihren Sabbat, ihren Haushalt - sie selbst hielten noch an den Traditionen fest, aber die Überlieferung löste sich von ihnen. Sie wurden einfache kleine Bürger. Die Sorgen der kleinen Bürger waren ihre Sorgen. Sie zahlten Steuern, bekamen Meldezettel, wurden registriert und bekannten sich zu einer ›Nationalität‹, zu einer ›Staatsbürgerschaft‹, die ihnen mit vielen Schikanen ›erteilt‹ wurde, sie benutzten die Straßenbahnen, die Lifts, alle Segnungen der Kultur. Sie hatten sogar ein ›Vaterland[3]‹.«

Der Warnruf gegen die Assimilation der Ostjuden im Westen ist eine Mahnung an eine *humanitas*, die im Begriff steht, ihre Identität zu verlieren, und das heißt, *Goj* zu werden, sich ins aggressive und nationalistische Europa zu integrieren. Warum führen die Japaner denn Krieg, wenn sie keine *Gojim* sind wie die Europäer?, fragt man sich in *Juden auf Wanderschaft*[4], und Roth denunziert eben die nationale und patriotische Integration der Juden, die in Deutschland so tragisch belohnt werden sollte. »Viele Juden, Ostjuden oder Söhne und Enkel von Ostjuden sind für alle europäischen Länder im Kriege gefallen. Ich sage es nicht, um die Ostjuden zu entschuldigen. Im Gegenteil: *Ich werfe es ihnen vor.* Sie starben, litten, bekamen Typhus, lieferten ›Seelsorger‹ für das Feld, obwohl Juden ohne Rabbiner sterben dürfen und der patriotischen Feldpredigt noch weniger bedurften als ihre christlichen Kameraden. Sie näherten sich vollkommen den westlichen Unsitten und Mißbräuchen. Sie assimilierten sich. Sie beten nicht mehr in Synagogen und Bethäusern, sondern in langweiligen Tempeln, in denen der Gottesdienst so mechanisch wird, wie in jeder besseren protestantischen Kirche . . . Die Großväter kämpften noch verzweifelt mit Jehova, schlugen sich die Köpfe wund an den tristen Mauern des kleinen Bethauses, riefen nach Strafe für ihre Sünden und flehten um Vergebung. Die Enkel sind westlich geworden. Sie bedürfen der Orgel, um sich in Stimmung zu bringen, ihr Gott ist eine Art abstrakter Naturgewalt, ihr Gebet ist eine Formel. Und darauf sind sie stolz! Sie sind Leutnants in der Reserve und ihr Gott ist der Vorgesetzte eines Hofkaplans und just jener Gott, von dessen Gnaden die Könige herrschen. Das nennt man dann: westliche Kultur haben[5]«.

Wir sind hier also offensichtlich auf der gleichen Ebene der moralischen Ansichten und Gefühle wie im Roman *Die Rebellion*, wo es von Andreas, der sein Bein im Krieg verloren hat, heißt: »Er glaubte an einen gerechten Gott. Dieser verteilte Rückenmarkschüsse, Amputationen, aber auch Auszeichnungen nach Verdienst[6].« Es ist das

Schicksal aller Protagonisten der ersten Romane Roths - von Theodor Lohse und Gabriel Dan, von Andreas Pum und Franz Tunda, von Arnold Zipper und Paul Bernheim -, im Räderwerk der westlichen bürgerlichen Gesellschaft zermalmt zu werden, gerade weil sie, bewußt oder nur dunkel, die Falschheit und die repressive Instrumentalisierung des ideologischen Überbaus und der Banner dieser Gesellschaft erkennen. Ingeborg Sültemeyer trifft mit ihrer Kritik an der eiligen Oberflächlichkeit, mit der meistens das wenig bekannte »sozialistische Engagement« Roths bagatellisiert wird, ins Schwarze. Roths Engagement gilt als Randaspekt und fast nur als Vorläuferphase des »wahren« Werkes des Schriftstellers und wird gewöhnlich mit stereotypen Formeln nach dem Klischee des Wegs »vom Revolutionär zum Monarchisten« abgehandelt[7]. Diese Ansichten, die sich oft auf die zweideutigen und ablenkenden Selbstzeugnisse stützen, mit denen der in den eigenen Mythos verliebte Schriftsteller[8] Neugierige und Biographen zu verwirren pflegte, übersehen aber vor allem die wesentliche Kontinuität von Roths politischem Denken. In der Entwicklung dieses Denkens ist - jedem anscheinenden Widerspruch zum Trotz - eine innere Kohärenz auszumachen, vor der die doch ebenfalls folgerichtige formale Entwicklung vom offenen Roman zum traditionellen klassischen Roman als von jäheren Wendungen gekennzeichnet erscheint. Gerade die von Ingeborg Sültemeyer herausgegebenen politischen Artikel der ersten Jahre bestätigen diese Auffassung. Neben den Analysen und Kommentaren zur aktuellen Lage, zur wachsenden Aktivität der Aktionsverbände, zum Terrorismus von rechts, zum Nationalismus der akademischen Kreise, zu den Prozessen anläßlich der politischen Attentate und zu Persönlichkeiten von höchster politischer Bedeutung wie Ludendorff oder Reinhold Wulle[9] - alles Motive, auf die besonders bei der Interpretation der politischen Romane einzugehen sein wird - zeigt sich in diesen Schriften Roths eine unbekümmerte und spöttische Demolierung jedes bürgerlich-patriotischen Mythos, die oft frech kabarettistische Töne anschlägt. Es ist - vor allem nach den genauen biographischen Recherchen David Bronsens[10] - bekannt, daß Roth im Geiste radikaler Verneinung des Militarismus und Patriotismus am Krieg teilgenommen hat; seine freiwillige frühere Anmusterung war ein Akt paradoxen und polemischen Protests gegen die Kriegsenthusiasten und Heereslieferanten, die zu Hause blieben. Nach dem Krieg begann er - Bronsen hat es bis ins kleinste Detail dokumentiert[11] - für linke Zeitungen wie *Der neue Tag*, *Vorwärts*, *Lachen Links* und *Der Drache* zu schreiben und zeichnete oft mit dem Pseudonym »Josephus« oder

»der rote Joseph« aggressive und radikale Artikel, die auch dadurch nicht an Bedeutung verlieren, daß er sie später selbst verworfen hat.

Wie der Schriftsteller im zitierten Passus selbst sagt, brechen die Romanfigur und damit der Autor (es handelt sich um eine durchsichtige autobiographische Übertragung) mit jeder Tradition und mit deren kulturellem Überbau und zerstören mit ihrer metaphysischen Skepsis jeden illusorischen oder mystifizierten Absolutheitsanspruch der von ihnen eben als relativ demonstrierten Werte, auf die sich die bürgerliche Gesellschaft stützt. So schreibt »der rote Joseph« in seinen Artikeln eine Musils würdige *Naturgeschichte des Generals*[12], schildert den Winter der hungerden Heimkehrer und der Kriegsspekulanten, verhöhnt in derben Balladen Thron und Altar, kommentiert sarkastisch den Prozeß, der dem Feldmarschalleutnant Teisinger gemacht wird, weil dieser gegen ärztliches Gutachten 200.000 körperlich untaugliche Männer in den Tod an die Front geschickt hat, als ob es, sagt Roth, humaner wäre, die Gesunden statt der Kranken in den Tod zu schicken[13]. Und er demoliert weiter den Nationalismus, den Patriotismus, den Klerikalismus, die flammenden, in der sicheren Etappe geschriebenen Artikel der Kriegsberichterstatter, die lyrische Pseudoromantik des nun vom Blut politischer Morde befleckten deutschen Waldes, die zahmen Prozesse gegen die rechten Terroristen, die moderne »Philosophie des Schaufensters«, die Predigten der Pfarrer, die mit den Worten Schillers und Abraham a Sancta Claras den Wert der Armut preisen, den zynischen, schreienden Kontrast zwischen der öffentlichen Zerknirschung, wenn der Gefallenen gedacht wird, und dem lustigen Hedonismus eines völlig auf den Gegenstand für Kauf und Verkauf reduzierten Lebens, den hohlen eleganten Snobismus der besseren Gesellschaft und den gespenstischen Gruß der Invaliden an den General; er bringt die nationalistischen Inschriften auf den Latrinenwänden und beobachtet, wie die patriotischen Lieder, die ein Bettler an der Ecke des Kurfürstendamms an einem eisigen Wintertag singt, schwächer sind als Wind und Kälte, die die eiligen, gefühllosen Passanten an ihm vorübertreiben[14]. Der Bruch ist radikal: nicht nur mit der Politik des Westens, sondern auch mit der klassischen und traditionellen Kultur, die sie unterstützt (»Sprache, Wissenschaft, Literatur, Kunst«).

Doch diese zersetzende Skepsis ist, wie Roth selbst schreibt, metaphysische Enttäuschung, »jenseitige Wahrheit«. Roth demaskiert die Relativität und Unechtheit der Werte gerade im Namen jener absoluten Werte, die in seinen Augen nicht nur verleugnet, sondern, schlimmer noch, degradiert und manipuliert, zu Werkzeugen herabgesetzt und daher verfälscht werden. So erscheinen Roth die herrschende Ungerechtigkeit und die Unterdrückung im Licht einer absoluten Perspektive. Seine radikale Kritik nähert sich schon von diesem Zeitpunkt an dem Radikalismus, den er an Grillparzer lobt, das heißt, dem »reaktionären Individualanarchismus[15]«, der sich als Hüter der wahren Ordnung versteht und Protest erhebt gegen die diese Ordnung verratende, sie profanierende Herrschaft, gegen den nicht mehr echt kaiserlichen Kaiser[16]; der reaktionären Feinhörigkeit, die die Leere und das Ende selbst der eigenen Ideale[17] wahrnimmt und denunziert. Auf die gleiche Weise erkennt der Ostjude im Westen die Verneinung der vertikalen Werte und der Heiligkeit der individuellen Persönlichkeit im rationalistischen Wahnsinn und in der industriellen Massenkultur. Ein tiefer Zusammenhang verbindet die »linke« Sozialkritik des frühen Roth mit der »rechten« der späteren Jahre, deren Ziel stets vor allem der »westliche Bourgeois« in allen seinen Abarten sein wird, von der kapitalistisch-liberaldemokratischen bis zur faschistischen und zur sowjet-stalinistischen Variante. Der Anarchismus des jungen Roth, von dem keine soziale, politische und religiöse Hierarchie verschont bleibt, entsteht aus dem Bedürfnis nach einer absoluten Ordnung, die in ihrer Integrität keinerlei Kompromiß, keinerlei Manipulation ihrer Ideale verträgt. In diesem Sinn übersetzt sich dieses Bedürfnis nach der Ordnung in die Enthüllung der Unordnung, wie der Auszug Don Quijotes, von dem Marthe Robert geschrieben hat: »Trotz seines Heimwehs nach der Vergangenheit, seines Glaubens an die Einheit und seiner fanatischen Ordnungsliebe ist er (Don Quijote) der Unruhestifter, der Erschütterer von Dogma und Glaubensgewißheit, der anstoßerregende Aufkündiger aller Bindungen[18].« Roths revolutionärer Feldzug zeigt die Authentizität seiner Polemik gegen die Säkularisierung, auch seiner späteren Polemik, die scheinbar genau das umgekehrte Ziel verfolgt. Roths Urteil geht effektiv von einem absoluten Punkt aus, der außerhalb der Geschichte und noch weiter außerhalb der Dialektik der Macht liegt; er behauptet den Standpunkt der Metageschichte des »Golus«, des jüdischen Exils. Deshalb verfällt er nicht in die regressiven Tendenzen, wie sie fast jeder Polemik gegen die Säkularisierung innewohnen, zum Beispiel auch der letztlich von seiten gewisser katholisch-konservativer Kreise geführten, die sich gegen die modernistische Öffnung der Kirche wendet. Die regressiven Tendenzen treten in dem Maße auf, wie - bewußt oder unbewußt - der Säkularisierung nicht so sehr ein absoluter Wert, als vielmehr eine andere Richtung des

Säkularisationsprozesses entgegengesetzt wird und dabei eine in Wirklichkeit nicht gerade durch Reinheit gewisser Ideale, sondern eher durch deren Verquickung mit geschichtlich-politischen Kräften anderer Färbung ausgezeichnete Vergangenheit idealisiert oder geradezu als Vorbild vorgeschlagen wird. In seiner späteren Polemik gegen die anonyme Industriekultur denkt Roth nicht daran, ihr zu diesem Zweck beanspruchte vergangene Epochen entgegenzuhalten, auf die er nach dem Dogma der traditionalistischen Anschauung jede positive Dimension projizieren könnte (wozu später hingegen zum Beispiel ein Saint-Exupéry neigt[19]).

Besonders in den letzten, schon vom exaltierten Verfolgungswahn und vom Alkohol erschütterten Jahren seines Lebens - gewisse aufgeregte und arrogante Klagebriefe, von Stefan Zweig mit liebevollem Tadel bedacht[20], zeugen davon - träumte Roth zwar wirklich in gleichzeitiger Ablehnung des Faschismus, des Kommunismus und der Liberaldemokratie von einer katholisch-habsburgischen Restauration des Heiligen Römischen Reiches. Aber es handelt sich dabei um eine politische Utopie, die der Ideologe Roth proklamiert und der Erzähler, ohne es zu wollen, wieder dementiert; unwillkürlich denunziert er in seinen Werken auch die Leere der austrokatholischen Ökumene. Die politische Utopie wird eifernd auf der Ebene des rein persönlichen Protests behauptet, doch nicht einmal auf das literarische Werk Roths selbst hat sie Einfluß.

Auch noch im *Antichrist*, diesem paradoxen Ausfluß einer in ihren apodiktischen Anathemen reaktionären Vereinfachung der Dinge, gelingt es Roth, den zweideutigen Kompromiß mit den politischen Mächten *einer* Tendenz zu vermeiden, der so manche anscheinend und erklärtermaßen der Politisierung abholde traditionalistische Polemik entkräftet. Das Leitmotiv der zu Kanonen eingeschmolzenen und wiederum in ihre alte Form gegossenen Glocken bezieht alle politischen Mächte, die im Spiel sind, ein: den Kommunismus wie den Faschismus, und sogar die westliche Liberaldemokratie. Die negative Gleichsetzung Rußlands mit Amerika ist zwar willkürlich, aber sie macht ein für allemal ein Ende mit dem Reiz des »amerikanischen Traums«, dem doch, erheblich später noch, auch Persönlichkeiten von weit größerer politischer Einsicht erliegen sollten; der abstrakte Universalismus hindert Roth nicht daran, die Gewaltsamkeit des weißen Rassismus zu ahnen, und seine Verurteilung der Revolution verbietet ihm nicht, zu schreiben, die Schuldigen am revolutionären Übel seien die Mächtigen, gegen die sich die Revolution wendet[21]. Man kann Roth zwar der paradoxen politischen Abstraktheit beschuldigen, aber man kann seinem religiösen Gesichtspunkt nicht die Folgerichtigkeit absprechen. Zu seinem Glück boten sich ihm in der jüdischen Vergangenheit, übrigens ohne deren Verdienst, keine historischen Kompromisse und Machtverhältnisse, die als frühere Beispiele und Modelle hätten betrachtet werden können: Auf die Bibel konnte er sich im politischen Sinn nicht beziehen, sie war nur Metapher und Symbol des inneren religiösen Lebens. Roth *bricht daher mit der Tradition*, weil eben die abendländische, nur zur Tradition gewordene Geschichte die transindividuellen Werte degradiert hat; ja, er bricht sogar mit der Tradition des biblischen Reiches: »Welch ein Glück, eine ›Nation‹ zu sein, wie Deutsche, Franzosen, Italiener, nachdem man schon vor dreitausend Jahren eine ›Nation‹ gewesen ist und ›heilige Kriege‹ geführt und ›große Zeiten‹ erlebt hat? Nachdem man fremde Generäle enthauptet und eigene überwunden hat? Die Epoche der ›National-Geschichte‹ und ›Vaterlandskunde‹ haben die Juden schon hinter sich. Sie besetzten und besaßen Grenzen, eroberten Städte, krönten Könige, zahlten Steuern, waren Untertanen, hatten ›Feinde‹, wurden gefangengenommen, trieben Weltpolitik, stürzten Minister, hatten eine Art Universität, Professoren und Schüler, eine hochmütige Priesterklasse und Reichtum, Armut, Prostitution, Besitzende und Hungrige, Herren und Sklaven. Wollen sie es noch einmal? Beneiden sie die europäischen Staaten[22]?« Auch der Zionismus erscheint Roth als eine durch westliche Ansteckung hervorgerufene nationalistische Abirrung; ein »österreichischer Journalist[23]« hat sie begründet und nur die Verfolgungen, die die anderen »Nationen« den Juden auferlegen, können ihn rechtfertigen[24].

Es bleibt also nur das Judentum der Diaspora, des *Shtetls:* Es ist der Nullpunkt, von dem Roths anarchische und zugleich konservative Kritik an der Entheiligung des Menschlichen ausgeht. Später wird der Bezugspunkt dieser Kritik – die sich zur Kritik an der Moderne wandelt – das Reich sein: ein verschwundenes Reich, eine rein sakrale Institution und nicht etwa eine konkrete politische Macht; also auch ein Nullpunkt, von dem aus Roth, im Gegenlicht, die Banalität und Verzweiflung der modernen Lage beleuchtet. Die ersten Romane Roths sind eine Allegorie der menschlichen Desintegration: eine Allegorie, die in ihrer Eindeutigkeit eine Reaktion auf die moderne Verwirrung der Zeichen ermöglicht und dafür klare, eindeutige Zeichen setzt, die – weit entfernt von der Vielwertigkeit des Symbols – ihre sicheren Bedeutungen behaupten. Unmißverständliche Zeichen, düstere Allegorien sind in der Tat das beschossene Kruzifix, die starre Ewigkeit der Wachsfiguren im Musée Grevin, die an den Tod gemahnenden Weiden, die zerstörerisch und übertrieben karikierten Dinge, der Tantalusfluch, der über der vom Vater auf den Sohn vererbten Arbeit in der Grube liegt[25] und später – als die Allegorie primäre Bedeutung im Werk gewonnen hat – das immer wiederkehrende Motiv der Uhren[26] (übrigens auch bei Schalom Alejchem und David Bergelson[27]), die Fröhlichkeit der Arbeiter beim Demolieren des alten Hotels, die feuerroten Haare der kleinen Angelina, die Farbenblindheit Napoleons, der das Blut grün sieht wie das Gras, über das es fließt[28], der Beruf des Eichmeisters Anselm Eibenschütz[29] und im allgemeinen der ganze allegorische Ablauf der an Dostojewski und Conrad erinnernden Erzählung *Beichte eines Mörders, erzählt in einer Nacht* (1936).

Die Allegorie entspricht einem geradezu maßlosen Bedürfnis nach Klarheit in Roth, aber darüber hinaus erlaubt sie ihm, die Geschichte in ein schmerzliches Bild zu fassen. Habermas hat, auf den berühmten Ausspruch Benjamins zurückgreifend, geschrieben: »Die Exposition der Weltgeschichte als Leidensgeschichte gelingt nur der allegorischen Darstellung[30].« Benjamins Wiederentdeckung eines bildnerischen Verfahrens in der Allegorie, durch das all das Schmerzliche, Verfehlte, Unvollendete, Gescheiterte im historischen Ablauf dargestellt wurde, ist bekannt; ein bildliches Verfahren, in dem die Geschichte vor allem als Geschichte der Besiegten erschien, jener im Brechtschen Sinn »im Dunkel Gebliebenen« und von keiner illusorischen historizistischen Dialektik, von keiner optimistischen und vielgepriesenen Koinzidenz von Universalem und Besonderem, von Freiheit und Notwendigkeit Erlösten, als Geschichte jener, die keinen Sinn in ihrem Martyrium finden, das bloß tragisch und barbarisch bleibt, jener, die Beute sind ». . . im Triumphzug mitgeführt . . . in dem Triumphzug, der die heute Herrschenden über die dahinführt, die heute am Boden liegen[31]«. Ohne auch nur von weitem an die Tiefe Benjamins heranzukommen, dessen utopischem Impuls seine spätere Entwicklung sogar entgegenlaufen sollte, versteht auch Roth tatsächlich die Geschichte als Geschichte der Besiegten und die geschichtliche Darstellung als Allegorie eines schmerzlichen Geheimnisses, das eine Via Crucis aus ihr macht.

Der Weg in die Wüste: Heimkehrerroman und Gleichnis vom ewigen Juden

Hotel Savoy, der erste (1924) in Buchform veröffentlichte Roman (*Das Spinnennetz* vom Jahr davor war nur in Fortsetzungen in der *Arbeiter-Zeitung* erschienen und unvollendet geblieben), ist ganz eine Allegorie dieser negativen Geschichte, die wie ein nie sich legender, drückender Wind das Individuum vor sich hintreibt und fortreißt. Wie gesagt wurde, decken sich im passiven Helden dieses Romans, Gabriel Dan, die Gestalt des Heimkehrers und die des *Ostjuden auf Wanderschaft* vollkommen, von den ersten Zeilen an: »Ich komme um zehn Uhr vormittags im Hotel Savoy an. Ich war entschlossen, ein paar Tage oder eine Woche auszuruhen. In dieser Stadt leben meine Verwandten – meine Eltern waren russische Juden. Ich möchte Geldmittel bekommen, um meinen Weg nach dem Westen fortzusetzen. Ich kehre aus dreijähriger Kriegsgefangenschaft zurück[1].« Und später heißt es, in einer Art filmischer Auflösung, die das geschichtliche Ereignis auf einen undurchschaubaren, mechanischen Prozeß der Naturgeschichte zurückführt: »Es ist wieder die Zeit der Heimkehrer. Sie kommen in Gruppen, viele kommen auf einmal. Sie werden herangespült, wie bestimmte Fische zu bestimmten Jahreszeiten. Vom Schicksal westwärts gespült werden die Heimkehrer. Zwei Monate lang war keiner zu sehen. Dann, wochenlang, fluten sie herbei aus Rußland und Sibirien und aus den Randländern. Der Staub zerwanderter Jahre liegt auf ihren Stiefeln, auf ihren Gesichtern. Ihre Kleider sind zerfetzt, ihre Stöcke plump und abgegriffen ... Sie wissen von fremden Ländern und fremdem Leben und haben, wie ich, viele Leben abgestreift. Sie sind Landstreicher. Ob sie mit Freuden nach Hause wandern? ... Es ist vielleicht nicht ihr Wille, nach Hause zu gehn. Sie werden nach dem Westen gespült, wie Fische zu gewissen Jahreszeiten[2].« *Hotel Savoy* ist in Romanform die große Metapher des Weges nach dem Westen, eines trügerischen Weges in die Einöde, immer weiter vom Gelobten Land weg und gleichzeitig einer Reise nach Sodom; das Hotel mit seinen nach einer sozialen Hierarchie geordneten Stockwerken – sie erinnern an die Höllenkreise eines dantesken Jenseits – ist Symbol für die Unterwelt und den Tod: ». . . mächtigen Glanz strahlte es nach außen, Pracht sprühte aus sieben Stockwerken, aber Armut wohnte drin in Götternähe, was oben stand, lag unten, begraben in luftigen Gräbern, und die Gräber schichteten sich auf den behaglichen Zimmern der Satten, die unten saßen, in Ruhe und Wohligkeit, unbeschwert von den leichtgezimmerten Särgen. Ich gehöre zu den hoch Begrabenen. Wohne ich nicht im sechsten Stockwerk? Treibt mich das Schicksal nicht ins siebente? Gibt es sieben Stockwerke nur? Nicht acht, nicht zehn, nicht zwanzig? Wie hoch kann man noch fallen? In den Himmel, in die endliche Seligkeit? ›Sie sind so weit von hier‹, sagt Stasia[3].«

In *Hotel Savoy* wird die Metapher des Judentums zur Todes- und Vergänglichkeitsallegorie. Das »jüdische Schicksal[4]« ist Chiffre einer äußersten menschlichen Verzweiflung. »Seit Tausenden Jahren wandert dieses Volk in engen Gassen«, wie »ein Leichenzug«, die jüdischen Bettler sind »einsame Trauerweiden«, »menschliche Zypressen«, Zlotogors »müder Mund[5]«, der unter den verschmitzten Augen jahrhundertealte Trauer verrät, ist das Zeichen einer als Passion verstandenen menschlichen Geschichte.

Szenarium für diese unerlöste Passion ist eine Stadt, die moderne Industriestadt, die wie ein versteinertes Sodom unter dem biblischen Pech- und Schwefelregen daliegt. Schon Mendels Benjamin dem Dritten hatte es geschienen, als sei in den städtischen Ballungen die böse Saat von Babel aufgegangen, welche die Menschen dazu gebracht, sich in einer menschenfeindlichen Masse zusammenzudrängen und unnatürlich hohe Gebäude zu errichten[6]; sie waren ihm Zeichen für anmaßendes Vergessen der Mutter Erde und ihrer Demut. Peretz hatte in der modernen Großstadt eine antithetische Dimension zu seiner heiligen Auffassung der Existenz, zu seiner chassidischen »pansakramentalen[7]« Weltanschauung gesehen, und Schalom Alejchem hatte humoristisch die Folgen der industriellen Entwicklung der Stadt dargestellt, indem er seinen Menachem Mendel sich ins Börsenspiel verstricken ließ, das so mitreißend ist »wie der Fluß Sambatjon[8]«. Roth kann in *Hotel Savoy* dem Chaos nicht mehr die *pietas* eines Peretz oder die stoische Ironie eines Mendele und eines Alejchem entgegensetzen; er muß sich völlig dem Chaos hingeben, um es denunzieren zu können. Die Industriestadt erscheint in einem unheimlichen und zugleich tristen Licht, wie eine Hölle bar aller, auch negativen, metaphysischen Größe: übelriechend, von schlammigen, dampfenden Abflußgräben durchzogen, naß im Regen, Kohlenstaub, fauligen

Schmutz; der Regen, der die Stadt vom Himmel trennt und von vornherein jeden Schwung nach oben, jede vertikale Beziehung unmöglich macht, »hing über der Welt wie ein ewiger Vorhang[9]«. In seinen späteren, von »rechts« kommenden Anklagen stellt Roth die Industriestadt nicht anders dar (zum Beispiel im *Antichrist*); die späte Kritik und die frühe Wut des Anarchisten stehen in direktem Bezug, denn es handelt sich – unter verschiedenen politischen Farben – um dieselbe Polemik gegen die Säkularisierung. Rodolfo Paoli bemerkt zu Recht, daß *Hotel Savoy* wie ein Filmdrehbuch, wie eine Reihe von Sequenzen, komponiert ist[10] (als wolle sich der Film, den Roth mit blindem Unverständnis verabscheute, an ihm rächen). Man könnte vielleicht sagen, daß der Roman in einem kontinuierlichen Spiel von Auflösungen verläuft; die mit der trockenen Präzision der *Neuen Sachlichkeit* aufgezeichneten Fragmente und Einzelheiten verlieren sich in der allgemeinen Unwirklichkeit und Ungewißheit des fluktuierenden Kontextes. Wie bei Chagalls Bildern die Elemente der jüdischen Welt in die sich zersetzende Pariser Welt eingelassen werden[11], so sind in *Hotel Savoy* die Fetzen einer zerstückelten Moderne mit der epischen Archaik der jüdischen Motive verflochten: Die Gleichgültigkeit der Bettler und der Valutaschwarzhändler, das mosaische Begräbnis während des Aufruhrs, der jüdische Friedhof, die Majestät des im Westen intakt gebliebenen Millionärs Bloomfield (als Gestalt ein Vorläufer der später von Roth wiederentdeckten »Welt der Väter«) oder plötzliche Ruhepunkte episch weiser Betrachtung in der wirbelnden Abfolge episodischer »Bilder«. »Es geht ihnen schlecht, den Menschen, riesenhaft steht ihr Weh vor ihnen, eine große Mauer. Eingesponnen sitzen sie in staubgrauen Sorgen und zappeln wie gefangene Fliegen . . . Es ging ihnen schlecht, den Menschen. Das Schicksal bereiteten sie sich selbst und glaubten, es käme von Gott. Sie waren gefangen in Überlieferungen, ihr Herz hing an tausend Fäden, und ihre Hände spannen sich selbst die Fäden. Auf allen Wegen ihres Lebens standen die Verbotstafeln ihres Gottes, ihrer Polizei, ihrer Könige, ihres Standes. Hier durften sie nicht weitergehn und dort nicht bleiben. Und nachdem sie so ein paar Jahrzehnte gezappelt, geirrt hatten und ratlos gewesen, starben sie im Bett und hinterließen ihr Elend ihren Nachkommen. Ich saß im Vorhof des lieben Gottes Henry Bloomfield[12].«

Die soziale Unordnung ist einer der auffälligsten Aspekte des Zersetzungsprozesses der westlichen Welt, wie sie hier in der Industriestadt identifiziert wird; hungernde Flüchtlinge, ruhelose Heimkehrer, schneller Reichtum der Spekulanten und trostloses Elend, Streiks, die drohende russische Revolution, Zusammenstöße zwischen der Menge und den Soldaten. Das Hotel, in dem sich die auf ihrer endlosen Flucht verlorenen Kriegsopfer begegnen und wieder trennen, ist ein Spiegel der geistigen Leere, die der Zusammenbruch der »Welt von gestern« hinterlassen hat; der graue, monotone Erzählstil gibt nüchtern und ohne Ausschmückungen die Verzweiflung der von der Geschichte überrollten Schicksale wieder. *Hotel Savoy* bezeichnet sozusagen die erste Etappe der jüdischen Reise nach dem Westen, eine Durchgangsstation, wo noch die amorphe Verschlafenheit des Ostens und schon die anonyme Entfremdung des Westens herrschen. Man könnte mit einer Paraphrase zu Goldmann sagen: *Hotel Savoy* zeigt wie *Au-dessus de Vitebsk* von Chagall (1914) »den ewigen Juden über der Stadt in dem Augenblick, wo er abstürzen wird[13]«, die Details und die Bilder der Stadt, die hin und wieder aus dem Chaos geborgen und irgendwie im allgemeinen zerstörenden Fluß festgehalten werden, sind in der Tat magische, der Phantasie des jüdisch-russischen Malers würdige Augenblicke: »Die Stadt ist still, eine Turmuhr schlägt. Eine schwarze Katze läuft über den Bürgersteig. Man kann die Atemzüge der Schlafenden hören. Alle Fenster des Hotels sind dunkel, eine Nachtlampe lauert rötlich vor dem Eingang, in der engen Gasse sieht das Hotel aus wie ein düsterer Riese ... Schon flitzt da und dort ein Fenster auf, zwei Stimmen sprechen. Ein Dröhnen erschüttert das Holzpflaster, auf dem wir stehen. Ein weißer Schein erfüllt die Gasse, es ist, als ob ein Stück des Mondes in die schmale Gasse gefallen wäre. Der weiße Schein kam von einer Laterne, einer Blendlaterne, einem Scheinwerfer: dem Scheinwerfer Bloomfields. So kam also Bloomfield, wie ein Nachtangriff[14].«

Alle Gestalten in *Hotel Savoy* sind, direkt oder mittelbar, ewige Juden: Gabriel Dan, der jüdisch-russische Heimkehrer, Santschin, der Varieté-Clown mit seiner hungernden Familie und dem sanften Eselchen, das ihm bei seiner »Nummer« assistiert, der alte Hirsch Fisch, einst ein reicher und geachteter Mann, der nun von Träumen und vom Lottonummernverkauf lebt, der frühere Souffleur und jetzige Valutahändler Abel Glanz, der Magnetiseur Xaver Zlotogor, der fröhliche kroatische Revolutionär Zwonimir, der gescheiterte todkranke Karikaturist Taddeus Montag, der in seinen Karikaturen die Universalgeschichte verdreht, der Möchtegern-Regisseur Erich Köhler mit dem Glasauge, die sanfte, traurige Tänzerin Stasia, die der Protagonist liebt und die er trotzdem in seiner zu Handlung und Entscheidung unfähigen

Willensschwäche ihrem Schicksal überläßt. Verschieden voneinander und doch im ganzen einander ähnlich wie die Artisten eines Zirkus bilden diese Gestalten eine Gruppe in einer Welt der Treibenden und Verirrten gegenüber der »anderen Gesellschaft« der Fabrikanten Neuner und der Stutzer Alexanderl Böhlaug, der Reichen und Satten. Roth ist Meister in der lakonischen Gestaltung der *vanitas* dieser aus der Bahn geworfenen, verlorenen Existenzen, die zu sehr vom Leid verfolgt sind, als daß zwischen ihnen Bedeutungsvolles vorgehen oder noch Wesentliches erlebt werden könnte. Jede Zeile des Romans ist wie ein Vorspiel zu einer – nie eintretenden – Epiphanie, jeden Augenblick erwartet man die Liebesgeschichte zwischen Gabriel und Stasia, aber sie bleibt immer unvollzogene Möglichkeit, nicht verwirklichter, aufgelöster Wunsch, ein Lichtschimmer, der aufscheint, um sofort wieder in der Trübsal der Realität zu erlöschen, wo Stasia gleichgültig und müde der eitlen Vulgarität Böhlaugs erliegt. In weit stärkerem Maße als in der formvolleren Geschlossenheit seiner späteren Romane, die nicht immer ganz ohne Pathos auskommen, zeigt sich Roth in *Hotel Savoy* als Erbe der jiddischen Literatur mit ihrer Vorliebe für kleinste Gefühlsregungen, für kaum geahnte und nicht ausgesprochene Gedanken, für die ungesagten Worte, für die menschlichen Möglichkeiten, die verfliegen wie der »jüdische Seufzer[15]«, von dem Peretz spricht, und für die uneingestandene Liebe, die in Schalom Alejchems herrlicher Erzählung *Three Widows* ein ganzes Leben lang die ewig aufgeschobene Leidenschaft des Helden nährt[16]. In *Hotel Savoy* ist die Welt ein Zirkus mit seinem Elend und seinem falschen grellen Glanz, und sie ist die Geschichte, »der Weltgeschichte Strom[17]« (wie ein halbes Jahrhundert zuvor der jüdisch-wienerische Dichter Ludwig August Frankl geschrieben hatte), welcher das Individuum auf den Stand der gebrechlichen und marionettenhaften Unsicherheit eines Jongleurs oder eines Spaßmachers auf dem Seil heruntergebracht hat. Das ist das Schicksal der kafkaschen Akrobaten, die sich an die Illusion von Freiheit in einer schwindelerregenden Bewegung klammern, es ist das Schicksal von Ehrenburgs clownartigem Ostjuden Lasik Roitschwantz mit seiner Odyssee voll tragikomischer Kapriolen: ». . . denn wenn die hundertprozentige Geschichte in den Straßen spazierengeht, so bleibt einem gewöhnlichen Menschen nichts anderes übrig, als mit überströmender Begeisterung im Blick zu sterben . . . Aber Sie und ich sind doch keine Weltgeschichte. Wir sind nur unglückliche Reisegefährten in einem der vielen harten Eisenbahnwaggons[18]«. Die Notwendigkeit, im Westen Fuß fassen zu müssen, macht diese Menschen zu zerrütteten und zugleich furchtlosen Zirkusartisten; nicht von ungefähr schreibt Roth in *Juden auf Wanderschaft*, das Schicksal des Ostjuden im Westen bestimme ihn zum Clown[19]. Sie sind Zirkusfiguren, weil sie sich weder assimilieren, noch ihre eigene individuelle Integrität bewahren können. So leben sie in einer Art Niemandsland, in einem vorbürgerlichen oder unterbürgerlichen Limbus, in der Agonie einer pikaresken Welt, die schon vom westlichen Räderwerk zermalmt, aber noch nicht verschwunden ist, und das Symbol für dieses Zwischenreich ist wieder das unerschöpfliche Hotel: »Aber Zwonimir zahlt nicht. Er ist dem Hotel Savoy verfallen. Ich erinnere mich an ein Wort des toten Santschin. Der hatte mir gesagt – es war ein Tag vor seinem Tode –, daß alle, die hier wohnten, dem Hotel Savoy verfallen waren. Niemand entging dem Hotel Savoy[20].«

Das Hotel ist ein multivalentes Symbol, wenn auch immer nur für negative Realitäten. Ein Emblem des Westens, stellt es – in der anonymen Leere und in der Kommunikationslosigkeit unter seinen zahlreichen Gästen – die menschliche »Wüste« dar, die Wüste, als die Mendel Singer, der Rothsche Hiob, auch Amerika empfindet. Es ist also das Exil; aber wenn Kafka, worauf Blanchot richtig hingewiesen hat, bewußt in die Wüste ziehen wollte, um seiner Wahrheit als vom Lande Kanaan Exilierter ins Auge zu sehen[21], so wehrt sich Roth vorläufig noch, die Wüste oder die Luftspiegelung, die ihm in der Wüste die Heimat vorgaukelt (wie er im *Antichrist* schreibt[22]), zu akzeptieren. Hier verbinden sich bei Roth bittere autobiographisch motivierte Ironie und die gewohnte Kritik an der Industrialisierung mit dem Thema. Das Hotel ist ein falscher Ersatz für die Heimat, das nie das Individuelle des Heimes, des *Shtetls* ersetzen kann; es präfiguriert die zukünftige anonyme Gleichgültigkeit, in der es – sagt Roth in seinem Roman *Der stumme Prophet* – keine Heimat mehr geben wird, weil jeder Ort der Erde dem andern gleich sehen wird wie Punkte auf dem Meer[23]. Diese Dissakration hat mit dem Krieg eingesetzt, der die Heimat in Hinterland verwandelte[24]. Roth selbst, der in seinem unruhigen Reiseleben nie eine andere Bleibe hatte als die Hotelzimmer Europas, hat sich ja »Hotelbürger, Hotelpatriot[25]« genannt und so die eigene persönliche Heimatlosigkeit mit der kollektiven identifiziert: Paul Bernheim in *Rechts und Links* glaubt, in der Halle eines großen Hotels »seine legitime Heimat zu erkennen«, »den einzigen Ort . . . an dem man mit Würde unglücklich sein konnte[26]«. An anderer Stelle identifiziert Roth in Verkehrung eines typischen »*locus amoenus*« der mitteleuropäischen Gemütlichkeit diese fiktive, entleerte Heimat mit dem Café, in dem sich die Nachkriegsliteraten treffen: Es ist ein Café, das manchmal einem Lager überwinternder Nomaden gleicht, manchmal einem bürgerlichen Speisezimmer und manchmal einem Wartesaal, mit drei rötlich glühenden Öfen, »die aussahen wie Eingänge zu einer Hölle, die nichts Schreckliches hat« *(Zipper und sein Vater*[27]). In einer späteren großartigen Erzählung, die von der völligen Auflösung der ostjüdischen Seele und ihrem Überdauern im Reich des Imaginären handelt, schreibt Isaac Bashevis Singer über eine New Yorker Straße: »Die Leute an der Bar scheinen etwas Unirdisches an sich zu haben, als ob sie hier für Sünden bestraft würden, die sie in einer anderen Inkarnation begangen hatten[28].«

So ist das Hotel eine beunruhigende Allegorie der Industriekultur und erinnert offensichtlich, in vielen Einzelheiten, an das Hotel Occidental von Kafkas *Amerika:* die gleiche enorme Zahl von Zimmern und Gästen und dieselbe Unbestimmtheit der Zahl der Stockwerke, die gleiche Symbiose von organisatorischer Perfektion und existentiellem Geheimnis, das gleiche Rätsel um den unsichtbaren, unerreichbaren Direktor, der gleiche Kontrast zwischen dem eisernen Reglement der Geschäftsordnung und einem wirksamen Gesetz des Zufalls, denn: »Mit einem Hemd konnte man im Hotel Savoy anlangen und es verlassen als der Gebieter von zwanzig Koffern[29].« Wenn die perfekte hierarchische Organisation des Hotels die zeichenhafte Ursache eines unüberwindlichen existentiellen Unbehagens ist, so gibt es nur eine einzige Möglichkeit, sich dagegen zu wehren oder wenigstens darauf zu reagieren, nämlich seinerseits Unbehagen zu säen, indem man durch seinen individuellen Radikalismus die Hierarchie zu zerstören sucht. Die Ordnung wird verkehrt: Die Enkel – schreibt Roth an anderer Stelle – nehmen die Großväter auf den Schoß und erzählen ihnen Gruselgeschichten[30]. Eine verlorene Jugend kehrt die traditionellen repressiven Mythen der Kindheit um und verkündet: »Morgen ist Revolution . . . Die alten Märchen sind wahr geworden[31].« In der Revolte erscheint sogar das Gesetz nicht mehr in seiner Ambivalenz von positiven und negativen Bedeutungen wie bei Kafka, sondern als unheilvolles und zugleich in den letzten Zügen liegendes Geheimnis. Der unsichtbare Direktor Kaleguropulos ist in Wirklichkeit Ignatz, der alte Liftboy mit den bierfarbenen Augen, er ist »ein lebendiges Gesetz dieses Hauses, Tod und Liftknabe[32]«. Das Gesetz wird dem Tod gleichgesetzt, weil es außerhalb des ostjüdischen Zusammenhangs nicht wirklich existieren kann; es ist keine lebendige Kraft mehr, nur noch eine mechanische und unnatürliche Übertragung, etwas Einbalsamiertes, makaber und bedrückend. Übrigens endet auch Ignatz-Kaleguropulos auf dem Scheiterhaufen seines brennenden Hotels; die Flammen zerstören diese Morgue des erstarrten Gesetzes, und der Roman scheint mit der Öffnung auf eine unbegrenzte Freiheit zu enden, die – wie die späteren Werke zeigen – nichts anderes sein wird als die Fortsetzung der trügerischen Wanderung nach dem Westen. *Hotel Savoy* ist eine *concordia discors* von Epischem und Lyrischem. Episch ist die gleichmütige biologische Kraft der noch in ihrer Individualität unangetasteten Figuren, Vorläufer der erzählerischen Restauration der späteren Jahre: Zwonimir, von dem es heißt: »Er war gesund bis zur Gottlosigkeit, und er kannte keine Macht, außer seine eigene[33]«, der gutmütige und korrupte Militärarzt, der dem kranken Santschin Wein mitbringt, aber jederzeit bescheinigt, daß die Arbeiter, welche an der Tuberkulose, die sie sich in den die hygienischen Vorschriften hintergehenden Fabriken geholt haben, sterben, einer Herzschwäche erlegen sind, der Millionär Bloomfield, der heimkommt, um das Grab seines Vaters zu besuchen. Lyrisch sind der rasche, flüchtige Erzählrhythmus, die fortwährende Trauer der einzelnen Schicksale, der Seufzer über das rätselhafte Fließen der Dinge und des Lebens, die völlige Isolation des zur Kommunikation und zur Teilnahme unfähigen Individuums, das keinen Bezug zwischen dem eigenen subjektiven Drama und dem sozialen Drama seiner Umwelt finden kann. Dem »unpolitischen[34]« Gabriel Dan gelingt es nicht, sich konkret mit den streikenden Arbeitern zu solidarisieren. Mit seinem »sparsamsten Dialog . . . sparsamer als Hemingway[35]« (nach einem Ausspruch Hermann Kestens) eröffnet *Hotel Savoy* eine Art von Hemingwayscher Saga einer verlorenen Generation, in deren Mittelpunkt immer – vor allem in den Pariser Jahren – Roth selbst steht, als ihr Vertreter und Protagonist und auch als distanzierter Zeuge seiner selbst, Schauspieler und zugleich Selbstverherrlicher des immer unerfüllten und enttäuschten Versuchs, Leben und Kunst zu vertauschen, seine Existenz als Kunstwerk zu leben, was für ihn heißt, mit schmerzender Ehrlichkeit seine Leidenschaft zu spielen und in dieser Kompensation einen Ausweg zu suchen für die mangelnde persönliche Reife. Das Lyrische in Roth steht unter dem Zeichen der Einsamkeit: Mit lebenswahrer Wirkung des stilistischen Kontrasts ist es in plötzliche Zäsuren eingesprengt, die den Erzählvorgang unterbrechen: »Und nachdem sie so ein paar Jahrzehnte gezappelt, geirrt hatten und ratlos gewesen, starben sie im Bett und hinterließen ihr Elend ihren Nachkommen. Ich saß im Vorhof des lieben Gottes Henry Bloomfield[36] . . .« Oder, in einem anderen schon zitierten Passus: »Wie hoch kann man noch fallen? In den Himmel, in endliche Seligkeit? ›Sie sind so weit von hier‹, sagt Stasia[37].« Die Einsamkeit oder das Lyrische ist vor allem Ferne von jeder Alterität, absolute Ferne, weil es in ihr nicht einmal mehr Bezugspunkte, weder Zeit noch Herkunft, gibt: Weit von wo? ist die Frage der jüdischen Existenz, die immer wieder gestellt wird, wie in diesen Versen des jiddischen Dichters Frug:

Woher und wohin
zieht sich mein Weg
so schwer und so träg,
ohn' Ende und Beginn[38]*?*

Das Reich des Betrugs und die Verweigerung vor dem Gesetz

Ein noch radikaleres Beispiel für das aufreibende, zersetzende Schicksal des ins Vaterland zurückgekehrten Kriegsteilnehmers stellt der später erschienene Roman *Die Rebellion* dar. Sein Thema ist die Entlarvung des universalen Betrugs, des kafkaesken Urbetrugs, vor dem – schreibt Giuliano Baioni – der kafkasche Mensch »wirklich verloren und seine Welt wirklich absurd[1]« ist. Der Satz aus dem *Prozeß* – »Die Lüge wird zur Weltordnung gemacht[2]« – könnte auch in der *Rebellion* stehen. Roths erbitterte Demaskierung dieser Lüge muß verstanden werden aus seinem anfänglich zärtlichen illusionären Vertrauen in die Ordnung, in die Hierarchie und in die wohlige menschliche Wärme, deren Garanten jene sein müßten und in der Tat zu sein scheinen. Mit gerührter Sympathie beschreibt Roth die bescheidenen Zukunftsträume des loyalen und disziplinierten Andreas Pum, der dem Vaterland ein Bein geopfert hat: »Die Regierung hat ihm einen kleinen Briefmarkenverschleiß übergeben oder eine Wächterstelle in einem schattigen Park oder in einem kühlen Museum[3].« Auch Pums Wunsch ist wieder eine der zahlreichen Varianten des großen Rothschen Themas vom häuslichen Herd und von der kleinen, aber unverwechselbaren und unersetzlichen individuellen Dimension. Gewiß sieht Roth Andreas ironisch: » . . . ein Mann von seltenen Gaben des Gemüts. Fromm, sanft, ordnungsliebend und in vollendeter Harmonie mit den göttlichen und irdischen Gesetzen[4]«, aber die Ironie, hier im technischen Sinn des Terminus und nicht in der geläufigen Bedeutung höhnischen Verlachens zu verstehen, richtet sich nicht auf die Person, sondern auf die Diskrepanz zwischen Illusion und Realität, zwischen subjektiver Träumerei und Objektivität. Der dumpfe Loyalismus des gesetzesgläubigen Andreas verdient die Ironie im Sinne, wie sie jedes Opfer, jede menschliche Kreatur verdient, das vom unversöhnlichen Widerspruch zwischen Wunsch und Ergebnis, Anspruch und Niederlage zerrissen wird; im Sinne von Northrop Fryes Ausspruch, daß »der Archetyp der unvermeidlichen Ironie Adam ist, menschliche Natur, zum Tode verurteilt[5]«. Die bürgerliche Harmonie, die Andreas anstrebt, ist ein universaler Betrug, außerhalb des Ostjudentums und des *Shtetls* kann es sie gar nicht geben. Von der repressiven Gewalt dieses am Ende des Romans völlig enthüllten Betrugs werden auch Intimsphäre und Familienleben betroffen: »auch sein Körper hatte keine Heimat mehr[6]«, auch um die Liebe und um die Hingabe an die süße, grausame Sinnlichkeit von Kathies Körper wird Andreas im Räderwerk einer mitleidlosen Gesellschaft gebracht. *Die Rebellion* wickelt sich ab wie eine radikal verweltlichte Märtyrerlegende, sie stellt in diesem Sinn die Romanübertragung eines *exemplums* des jüdischen Leidensweges dar, auf der Linie der zahlreichen deutschen und jiddischen ostjüdischen Erzählungen wie *Der Bart des Abraham Weinkäfer* von Karl Emil Franzos[7], *Tsvishn emigrantn* (Ein Kranker?) von Bergelson oder *Di royte rayter un der prints der hunt* (Der Prinz, die Hündin und die roten Reiter[8]) von Mosche Lejb Halpern bis zu Malamuds *The Fixer*. Allerdings hat *Die Rebellion* nichts von der Demut, dem stoischen Hinnehmen des menschlichen Schicksals, die meist die jüdische Geistigkeit auch in ihrem furchtlosesten Widerstand ausmacht; Roths Roman bestimmt der zerrissene Geist der prometheischen Verweigerung, die anmaßende, furchtlose, individuelle Selbstausschließung.

Die Rebellion ist die ironische Geschichte eines Opfers, eines Sündenbocks, auf den ohne besonderen Grund alles Unglück, alle Verfolgungen niedergehen; er wird gewaltsam aus dem sozialen Kontext ausgeschlossen. Ist der Jude eine der typischen Figuren des *pharmakos* oder Sündenbocks der sozialen Gewalttätigkeit, so ist Andreas – der ordentliche, disziplinierte Heimkehrer, der von der Ungerechtigkeit der Welt, an die er geglaubt hat, zwangsweise auch zu einem jener von ihm zunächst verabscheuten »heidnischen[9]« Empörer gemacht wird – eine Übertragung des jüdischen Schicksals auf das Heimkehrerlos. Was die Juden, die im Ersten Weltkrieg mit patriotischem Eifer für Deutschland kämpften[10], haben erleben müssen, unterscheidet sich nicht sehr von dem, was Andreas geschieht. Kontrapunktisch zersetzt die Ironie den Mythos, die Mythisierung eines ideologischen Selbstbetrugs: »Das Dörrgemüse, das die anderen (Kriegsspitalinsassen) ›Drahtverhau‹ nannten, schmeckte ihm weniger. Dennoch leerte er den Teller. Er hatte dann das befriedigende Gefühl, eine Pflicht erfüllt zu haben, wie wenn er ein rostiges Gewehr blank geputzt hätte. Er bedauerte, daß kein Unteroffizier kam, um die Geschirre zu kontrollieren. Sein Teller war sauber, wie sein Gewissen. Ein Sonnenstrahl fiel auf das Porzellan und es glänzte. Das nahm sich aus, wie ein offizielles Lob des Himmels[11].« *Die Rebellion* ist nicht die

»rühmliche« Geschichte eines Märtyrers, sondern die arme, tragikomische Geschichte eines Menschen, der aus eigener und fremder Schuld, aber vor allem durch eine Reihe banaler und zufälliger Umstände zum Opfer wird. Aus eigener Schuld insofern, als er zu Beginn selbst die Gesellschaft, die ihn dann zermalmt, unterstützt und unbewußt deren Logik akzeptiert; als er sie dann ablehnt, aus ihr ausbricht, ist es zu spät. Die Schuld der andern ist klar, es ist die herrschende Ungerechtigkeit »des Staates, der Zweibeinigen, der Polizei, der Herren auf den Plattformen der Straßenbahnen, der Frauen und der Eselkäufer[12]«. Doch vor allem in der banalen Kette negativer und zufälliger Folgen scheint das existentielle und soziale Chaos auf. Roth ist Meister im Verflechten der zarten, losen Fäden minimaler Fehler, unerheblicher Vorkommnisse, alberner und scheinbar folgenloser Zufälle, kleiner Augenblicke des Nachgebens und unbeachteter Nachlässigkeiten, die unmerklich das Individuum in ein unentwirrbares Gewebe verstricken, bis die Falle zuschnappt. In der *Geschichte von der 1002. Nacht* hat Roth den Höhepunkt auf diesem Gebiet seiner Kunst erreicht, eine verborgene, drängende erzählerische Kraft schmiedet dort die nichtige, aber fatale Kette der winzigen Irrtümer und Fehltritte, die Taittinger ins Verderben stürzen. In der unerbittlichen Notwendigkeit, mit der das geschieht, übernimmt das oberflächliche Netz der sozialen Mechanismen die mächtige Funktion des antiken Fatums. Das ist auch das Los von Andreas, dessen dramatisches *crescendo* von der zufallsbedingten schlechten Laune eines sturen Kleinbürgers auf der Plattform der Straßenbahn ausgelöst wird. Das wirre Knäuel aus Schuld, Unschuld und Strafe wickelt sich in einem Ariadnefaden ab, der aber nicht aus dem Labyrinth hinausführt, sondern in das tiefste Innere, in den Rachen des Minotaurus. Kafka und Roth haben sich beide – in völlig gegensätzlichen Begriffen – an diesem Thema versucht. Kafka kapituliert nicht vor dem Geheimnis und kämpft, weil er sich selbst dazu verurteilt hat, sich »bis ins Ende hinein zu wehren«, ohne Unterlaß, um im Gewirre der täglichen Sinnlosigkeit das dunkle Gewebe des Mythos zu entdecken; er wehrt sich, wie der Held im *Prozeß,* so lange gegen das Geheimnis des Mythos, bis es sich ihm als rituelles Opfer des Auserwählten, das heißt des einzelnen, enthüllt. Roth hingegen nimmt das Verhängnis an: Er rechtfertigt es natürlich nicht, aber er kapituliert – trotz seiner heftigen Anklage – vor der Augenscheinlichkeit seiner Gewalt. Andreas, der Kriegsversehrte, der nicht mehr Drehorgel spielen darf, weil ihm das Geschick die nur allzu allegorische Lizenz wieder geraubt hat, ist der erste Hiob in Roths

Erzählwerk. Ein rebellischer, prometheischer Hiob, im Gegensatz zu den späteren, die auch im Protest noch im Grunde mit ihrem Schicksal einverstanden sind wie zum Beispiel Mendel Singer oder Napoleon. Er ist ein rein zufällig zum Opfer auserkorener Hiob, nicht aus irgendwelchen einsichtlichen Gründen, sondern durch eine absurde Kausalität, wie sie die biblische Wette zwischen Gott und Satan darstellt, die den ersten Hiob nur im Namen eines Hazardspiels zwischen zwei Parteien all dem Leid aussetzt. Andreas, der österreichisch-ungarische Exsoldat, möchte ja nur wie die anderen »als bescheidene Glieder der Weltordnung[13]« leben; sein unmotivierter Ausschluß aus dieser Ordnung verleiht ihm einen Heiligenschein der Unschuld. Ähnlich wie Joseph K. ergreift das zerstörende Schicksal Andreas: »Schon hatten die großen rollenden Räder des Staates den Bürger Andreas Pum in die Arbeit genommen ... langsam und gründlich ... Er wußte nicht, daß die gutgeölten Räder dieser Maschine auch manchmal ... sich unabhängig voneinander drehten und, jedes für sich, das Opfer zermalmten, das ihnen der Zufall ausgeliefert hatte[14].« Allerdings fehlt Andreas der unstillbare, selbstquälerische Drang Joseph K.s, der Sache auf den Grund zu gehen, wenn ihm auch die ganze Welt so verändert vorkommt, »daß alles, was uns gut in ihr erschienen, plötzlich schlecht ward[15]« und er sich fragt, ob der Grund für das alles nicht in einer verborgenen, unbewußten Sünde liegen könne[16]. Doch seine Reaktion bleibt die lineare Reaktion eines »einfachen« Menschen, die quälerischen, blinden Windungen und auch die komplizierte Ambiguität Joseph K.s liegen ihm fern, für Andreas treten an deren Stelle der ausdrückliche Anklageakt und die Rebellion.

Das Räderwerk, das Andreas zermalmt, erscheint als der unter doppeltem Aspekt gesehene Mechanismus der bürgerlichen Gesellschaft. Es ist erstens die gehässige, furchtsame Unterdrückung von seiten der herrschenden Klassen und vor allem von seiten ihrer – von Roth besonders wütend aufs Korn genommenen – feigen und frustrierten spießbürgerlichen Untergebenen, denen die neuen revolutionären Schlagworte – alles Erfindungen der »Ostjuden[17]« – panischen Schrekken einjagen. Zweitens verkörpert die bürgerliche Gesellschaft das Chaos der totalen Entheiligung, in der alles nur auf Grund seines quantitativen Werts von Ware und Preis manipuliert wird. Das Postauto mit der Reklame für eine Zigarettenmarke schießt über den Platz wie »der Wagen des Wahnsinns«, mit dem sich »die Verrücktheit über die Welt[18]« verbreitet, denn was hat schließlich die Post mit Zigaretten zu tun[19]? Auch die Windfahne, die sich auf der Spitze einer

Litfaßsäule dreht, scheint das Zeichen des allgemeinen Wahnsinns zu sein, über den Himmel ziehen Wolkenfetzen wie tückische Fratzen: » . . . Gott selbst schnitt Grimassen« – und vielleicht ist dieser Gott ein unermeßlicher Tyrann im kalten Blau seines Himmels[20].

Dieser Welt steht die demütige Unschuld hilfloser und verstoßener Kreaturen gegenüber. Zu diesen Vertretern der Reinheit zählt Fritz Hackert berechtigterweise auch Geschöpfe der Tierwelt wie die Spatzen, die Andreas so gerne in der Zelle füttern würde, daß er sogar einen ausdrücklichen Antrag an den Gefängnisdirektor stellt, oder wie Muli, den Esel, das einzige Wesen, das Andreas wirklich gefühlsmäßig nahesteht[21]. Diese legendenhafte, franziskanische Reinheit (wie sie Hackert definiert[22]) bildet den Kontrapunkt zur absoluten Negativität der menschlichen und geschichtlich-sozialen Welt. Auch sie knüpft wieder an die typische ostjüdische Tradition einer *pietas* an, die im Namen einer Zärtlichkeit für die ganze Kreatur die Tierwelt einschließt. Wenn Mendele Moicher Sfurim ein Pferd sah, das sich erschöpft im Schnee weiterschleppte, fühlte er tiefes Mitleid mit dem Tier, denn: »da meldete sich mein jüdisches Herz[23]«. Und Scholem Alejchem ernennt in der rührenden Erzählung *Mesushelekh* (Methusalem, Geschichte eines jüdischen Pferdes[24]) das Tier sogar im Zeichen des gemeinsamen Schmerzes zum Juden. Übrigens ist ja bei Mendele die »Heldin« seines Romans *Die Klatsche* (Die Stute) die Verkörperung Israels im Exil, und das ganze Erzählwerk Alejchems ist von einer Tierliebe durchdrungen, die nichts anderes als die Projektion seiner Liebe zu den Menschen ist: » . . . und mein Pferdchen – sagt Tewje der Milchhändler – soll inzwischen etwas kauen, wie wir es im Morgengebet sagen: ›Die Seele aller Lebenden preiset den Herrn‹. Und das Pferdchen ist ja auch ein Geschöpf Gottes[25]!« Oft ist das Pferd ganz selbstverständlich der stumme Gesprächspartner von Tewjes Monologen – in denen er sich nicht scheut, selbst dem Schöpfer peinliche Fragen zu stellen – und bleibt es bis zuletzt, als Tewje von ihm Abschied nimmt, weil er es wegen seiner Abreise nach Palästina verkaufen muß: Mensch und Pferd, »beide haben auf dieser Welt das gleiche Schicksal[26]«. Vieles wäre noch aufzuzählen: vom großen Thema der vererbten Angst vor den mit den Heerscharen Satans verglichenen »Hunden« (ein Leitmotiv der jüdischen Literatur seit der Kabbala bis zu den beiden Singer, von David Bergelson bis zum Anonymus von Triest[27]), das Kälbchen, dessen »mmm« Schalom Alejchem so gefiel[28], der Fisch – in der Erzählung *Solo* von Isaac Bashevis Singer –, dem die Männer den Bauch aufschlitzen: » . . . mit unheiligem Vergnügen, die Münder voll geronnenem Blut – nadelspitzen Zähnen – all das verriet eine abgrundtiefe Schlechtigkeit[29]«; bei Singer scheint auch das Huhn, dem der Metzger die Kehle durchschneidet »ein glasiges Auge und den aufgeschlitzten Hals gen Gottes Himmel gerichtet« dem Herrn des Alls eine jener großen Fragen ohne Antwort zu stellen: »Sieh, Vater im Himmel, was sie mir angetan haben. Und noch immer spaßen sie miteinander[30].« Es ist mit Recht in bezug auf Singer gesagt worden, daß auch das geschlachtete Huhn »jüdisch« sei[31], man könnte hinzusetzen, es ist jüdisch als Symbol des Schmerzes, aber auch als Zeichen einer vorurteilslosen frommen Religiosität, für die jeder Schmerz eine Bedeutung, eine Erlösung haben muß. »Ein weißer Schmetterling mit schwarzen Zeichen, die wie Schriftzüge waren, ließ sich auf einem Stein in der Nähe des Herdfeuers nieder und schien sich daran zu wärmen oder zu trocknen. Jakob schob ihm ein Brotkrümlein hin, aber der Falter bewegte sich nicht. Jakob berührte ihn mit der Fingerspitze, aber selbst dann blieb er reglos, und Jakob begriff, daß er nicht mehr am Leben war. Bekümmernis senkte sich auf sein Gemüt. Hier war ein Falter, der niemals mehr die Flügel bewegen würde. Er hätte auf dieses reizvolle Geschöpf, das nur einen oder nicht einmal einen Tag am Leben gewesen war und niemals von der Frucht der Sünde gekostet hatte, am liebsten einen Preisgesang angestimmt. Seine Flügel waren glatter als Seide und mit Ätherstaub bedeckt. Er ruhte auf dem Stein wie ein in ein Grabgewand gehüllter Leichnam[32].« Wenn er von seinen Kühen spricht, die er auf die Weide führt, drückt Jakob eine Überzeugung aus, die Singer selbst oft auf paradoxe Weise den Besuchern gegenüber in seinem von frei herumlaufenden und -fliegenden Tieren wimmelnden New Yorker Studio behauptet hat: »Am Ende aller Tage muß es auch für sie eine Erlösung geben[33].« Nicht zufällig erwähnt Singer in demselben Roman mehrmals die lurianische Kabbala, das kabbalistische Denken Lurias, das sich in »einem großen Mythos des Exils[34]« niedergeschlagen hatte. Und im Namen dieses universalen und existentiellen Exils, »jenes innere Exil, in dem alle Kreatur seufzt[35]«, gewinnt die *pietas* für die Tierwelt die mystische und metaphorische Bedeutung einer Sehnsucht nach der totalen Erlösung. Eine talmudische Geschichte erzählt auch vom frommen Juda Hanassi, der von Gott gestraft wurde, weil er dem Metzger ein Kälbchen zurückerstattete, das sich in der Hoffnung auf Mitleid zu dem Weisen geflüchtet hatte. Doch dieser »erbarmte sich der Kreatur nicht« und gab sie dem Metzger zurück mit den Worten: »Schlachte das Tier, dazu ist es erschaffen worden[36]!« In einer Novelle in der *Jüdischen Rundschau* vom 23. Februar 1937, *Talmudische Szene*, hat Hermann Sinsheimer die Legende paraphrasiert. Der erzählende Kommentar im haggadischen Stil betont die symbolisch-existentielle Bedeutung. In Babylon sitzt der Rabbi mit der Bibel in der Hand am Meer, traurig, weil sich der Abend niedergesenkt hat und ihn, wie eine Schuld, die Müdigkeit der Schöpfung mitfühlen läßt. Deshalb liest er, als ein Mann ein sich sträubendes Kalb an ihm vorüber zum Schlachthof zerrt, in den von der untergehenden Sonne geblendeten Augen des Tieres ein Flehen um Hilfe, denn auch das Geheimnis des Tieres ist ja in der Weisheit der Schrift enthalten, doch »er selbst war müde, er selbst hatte sich der Ermattung hingegeben wie einem Laster[37].« Er überläßt das Opfer seinem Schicksal, das in der festgesetzten »Ordnung« vorgesehen ist, und versinkt im Dunkel einer Nacht, die auch das Exil Israels und die Verbannung aus der Gottesnähe (*Shekhinà*) und daher totales existentielles Exil ist. »Die Nacht fiel herein wie eine Sintflut von Dunkel. Die Sonne lag im westlichen Meer. Alles Licht war erstorben. Der Rabbi sah auf dem gerade sich hinziehenden Weg das weiße Fell des Kälbchens ins Finstere eintauchen, so wie einen allerletzten Schimmer des Lichts. Da wußte er, daß ihm der Ewige eine gute Tat zugeteilt, daß er aber sie ungetan gelassen hatte, weil er voreilig müde und traurig geworden war (und) ein Opfer der Nacht geworden war und blind vor dem Anspruch der Schrift, nicht das Gemäße und Menschengerechte zu tun, sondern das Ungemäße nach der ewigen Gerechtigkeit[38] . . .«

Die messianische Wucht des negativen Denkens, das nach einem neuen Gesetz auch in der Natur ruft, reicht – wie Tito Perlini[39] angemerkt hat – bis zur »Erlösung« der Tierwelt. Im Licht dieser, wenn auch fernen und mittelbaren Überlieferung muß die symbolische Präsenz des Tieres in der *Rebellion* verstanden werden, das Gespräch mit den Spatzen, die Freundschaft mit dem anarchischen Papagei, der Trost, den Andreas in der Stunde der schlimmsten Demütigung bei seinem lieben Eselchen findet. »Es war hell genug, daß man seine Augen sehen konnte. Sie waren groß in der Dunkelheit und bernsteingrün. Sie waren feucht, als stünden sie voll Tränen[40].« Der Esel ist das einzige freundliche Geschöpf in dieser kalten, leeren Unendlichkeit, eisig wie der Winterhimmel, der drohend auf dem sich erdrückt fühlenden Individuum lastet: »Draußen schien sich die Welt zu weiten[41].« Es ist die kosmische Ausdehnung eines leeren Alls, das nicht mehr als freier Raum, sondern als schwindelerregendes und zugleich erstickendes Gefängnis empfunden wird. Es mutet daher nicht seltsam an, daß aus dieser Perspektive auch die Natur in einem elenden abwesenden Licht erscheint, wie der »kümmerliche[42]« Frühling des Kastanienbaums, der im Hof hinter der Latrine, wo Andreas arbeitet, blüht. Diese Entfremdung von der Natur ist eine Potenzierung der immer wieder in der jiddischen Literatur betonten Dürftigkeit der Landschaft. Im kleinen jüdischen Theater von Berlin, schreibt Roth in *Juden auf Wanderschaft,* stand eine kümmerliche Linde »und repräsentierte die Natur[43]«.

Aus den Dörfern verbannt und gezwungen, in kleinen, von einer feindlich gesinnten bäuerlichen Umgebung isolierten Städten zu wohnen, fanden sich die Ostjuden sozusagen von der Natur und vom direkten Kontakt mit ihr abgeschnitten; in ihrer zwangsläufigen Beschränkung auf typisch städtische Beschäftigungen und in ihrer Ausgliederung aus der bäuerlichen Welt neigten die Juden dazu – wie Goldmann geschrieben hat –, die Natur als unnatürlich zu empfinden gegenüber der vertrauten Sphäre des Hauses, des Winkels oder des Zimmers[44]. Übrigens hatte lange vor Goldmann der Dekan der literarischen Schule Prags, Hugo Salus, in einer seiner *Ghettogeschichten* bemerkt, daß das einzige Grün im jüdischen Viertel der Friedhofsgarten war (der berühmte Prager Friedhof[45]), und er hatte hinzugefügt: »Naturempfindung und Schönheitssinn ist für eingesperrte, arme, gedrückte Menschen etwas ganz Unbekanntes, aber auch für Ghettojuden nie Empfundenes[46].« Diese typisch jüdische Stadtlandschaft findet sich auch bei dem Triestiner Svevo, und sie bildet den tristen Schauplatz von *Hotel Savoy.* Später greift Roth dann im Zug seiner allgemeinen »Verwestlichung« oder wenigstens seiner Übersetzung des Ostjudentums in westliche Begriffe mit herber Eindringlichkeit auf die sprechende, oft zerstörerische Präsenz der Natur zurück, und es ist meist eine melancholische und unermeßliche slawische Landschaft.

In *Juden auf Wanderschaft* hatte Roth von dem familiären Verhältnis der Ostjuden zu ihrem Gott gesprochen, bei dem sie sich so »zu Hause[47]« fühlen, daß sie sich im Gebet gegen ihn empören: »(sie) schreien zum Himmel, klagen über seine Strenge und führen bei Gott Prozeß gegen Gott[48] . . .« Das alte biblische Motiv des Kampfes mit Gott – in der chassidischen Version von arroganter Vertraulichkeit gefärbt – liegt Roths *Hiob* zugrunde und führt in vielen seiner Werke, vor allem in den späteren, zu Lösungen positiver Versöhnung, doch in der *Rebellion* hat es eine völlig andere Bedeutung. Hier handelt es sich nicht um die – kindliches Vertrauen voraussetzende – religiöse Verkehrung, sondern um eine echte negative Religion. Es ist kein nach dem fideistischen Paradox als Religion zu verstehender Atheismus, sondern ein offen als Atheismus bekannter Glaube: Religion, insofern als nicht die Existenz ihres Objekts abgestritten wird, Atheismus, insofern als diesem Objekt nur negative Eigenschaften zuerkannt werden können. Der Prozeß findet in der Latrine, wo Andreas Dienst macht, statt, in seiner vom Delirium des Todeskampfes erhitzten Seele. Wie gewöhnlich episiert Roth den inneren Monolog und das Strömen von Andreas' Bewußtsein in einer objektiven Erzählung, was im Kontrast zwischen der syntaktischen Geordnetheit und der Irrealität des Erzählten das Absurde der Situation und ihre nur im Bewußtsein, im Delirium eines sich auflösenden Geistes bestehende Realität noch verstärkt. Das Subjekt erlebt sich selbst in der dritten Person: »Andreas stand vor dem Richter. Die Vorladung hatte er soeben dem Gerichtsdiener übergeben. Der trug sie mit weihevoller Gebärde zum Schreiber[49].« Der ganze Prozeß wickelt sich mit der Präzision des Traumhaften ab, in der die peinlich genau realistisch fixierten Details mit surrealistischen Schauplatzveränderungen zusammengehen: Der schwere Tritt der genagelten Stiefel des Gerichtsdieners, das Rascheln der Feder auf dem Papier und die Spitze des Federhalters, die »dünn und drohend, wie ein geschliffener Speer[50]« über den Kopf des Schreibers ragt, der schwarze Talar des Richters mit dem noch schwärzerem Samtkragen, das Kreuz auf dem Tisch, das aussieht, als bestehe es aus den Seifenwürfeln der Herrentoilette, die Zeugen beziehungsweise die im Lauf seines Lebens gekannten Personen, die Orden, die man ihm gekauft hat, damit er auf die Kunden der Toilette einen patriotischen Eindruck mache, die hereinflutende und sich wieder entfernende Musik des Leierkastens, die Identifizierung mit seiner Vergangenheit (»Er trug kurze Hosen[51]«), die Wände des Gerichtssaals, die aus den gleichen Kacheln bestehen wie die der Latrine, das plötzliche Gewahrwerden des Saales mit tausend Knienden, auf dessen Fußboden die Krücke kein Geräusch verursacht, und am Schluß das sich ausdehnende Gesicht des Richters, das »weiß zu leuchten[52]« beginnt. In diesem Rahmen hält Andreas seine Rede, er spricht Worte aus, die er »nie gehört, gedacht oder gelesen. Tief in ihm hatten sie geschlafen, gebändigt von dem armseligen Verstand, verkümmert unter der grausamen Hülle des Lebens[53]«. Worte, die aus Zorn, die Existenz Gottes nicht leugnen zu können, sie nun schmähen müssen. In Andreas' Anklagerede schäumt Roths ganzer Protest jener Jahre gegen das existentielle und besonders gegen das soziale Übel, gegen die göttliche Billigung der Aufteilung der Menschheit in Klassen und gegen die Unvollkommenheit der Allmacht Gottes, angesichts derer der Menschenwürde nur die Gebärde blasphemischer Verleugnung bleibt.

Wenn auch diese ins Negative verkehrte Religiosität schon durch die Tatsache ihres So-Seins immer noch im Bereich der religiösen Problematik verharrt, so hat sie doch in einem Punkt nichts mehr mit der jüdischen Perspektive des Motivs zu tun (von der hingegen *Hiob* bestimmt werden sollte): Das sozialpolitische Element hat das Übergewicht vor dem existentiellen. Zwar in den Grenzen eines konfusen anarchisch-sentimentalen Protests bricht *Die Rebellion* doch mit der Tradition. Auch mit der religiösen Tradition, auch mit dem Gesetz, das, wie schon in *Hotel Savoy*, hier in der Gestalt des uralten, kurzsichtigen, schiefen Schreibers, der wie besessen protokolliert, »als gälte es, die Aussagen der Jahrhunderte abzuschreiben[54]«, und in der Gestalt des Richters mit einem drückenden, verfaulten Vermächtnis identifiziert wird: »Der Richter war bartlos. Er hatte ein unbewegliches Antlitz voll steinerner Majestät, wie ein toter Kaiser. Seine Gesichtsfarbe war grau, wie verwitterter Sandstein. Seine großen grauen Augen waren alt wie die Welt und schienen durch die Wände in ferne Jahrtausende zu blicken. Nicht bogenförmig gekrümmt, wie bei anderen Menschen, sondern waagrecht, wie zwei lange, schwarze Kohlenstriche standen die Brauen am untern Rande der scharfen, kantigen Stirn. Die dünnen Lippen waren fest geschlossen, breit und blutigrot . . . in der Mitte des männlichen starken Kinns . . . eine fast kindliche Mulde[55].« Das Gesetz, die *Thora* als Gedächtnis, erscheint hier als das zu Verwerfende, als lastender, unerbittlicher Druck in der Unanfechtbarkeit des Urteilsspruchs: Es ist das Gedächtnis, das Haas als »die tiefste Eigenschaft Jehovas« bezeichnet, »daß er gedenkt, daß er ein untrügliches Gedächtnis ›bis ins dritte und vierte Geschlecht‹, ja, bis ins ›hundertste‹ bewahrt[56]«. Später sollte Roth den menschlichen Wert dieses Gedächtnisses erkennen, ja, es zu seinem Credo machen. Jetzt aber erdrückt es Andreas Pum, es ist für ihn ein lastendes, unerbittliches Register, das er nicht verinnerlichen kann, denn dem Heimkehrer und metaphorischen *Shtetl*-Flüchtigen Andreas Pum ist das Gesetz Gedächtnis einer Vergangenheit, die seinem Wesen nicht angeboren ist, die ihm nicht gehört.

Totalität und Bedeutungen

In *Flucht ohne Ende* – der Titel hat Symbolkraft für diese ganze Schaffensperiode Roths – ist das Motiv der Reise nach dem Westen mit einem Zentralproblem im Werk des Schriftstellers verflochten; es geht um die Frage der Totalität, des umfassenden Zusammenhangs und der Sinnträchtigkeit der einzelnen Erscheinungen. Das Rothsche Erzählen kreist um diese Frage nach der Darstellbarkeit eines organischen Ganzen der menschlichen Existenz im modernen Roman, nach der Verbindlichkeit echter Bedeutungen im chaotischen Strom des Lebens. Es geht, um es mit anderen Begriffen zu sagen, um die Frage, ob Epik überhaupt noch möglich sei: Eine Frage, auf die Lukács bekanntlich ein für allemal eine starrsinnige und eindeutige, in ihrer erbaulichen Vereinfachung des Problems imponierende Antwort gegeben hat. Roth scheint bis zu der durch *Hiob* markierten Wende das Problem in negativem Sinn lösen zu wollen, er lehnt ein als Synthese zu verstehendes literarisches Werk ab und bricht mit den geschlossenen Strukturen des traditionellen Romans. Das berühmte *Vorwort* zu *Flucht ohne Ende* mit seiner Proklamation des *Berichts*[1] als Ablösung der nicht mehr zeitgemäßen *Erzählung* mag auch als Parodie der damals Mode gewordenen Reportage-Erzählung zu verstehen sein, doch die Negation des *Erfindens* und des *Komponierens,* des phantastischen Einfalls und der willkürlichen Anordnung der realen und literarischen Daten also, bedeutet eine unmißverständliche Erklärung zur Poetik. Der ethisch-politischen Rebellion entspricht – bis zu *Hiob* – ein Radikalismus des Ausdrucks, der es darauf anlegt, die Synthese, die Überwindung, die Geschichte zu zerstören: Die formale Zersplitterung kennzeichnet die Unmöglichkeit, in den täglichen Ereignissen mehr als nur zufällige Bedeutungen zu erkennen. Der allwissende Erzähler verschwindet aus dem Werk, an seine Stelle tritt – auch wenn der Roman wie *Das Spinnennetz* in der dritten Person erzählt ist – ein genau umrissener und begrenzter Gesichtswinkel des Erzählenden, der auf jede einheitliche und organische Anschauung der Wirklichkeit verzichtet und diese Wirklichkeit als zerstückelt und in steter Auflösung begriffen erlebt wie das Nachkriegschaos in den Augen Gabriel Dans, des Ich-Erzählers von *Hotel Savoy.* Oft, und besonders in der *Flucht ohne Ende,* definiert Roth Literatur als unsichere, bruchstückhafte

Annäherung: Er rekonstruiert das Geschehen auf der erklärten Grundlage zweifelhafter und ungewisser Mutmaßungen oder von Berichten aus zweiter Hand, er stützt sich auf hypothetische objektive Gegebenheiten wie die Briefe oder Tagebücher Franz Tundas[2]. In dreifacher Hinsicht verschließt sich Roth in dieser ersten Periode dem, was allgemein das Epische ausmacht: Er negiert die Auswahl und Unterscheidung zwischen Wesentlichem und Unwesentlichem, verzichtet auf die Anordnung der Geschehnisse nach einer das Moment ihrer Unmittelbarkeit überschreitenden Logik und leugnet eine organische Beziehung des einzelnen zum Ganzen, das heißt die Möglichkeit, im besonderen den Prozeß und das Gesetz des Ganzen zu erfassen. Das zerstückelte Universum ist ihm nicht ein Spiegel, dessen Bruchstücke immer noch die Welt widerspiegeln könnten, sondern eine auseinandermontierte technische Vorrichtung, deren Einzelteile für sich genommen nutzlose Dinge sind.

Auch der Austrojude Franz Tunda, der, nach Kriegsende aus den Diensten der Geschichte entlassen, über tausend Hindernisse, Pausen und Umwege nach Wien wandert, geht auf seine Weise den Weg nach dem Westen der »Juden auf Wanderschaft.« Die Rolle des verlassenen *Shtetl* übernehmen für Tunda das weggespülte Imperium und die stille sibirische Einsiedelei seines Freundes Baranowicz. Auch seine Reise ist eine Allegorie jenes Übergangs »aus der schrecklichen Einzigkeit des jüdischen Gottes« in die »verführerische Vielfalt des modernen Lebens«, die Irving H. Buchen als die Grundstruktur von Isaac Bashevis Singers Erzählen definiert hat[3]. Wohlgemerkt ist der Bezug auf das Jüdische in der *Flucht ohne Ende* rein symbolisch, chiffriert in der bestimmt nicht zufällig halb jüdisch-polnischen Abstammung des Protagonisten und zu verstehen als Allegorie einer Lage, die, wenn auch unter völlig anderen Verhältnisses, vom analogen verzweifelten Konflikt zwischen Einheit und Vielfalt bestimmt ist. Die Vielfalt, an der sich Tunda auf seiner Odyssee zu messen hat, ist die chaotische, zusammenhanglose Vielfalt der neuen Welt, wie sie auf den Trümmern der sicheren Maßstäbe der Welt von gestern entstanden ist. In diesem Sinn ist Tunda der typische Held, der auszieht, ein neues Land zu entdecken; er ist das entbundene und isolierte Individuum, das sich mit der Auflösung der alten Ordnung und deren Bruchstücken und Surrogaten auseinanderzusetzen hat. Er ist ein *Picaro*, dessen Nichtangepaßtheit ein verfremdendes Licht auf die sich herausbildende Gesellschaft der Nachkriegszeit wirft. Allerdings ist Tunda ein moderner *Picaro*, willensgelähmt und passiv; er weiß die Hohlräume und die winzigen, vom unerbittlichen Rad der Fortuna freigelassenen Lücken nicht klug zu nutzen, kann sich nur treiben und mitziehen lassen. Sein durchgehend negatives Urteil drückt sich nur in der überraschten Bestürzung aus, mit der er die neue Realität aufnimmt: die Banalität des täglichen Lebens und der falschen Kriegsbegeisterung, mit der man es zu beleben glaubte, die Ethik der Heereslieferanten, die Klischees, die sich – sie ihres Sinnes entleerend – auch der Revolution bemächtigen, die Reste der Welt von gestern wie selbst der »ärarische« Akzent, die Entstellung der revolutionären Grundsätze, das Bedürfnis nach konventionellen Lügen bei den europäischen Bourgeois und ihr falscher Humanismus, wie ihn eben Neureiche, die jeden Wert zur Ware degradieren, verstehen, der Zwang zu Aktivismus und Hygiene bei der neuen »leeren« Jugend, die Manipulation der zum politischen Werkzeug herabgesetzten Kunst, gerade, wenn ihre apolitische Geistigkeit proklamiert wird, die Kompromisse einer schon bald völlig vom Konsumprinzip geleiteten Gesellschaft, der auch Radikale und Kommunisten zahm machende Kunstmarkt, der Antisemitismus, den selbst einige jüdische Kreise in ihrem Interesse fördern, die Löcher in der europäischen Kultur, die mit manirierten Exotismen gestopft werden, die neue, dominierende Funktion des Kleinbürgers, der als »Mittelständler[4]« Vermittler aller Produkte in einer zusammenhanglosen Welt geworden ist, und die falsche dekorative Funktion, auf die man das erniedrigt hat, was selbständige Realität sein sollte. Der Bezug auf das Judentum erscheint nicht nur in einigen Details – zum Beispiel in der kurz erwähnten Gestalt des intellektuellen Revolutionärs Nirunow oder bei den schon genannten jüdischen Kulturgeräten, die als Nippsachen benutzt werden[5] –, sondern in der Struktur der Erzählung selbst. Wie Lazik Roitschwantz aus dem im gleichen Jahr erschienen Roman Ehrenburgs ist auch Tunda eine Art *Picaro*, der verschiedene Regimes und Länder – das Rußland der Revolution, Deutschland, Frankreich – und verschiedene soziale Klassen erfahrend durchläuft und dabei immer wesentlich Opfer bleibt und ihre Negativität von einem metahistorischen Nullpunkt aus beurteilt. Während allerdings Lazik angesichts der Unordnung nicht aufgibt – furchtlos und anklagend nennt er sie im Lichte seiner talmudischen Apologe beim Namen und bewahrt sich so die Integrität seiner Person und seiner Werthierarchie –, ist Tunda ein moderner Held, der durch die neuen kollektiven Wesenheiten angegriffen und zerstört wird und jedes Maß- und Urteilskriterium verliert.

Dem Fehlen von Bedeutungen entspricht Roth in der Darstellung durch die absichtlich unterlassene Auswahl des Wesentlichen. Wahrer Protagonist seiner ersten Romane und Erzählungen ist das Detail. Die epische Spannung löst sich in eine unendliche Reihe unnützer und zufälliger Details auf, die nach Belieben vertauschbar sind. Der Erzähler schenkt ihnen nicht etwa aus besonderem Interesse Beachtung, sondern weil sein Interesse überhaupt nach keiner bestimmten Richtung hin orientiert ist. Hansjürgen Böning hat darauf hingewiesen, daß Roth sich an einen anonymen Kreis moderner Leser wendet[6]. Diese Beobachtung trifft auf die ersten Romane zu, allerdings nicht mehr auf die späteren, wo Roth von neuem ein unmittelbares, persönliches Verhältnis zum Leser setzt, indem er – beinahe wie ein alter mündlicher Erzähler chassidischer Tradition – die Erzählerautorität wieder beansprucht, die, nach Hackert, in der modernen Dimension des Romans zum großen Teil verlorengegangen war[7]. Wie die photoelektrische Zelle auf jeden Lichtreiz reagiert, so registriert der Erzähler in der *Flucht ohne Ende* jeden einzelnen Gegenstand, doch nicht, um – wie Lenin forderte – die Vielfalt der Relationen in ihm zu zeigen, sondern um seine völlige Beziehungslosigkeit zu unterstreichen. Kriterium und Anstoß zur Auswahl ist hier die Gleichgültigkeit. Sie erfaßt alle Erzählelemente, Ereignisse wie Personen und selbst Dinge. In der *Flucht ohne Ende* werden alle Komponenten und Motive aneinandergereiht, in ihrer gemeinsamen Bedeutungslosigkeit sind sie untereinander austauschbar: der Krieg, die sibirische Gefangenschaft, die Revolution, die Begegnung mit Natascha, mit Alja und mit der Französin in Baku, die Rückkehr nach Europa, der Pariser Aufenthalt, das alles folgt aufeinander und addiert sich in ununterschiedener Banalität, in der es keine wirklich bezeichnenden Erfahrungen oder Abstufungen der Wirklichkeit gibt, und vor allem keine Kontinuität und kein Werden. »Panoptikum, Porträt, Genrebilder[8]« liefern die Kriterien der bildnerischen Beschreibung, doch die Starrheit dieser Gestaltung – schreibt Fritz Hackert – drückt bei Roth nicht mehr die Dauer aus wie bei der barocken Allegorie[9]. Roths erste Romane sind im weitesten Sinn die antiepische Gestaltung eines totalen Verlusts von Dauer und damit von jeder über den flüchtigen Augenblick hinaus gültigen Bedeutung. Ausnahmen bilden nur einige Gestalten wie Baranowicz in seiner grenzenlosen sibirischen Einsamkeit, der wie die späteren Helden Roths in einer ununterbrochenen, immer auf das Absolute hin ausgerichteten Dauer lebt. In der *Flucht ohne Ende* oder in *Rechts und Links* tritt bewußt das Erzählen hinter die Beschreibung zurück, oder, besser gesagt, es wird beschreibend erzählt: Der Raum scheint die Zeit aufzuschlucken und damit jede Entwicklung der Gestalt zu unterbinden. Das Erzählen wird Rede, ständig offen für zusammenfassende und chronische Einschübe, für marginale und unberechtigte Abweichungen, für ironisch informative Bemerkungen, die in Wirklichkeit nichts erhellen. Der Erzähler weicht dem Chronisten, die Erzählung der Information, und diese bringt eine Folge akzessorischer Daten wie ein Zeitungsbericht, der absichtlich das Wesentliche übergeht.

So betrachtet, ist *Die Flucht ohne Ende* auch eine Parodie der Journalistensprache, dieser Quintessenz aller von der modernen Bewußtseinsindustrie produzierten Verfälschungen in Roths Augen. Die Menschen im Roman haben kein eigenes autonomes Leben, sie sind eindimensional porträtiert und verflacht. Das gleiche gilt für die Ereignisse: Franz Tundas Gefangenschaft in Sibirien wird als bloßes zufälliges Detail erwähnt, welches wieder Anlaß zu gewollt unnötigen Abschweifungen und weiteren Detailangaben bietet: »Seit Jahren ging er (Baranowicz) in ein bestimmtes Bordell, zu einer Rothaarigen; Jekaterina Pawlowna hieß sie[10].« Ständig wird die Galerie der Nebenfiguren – flüchtige Skizzen oder abgeschlossene, vom Kontext lösbare Miniaturen – erweitert, doch sie steht auf keinem festen Fundament, verliert sich ins Nichts wie die falschen menschlichen Beziehungen, die zufällig angeknüpft werden. Der Roman setzt sich aus aneinandergereihten Abschnitten zusammen, zwischen denen die weder ausschmükkende noch bedeutungsetzende, sondern abgeschmackt informative Beschreibung eine Simultaneität schafft, welche die räumliche Dimension der Rede voraussetzt und die der Erzählung eigene Zeit ausschließt.

Wie dem von Raphael Seligmann[11] soziologisch analysierten Ostjuden so geht auch Franz Tunda ein richtiger Sinn für die Realität seiner Umgebung ab; der Zufall (der plötzliche, grausame Zufall der Ostjuden, dem sich im Schicksal des Austrojuden Tunda die launische barocke Fortuna zugesellt) scheint sich zum einzigen geschichtlichen und individuellen Gesetz aufgeworfen zu haben. Die Realität, in der sich Tunda bewegt, ist provisorisch, zufällig, akzessorisch, ungewiß und fungibel, es ist die Wirklichkeit des »Vielleicht«, des »Vermutlich«, des »Wer weiß«. Die geistige Haltung Tundas deckt sich mit der des Ostjuden, der durch wirtschaftliche Unsicherheit und den Einfluß einer entstellten talmudischen Scholastik eine relativistische Logik entwikkelt, die keine leitenden Prinzipien und kategorischen Behauptungen mehr kennt und sich ganz auf die fluktuierende Beweglichkeit der Analogien, der Problematisierungen und der Hypothesen stützt. In der

Flucht ohne Ende fehlt wesentlich die Instanz des Urteils (es ist höchstens indirekt und negativ abzulesen aus der demaskierenden Darstellung der trostlosen Bürgerwelt der Nachkriegszeit in ihrer egoistischen, kompromißlerischen Lethargie, wie sie von der künstlerischen, geistig leeren Atmosphäre im Hause Georgs, Franz Tundas Bruder, widergespiegelt wird). An die Stelle ethischer Bejahung tritt das Urteil als Frage, als neurotische Dialektik ohne Synthese, als mißtrauische Zersetzung jedes objektiven ethischen Fundaments – auch wenn gerade durch diese Entleerung im Negativ das ideologisch-moralische Engagement ausgedrückt werden soll. Roth geht es in diesem Roman, in dem er sich vollkommen zur modernen Literatur mit ihrer Auflösung der epischen Form und der Bedeutungen bekennt, um die Darstellung der Leere und der Krise einer literarischen und geistigen Strömung, die jedem Urteil abgeschworen hat. Deshalb kann es in der *Flucht ohne Ende* keine Freiheit geben: Die Menschen scheinen Franz Tunda wie Schachfiguren, welche von der Hand eines unter dem Tisch versteckten Spielers bewegt werden[12], dem Helden selbst, als er im Zug nach dem Westen saß, »schien (es), daß er nicht freiwillig fahre. Es war so gekommen, wie alles in seinem Leben, wie das meiste und wichtigste auch im Leben der anderen kommt, die durch eine geräuschvolle und mehr bewußte Aktivität verführt werden, an die Freiwilligkeit ihrer Entschließungen und Handlungen zu glauben[13]«. Auf die gleiche Weise gibt es keine Beziehung zwischen einer Überschreitung und ihren scheinbaren Folgen, zwischen den Erfolgen oder Mißerfolgen und den ihnen zugeschriebenen Ursachen.

Und wie es keine Freiheit gibt, so auch kein Bewußtsein und keine Kommunikation. Die moderne Theaterregie – von der Roth in *Rechts und Links* sagt, daß sie leere Räume und menschliche Einsamkeit schaffe[14] – scheint auch die Szenerie und die Gebärden in der *Flucht ohne Ende* zu bestimmen. Private und geschichtliche Ereignisse, die Liebe und die Russische Revolution gleiten vorüber wie die Kulissen einer Vorstellung, deren Sinn man nicht versteht. Der Blick des liebenswürdigen, vornehmen Präsidenten war »Ausdruck eines glatten, gläsernen Auges, das die Bilder der Welt nicht anders aufnahm, als ein Spiegel[15]«. Das Wesentliche bleibt verborgen und verheimlicht, ist jeder Spannung und jedem menschlichen Sehnen entzogen wie bei einer unnahbaren und gleichgültigen Gottheit: Als Tunda zum Präsidenten kommt, um ihn um Hilfe zu bitten, sitzt der Mann da »wie der Ewige, im Schatten wie in einer Wolke, während auf Tunda durch das Fenster ein breiter Sonnenstreifen fiel, so daß seine Knie beleuchtet waren und das Licht vor ihm stand, wie eine goldene durchsichtige Wand, hinter welcher der Herr Präsident saß und hörte oder auch nicht hörte[16]«. Das Thema der Wand, der unübersteigbaren Mauer zwischen jedem einzelnen und den anderen, spricht deutlich von dieser dauernden Vorenthaltung; eine undurchlässige Blende schirmt bezeichnenderweise den Blick ab. Die Tiefe der Augen Paulas, der schönen, aber gleichsam durch den falschen sozialen Kontext, in dem sie lebt, neutralisierten Frau, ist »eine stumpfe Wand, an der die Bilder der Welt traurig zerschellten[17]«. Als Tunda endlich seiner früheren Verlobten Irene, die lange auf ihn gewartet hatte und die er ruhelos seit seiner Rückkehr suchte, zufällig begegnet, erkennt sie ihn nicht: Sie schaut ihn an, wie man in einen Spiegel schaut, und in der Tiefe ihrer Augen steht, wie eine Trennung zwischen Netzhaut und Seele, eine gleichgültige Wand[18].

Daß es keine Freiheit, kein Bewußtsein, keine Kommunikation mehr gibt, ist nur die Folge und die Kehrseite des Urteilsverlusts, der fehlenden objektiven moralischen Maßstäbe. Freilich sind damit nicht etwa moralistische Systeme oder Vorschriften gemeint – in ihrer Enge sollten sie immer den freien Menschen Roth abstoßen und die Ironie des österreichischen Epikuräers erregen –, was er vermißt, ist der Sinn für eine universale, nicht relativistische Ethik. Für den Verfasser einiger der tiefsten Parabeln der Moderne, Isaac Bashevis Singer, hat die Erkenntnis, daß das Urteil abgesetzt ist (»Es gibt keinen Richter. Es gibt kein Jüngstes Gericht[19]«), die auf den Trümmern dieses Erdrutsches entstandene Literatur verwandelt – sie ist nun Dämonologie und zugleich dämonische Beschwörung, Hinwendung zum Bösen, das aus dem Munde oder aus der Feder des Bösen selbst von sich Kunde gibt. Darauf scheinen seine Erzählungen hinzudeuten, wo im Ich-Erzähler die Position des zeitgenössischen Schriftstellers sich als das teuflische Prinzip selbst erweist: » . . . aber ich, Satan der Zerstörer, trat zu ihm und . . . derart redete ich, nach Art der Philosophen[20].« »Ich bin die erste und älteste aller Schlangen, bin der Böse, bin Satan selbst. Die Kabbala kennt mich unter dem Namen Samuel, und für die Inder heiße ich bisweilen nur ›Jener[21]‹.« »Zu sehr alter Zeit gab es in jeder Generation ein paar Männer, die ich, der Böse, nicht auf die übliche Weise zu Fall bringen konnte[22].« »Plötzlich nahm ich, der Versucher, Gestalt für ihn an[23].« Singer begreift die dämonische Verführung als die ins Böse verkehrte Macht der Sprache: »Meine Macht liegt in meiner Zunge[24]«, versichert einer seiner Dämonen, und ein anderer setzt schnell hinzu: »Die Juden haben jetzt Schriftsteller . . . die kennen alle unsere Kniffe . . . den Hohn, das Mitleid. Sie finden tausend Gründe, warum eine Ratte *koscher* sein soll[25].«

Indem er sich so mit dem Irrationalen und mit der subjektiven Zersplitterung auseinandersetzt, kommt Singer zu seiner epischen Synthese der existentiellen Totalität und zu den späteren Gleichnissen von deren völliger Auflösung. Roth ist von Anfang an stärker entwurzelt und weniger intensiv im metaphorischen Erlebnis der Zerstörung, er beschränkt sich darauf, die Düsterkeit und Öde einer desorientierten, rein horizontalen Dimension aufzuzeichnen. Eine Rothsche Gestalt könnte nie mit der Einfalt und inneren Harmonie auf die Enthüllung der universalen Lüge reagieren, wie Gimpel der Narr es tut, dem in Singers gleichnamiger Novelle gesagt wird: »Die ganze Welt betrügt dich[26]«, denn Gimpel bleibt – trotz allem – innerhalb der Totalität, innerhalb des *Shtetls*. Der Rothsche Mensch ist seiner geistigen Situation nach eher eine Gegenfigur zu Gimpel. Wenn man ihn auf Singers in so reichem Maße bezeichnende Erzählkunst beziehen will, entspricht seiner Lage und Haltung die Position des Doktor Yaretzky, des arischen Atheisten, der die Antithese zum jüdischen *Maß* darstellt und trunken und tragisch im »Draußen«, in der Leere treibt, in einem nur »vom blinden Willen sich fortzupflanzen, das Leiden zu verewigen[27]« bestimmten Zyklus. Die Objektivität des biologischen Rhythmus, verkehrt sich durch den ihm innewohnenden Aspekt der mechanischen Gleichgültigkeit, vor der auch die echte Liebesleidenschaft Yaretzkys sinnlos wird, ins Schreckliche. Diesem Abbild der Verweiflung ist der apathische, automatische Zyklus von Franz Tundas, des »Überflüssigen[28]«, Leben in seiner rein äußerlichen Addition von Einzelheiten nicht unähnlich. Der Mensch der Nachkriegszeit – schreibt Roth in einem Brief an Zweig – hat nicht mehr die klassische Fähigkeit zur Tragik[29]. Ironischer behauptet Albert Drach in seinem Roman *Das große Protokoll gegen Zwetschkenbaum* (1964), das jüdische Schicksal »entbehre . . . der Tragik des Helden[30]«. Und doch hat gerade die spezifische Lage, in der sich die Juden befanden, diese »nirgends einmündliche Gasse[31]«, von der Drach selbst spricht, die letzten Porträts wahrer Persönlichkeiten und die letzten Erzählungen von echten »Schicksalen« in der modernen Literatur möglich gemacht. Gerade Drachs Roman, die parodistische protokollartige Chronik eines jüdischen Schicksals in Österreich und fast ein Pendant zu der *Rebellion* und *Hiob*, hat eine über die Ironie wiedereroberte epische Dimension: Der Prozeß läuft unerbittlich und unendlich, dem Opfer werden immer wieder neue Fallen gestellt, die Hiobsklagen finden nicht in der göttlichen Weisheit ihren Widerhall, sondern in der säuberlichen Registratur der Bürokratie oder in der grausamen Inkompetenz der Psychiatrie im Dienst der sozialen Konventionen – und trotzdem bewahren die chassidischen Kapriolen Zwetschkenbaums Seele vor der Schwerkraft, die sie zu Boden ziehen will[32].

Der Protagonist des Romans ist ein antiepischer einzelner. Schiller hatte in dem berühmten Brief an Goethe die Epik als die Gattung definiert, in der jedes Element oder jeder Teil »selbständig[33]« sei. Doch das Selbstgenügen, von dem Schiller sprach, setzte die symbolische Beziehung zwischen Universalem und Besonderem voraus, das heißt ihre Identität im Wirkungsfeld eines und desselben organischen Gesetzes, durch welches im besonderen der dialektische und dynamische Prozeß des Ganzen erscheint. Diese Beziehung hat sich noch bis in die großen Romane des 19. Jahrhunderts hinein bewahrt: In Details wie der Mazurka, die in Denisov getanzt wird, oder wie dem gemalten Kohlenschnurrbart Sonjas verdichtet sich der ganze Geist von *Krieg und Frieden*, die ganze Bewegung, die das Tolstojsche Universum belebt und zusammenhält. Diese Identität ist bei Roth, wo das Symbol der Allegorie weichen mußte, zerbrochen. Die Selbständigkeit des Besonderen wird zur sinnlosen Vereinzelung, beziehungslosen Gleichgültigkeit, zur negativen und verfremdenden Epiphanie einer Realität, die in ihrer Leere und chaotischen Banalität nur allzuleicht zu entziffern ist. Mit den Techniken des Films wird bei Tundas Sonntagsspaziergang durch die deutsche Stadt diese undifferenzierte, wahllose Anhäufung der Einzelheiten illustriert: »Dienstmädchen kehrten vom Gottesdienst heim und kokettierten. Stolze Hunde lagen wie Löwen hinter den Gittern. Herabgelassene Jalousien erinnerten an Ferien . . . Alle marschierten zum Bahnhof, der wie ein Tempel aussah, Gepäckträger hockten auf den steinernen Stufen wie numerierte Bettler. Die Lokomotiven pfiffen . . . Über die Straße fegten abgeschminkte Freudenmädchen außer Dienst. Sie gemahnten an den Tod. Einige trugen Brillen. Eine Gruppe hurtiger Radfahrer glitt klingelnd einher. Würdig, mit Rucksäcken, wanderten kindlich gekleidete Männer in die Berge. Vereinzelte, gleichsam versprengte Feuerwehrmänner spazierten blinkend mit Weib und Kind. Kreiskriegerverbände lockten auf den Litfaßsäulen mit großen Militär-Doppelkonzerten. Hinter den großen Spiegelscheiben der Kaffeehäuser türmte sich Schlagsahne vor genußfreudigen Menschen in Korbstühlen[34] . . .«

Roths Filmkamera scheint ziellos von einem Objekt zum andern zu schweifen, manche davon werden, wie es gerade kommt, vergrößert, alle zu einem Inventar ohne Sinn aneinandergereiht. Die so registrierte Wirklichkeit nimmt – wie Hackert bemerkt hat – eine geheimnisvolle, fast märchenhafte Färbung an, weil sie zwar einen allgemeinen Zusammenhang ahnen läßt, der sich aber jeder menschlichen oder geschichtlichen Erfassung entzieht[35]. Die Welt verarmt so zu einem »Niemandsland«, welches, um Trommlers Ausdruck zu gebrauchen, nur noch eindimensional erlebt wird, als »Fassade«, hinter der nichts ist[36]. Das gleiche ist auf der Ebene der umfassenderen Strukturen zu beobachten: Mittels unorganischer Anhäufung – dem Strukturprinzip, das aus der *Flucht ohne Ende*, dem *Stummen Propheten* und *Rechts und Links* lose zusammengeheftete Aufzeichnungen macht – sucht Roth das Chaos und die Sinnlosigkeit der Nachkriegszeit wiederzugeben. Auch in *Zipper und sein Vater* ist diese Technik verwendet. Doch wandelt sie sich dort zur offenen, selbstironischen Enthüllung der literarischen Mystifikation, wird Ausdruck der Erzählproblematik als Problematik der Beziehung zwischen den Generationen. Die Wiederentdeckung der geschlossenen Form und der traditionellen klassischen Struktur künden sich in den negativen Formulierungen an. In der *Flucht ohne Ende* hingegen, in der metaphorisch jüdischen Flucht Franz Tundas (Flucht ohne Ende noch Anfang, ohne Richtung noch Ausgangspunkt) drängt die absichtlich durcheinandergebrachte Masse der Einzelheiten den Protagonisten in eine immer anonymere kollektive Dimension ab, in das »dunkle Meer[37]« der unpersönlichen Menge, die im *Stummen Propheten* Fritz Kargans Rede anhört. Es ist die Dimension einer aufs höchste gesteigerten, aber undifferenzierten Vielzahl, wo die Einheit der Person im pirandellianischen Spektrum des »einer, keiner und hunderttausend« zerstiebt. »Nein, man war nicht *einer*. Man war zehn, zwanzig, hundert[38]« stellt auch Nikolai Brandeis in *Rechts und Links* fest.

Assimilation und Unsicherheit. Der *Graeculus* und der Clown

Rechts und Links, vielleicht im eigentlichsten Sinn ein sogenannter politischer Roman, bringt das äußerste Beispiel der menschlichen Desintegration des Ostjuden im Westen. Das Unvereinbare verdichtet sich in der Polarität der beiden Protagonisten, Paul Bernheim und Nikolai Brandeis. Bernheims Entwicklung verläuft von Anfang an in den voraussehbaren Bahnen eines *ante litteram* »Integrierten«; er gleitet durch die Stationen seines Lebens – das seichte Wohlleben der Vorkriegszeit, die Absurdität des Weltkriegs, die moralische Inflation nach dem Krieg –, ohne um irgendeine menschliche Erfahrung reicher zu werden, verdorrt immer mehr unter der glatten Oberfläche seiner guten Manieren, die ihn in jeder Situation als Angepaßten erscheinen lassen. Brandeis, in westlich bürgerlichen Augen ein Mongole[1] und in Wirklichkeit Sohn eines Juden, kommt aus Rußland, aus dem Osten, und wirkt daher »unheimlich[2]«, beunruhigend und jedenfalls uneuropäisch. Er ist der erste *Jude auf Wanderschaft,* der den Weg der Verbannung auch in umgekehrter Richtung geht oder wenigstens auf die Möglichkeit dazu hindeutet. Nachdem er sich eine Machtposition in der westlichen Verwirrung erobert hat, was ihm gerade durch die gleichgültige Sehnsucht möglich war, die ihn von einem Zelt anstelle seines Betonhauses träumen läßt[3] und ihn innerlich allem Besitz gegenüber frei macht (»Vieles gehörte ihm, aber nichts besaß er[4]«), entschließt sich Brandeis zu verzichten, zu verschwinden, und taucht, gerade um seine Individualität zu bewahren, ins Meer des Unbekannten, in die verlorene Weite der Welt; ohne irgendein bestimmtes Ziel bricht er auf, man wird keine Spur mehr von ihm finden. Es handelt sich um eine symbolische Heimreise ins Grenzenlose, nach Osten, zurück in den lebendigen Schoß, der nicht Zerstörung bedeutet, sondern Aufnahme in die Harmonie einer organischen Ordnung. In Brandeis' Geschichte, die mit seiner unbestimmten Abreise in einem typisch offenen Romanschluß abbricht, scheint in Roths Erzählwerk zum erstenmal die Möglichkeit auf, daß die individuellen Werte und die ostjüdische Integrität zurückgewonnen werden können, daß sich die Persönlichkeit aktiv gegen die dunklen Kollektivmächte der sozialen

Mechanismen zur Wehr setzt. Allerdings ist in diesem Roman die Verteidigung nur negativ, keine epische Bejahung der Werte, sondern Verwerfung der gesellschaftlichen Logik, passiver Widerstand gegen die Integration; Annullierung und Scheitern werden der vorgeschriebenen Anpassung vorgezogen. Brandeis erlebt paradigmatisch das Schicksal des Ostjuden, der – einmal aus dem *Shtetl* aufgebrochen – verhängnisvoll in den Kreis der bürgerlichen Gesellschaft hineingerät, die ihn – wie Roth in einer fast schon auf Marcuse vorausdeutenden Sprache sagt – neutralisiert und selbst die Revolution noch in ihren (ideologischen) Konsum integriert[5], die sich in der albernen Dauer ihrer häßlichen Gartenzwerge[6] und in ihren tristen Häusern mit dem falschen Stich ins Niedliche[7] verewigt. Die Austauschbarkeit von Brandeis' Pässen[8] erinnert direkt an den bitterkomischen Abschnitt aus *Juden auf Wanderschaft,* in dem Roth beschreibt, wie unmöglich den Ostjuden ein genauer Nachweis ihres Familiennamens und Geburtsdatums ist, denn durch die religiösen Trauungen ohne gesetzliche Geltung tragen die Kinder die Nachnamen beider Eltern in beliebiger Reihenfolge, und der ständige Wechsel zwischen der hebräischen, deutschen oder jiddischen Form des Namens selbst stiftet heillose Verwirrung. Auch wurden die Pässe absichtlich abgeändert oder einfach willkürlich ohne irgendein Dokument ausgestellt – und so hat die Polizei ihre Mühe, sie weiß nie, ob sie es nun mit dem richtigen Mann oder mit einem anderen zu tun hat, ob der zu Bestrafende oder Auszuweisende jetzt der Träger des präsentierten Namens oder die sich präsentierende Person ist[9]. Es ist eine Spielart des großen Themas der Identitätsproblematik des modernen Menschen, die auch in dieser Beziehung in der Gestalt des Ostjuden ein Paradigma für die allgemeine Lage findet.

Die Assimilation – wird in *Juden auf Wanderschaft* gesagt – ist eine Flucht, und eine Flucht ist auch jede nationale Integration, einschließlich der zionistischen. In diesem Sinn ist Brandeis, obwohl er sich im westlichen Wirtschaftsleben als Erfolgreicher behauptet, ein Flüchtiger, dem – sagt Roth – Vaterland und Gesinnung abhanden gekommen sind und der nichts mehr von alledem hat noch haben kann[10] – wie im gleichen Roman auch die assimilierten Juden, die sich heimlich und nur noch aus Gewohnheit an die alten Riten halten, während sie ostentativ die christlichen Feiertage begehen, nichts mehr von alledem haben[11]. Die Welt, in der Brandeis plötzlich, ohne sich einzugliedern, auftritt, ist wirklich die Welt der Flucht, der Angst und der Unsicherheit. In *Rechts und Links* wird die unterirdische Verbindung zwischen der öden Gier der bürgerlichen Gesellschaft und ihren ideologischen Deckmänteln in ein grelles Licht gestellt, und beide Erscheinungen enthüllen sich als wahre Phänomenologie der Angst. Ein unverkennbares Prinzip verbindet die als Reserviertheit getarnte Schamlosigkeit der jungen Mädchen der Welt von gestern, die auf einen Ehemann aus sind, die kleinbürgerliche pseudovornehme Anglomanie, das Zusammengehen von Standesneid und zähneknirschendem Autoritätsbedürfnis, die Entleerung der überlieferten ethischen Ideale, die eisernen Gesetze des Konformismus und der Konventionen, das zur Schau getragene Intellektuellentum, in dessen Klima die echte Kunst erstickt, den Dilettantismus der Revolutionäre nach der Mode und die Entpersönlichung jeder menschlichen Beziehung und jedes Antriebs, die graue, von vornherein festgelegte Mechanik sogar des Liebeslebens[12]. Vorkriegs- und Nachkriegszeit sind hier nicht wie gewöhnlich als Gegensätze gesehen, sondern sie ergänzen sich in ihrer scheinbaren Antithetik. Die Erstarrung und Tod ausströmende Atmosphäre im gutsituierten bürgerlichen Hause Bernheim – im Gesicht der Mutter, das an ein »geschlossenes Tor« erinnert, sogar bei den Festen, dessen dunkle Schatten hinter den erleuchteten Fenstern von der Straße aus gesehen werden, in der geschmacklosen Einrichtung, in den stillstehenden Uhren in den leeren Sälen, in der Verwesung des toten Vaters[13] – deutet auf den moralischen Tod der späteren Zeiten hin, wo die Ethik von der Stabilität der Währung abhängt und die Börse die Moral bestimmt[14], während die ungeordnete Vielfalt der Gesellschaft sich gleichwohl auf eine klare Alternative beschränkt: »entweder zu sterben oder reich zu werden[15]«.

Personifikation dieses Klimas ist der andere Held des Romans, der elegante, intelligente, geschmeidige Paul Bernheim. Seine Jugend als gebildeter, vornehmer Bürgersohn und seine Mannesjahre als Geschäftemacher in unsicheren, unehrlichen Zeiten stehen bei ihm nicht in Widerspruch. Für Roth – könnte man sagen – scheint es den Mannschen Unterschied zwischen den Buddenbrooks und den Hagenströms nicht zu geben. In Bernheim demaskiert Roth den bürgerlichen Snobismus und das kapitalistische Emporkömmlertum als Manifestationen von Angst und Unsicherheit, als Dimensionen des Menschen, der sich selbst und seine Identität verloren hat, schlimmer noch als ein Ostjude mit gefälschtem Paß. Gewiß ist auch in diesem Roman Roths Gesellschaftskritik nach absoluten Werten ausgerichtet, die ihm auf trübste Weise verwirrt und entheiligt erscheinen. Gerade deshalb gelingt ihm das wirkungsvolle »offene« Fresko einer Gesellschaft, die durch das Chaos, durch die Vermischung nicht miteinander vergleichbarer Kategorien, also durch die Abschaffung jedes ordnenden Zusammenhangs des Gesonderten, gekennzeichnet ist. In dieser Gesellschaft dominieren die »Taten«, die Geschäfte werden »Operationen« genannt, als handle es sich um strategische Unternehmungen, und die Ideale sind traurig, abgeschnitten von dem, was als Lebensfreude gilt, wo nur Tempo und Vergessen oder eigentlich eine nicht einmal mehr schmerzlich gefühlte Flüchtigkeit triumphieren[16]. In dieser Welt sind die Wörter und die Dinge verschoben und durcheinandergebracht worden: Die chemische Industrie heischt *Ehrfurcht,* der *Charme* kommt vom Geld, die Direktoren gehören den gläsernen Tafeln an ihrer Bürotür, und aus Nitroglyzerin wird das im Krieg verwendete Giftgas wie auch die Kunstseide für Damenstrümpfe gemacht[17]. Halb schwermütiger Jude mit dem Sinn für das Heilige, halb, als Untertan der *felix Austria,* Genußmensch – genau wie der austrojüdische Advokat Kiniower aus der *Kapuzinergruft*[18] – registriert Roth das Schwinden sowohl der tiefen, gefährlichen Gewalt der Liebe als auch des zarten, aber verzehrenden Dufts der Sinnlichkeit, wenn er bemerkt, daß Irmgards Auto Paul in ein Entzücken versetzt, das einem Liebhaber früherer Zeiten nur der Anblick eines Strumpfbandes entlockt hätte[19]. So zeigt Roth genau die allesumfassende Reduktion aller existentiellen Werte auf eine quantitative Ebene auf, wo jedes Ding in etwas anderes umgewandelt werden kann: Das von ihm beschriebene Klima macht es möglich, »überhaupt alles, Gegenstände, Waren und Menschen in Papier zu verwandeln[20]«. Es ist das Klima der völligen Widerstandslosigkeit[21], der absoluten Unfähigkeit der Menschen, sich irgendeinem Druck zu widersetzen; folgerichtig ist es daher auch das Klima des totalen menschlichen Unglücks (verkörpert in Unglück Lydias, Brandeis' Frau[22], und auch, in einem Seitenstück dazu, in der Verlorenheit des Gesangs der Neger[23] nach einer Analogie zwischen Negritude und Judentum, auf die auch später wieder angespielt wird[24] und die in der neueren amerikanischen Literatur häufig zu einem ethnisch-politischen Vergleich geführt hat[25]), das Klima der Leere, die man plötzlich im Theaterfoyer zwischen den unsicheren Schatten und luxuriösen Kleidern spürt, während die Arme wie Prothesen am Smoking zu hängen scheinen[26].

Paul Bernheim ist der Exponent der moralischen Schicht, die in dieser Gesellschaft dominiert, und er verkörpert vor allem ihre Schwäche und ihr Bedürfnis nach irrationalen Ausbrüchen und Übertragungen. Der Krieg wird zum Beispiel bezeichnenderweise nicht als Unterbrechung des bürgerlichen Vorkriegsidylls gedeutet, sondern als dessen folgerichtiger Ausgang. Der elegante, liebenswürdige Paul wird vom Krieg wie von einem unwiderstehlichen Ruf angezogen[27], und die Suggestion des Todes bemächtigt sich schnell seiner oberflächlichen, schon der kleinen, raffinierten Genüsse müden Seele: Auf der Fahrt zur Front ist das Eisenbahnabteil ein Sarkophag in feuchtem Dunkel, und Paul fühlt sich vom Novemberregen wie von einem Grab eingehüllt[28]. Nicht anders scheinen Friedrich Kargan *(Der stumme Prophet)* die verschlossenen Häuser und die Zettel an den Türen wie Grüfte und Grabtafeln[29]. In *Rechts und Links* denunziert Roth noch ausdrücklicher den irrationalen Durst nach Gewalt; er spricht von einem erotischen Impuls, der diese Jugend des »Bankrotts der Werte« nach Blut verlangen macht[30]. Deutlich wird auf den Zusammenhang von Unsicherheit, Geschäft und Gewalt hingewiesen, wie ihn gerade der distinguierte Paul Bernheim personifiziert. Er macht alle Phasen durch, das heißt, er ist ein Mensch, der »lauen Sphären«[31], lebt in einer Entfremdung, deren extremistische Fortsetzung und Ableitung die erklärte faschistische Gewalt bedeutet (die sich hier in Theodor, Pauls Bruder, verkörpert), verabscheuungswürdiger, aber weniger bestimmend und gefährlich. Daß die Wurzel dieser Fehlentwicklung die Angst ist, zeigt Roth deutlich in der Szene von Pauls Begegnung mit dem Kosaken Nikita[32], in der sie, bis dahin unter dem Deckmantel der Urbanität und der guten Erziehung verborgen, in Form unbeherrschten Schreckens explodiert. Wieder ist ein Symbol des Ostens der Auslöser, jenes Ostens, in dem für Roth immer mehr in einer ganz persönlichen Symbiose die jüdische und die slawische Seele verschmelzen. *Rechts und Links,* die Parabel der Assimilation, ist auch, im Hinweis auf die unheilbare Integration des Ostjuden – und des Menschen im allgemeinen – in ein falsches Vaterland, in den nationalistischen Götzendienst, ein Seitenstück zu *Juden auf Wanderschaft.* Die sich assimilierenden Juden kopieren die europäischen Sünden, wie die palästinensischen Juden, die, nachdem sie von den Arabern angegriffen wurden und sich, wie recht und billig, verteidigt haben, nicht anders als die Nationalisten Europas ihren Sieg feiern[33].

Dieser Welt steht Brandeis als ihr Widerspruch gegenüber. In seiner individuellen »exotischen« Integrität[34] steht er über dieser Welt der Unsicherheit und ist darin eine der ersten Gestalten Roths außerhalb der Geschichte, wie seine so weit von »der europäischen Gewöhnlichkeit entfernten[35]« Bindungen an die Natur beweisen; eine der ersten Gestalten, die in einer anderen als der geschichtlich-horizontalen Dimension lebt. Sein Widerstand ist, wie gesagt, passiv, besteht im Verzicht auf die eigenen individuellen Eigenschaften, um deren Entartung durch soziale Anpassung zuvorzukommen. In diesem Sinn ist Brandeis »draußen«, lebt er in der Entbehrung, deren Symbol die Glücklosigkeit und Inkommunikabilität seiner Gefühle für Lydia sind. Doch auch in diesem negativen Status bleibt er er selbst; die fliehende Mehrdeutigkeit seiner Persönlichkeit (»einer, zehn, zwanzig, hundert«) ist nicht anonyme Verflachung, sondern undurchdringlicher, dunkler Widerstand, Weigerung, sich in ein bestimmtes Fach des festgelegten gesellschaftlichen Systems einordnen zu lassen. Im Gegensatz zu dieser Haltung bedeutet Paul Bernheims Flexibilität puren Mangel an Persönlichkeit; Bernheim ist der auf die Eindimensionalität der sozialen Maske reduzierte Mensch. Unter diesem Aspekt stellt er das vollkommen »arische« Pendant zum assimilierten Juden dar, der im Kompromiß mit der Welt seine Identität verloren hat: Eine Figur, die unzählige Male in der mittelöstlichen Literatur geschildert worden ist, von Scholem An-Skis[36] preußisch gewordenem Juden, der das Alphabet der Schrift nicht mehr kann, bis zu Ossip Dymows[37] russischen Juden, die zum Christentum übertreten, und zu Ehrenburgs Herrn Rosenblum, der – »kein Hebräer, sondern ein echter Deutscher[38]« – privat sein Judentum bekennt und hart Laziks unehrerbietige Naivität tadelt. Es gäbe noch beliebig viele Beispiele; was in diesen Schilderungen aufs Korn genommen wird, ist nicht eine bestimmte, nationale und erst recht nicht religiöse Wahl, sondern das Unentschiedene an dieser Wahl. Unter diesem Gesichtspunkt ist die jüdische Unfähigkeit, sich völlig vom alten Grund zu lösen und sich wirklich neu einzugliedern, an der Unsicherheit, Brüchigkeit, ewigen Zerrissenheit aller Assimilationsversuche schuld. Auch Werfel erklärte leidenschaftlich die Assimilation zum Identitätsverlust: Alle möglichen Lösungen, vom Liberalismus bis zum Zionismus und zur Rückkehr zur Orthodoxie, müssen vergeblich und absurd erscheinen, selbst das Christentum, von dem sich Werfel stark angezogen fühlte, kann für den Juden nicht konkretes Ziel, sondern nur unerreichbarer Ort seiner Sehnsucht sein. Die Lage des Juden ist die *Ausweglosigkeit,* deren Theorie Werfel in dem Essay *Zwischen Oben und Unten* (1946) entwickelt und deren Exemplifizierung die nihilistischen Gestalten von *Barbara oder die Frömmigkeit* (1929) oder von *Höret die Stimme* (1937) sind.

In seinem Essay über den Antisemitismus *Caliban oder Politik und Leidenschaft* hat dagegen Arnold Zweig die Assimilation als einen Prozeß dargestellt, der den Verlust der eigenen Gestalt und damit die Neurose mit sich bringt[39]. ». . . in allen Gestalten der modernen Gesellschaft – schreibt er – hat sich der Jude verborgen, alle Züge seines Wesens aufgelöst und alle Haltungen des Machtvolkes in sich aufgenommen bis zum völligen Schwund seines Wissens und Ahnens von sich[40].« Die Assimilation hat laut Zweig aus den Juden die »Graeculi[41]« der Deutschen gemacht, durch das Gefühl der Annullierung und Abwertung des eigenen Wesens wird die Neurose zur dauernden psychologischen Bedingung dieser Menschen[42]. Zweifellos ist die scharfsinnige Diagnose in Zweigs Buch mit regressiven Motiven verflochten: Einerseits scheint der Verfasser eine zweideutige Verschmelzung ethnischer und geistiger Elemente als gegeben anzunehmen und sie dabei gefährlicherweise als unveränderliches Faktum und nicht als wandelbare geschichtliche Realität zu betrachten; anderseits erfaßt er genau die grellen, unaufgelösten Widersprüche, von denen die jüdische Assimilation in einigen Ländern, besonders in den deutschen und slawischen, gekennzeichnet ist. Seine Theorie über die »Graeculi« und über die »Neurose«, die, wollte man sie, sagen wir einmal, auf das Italien des 19. Jahrhunderts anwenden, höchst fragwürdig würde, gewinnt stark an Überzeugungskraft in ihrem konkreten Bezug auf die deutsche Situation, die ja schließlich die Zerrissenheit eines Heine gekannt hat. Zweig hebt außerdem gerade die dramatische Lage des Judentums in den Ländern des österreichischen Reichs hervor, wo der Gegensatz zwischen dem allgemeinen fortschrittlichen Aufschwung der Gesellschaft und dem, was trotz allem die jüdische »Misere« blieb, deutlicher hervortrat. Auch in der liberalen und toleranten Atmosphäre des Reichs fanden die enormen menschlichen Reserven, die das Judentum stellte, keine Verwendung[43].

Roth, der in bezug auf die Juden selbstverständlich vom österreichischen Blickpunkt ausgeht, liegt es übrigens fern, die Assimilationsfrage im Sinn eines irrationalen völkischen Konservatismus zu mythisieren: Ein Beweis dafür ist der Abschnitt in *Juden auf Wanderschaft,* in dem er sich mit der Lage der jüdischen Gruppen in der Sowjetunion befaßt[44]; ohne die objektiven Schwierigkeiten, die sich einer Lösung des Problems entgegenstellen, zu verbergen, würdigt er äußerst respektvoll und vernünftig die Versuche, die Juden wirklich ins revolutionäre Rußland einzugliedern, denn er sieht darin hoffnungsvoll konkrete (mehr oder weniger realisierbare) Möglichkeiten einer harmonischen menschlichen Integration anstatt der ständigen neurotischen Paktiererei mit wirtschaftlichen Vorteilen auf Kosten der eigenen menschlichen Identität.

Gewiß übt Roth später auch starke Kritik am metaphorischen Antijudentum der Revolution, das heißt, an ihrer bürokratisch-stalinistischen Involution, deren Begleiterscheinung ja ein konkreter, gewalttätiger Antisemitismus gewesen ist. Doch zunächst betrifft die »Neurose der Graeculi« das jüdische Schicksal im Westen. Die Lage, deren Symbol bei Zweig der neurotische Graeculus ist, findet bei Roth ihren Ausdruck in der Figur des Clowns. Außerhalb des *Shtetls* verliert der Jude seine Persönlichkeit beziehungsweise Wesens- und Verhaltensidentität; um zu überleben und toleriert zu werden, muß er die schauspielerische Kunst erwerben, sich in mehrere Persönlichkeiten aufzuspalten. Jürgen Habermas nennt sie, sich auf Simmel und Hannah Arendt beziehend[45], die Kunst, Jude zu sein, aber nicht wie ein Jude zu sein. »Du benimmst dich wie ein russischer Jude[46]«, sagt in Amerika Deborah zu ihrem Mann Mendel Singer. Deshalb ist das jüdische Los im Westen das Los eines Clowns; Roth hat immer wieder über diese Figur seine Betrachtungen angestellt (über Grock, über Arnold, über Santschin). Der Clown ist der gespaltene Mensch, er hat seinen Schwerpunkt verloren, ist aus sich herausgefallen.

Schon bei Max Brod, in seinem Roman *Schloß Nornepygge* (1908), tritt in der Gestalt des Polledi der Jude auf, der, um sich Zutritt zur Gesellschaft zu verschaffen, die eigene Herkunft verleugnet oder ausnutzt, indem er sich zur Unterhaltung der herrschenden Klassen parasitär selbst ins Licht der Lächerlichkeit rückt. Diese Spielmannsrolle verleiht ihm in der bürgerlichen Gesellschaft die Funktion des Narren am Ritterhofe[47]. Das Thema des Kontrasts zwischen dem Individuum und seiner sozialen Umgebung führt durch die Literatur bis hin zu Saul Bellows sich selbst zerfleischendem Hanswurst aus *The Last Analysis*[48] (1966) und zu dessen grotesker Suche nach seiner Identität. Es geht um das Problem des Individuums, das nur als Funktion einer bestimmten Gesellschaft leben kann und in dieser Funktion nicht zum Ausdruck seiner wahren Person kommt. Vor allem der jüdische Künstler wird außerhalb des *Shtetls* zum Clown. Er ist aus dem logischen und natürlichen Zusammenhang seines Künstlertums gerissen, das sich nun zur Pantomime und Farce entleert. So empfindet es der jüdische Musiker aus *Juden auf Wanderschaft*, der in Paris wohlüberlegt den Beruf des Clowns ergriffen hat[49]. In einer Korrespondenz aus Berlin vom Jahr 1924 beschreibt Roth bezeichnenderweise Grock, den gefeierten Clown, in einer seiner berühmtesten Nummern. Die Komik des Spaßmachers, der vergebens probiert, Klavier zu spielen, oder seine Manschetten hoch über dem Ellbogen sucht und sich mit aristokratischer Verachtung vor dem grausamen Beifall des Publikums verneigt, gerinnt ihm zur Metapher einer grotesken, mit heroischer Zähigkeit durchgestandenen Disharmonie, eine durchsichtige Anspielung auf den Ostjuden, das heißt auf den Menschen, der nicht an seinem Platz ist. »Und nun beginnt der Kampf gegen das Leben, der harte, aufreibende Kampf gegen den Widerstand aller Dinge auf Erden, die Bosheit und Ungeschicklichkeit der Sachen, die groteske Unlogik der gewöhnlichen Zustände. Das Klavier steht zu weit vom Stuhl entfernt ... Bald fängt sie an, über seine Unbeholfenheit zu lachen ... diese Bestie Menschheit. Keiner rührt sich, niemand hilft, niemand zeigt den Ausweg ... Noch einmal erscheint Grock ... mit dem traurigen Gesicht voll adeliger Häßlichkeit, ein Aristokrat in einer Welt von Grobgeformten, ein Mann von edler Treue und tausendmal verraten, ein ehrlich, ja demütig Strebender und immer Zurückgeworfener, einer, der geboren ist für die Verzweiflung und sich zwingt zu edler Gläubigkeit, ein Tolpatsch, ein Held, ein Erhabener in den Niederungen, ein tausendmal Besiegter, aber ewig ein Sieger[50].« In *Hotel Savoy* ist Wladimir Santschin, der Clown, der im Varieté mit seinem Eselchen auftritt und an seiner Lungenkrankheit stirbt, eine analoge Figur des tragikomischen Spaßmachers, der nirgends in diese Welt paßt. Die Figur des Clowns deutet aber, wie der zitierte Passus ahnen läßt, auch auf die Überwindung des Pessimismus hin; in der unbezwinglichen Kraft der individuellen Gefühle wird die Dimension des Epischen wiedergefunden. Auf diesem Boden entsteht übrigens die Komik Chaplins. Franco Palmieri hat in einem Artikel darauf hingewiesen, wie in Chaplins Verhalten alle Typen der Charaktergalerie oder, wenn man will, der menschlichen Komödie des Diasporajudentums zusammengefaßt vorkommen: die Lehrergravität des *Bocher,* die sich überall einmischende Neugier des *Kiebitz,* die lästige Aufdringlichkeit des *Nudnik,* die Tölpelei des *Nebbich* oder des *Meschugga,* das täppische Mißgeschick des *Schlemiel*[51]. Der Schlemiel – oder Schlimazel – ist eine kritische und selbstkritische Synthese aus biblischer Festigkeit und masochistischer Entfremdung: Er ist die Gestalt gewordene Metapher des Wechsels von Niederlage und Illusion, hat Sanford Pinsker geschrieben[52], und das heißt eine wesentliche Form modernen Heldentums (R. Wisse[53]). Chaplin ist jedoch, immer unter dem Aspekt des Jüdischen gesehen, mehr als dieses typologische Konzentrat: Er vertritt nicht nur die ewige Niederlage des Exils, sondern auch die klassische Geltung der allgemeinmenschlichen Werte, die jedes Unglück überstehen. In diesem Sinn ist er der Spiegel der klassischen *humanitas,* zu der Roth in *Hiob* zurückfinden sollte. Bis zu *Hiob* aber wiegt, trotz des angedeuteten Heroismus der Besiegten, die Verzweiflung über die sinnlose Groteske vor: Arnold Zipper, den Roth einmal als »Kiebitz« definiert[54], beschließt bezeichnenderweise seine Laufbahn als »Sohn« und Gescheiterter auf der Bühne, wo er als Clown auftritt und sich mit einem Ausdruck »hündischer Trauer[55]« ohrfeigen läßt. In einer Pantomime, die jede Wiedereinsetzung der Werte ausschließt, führt er die allegorische Parodie seiner selbst und seines Scheiterns auf.

Dichter und Kaufmann

Clown, Maske, Schauspieler, Neurose, alles Metaphern der psychologischen und menschlichen Dissoziation, erscheinen zur Charakterisierung der jüdischen Lage interessanterweise bereits um 1840 in Berthold Auerbachs Roman *Dichter und Kaufmann.* In diesem Werk, einem der ersten jüdischen bürgerlichen Romane oder, besser gesagt, einer der ersten jüdischen Versionen seiner Problemstellung, bringt Auerbach – im Papiermachérahmen einer »geschichtlichen Chronik«, die das friderizianische Preußen und Persönlichkeiten wie Lessing, Mendelssohn, Maimon, Gleim und Nicolai zu beschwören versucht, die gleichnishafte Geschichte eines typischen dilettantischen und gescheiterten Künstlers. Dieser Künstler Ephraim Moses Kuh, ein Dichter des 18. Jahrhunderts, wird von Auerbach in den müden, enttäuschten Jahren der Restauration in Erinnerung gebracht. Trotz der naiven Minuziösität, mit der Auerbach die Welt der friderizianischen Ära zu rekonstruieren bemüht ist, verwandelt er seinen Helden in einen eigenen zeitgenössischen Prototypus. Er macht aus ihm einen typischen Exponenten jener nachromantischen und nachklassischen Epoche, die gewöhnlich im Hinblick auf ihre Krisenhaftigkeit und ihren epigonalen Charakter mit dem Heineschen Begriff von der »Endschaft der Kunstperiode« bezeichnet wird. Mit einer interessanten thematischen Verschiebung projiziert Auerbach auf die Gestalt seines zeitlich fernen Protagonisten das Bewußtsein der eigenen Epoche, das Gefühl als müde, erschöpfte Erben einer großen Kultur aufzutreten, deren Schöpfungen sie als universale, nicht mehr wiederholbare und gerade wegen ihrer Größe nicht erneuerbare Ziele in schmerzlichem Vergleich mit den eigenen stets vor Augen haben. Auerbach glaubt nun, die Zerrissenheit des Literaten nach Goethe, der schon ein Nachgeborener des letzten Versuchs ist, ein Gesamtbild des Menschen in seiner Totalität zu schaffen und in harmonischer Synthese die historisch-existentiellen Widersprüche zu umfassen, in der Zerrissenheit eines jüdischen, aus dem Judentum gerissenen, aber doch nicht wirklich assimilierten Literaten wiedererkennen zu dürfen. So wird ein Dichter des 18. Jahrhunderts zum Repräsentanten des »Dichters nach Goethe« gekürt, des Dichters, der nicht mehr an die autonome moralische Kreativität der individuellen Energie glauben kann und diese nunmehr als gefährliche, zerstörerische Kraft des Dämonischen oder sich als impotente, lächerliche Karikatur begreift. Im »jüdischen Schicksal« ist diese Krise vorweggenommen, da es sie schon *vor* der klassisch-romantischen Hochblüte und gerade zu der Zeit der großen emanzipatorischen Hoffnungen, die mit dem Namen Mendelssohn verknüpft sind, durchmachte.

Bei Auerbach erfahren sogar die literarischen Formen des vorhergehenden Jahrhunderts eine Bedeutungsveränderung, sie bezeichnen jetzt neue symbolische Inhalte. Die *Idylle*[1], in die sich Ephraim, innerlich zerrissen und Gefangener seiner selbst, flüchtet, ist wohl das kleine Lied des 18. Jahrhunderts, ist aber auch und vor allem das müde lyrische Idyll der nach der »Kunstperiode« Lebenden, traurige und bittersüße Kompensation einer enttäuschten Resignation und eines skeptischen und entsagenden Pessimismus. Zwischen der talmudischen Dialektik und der modernen Aufklärung hin- und hergerissen, ist Ephraims Dichtung ohne Schwung und schöpferische Phantasie, Frucht eines »Calculs[2]« und einer künstlichen, sich ihrer selbst bewußten Ästhetisierung der Wirklichkeit. Die ehrgeizige, forcierte Dichtung Ephraims – bemerkt Auerbach weiter mit einem feinen Gefühl für das Widersprüchliche der Lage des bürgerlichen Juden – ist in ein »Doppelleben[3]« zwischen dem Geschäft und den Musen eingespannt: Auf die tägliche Prosa folgt die abendliche Bukolik, und manchmal träumt sich Ephraim zwischen den Wollballen des väterlichen Magazins zum Schäfer unter hüpfenden Lämmern, mit Flöte, Echo und einer anmutigen Chloe[4]. Statt eines fruchtbaren, dialektischen Austauschs zwischen Leben und Kunst herrscht hier ihre Verwechslung und gegenseitige Kompensation[5], in der beide entarten. Ebenso bedeutet es, wenn Ephraim, seine Krankheit genießend[6], den Boccaccio und den Ariost auf dem aufgeschlagenen Talmud neben dem Bett liegen hat, keine liberale Synthese im Zeichen geistiger Werte, sondern einen schneidenden, disharmonischen Kontrast. Nicht von ungefähr wird den Juden wegen ihrer gesellschaftlichen Lage »ein Beruf zum Witz, zur Satire und zum Epigramm[7]« zugeschrieben. Salcia Landmann hat hervorgehoben, wie gerade der jüdische »Witz« in der Epoche fermentierender Emanzipationsbestrebungen seine größte Blüte erfährt, als Waffe und zugleich melancholische Selbstironie gegenüber dem plötzlichen, bestürzenden Aufeinandertreffen zweier so verschiedener Realitäten, wie es die jüdische und die nichtjüdische waren – und auch als Antwort auf die unversöhnliche Antinomie zwischen Wirklichkeit und Ideal, der sich der Jude unvermutet gegenübersah, wenn er das

Getto verlassen hatte und noch nicht wirklich in die Gesellschaft aufgenommen war[8]. Ausdrücklich wird Ephraims Neurose, wie im Fall des Rothschen Clowns oder Zweigs Graeculus, auf die Spaltung in Gefühl und Selbstanalyse oder Selbstkontrolle zurückgeführt[9]. Die Folge dieser Spaltung ist »Selbstquälerei[10]«.

So beleuchtet Ephraims Entwicklungsgang die typische Stimmung des Literaten der Epoche Auerbachs, eine Stimmung unfruchtbarer, kultivierter Unruhe, die fast parodistisch zur echten romantischen Zerrissenheit steht und doch gerade in deren manieristischer Imitation eine Art ästhetisierende Rechtfertigung und aristokratische Verachtung angesichts einer »prosaischen« Wirklichkeit sucht. Ephraim ist der disharmonische Mensch, der mit ostentativem, aber erlittenem Narzißmus die gequälte Seele spielt. Als Dichter zur Schöpfung unfähig, gibt er sich voll Eitelkeit, aber auch voll Schmerz, als luziferischer Poet nach der Byronmode. Er ist der ausschweifende, rebellische Dichter, Möchte-gern-Symbol der Revolte des Geistes gegen die geisttötende bürgerliche Realität und in Wirklichkeit Symptom einer exaltierten Unfähigkeit zur Anpassung. Ephraim ist ein typischer Epigone, seine Begabung liegt in einer reizbaren, passiven und rezeptiven Empfindsamkeit, es fehlt ihm an »Einbildungskraft[11]«; ein »Narziß[12]«, der sich gerne »unpraktisch, extravagant und schwärmerisch[13]« heißen läßt, ein eitler Selbstvergötterer, dem die jüdische Frage nur vom Blickwinkel seiner enttäuschten literarischen Ambitionen aus interessant wird[14], ein Dilettant, der sich von idealisierenden Phantastereien, die ihm das dichterische Schaffen unmöglich machen[15], entführen läßt. Im unentwirrbaren Durcheinander aus berechneten Gefühlen und unbeherrschter Exaltation[16] macht er, die Silben zählend, als handle es sich um Geld, wie ein Kaufmann seine Verse[17] und benimmt sich wie eine Karikatur des jungen Werther[18]. Er kommt weder zu einer Synthese von Leben und Poesie noch zu ihrer Einheit in der gegenseitigen Abgrenzung[19]. So zwischen Apoll und Merkur hin- und hergerissen, gelingt Ephraim nur im Epigramm der Ausdruck seiner Widersprüche[20]. Dilettant in der Kunst, ist er es noch mehr im Leben: Er träumt von einem poetischen Selbstmord, den er nicht bis zu Ende ausführt, während er Mathildes Gefühle für ihn nicht erkennt und sie ihrem Tod überläßt[21]; er kultiviert die Leidenschaft für Recha mit byronschem Furor, der sich auch in den Gesten und Posen ausdrückt[22], verbirgt seine echten Gefühle unter affektiertem literarischem Zynismus[23], läßt sich auf Abenteuer jeder Art und wirre Bizarrerien ein und verschanzt sich dabei hinter seinem Hochmut[24], er identifiziert sich mit Werther und schaut voll intellektualistischer Sehnsucht auf das unmittelbare »Leben[25]«, das er in Philippine verkörpert sieht; er weiß nicht mehr, ob er selbst Subjekt oder Objekt des eigenen Lebens ist[26] – »er war sich selber zur Lectüre . . . geworden[27]« – und erliegt schließlich echten Ausbrüchen der Raserei und des Wahnsinns[28].

Auerbach identifiziert nun dieses typische Schicksal eines dilettantischen Literaten und dissoziierten Menschen mit der Lage des entwurzelten Juden. Wenn er auch tief von den aufklärerischen Idealen Mendelssohns beeinflußt ist und daher die jüdische Orthodoxie und die unmöglichen Versuche der Flüchtlinge, zu ihr zurückzukehren[29], ablehnt, so sieht Auerbach doch die Ablösung vom Judentum, und im besonderen vom Ostjudentum, und den darauf folgenden Emanzipationsprozeß als Paradigma einer Entwicklung, die an der Spaltung des Intellektuellen seiner Zeit schuld ist: »Am ganzen Unglück unseres Ephraim . . . ist doch nur das Judentum schuld[30].« Im Gespräch mit Maimon erkennt Ephraim, daß er den ganzen Weg des jüdischen Volkes durchlaufen hat, von der Isolierung im Getto über das wehrlose Ausgesetztsein des Individuums in der Gesellschaft bis zum kosmopolitischen und schließlich gescheiterten Traum[31]. Dauernd hebt Auerbach im Ablauf des Romans die psychologischen Traumata hervor, die eben der Emanzipationsprozeß verursacht, den er doch so eifrig befürwortet, aber ohne die individuellen Dramen, an denen die allgemeine Entwicklung der Bewegung schuld ist, verhehlen zu wollen. Die Koexistenz von *Vernunftreligion* und Judentum, die klassisch-rabbinische Synthese, von der Mendelssohn träumte, die jüdischen Wurzeln, gedeutet als Schutz einer sich von kosmopolitischen Idealen nährenden *humanitas*[32], sind alles Elemente einer großen menschlichen Evolution, die trotzdem unvermeidliche Risse und individuelle Mißverhältnisse mit sich zu bringen bestimmt ist. Auerbach kommt in der Tat immer wieder auf die Spaltung als Folge der Entwurzelung zurück: Rabbi Chananel lebt, nach seinem gescheiterten Versuch, sich dem obskurantistischen Eiferertum zu entziehen und nach seiner erzwungenen Rückkehr zur Orthodoxie im ständigen Zwist zwischen öffentlicher und privater Ethik, äußerlichem Konformismus und innerlicher Skepsis. Und dieser Konflikt bewirkt in ihm – aus einer Art selbstbestrafender Reaktion heraus – eine grollende Regression ins Konservative, welche ihn dazu treibt, fanatisch die liberalen Tendenzen zu verfolgen, zu denen er sich einst selbst bekannte[33].

Ein anderes Beispiel für diese Zerrissenheit, die in Ephraims Schicksal ihre ausführliche Darstellung findet, verkörpert Chulicki, der zum Judentum konvertierte Christ. Er endet durch Selbstmord. Er, der mit ästhetisierendem Narzißmus den »jüdischen Schmerz« profaniert, indem er ihn als byronsche Verzweiflung kultiviert[34], erfährt wahrhaft clowneske Abenteuer im Rothschen Sinn; er reist, um sich vom jüdischen Familiensinn zu befreien, stellt ohne Zurückhaltung sein schmerzendes Inneres fremder Neugier zur Schau, schließt sich einer Schauspielertruppe an[35], wie es – bemerkt Auerbach – viele junge Juden tun, die glauben, in der regellosen Freiheit des Theaterlebens eine, wenn auch andere, Form des Protests gegen die Gesellschaft zu finden, in der sie sich wiedererkennen können[36]. In der Freiheit von den Zwängen der bürgerlichen Welt hoffen sie ihrem Groll als Verstoßene Luft zu schaffen. Die »Verkleidung« wird Ephraims Waffe und zugleich seine Schwäche in der nichtjüdischen Gesellschaft, in die er allegorisch – wenn auch nur eine kurze Zeitspanne lang – als Ritter verkleidet[37] eindringt. Alle seine Abenteuer dort stehen unter dem Zeichen der Maske und der Persönlichkeitsspaltung, von der *trejfen* Lockung der sinnlichen Gräfin bis zu den gespenstischen Begegnungen mit einer Maske, in der er den Vater zu erkennen glaubt, oder mit dem Mohren, der eine Synagogenmelodie singt[38].

In diesem Sinn erfährt der jüdische Mensch[39] auf exemplarische Weise die Spaltung zwischen öffentlicher und privater Ethik, die – wie oft bemerkt wurde – einen der entfremdendsten Aspekte der Entwicklung der modernen Gesellschaft darstellt. Der private Moralkodex gilt nicht fürs öffentliche Leben und umgekehrt. In der jüdischen Literatur erscheint diese Antinomie immer wieder als Konflikt des privat als Jude und öffentlich als Christ Lebenden, wie bei Salomon Kohn[40] Gabriel und der geheimnisvolle Büßer, die loyale tüchtige Hauptleute im kaiserlich-katholischen Heer und zugleich im Herzen fromme Juden sind. So wird die Assimilation zur Pantomime des Menschen, der seine Identität verloren hat und zum Clown herabgesunken ist. Höhepunkt dieses Prozesses ist das absurde Duell, zu dem Ephraim durch die grotesken und grausamen Normen der Gesellschaftsordnung[41] gezwungen wird. Hier scheint das Duell im *Radetzkymarsch* vorweggenommen, wo sich Roths Jude auf analoge Weise den Konventionen der götzenanbetenden Gesellschaft unterwirft, ihr in bewußter, hoffnungsloser Selbstzerstörung sich selbst und sein Leben opfert.

Keineswegs zufällig steht in *Dichter und Kaufmann* Ephraims, des entwurzelten Sohnes, Karnevalswelt die patriarchalische, religiöse und bürgerliche Solidität der Welt der Väter entgegen. Das väterliche Reich erscheint in einer moralischen Festigkeit und Sabbatfeierlichkeit[42], die

Dichter und Kaufmann zum Prototypus des »jüdisch-bürgerlichen« Romans machen, wie er von da an seinen eigenen Platz in der Geschichte der deutschen und jiddischen Literatur einnehmen sollte. Die »Rückkehr« Ephraims geschieht erst symbolisch zum Schluß, im Tod und um den Preis des Verzichts auf die Illusion der poetischen Berufung, die ihn seiner Welt entrissen hatte: die jüdischen Totengräber nehmen ihm den Dichterlorbeer ab, bevor sie ihn in die Grube senken[43]. Wie das Schicksal des »polnischen Juden« Rabbi Chananel zeigt, ist das Motiv der Spaltung ganz besonders in bezug auf das Ostjudentum hervorgehoben, denn ihm gegenüber gewinnt die Assimilation zwar noch an befreiender, aber gleichzeitig auch an traumatisierender Wirkung. Bezeichnenderweise kommt Isaac Bashevis Singer, der mit der Geschichte von der perversen, blutgierigen Risha[44] eine der finstersten Parabeln der Assimilation schreiben sollte, aus dem polnischen Judentum. In epischer Unparteilichkeit betrachtet er die neuen Tendenzen durch die Augen seines Doktor Fischelson. Dieser alte Spinozaforscher verachtet im Warschau der Jahrhundertwende »alles, was mit den modernen Juden verbunden ist – Zionismus, Sozialismus, Anarchismus . . . das moderne Hebräisch, das keine Wurzeln in der Bibel oder in der Mischna hatte«. (*The Spinoza of Market Street*[45]). Und in *The Family Moskat* (1950), dieser echten Saga des Ostjudentums, läßt Singer ausdrücklich eine seiner Gestalten, Asa Heshel, sagen: »Jeder Jude auf dieser Welt müßte zu einem Psychiater gehen. Jeder moderne Jude, heißt das[46].« Folge des Übergangs vom *Shtetl* in den Westen, von der larischen zur industriellen Kultur ist die Entfremdung des Ostjuden, die »Maske[47]«, die das jüdische Mädchen auf Chagalls Bild *La mariée à double visage* trägt, oder die Spaltung des Clowns, der sich selber spielt.

Der Standpunkt »außerhalb«

Anderseits ist sich Roth, als er 1927 *Juden auf Wanderschaft* schreibt, der fortschreitenden Auflösung der Welt des *Shtetls* wohl bewußt; die Ostjuden sehen sich gewaltsam vor eine Wahl gestellt, die in jedem Fall das Ende bedeutet: Integration in Europa oder in Amerika, Eingliederung in die neue Sowjetwirklichkeit, Gründung eines zionistischen Staates, Entscheidung für Orthodoxie oder Verweltlichung. Das Ostjudentum steht unter dem Druck eines Widerspruchs, den Roth nicht aufzulösen vermag, da er sich weder mit dem Wandel abfinden kann noch sich Illusionen über die Überlebenschancen der Vergangenheit macht. Mit paradoxer Folgerichtigkeit entscheidet sich Roth in diesem Konflikt für den Beobachterplatz eines Abwesenden, für das »Außerhalb«. Auch später noch in Roths letzter Lebens- und Schaffensphase entschließt sich der Protagonist der *Kapuzinergruft* zum »Verzicht[1]«, betrachtet die Politik aus einer Perspektive außerhalb der Geschehnisse und bezeichnet sich als »Exterritorialen unter den Lebenden[2]«. Im Roman *Der stumme Prophet* identifiziert sich der Revolutionär Kargan im Grunde mit keiner Partei, er fühlt sich als verzweifelter, unbestechlicher Zuschauer Gottes Neutralität und Gleichgültigkeit nahe[3]; Kargans Haltung ist ein Spiegel jener Lage, über die Bernstein-Wischnitzer gesagt hatte, ». . . daß wir nirgends sind, nichts besitzen, nirgends Geschichte machen[4]«. Auch Eduard P. in *Zipper und sein Vater* beurteilt die Ereignisse aus einer der Gegenwart entrückten Perspektive, in der es keine konkreten Anhaltspunkte mehr gibt: Es ist die jüdische »vaterlandslose« Perspektive, von der Börne[5] spricht. Oft findet sie ihren Ausdruck im Zustand der *Shtetl*-Ferne, die in Mosche Nadirs Erzählung *Der Mann, der den jüngsten Tag verschlief* ins metaphysische Exil, ins kosmische Ausgeschlossensein vom Rhythmus des Universums gesteigert ist. Der Protagonist erwacht nach einem imaginären Weltuntergang, von dem er, weil sowieso »draußen«, verschont geblieben ist; daher kann er sich nun, da die Welt nicht mehr existiert, die Augen reiben und – mit einer surrealistischen Clownspirouette – ins Kino gehen[6]. Auch in David Bergelsons Roman *Nuch Alemen (Das Ende vom Lied;* 1923) wird Mirels (»die ostjüdische Bovary« hat sie Suhl[7] genannt) träge, undurchdringliche Abwendung vom *Shtetl* zur metaphysischen Einsamkeit und existentiellen Leere, »Herbst der Seele«, wie die Heldin selbst sagt[8]. Isaac Bashevis schreibt in seinen Erinnerungen über den Bruder Joschua Singer, der die Orthodoxie aufgegeben hatte, »er war dem Alten entflohen, aber das Neue hielt nichts für ihn bereit[9]« und im Roman *Jakob der Knecht* verwandelt sich für Jakob, der gegen seinen Willen außerhalb Israels lebt, der sich neigende Sommer in »die Finsternis Ägyptens, die große Leere, in der Gottes Antlitz nicht wahrnehmbar war[10]«. Diese unmögliche Suche nach einem archimedischen Punkt setzt eine negative Entschlossenheit voraus, die erlaubt, bewußt jenen ewigen Standpunkt außerhalb des verzauberten Kreises der Existenz einzunehmen, von dem Adorno in den *Minima Moralia*[11] spricht. Schon Berthold Auerbach hatte in *Dichter und Kaufmann* – durch das Sprachrohr seines »Polen« – von einem Standpunkt außerhalb oder über der unmittelbaren Realität gesprochen[12]; und von Ephraim selbst wird im Roman gesagt, er wolle »einen Standpunkt außer und über sich erobern, dann erst glaubte er frei zu sein und sich über sein zeitliches Ungemach erheben zu können[13]«. Über ein Jahrhundert nach Auerbach ist der Platz Itke K.s – der jüdisch-amerikanischen Protagonistin eines Romans von Jeannette Lander – am »Fenster«, der Ort, von dem aus man das betrachtet, an dem man nicht teilnimmt[14].

Der exemplarische Antiheros dieser Untergangsstimmung ist der »überflüssige[15]« Franz Tunda aus *Flucht ohne Ende;* hinter seinem Handeln stehen weder Ziel noch Wunsch, noch Ausgangspunkt, es ist völlig ortslos in bezug auf Geschichte und Wirklichkeit. Es ist die »vollkommene Ruhe[16]« dessen, der keinen Anteil mehr nimmt, nichts hofft, nichts fürchtet, eine Art Stillehalten zwischen dem Verzicht auf das Nichts und der Erwartung des Nichts. Tunda selbst vergleicht diesen Zustand mit dem der Toten im Augenblick, da sie das irdische Leben aufgegeben und das jenseitige noch nicht angefangen haben[17]. Es ist der Zustand von Kafkas *Jäger Gracchus,* der, seines Seins oder Nichtseins ungewiß, durch die Labyrinthe einer Vorhölle irrt, schon den Lebenden fern und noch nicht von den Abgeschiedenen aufgenommen, und es ist, greift man auf Bibel und Talmud zurück, die Lage von Abels, des ersten Toten, Seele, von der die Überlieferung berichtet, daß sie ohne Ziel und ohne im Himmel noch auf der Erde einen Platz zu finden herumschweifte[18]. Diese Ortslosigkeit bedeutet eine gesteigerte kafkasche Wüste, in der nicht einmal mehr um die zu erobernde Wahrheit des Exils gekämpft wird, keine Anstrengungen mehr gemacht werden, wie Kafka – worauf Blanchot hingewiesen hat[19] – zu versuchen, sich seiner Lage als Vertriebener aus dem Lande Kanaan, als von der Heimat Abgeschnittener mit Würde und Bewußtheit innezuwerden. In ihrem Schweigen entzieht sich Alja, Tundas kaukasische Frau, völlig, existiert sie jenseits jeder Gegenwart und sogar jeder Spannung; »die Schweigsamkeit seiner Frau dämpfte das Geräusch der Welt[20]«. Doch aus dieser Abwesenheit (in der wenigstens der Friede des Nichts und des Vergessens wohnt) herauszukommen, bedeutet nicht Befreiung, sondern Gefangenschaft, schmerzlichere, weil bewußt gewordene Abwesenheit. Solange Tunda durch die »stumpfe Wand[21]« isoliert ist, die ihn von der Wirklichkeit trennt, ist er gewissermaßen auch teilweise geschützt, wie Kafkas Odysseus mit dem Wachs in den Ohren, insofern als es ihm wenigstens bis zu einem bestimmten Punkt erspart bleibt, die schwindelerregende Entdeckung machen zu müssen, daß hinter der Mauer nichts ist außer Irenes banaler Mittelmäßigkeit, daß also weder Tiefe noch Geheimnis existieren. Die Liebe zu der Französin in Baku stößt eine Tür in der Mauer, die Tunda einschließt, auf, und er tritt hinaus, um sich »draußen« und »ratlos« wiederzufinden[22], wie die Maus in der Fabel Kafkas, die den, wenn auch tödlichen, Käfig sucht, um einer größeren Falle zu entkommen[23], der Falle des Grenzenlosen, das – wie Roth im *Stummen Propheten* schreibt – noch mehr einschließt als eine Zelle[24].

Eine großartige Darstellung dieser als natürlicher Lebensraum des jüdischen Intellektuellen gedeuteten Leere findet sich bei Arnold Zweig in dem Roman *Aufzeichnungen über eine Familie Klopfer* (1911), der Geschichte des Niedergangs einer bürgerlichen Judenfamilie und ein echtes jüdisches Pendant zu den *Buddenbrooks*. Die Leere, von der wir gesprochen haben, verkörpert in diesem Roman der Vorletzte des Geschlechts, der intellektuelle Vater und Erfolgsschriftsteller, in dessen Dekadenz die Kraft der Ahnen erloschen ist, wenn sie sich auch noch in der nihilistischen Schauspielerei seiner Existenz, mit der er dem *horror vacui* begegnet, erhalten hat. Seine Augen, berichtet der Sohn, der in scharfsinnigem Rachegeist die Familienchronik schreibt, starren voll Schauder ins Dunkel, wo sich jeden Augenblick ein drohender Hinterhalt vorbereiten kann, und richten sich auf die Ecken, wo unbekannte Schrecken lauern können, um sich dann jedesmal beim Aufschub der endgültigen Entdeckung wieder im Lächeln des Weltmanns aufzuhellen, während seine Hand mit der Grazie des Gentleman das Kognakglas hält[25]. Seine Unsicherheit versteht Zweig als die Unsicherheit des assimilierten jüdischen Intellektuellen und des jüdischen Familienvaters, der sich des Abbröckelns seines Lebensgrundes (und damit der Familie) bewußt ist. Seine Phantasie klammert sich an die Welt der Bibel, in deren Kraft er eine Kompensation der eigenen Schwäche zu finden hofft[26], seine Angst ist die Angst vor dem Unvorhersehbaren des Unbekannten und der Zukunft, »Vorstufe und Zusammenfassung des Wahnsinns der Größe und der Verfolgung[27]«; seine Angst bringt ihn dazu, dicht an der Wand entlangzugehen, um den Rücken vor dem ständig zum Herunterklappen bereiten Fallbeil zu schützen, aber sie verleiht ihm auch das Heldentum der Schwäche, die Fähigkeit, sich ins Licht, in die Eitelkeit der Salons, in den Erfolg, in die Vitalität, in die Eroberung, die seine Furcht vor dem Nichts verhüllt, zu flüchten[28]. Als im Gegenlicht gesehene Gestalt der Schriftstellerpersönlichkeit des Fin de siècle gelingt es Vater Klopfer (er ist der letzte Vater des Geschlechts), in einem erfolgreichen Drama *Saul,* alle glauben zu lassen, er habe sich in der jugendlichen Kraft Davids selbst abgebildet, während er sich heimlich im finsteren, pathologischen Schmerz des besiegten und besessenen Königs wiedererkennt[29]. Obwohl er allem gegenüber gleichgültig ist, »fühlte (er) doch mit seinem Volke, den Juden; freilich als ein auf immer Losgelöster, ein Abenteurer mit mangelndem Mut, Sehnsucht nach Sicherheit, Kraftzuwachs und Gemeinsamkeit, der sich an eine letzte Rettung anklammert, und der irgendwo daheim sein will, weil er eigentlich nirgends hingehört[30]«.

Für Zweig deckt sich die Parabel vom dekadenten Künstler und *déraciné* völlig mit der vom entwurzelten jüdischen Intellektuellen, beide suchen sie Heiterkeit und Gesundheit in der Fata Morgana eines illusorischen, heidnisch-solaren Hellenismus, wie Saul Cernichovsky in seiner klassisch-vitalistischen und dionysischen Lyrik, die eine Reaktion auf den jüdischen Pietismus ist und fast an Heines Dikotomie zwischen Juden und Griechen erinnert. Das Meer, vor dem sich die Schönheit der Mutter zur Vollkommenheit einer hellenischen Göttin verklärt[31], ist das Symbol dieses Heidentums, das jedoch sofort in morbiden Ästhetizismus und sterilen Künstleregoismus entartet: Um sich eine realistische Anregung für seine Komödie *Susannah* zu verschaffen, läßt der Vater die Tochter Miriam die Rolle des im Bade überraschten Mädchens spielen, und einen Augenblick lang verkehrt sich ihm das kalte analytische Künstlerinteresse in den inzestuösen Wunsch – Umkehrung des jüdischen Familienkults –, der im Buch immer wieder zu spüren ist[32]. Und doch ist der Vater, dessen theatralisch panischer Tod die narzißtische Leere einer ganzen Existenz besiegelt[33], der Vorletzte seines Geschlechts, nicht der Letzte wie der

Sohn, der seine Geschichte schreibt: Trotz aller Skepsis und Ironie – oder vielleicht gerade, weil er sich mit ihrer Hilfe angesichts der Leere zerstreuen kann – ist er imstande, das Leben zu lieben, und ist gesund genug, um es zu leben und zu genießen[34]. Zweigs Roman bezeichnet den äußersten Grad der Dissoziation des *Graeculus,* des assimilierten Juden, dem nur noch ein aristokratischer Nihilismus bleibt, um ihn unter der hoffärtigen Lust an der Verkleidung und an der Selbstmystifikation die Eitelkeit, Unbeholfenheit, Ungeschicklichkeit und Unordnung seiner Lebensbedingungen ignorieren zu lassen. Angesichts des schmerzlichen Exils und der immer tragischeren Entwicklung der europäischen Geschichte nimmt auch Roth Zuflucht zur Haltung der »stolze(n) Verachtung . . . eine(r) Art von aristokratischem Nihilismus«, eines »Heroismus der Gleichgültigkeit[35]«, von der er in bezug auf die in der Sowjetunion zurückgebliebenen Reaktionäre spricht und mit der er doch vor allem sich selbst meint; die selbstzerstörerische Nonchalance war ihm die einzig mögliche Geste vor der allgemeinen Barbarei und vor dem Nazismus im besonderen. Im Exil, im *Golus,* bleibt nur dieses bittere Heldentum. Außerhalb des *Shtetls* zu leben, bedeutet, wirklich »draußen« zu sein, in der Ferne und in der Leere; es ist die Lage des Helden von Solferino im *Radetzkymarsch:* »vertrieben . . . aus dem Paradies[36]« der einfachen Gläubigkeit und der einfachen Sicherheit.

Die Metaphern der Rückkehr

Das Bewußtsein der Vertreibung oder des Sündenfalls rückt bei Roth auch das immer wieder aufgenommene Motiv der Heimkehr ins Licht des Vergeblichen, Illusorischen. Der Versuch, den Weg zurück – vom Westen nach dem Osten, aus der bürgerlichen Gesellschaft zum *Shtetl* – zu gehen, wird zwar mit tiefer, geheimer Rührung erzählt, man denke nur an die Korrespondenz von der polnischen Grenze, wo Roth einen aus Amerika zurückkehrenden Ostjuden beobachtet, wie er in königlicher Unbefangenheit in Pantoffeln auf dem Bahnsteig herumgeht und von seinem Töchterchen Perele, seiner Frau und den anderen beiden kleinen Mädchen empfangen wird[1]. Doch der *nostos* erfüllt sich hier nur noch als ritueller Akt der Erinnerung und des Mitleids, denn für die Ostjuden gibt es ja – wird in *Juden auf Wanderschaft* gesagt – keine Heimat mehr, kein Ithaka, wo der Heimkehrer wieder seinen Platz einnehmen könnte. Sie haben nur »Gräber auf jedem Friedhof[2]«, zu denen sie – regelmäßig, aber flüchtig – zurückkehren, um dann wieder aufzubrechen. »Wer seinen Vater in fremder Erde versenkt« – schreibt Roth in einem Artikel –, »der besitzt ein Heimatrecht in der fremden Erde[3]«, er fühlt sich dort heimisch, als besäße er einen Acker. Das Thema findet seinen großartigen Ausdruck in der Szene aus *Hotel Savoy*, wo der Millionär Henry Bloomfield »heimkehrt«, nicht um Firmen und Fabriken zu gründen, sondern um das Grab seines Vaters zu besuchen. Bloomfield wiederholt Roths eigene Worte: »Ich bin ein Ostjude, und wir haben überall dort unsere Heimat, wo wir unsere Toten haben . . . Mein Sohn wird ein ganzer Amerikaner sein, denn ich werde dort begraben werden[4].« In der chaotischen Zersplitterung von *Hotel Savoy* ist die Gestalt Bloomfields die einzige epische, die einzige Präsenz, die für das Bestehen der Bedeutungen bürgt: Mit seinem altmodisch eleganten Anzug, dem Hundegesicht mit den langsamen, gründlichen Augen hinter der Hornbrille, in seiner melancholischen, nie lächelnden Gelassenheit und mit seinem Geist, der mit gewaltigen Plänen beschäftigt, den Körper vernachlässigt[5], ist Bloomfield der einzige feste Punkt im Wirbel. Im Grunde ist auch er, Sohn, der das Grab seines Vaters besucht, im metaphorischen Sinn ein Vater. Er ist in den Bindungen und in der Tradition verwurzelt und hat daher die Kraft der Welt der Väter wie die »positiven« Gestalten Roths. Das zeigt auch die archaisch große Szene auf dem Friedhof: Bloomfield bittet seinen alten Vater Jechiel Blumenfeld (der zu sagen pflegte: »Das Trinken schadet nur den Betrunkenen[6]«) um Verzeihung wegen seines Reichtums, verteilt Geld unter den jüdischen Bettlern – den »Trauerweiden«, die »wie ein Fliegenschwarm« über ihn herfallen[7], er läßt die Tränen strömen und findet doch sofort seinen scharfen Verstand wieder. Die Heimkehr wird, auch später, eine Annäherung an den Tod sein; die untergründig im Motiv enthaltene Wendung zum Unendlichen hin schließt, wie Hermann Bausinger bemerkt[8], den ironischen Vergleich mit der Wirklichkeit des Endlichen der Menschenwelt mit ein. Die Heimkehr ist provisorisch, ironisch und wird ihrerseits wieder umgedreht: Bloomfield, der große Bloomfield, flieht zum Schluß bei Nacht vor dem Typhus und der großen Revolution und macht sich wieder auf den Weg nach dem Westen[9].

So kann die Heimkehr, wie in vielen Werken Roths, Hingabe an den Tod sein oder auch metaphorische und unmögliche Regression in den Schoß der Mutter oder der Geliebten wie für Napoleon nach der Niederlage von Waterloo in den *hundert Tagen*[10]. Oder sie bedeutet, wie für den »Businessman« der Novelle *A shpas* von Baruch Glasman, die symbolische, aber undurchführbare Befreiung von jedem äußerlichen Attribut, um wieder Mensch, nichts als Mensch, zu werden, nackt wie Hiob[11]. Wie Bloomfield »kehrt« der Millionär aus der Erzählung Glasmans – Mister Henry Freeman, ursprünglich: Herschl Freimann – ins *Shtetl* zurück und versucht, ohne den ganzen westlichen Überbau – Amerika, die Millionen, die in Übersee zurückgelassene Familie – zu leben. Er geht so weit, sich mit Bronka, einem Mädchen aus dem *Shtetl,* zu »verloben«, und flieht dann doch, während der Samowar, der vergebens auf dem Frühstückstisch auf ihn wartet, als wolle das Gerät die Illusion des Glücks und der »Heimkehr« verkörpern, kalt wird: »Auf dem Tisch ein Samowar, noch nicht ganz ausgekühlt, denn im Behälter war noch ein wenig Glut, und ein Stück goldene Kohle erlosch mit Gezisch im Wasser. Nicht weit vom Samowar stand ein Korb mit Früchten, voll und unberührt. Und längs den Tischrändern standen auf einem frischgebügelten Tischtuch, wie für ein feierliches Gastmahl gerichtet, zwei Reihen gläserne Schalen für Saft und Kompott, auch sie rein, unberührt und leer[12].«

Die Rückkehr und ihr Scheitern bedingen eine bittere, aber heilsame Niederlage, die den Menschen aller verfälschenden Aufmachungen entkleidet. Allegorisch vertritt das Thema der Nacktheit und der Entfremdung vom eigenen Körper diese Konfrontation mit den wieder gültigen absoluten Existenzbedingungen. In der erwähnten Erzählung Glasmans betrachtet Mr. Freeman wie ein Fremder die Wölbung seines sich unter dem Pyjama abzeichnenden Bauches[13]. Das Motiv hat auch Roth zu einigen seiner besten Schilderungen angeregt: Die verblühte Deborah vor dem Spiegel[14], der fettleibige, schlaffe Napoleon, wie er nach der verlorenen Schlacht nackt ins Bad tritt[15], die Mutter, wie sie ihren Sohn Theodor, den eben aus dem Gefängnis entlassenen Nationalsozialisten, beim Ausziehen beobachtet[16]. Es ist ein typisches Sujet der jiddischen Literatur, wie diese Novelle Glasmans und zahlreiche eindringliche Stellen bei Isaac Bashevis Singer zeigen: »Im Wohnzimmer entkleidete er sich bis auf die Unterhosen. Der Spiegel enthüllte ihm seinen nackten Oberkörper – die mit weißem Haar überzogene Brust, den vorstehenden Bauch, die unverhältnismäßig kurzen Beine und die gelblichen Fußnägel . . . Ihr (seiner Frau) Kopf war fast kahl. Sie schnarchte geräuschvoll. Im Schlaf hatten sich ihre Augenbrauen eng zusammengeschoben, und ihre haarige Männernase stand scharf hervor. Die Nasenlöcher waren durch kleine Haarbüschel verstopft. Auf geheimnisvolle Weise war sie ihm mit der Zeit immer ähnlicher geworden – sie glich dem Bild, das er eben im Spiegel erblickt hatte . . . Aber was war im höheren Alter der Zweck einer solchen Nachahmung? Wie konnte sie der Menschengattung zugute kommen? Er verspürte Mitleid und gleichzeitig Widerwillen . . . Auf ihren fest geschlossenen Lidern war der Ausdruck von Enttäuschung eingebrannt, der Ausdruck der Ernüchterung, wie er gelegentlich über dem Antlitz eines Toten liegt[17].« Auch bei Roth finden sich diese Verfremdung und diese Selbstentfremdung als Metaphern einer »Rückkehr«, die das Verlassen der alltäglichen Routine mit ihren gewohnten Maßstäben bedeutet und den Eintritt in eine absolute Dimension jenseits aller gesellschaftlichen Konvention, jedes persönlichen Ehrgeizes und jeder Selbsttäuschung. Andreas' Entlassung aus dem Gefängnis *(Die Rebellion)* ist ein Beispiel für einen solchen Abschied von der Welt, der sich eben in der distanzierten Betrachtung der Veränderungen am eigenen Körper ausdrückt: »Andreas trat ein und prallte sofort zurück. Aus dem schmalen Spiegel gegenüber der Tür blickte ihm ein weißbärtiger Greis entgegen, mit einem gelben Gesicht und unzähligen Runzeln. Dieser Greis erinnerte an einen bösen Zauberer aus den Märchen, der Ehrfurcht und Furcht erweckt und dessen weißer Großvaterbart wie das Abzeichen einer verräterischen Liebe ist, einer heuchlerischen Güte und einer falschen Ehrlichkeit. Andreas glaubte, sich an die Farbe seiner Augen zu erinnern: Waren sie nicht einmal blau gewesen? Jetzt schillerten sie in grünlicher Bosheit. Änderte sich auch die Farbe der Augen in der Luft der Zelle? Weshalb sollten die Augen bleiben wie sie gewesen, wenn das braune Haar in kurzen Wochen weiß geworden war? In kurzen Wochen? ... Jetzt war er ein Greis, unfähig ein neues Leben zu beginnen und dem Tode nah[18].« Das Symbol dieser Rückkehr zur nackten Eigentlichkeit der menschlichen Existenz ist Hiob: In den *Hundert Tagen* wird Napoleon, von jeder Selbsttäuschung befreit, zu Hiob[19].

Mit diesem echten existentiellen *nostos* kontrastiert der umgekehrte, falsche der Entfremdung des Heimkehrers in die bürgerliche Welt: Mit der Heimkehr Tundas oder Arnolds *(Zipper und sein Vater)* wird der bürgerliche Roman auf bisher deutlichste Weise unter der Form des Heimkehrerromans verschlüsselt. Unter vielen Gesichtspunkten, und besonders was die Gestalt des alten Zipper angeht, gehört der Roman zu den Werken der zweiten Periode in Roths Schaffen, wo die linke Polemik gedämpft und eine wertende Unterscheidung zwischen zwei idealen, antithetischen Typen des »Bürgerlichen« herausgearbeitet wird, die es dem Autor erlaubt, den Fixpunkt einer absoluten Individualität im Zeichen der Welt der Väter und der archetypischen Figur des ostjüdischen Familienvaters zu erreichen. Anderseits trägt die Gesellschaftskritik in *Zipper und sein Vater* schon Züge des traditionalistischen und konservativen Antimodernismus, der sich später immer stärker durchsetzt (gerade *Die Kapuzinergruft* steht trotz des großen zeitlichen Abstands in ihrer Thematik *Zipper und sein Vater* sehr nahe). Der Roman schildert die Traurigkeit der bürgerlichen Welt, die sich zusehends der dumpfen, schuldigen, aber beruhigenden Sicherheit entleert, von der sie bis zum Krieg gehalten, aber auch in die Selbstzerstörung des Krieges getrieben wurde. Die Rückkehr des Heimkehrers Arnold demaskiert die Verirrungen des Heute und die Leere des Gestern. Der alte Zipper symbolisiert mit seinem Respekt vor der Wissenschaft, seiner anekdotischen und sentenziösen Bildung und der Traurigkeit seines »Salons«, dessen Feuchtigkeit an herbstliche Felder erinnert, den kleinkarierten Ehrgeiz eines Bürgertums, das aus dem unbewußten Wunsch heraus, sich an die Stelle der herrschenden Klasse zu setzen, mit radikalen und antitraditionalistischen Ideen liebäugelt, aber sofort bereit ist, seinen Radikalismus durch schlimmsten Konventionalismus, närrische Kriegsbegeisterung und repressive Härte wieder zu verfälschen. Erst gegen Ende seines Lebens macht der Schmerz aus Zipper einen »Vater« und verleiht seinem pathetischen Dekor menschliche Substanz; zunächst ist er ein blinder und grausamer

Erzieher, der die psychische Erkrankung seines Sohnes Cäsar nicht versteht und Arnolds Aufbruch in den Krieg mit Begeisterung begrüßt[20]. In den Briefen, die er Arnold schickt, ist von der »Bitterkeit der Zeit[21]« die Rede; die Briefe strömen einen trostlosen Nebel aus, unerbittlich wie der mörderische Wind, der später durch die winterlichen Straßen des von den Siegern besetzten Wiens streicht, oder wie die gespenstische, zeigerlose Uhr im Kaffeehaus, die mit ihrem Ticken eine unsichtbare und noch unerbittlichere Zeit skandiert[22]. Auch der alte Zipper ist im ersten Teil des Romans ein Clown, ein Clown der »großen Trauer[23]«, »traurig wie ein aufgeräumtes Zimmer[24]«, der den Ich-Erzähler in der Erinnerung an ihn schwermütig macht[25]. Die vertrauten Embleme Mitteleuropas erscheinen in diesem Werk Roths – gerade vor der folgenden zärtlichen Wiederbestätigung ihrer humanistischen Werte – unter negativem Vorzeichen: Die Gewohnheiten des alten Zipper, seine Geisteshaltung eines »Bürgers von Mitteleuropa[26]«, sein Ehrgeiz, sein Dünkel, seine alberne Solidität stehen, wie die triste Atmosphäre der Kaffeehäuser, in unbezweifelbarem Zusammenhang mit dem, was Roth die »Eiterbeule« des Stückes Mitteleuropa nennt, wo der Krieg wie eine organische, angeborene Infektion[27] aufgegangen ist. Sehr bald darauf sollte Roth die mitteleuropäische Kultur unter genau entgegengesetzten, positiven Zeichen chiffrieren.

Katalysator der Leere ist Arnold, der Heimkehrer; die Krise tritt an den Söhnen in Erscheinung; sie stehen ihr eben darum hilflos gegenüber, weil sie durch die Erziehung der Väter ihrer Lebensenergien beraubt wurden wie der Kafkasche, vom parasitären Vater erdrückte Sohn, von dem Benjamin spricht[28]. Gefangene einer mechanischen, automatischen Fatalität, leben sie – wie Arnold – in »monotoner Tragik[29]« dahin, in ihren düsteren Cafés verschanzt, unfähig, sich im Chaos zu orientieren. Hier verkehrt sich die radikale Kritik an den Vätern zur traditionalistischen Kritik an den »neuen Zeiten«, an der Moderne, für deren Triumph die Väter verantwortlich gemacht werden. Die Kritik sieht den Verfall des Ethos im Zeitgeschmack und in den Sitten: Der »unnatürliche« Ehrgeiz, führerlos auf Alpengipfel zu klettern und artistische Kunststücke mit dem Flugzeug zu versuchen[30], ist eine aktivistisch-dynamische Entartung der philiströsen *mediocritas,* die Organisation der Arbeit ist unter der Maske frenetischer Effizienz eine Tyrannei kleiner Satrapen, die kollektive Dimension ein ödes Gefängnis und die vorurteilsfreie Entwicklung der Sitten eine Kompensation für das vom Mythos des Fortschritts verschleierte Unglück; die Verbreitung der Vereine[31] ist nur ein Zeichen für die Unzulänglichkeit des Individuums, und der Mode wird gehuldigt, weil der Mensch vom Konsum absorbiert ist. Alle diese Motive und die wütende, reaktionäre Polemik gegen den Film fließen in der verzweifelten und banalen Liebesgeschichte von Arnold und Erna zusammen. In ihrer gleichgültigen Härte ist Erna ein Werkzeug der Unmenschlichkeit »ihrer Zeit« und zugleich deren Opfer. Erna spielt sich selbst wie eine Rolle, profaniert unmerklich auch die zarte frauliche Geste, die Hand an das Haar zu führen, weil sie die Anmut ins Getriebe eines auf totaler Verkäuflichkeit beruhenden Systems hineinzieht, die klassische »edle Einfalt[32]« wird von ihr zum Modekniff degradiert; sie ist der moderne Mensch in seiner großen Gleichgültigkeit[33].

In ihrer den obligaten Klischees gehorchenden Lebensweise mit dem genau so pragmatischen Hauch von Originalität (Fotografien in Illustrierten, Vortragen radikaler Gedichte, Ankauf orientalischer Kunstgegenstände, Verweigerung von Interviews, Flüge im Flugzeug) in ihrer Distanzierung von jeder Tradition (Hochzeit ohne Feierlichkeiten, jeweils passende Versionen über ihre Herkunft[34]), verkörpert Erna alles das, was für Roth falscher Fortschritt des modernen Menschen und falsche Emanzipation der Frau heißt. In dieser Hinsicht verflechten sich bei Roth unbestechlicher Scharfsinn und blindes Nichtverstehen: Die Klarheit, mit der er die Entfremdung des Individuums durchschaut, das von den kollektiven Mechanismen eines alle menschlichen Kräfte einplanenden Systems aufgefressen wird, steht neben der oft vernagelten und pathetischen Abneigung jeder Form des Neuen, neben seiner Unfähigkeit, progressive Tendenzen von regressiven Anstößen, echte, befreiende Eroberungen von verhüllten Totalitarismen zu unterscheiden. So muß aus Erna, die, um alle Brücken zu ihrer Vergangenheit abzubrechen, homosexuellen Verkehr pflegt, bezeichnenderweise ein *Star* werden; Roths moralistische Denunzierung des Films differenziert nicht zwischen der Kommerzialisierung des Starrummels und den poetischen Möglichkeiten der neuen Kunst, er schließt sie alle in eine einzige, apokalyptische Verdammung ein.

Durch die gedemütigte und ausgenützte Liebe zu Erna wird Arnolds Persönlichkeit noch mehr ausgepowert, bis er nach Erschöpfung der Leidenschaft in stumpfe Apathie versinkt. Das ist der würdige Abschluß dieser modernen Liebesgeschichte, die psychologisch ganz aus dem Mangel und dem impotenten Wunsch, diesen Mangel zu überwinden, entwickelt wird. Auch Arnold ist, wie gesagt, ein Clown, ein – im Unterschied zum Vater – seiner eigenen Lächerlichkeit bewußter und daher tragischer[35]; ein Abwesender, ein *Kiebitz*, einer, der nicht handeln, nur zuschauen kann; kein Subjekt, nur passives Objekt, »ein Romanstoff, der sich umsonst anbietet[36]«. Der Sohn wird seinerseits nicht mehr Vater, er zeugt weder Kinder noch schafft er ein Werk. Arnold ist das Symptom einer anderen Erscheinung der Moderne, die in den Augen Roths ein Übel ist, das heißt der Vorliebe für das Unvollendete, für das Fragment, für das Unbestimmte, die Roth als Surrogat für die Unfähigkeit zum Schöpfungsakt und zur religiösen Spannung ins Unendliche hinein versteht. Arnold zieht das Manuskript dem Buch vor, das nicht fertiggemachte Werk dem Vollendeten, die Gelegenheit und den Einfall der Verwirklichung, das Modell dem Porträt[37]. Mit dieser schmerzlichen und kläglichen Karikatur des modernen Intellektuellen setzt auch – obwohl vorläufig noch distanziert und ironisch behandelt – das große Rothsche Thema der Sehnsucht nach der militärischen Welt ein. Wegen seiner Normen und seines Reglements wird das Militär von Arnold und dem Ich-Erzähler als, wenn auch trauriger, Ersatz einer auseinandergebrochenen Ordnung und als Anhaltspunkt im Schwindel betrachtet[38]. Später tritt dann die mythische und metaphorische Bedeutung des Heeres in den Vordergrund, es wird zur Projektion der ostjüdischen Familienhierarchie.

Der Roman der Väter

Zipper und sein Vater, die Chronik der Lebensöde, schließt trotz allem mit einem vitalen, frühlingshaften Ton der Versöhnung im Vertrauen auf eine Verewigung jeder einzelnen menschlichen Tat[1], Versöhnung, die an die »Dauer« gemahnt, zu der Kafka die Realität erheben wollte[2]. Der Roman verdankt dieses Ende seiner Anlage als Roman einer Generationsproblematik und der unerwarteten Lösung, die das Problem findet. Auf die eigentliche Geschichte, das heißt auf die Handlung von *Zipper und sein Vater* folgen zwei Anhänge, wo – noch im Bereich des Romans selbst – kommentierend in ihn als solchen eingegriffen wird: die Diskussion des Ich-Erzählers mit Eduard P. über die eben erzählte Geschichte Arnolds und der »Brief des Autors« Joseph Roth an den Freund Arnold Zipper, wo sich der Verfasser gewissermaßen bei Arnold dafür entschuldigt, aus dessen privatem Erleben einen Romanstoff gemacht zu haben. Nicht zufällig wird das »Urteil« über das Verhältnis von Leben und Roman einer Gestalt wie Eduard P. in den Mund gelegt; alles weist ihn als Aristokraten aus: Schmal und unkörperlich wie ein Schatten, dem existentiellen Tumult seiner Umwelt entrückt, ein genialer und unbeteiligter Zuschauer, nimmt Eduard P. »von außen her« zur Wirklichkeit Stellung; seine Leidenschaft scheint aus einem geheimnisvollen »Jenseits« zu kommen, er wird mit »der Seele eines längst verschollenen Schriftstellers« verglichen[3]. Bei Roth deckt sich der aristokratische Standpunkt mit dem archimedischen Punkt außerhalb des Realen, von dem Adorno spricht. Er scheint dem Autor der einzige, von dem aus die Ereignisse zu verstehen sind. Als besiegte, dahinschwindende Klasse ist der Adel aus jeder Dialektik des Machtkampfs ausgeschaltet, steht er dem Treiben fern und ist unfähig, noch irgendwelchen Einfluß auf die Realität zu nehmen. Gerade deshalb stellt aber die aristokratische Distanz für Roth den einzigen unparteiischen Blickwinkel dar, vertritt sie die einzige epische Perspektive, in der sich die Geschehnisse ordnen lassen, das einzige auf Wahrheit und Totalität hin geöffnete Gesichtsfeld. Bezeichnenderweise schien es Eduard P. »leichtsinnig oder auch zu geringschätzig, ein Urteil über ein *einzelnes* Werk[4] abzugeben« (Hervorhebung vom Verfasser), und er betrachtet jede kleinste Einzelheit »von dem Gipfel aus, von dem man auf drei oder sechs

Jahrtausende herabschaut[5]«. Als eine Kategorie der Vergangenheit verkörpert der Adel die aufgelöste Tradition und daher das Bedürfnis nach Totalität; als neutraler und ahistorischer Betrachter besitzt er die epische Objektivität im Abstand des Sängers, der von den trojanischen Mauern hinab die kämpfenden Krieger durch die Gebärde Helenas, des unbeweglichen Gegenstandes ihres Kampfes, zeigt. Als Synonym für Überlegenheit erweist sich die Neutralität hingegen manchmal als pathetische, hochmütige Maske der Impotenz: Der Protagonist der *Kapuzinergruft* versichert angesichts des sich ausbreitenden Nachkriegschaos und des nationalsozialistischen Triumphs, er sei kein Kind seiner Zeit, aber er verstehe sie gut: »Nicht, daß ich sie nicht verstünde, wie ich es so oft behaupte. Dies ist nur eine fromme Ausrede. Ich will einfach, aus Bequemlichkeit, nicht ausfällig oder gehässig werden, und also sage ich, daß ich das nicht verstehe, von dem ich sagen müßte, daß ich es hasse oder verachte. Ich bin feinhörig, aber ich spiele einen Schwerhörigen. Ich halte es für nobler, ein Gebrechen vorzutäuschen, als zuzugeben, daß ich vulgäre Geräusche vernommen habe[6].« Vor dem scheinbar unaufhaltsamen Aufstieg der Barbarei bleibt Roth nur die verächtliche, pathetische und unreife Geste, den Gegner nicht als »satisfaktionsfähig« anzuerkennen: Auf dieser kindischen und heroischen Grundhaltung beruhte auch die kohärente Donquichotterie seines persönlichen Widerstands gegen Hitler, die banale Meduse, die aus der Kloake aufgestiegen war[7].

Von eben diesem Eduard P. nun wird das Letzte über Arnold Zipper berichtet (er ist Berufsclown geworden) und seine gelebte Geschichte als Erzählstoff hingestellt: »Das ist der Roman[8]!« Der Ich-Erzähler, das heißt Roth, verwahrt sich jedoch gegen den romanhaften Charakter dieses individuellen Schicksals und versichert, indem er kohärent die realistische Fiktion aufrechterhält: »Selbst wenn ich das Leben Arnolds schreiben würde, wäre es kein Roman in diesem Sinn« – und außerdem: »Ich würde ihn auch nicht gesondert von seinem Vater behandeln können[9].« In der Tat ist *Zipper und sein Vater* nicht der Roman Arnolds, des Jungen, des Sohnes; der Autor selbst unterstreicht das im Brief, den er zum Schluß an Arnold zu schreiben sich vorstellt. Ihn wegen seines Eindringens ins Private um Verzeihung bittend, erklärt der Autor, »nicht zuviel, sondern eher viel zu wenig[10]« von ihm berichtet zu haben und daher in seiner ursprünglichen Absicht, eigentlich Arnolds Gestalt darzustellen, gescheitert zu sein. Dieses Nichtgelingen beruhe auf dem fehlenden Abstand: »Der Grund dafür scheint mir eben darin zu liegen, daß ich zwischen Dir und mir die

Distanz nicht sehe, die zwischen Deinem Vater und mir vorhanden war . . . Mit jener Klarheit Dich zu zeichnen, die allein aus der Distanz kommt, war mir, wie schon gesagt, nicht möglich[11].«

Die Gegenwart des Jungen erscheint daher nur funktionell; schon Eduard P. hatte gesagt, daß die Zippers zusammengehören[12], der Erzähler Roth setzt noch zur Rechtfertigung seines Berichtes über Arnold hinzu: »Doch schien mir das Leben Deines Vaters mit dem Deinigen so notwendig verbunden, daß ich, wollte ich Dich eliminieren, vieles hätte verschweigen müssen[13].« Der Roman ist also der Roman der Alten, der Väter: nicht der Jungen, nicht der Söhne, nicht der Generation Arnolds und damit Roths selbst. Ausdrücklich bekennt sich Roth zur These von der Unmöglichkeit, den Roman seiner eigenen Generation zu schreiben, das Wesentliche und die Synthese dieser ins Schleudern geratenen Nachkriegsjugend zu gestalten, zu der er selbst gehört und deren Trauer gerade darin liegt, daß sie »es nicht erzählen kann, wie traurig (sie) ist[14]«, ›daß sie unfähig dazu ist, sich und ihr Drama auszudrücken. Als Urteil über die beträchtliche verwirrte Literatur der Nachkriegszeit ist die Behauptung im wesentlichen zutreffend. Als programmatische Erklärung Roths deutet sie auf die technische und geistige Wendung hin, die sich dann mit *Hiob* vollzieht. Der Schriftsteller selbst spricht in einem Brief von seiner »natürlichen Neigung, ein Greis zu sein«, die ihn dem modernen »Angelsachsentum[15]« entfremdet und ihm immer, auch als er noch jünger war, »Mißtrauen« gegenüber den »Jungen[16]« eingeflößt habe. Das Problem des Epischen bedeutet für Roth das Problem des Bildungsromans, der die Entwicklung einer Persönlichkeit in der fortschreitenden Verwirklichung ihrer potentiellen Eigenschaften beschreibt. Roth stößt hier – ohne sich dessen recht bewußt zu sein – auf das große Motiv, das Lukács und Adorno – mit gegensätzlichen Lösungen – so ausführlich beschäftigt hat, nämlich auf die Frage, ob es dem Individuum in der modernen Gesellschaft möglich ist, alle seine Anlagen voll und harmonisch in einer Entwicklung seiner ganzen Persönlichkeit auszubilden. Wie neulich wieder Tito Perlini hervorgehoben hat, glaubte Lukács noch an die Persönlichkeitsbildung, während nach Adornos Ansicht in der industriellen Kultur nur zwei gleich negative Alternativen bestehen: der Wachstumsstillstand, das heißt die Regression in die Kindheit, oder eine Entwicklung in Form einer fortschreitenden Unterdrückung der vielfachen individuellen Anlagen zugunsten eines eindimensionalen Wachstums im Sinn Marcuses[17].

Das Thema der Bildung ist das Zentralmotiv in Roths erzählerischem Werk; in der ersten Periode führt es immer zu negativem Ausgang. Die Gestalt des »Jungen« durchläuft einen kennzeichnenden Entwicklungsgang, der sich in fast allen Romanen in wesentlicher Analogie wiederholt: Der junge Mensch bildet sich nicht aus, erfährt keine Entwicklung, sondern eher eine fortschreitende Involution, die nach und nach seine Existenz erstickt, alle seine Möglichkeiten blockiert und seinen Erlebnissen die Bedeutung nimmt, sie auf tumultuarische, unordentliche Zufälle reduziert. Gabriel Dan, Andreas Pum, Arnold Zipper, Paul Bernheim sind Gestalten, deren Jugend nicht reift, sondern verlöscht, deren menschliches Potential immer mehr verarmt; Franz Tunda zieht keinerlei Bereicherung aus seinen vielen Abenteuern, er endet in einer Apathie, in der sich kindliche Unreife mit der tristen Müdigkeit des frustrierten Erwachsenen verbindet. Diese aus der Bahn gekommenen Antihelden, wie sie Krieg und Nachkriegszeit hervorgebracht haben, leben in einem Chaos ohne Hierarchien und gültige Maßstäbe, wo keine Bildung mehr möglich ist. Der offene, fragmentarische Roman, in dem sie sich bewegen, kann nur ihre Lage der statischen Entbehrung registrieren. Da aus den Berichten über die junge Generation kein eigentlicher Roman wird, dessen Helden im Grunde nur noch die Väter sein können, greift Roth nun in seinem Bemühen um den Bildungsroman auf letztere zurück und wendet sich folgerichtig der traditionellen geschlossenen Form der Klassik zu und damit zugleich auch dem religiösen und patriarchalen Stoizismus des *Shtetls* und seines *Hiob*.

Die Welt der Väter und die Möglichkeiten der Epik

Mythisierung und Verfremdung

Leopold Härzberg-Fränkel, ein vergessener Verfasser von *Ghettogeschichten* des 19. Jahrhunderts, beschreibt in seiner Erzählung *Der Klausner* (1867), wie Bauern neugierig einer jüdischen Hochzeitszeremonie zusehen, die während einer Pestepidemie zur Beschwörung auf dem Friedhof abgehalten wird[1]. Diese stummen Bauerngestalten könnten für die Haltung zeugen, die so oft der jüdischen Kultur und vor allem ihrem vielfach potenzierten Konzentrat, dem Ostjudentum, gegenüber eingenommen worden ist: Es ist eine außerhalb liegende Perspektive, von der aus die jüdische Welt als das sich schlechthin vom anderen Unterscheidende dargestellt und typisiert worden ist, nicht etwa als Paradigma besessener und erworbener Werte, sondern als verlorener und unerreichbarer Besitz ersehnter Güter. Sobald sich der Blick des jüdischen Schriftstellers auf das richtet, was das Eigentliche seiner Moral- und Gefühlswelt sein müßte, distanziert er sich von eben dieser Welt und erfährt sie als fragwürdig. Die Problematisierung schafft unvermeidlich – auch wenn sie sich als gerührte Verklärung ausdrückt – einen Isolationseffekt und wandelt den ruhigen Besitz in nostalgische Sehnsucht um. Dem Schriftsteller erscheint die jüdische Wirklichkeit fast immer aus einem Abstand heraus, aus dem er sie als »etwas Verschiedenes von« empfinden muß. Diese verfremdende Perspektive (von der unter umgekehrtem Vorzeichen auch die Entstellungen der antisemitischen Hetzschriften bestimmt werden) charakterisiert in erster Linie die Werke derjenigen jüdischen Schriftsteller, die sich – durch Bildung und soziale Bedingungen – so weit aus dieser Welt gelöst hatten, daß sie sie nur noch als ein nichtwiederzuerlangendes Gut von außen her sehnsüchtig betrachten und beschreiben konnten. Die Geschichte des als »echt und unberührt[2]« gepriesenen Ostjudentums macht eines der reichsten Kapitel der modernen Literatur aus und gewiß in seiner überzeugten Deformation des Gegenstands auch eines der interessantesten. Dem ratlosen Schattenprotagonisten im *Schlafwandler* von Hermann Broch scheint die zahlreiche arme Ostjudenfamilie von der Wohnung gegenüber, die er beobachtet, die lebendige Wärme und die echten Beziehungen zu verkörpern, an denen es in seiner Existenz fehlt[3]. Übrigens versucht Broch – wie auch Renato Saviane gezeigt hat – seinen totalen und rationalen Roman (der als das moderne Instrument einer nicht nur künstlerischen Erkenntnis gedacht ist) gerade aus den Voraussetzungen der mystischen und kabbalistischen jüdischen Überlieferung zu entwickeln[4]. Und ein Experimentator literarischer Techniken wie Döblin – um wahllos ein anderes Beispiel zu nennen – entdeckt auf seiner Polenreise die jüdischen Gemeinden und glaubt, bei ihnen die existentielle Einheit zu finden, der seine ununterbrochene Suche gilt[5]. Viele wären noch anzuführen. Fast immer sind es Autoren, die sich dieser Welt fremd oder entfremdet fühlen und sie daher nicht unmittelbar erleben können: Es ist auch kein Zufall, daß nach dem Zweiten Weltkrieg so viele, die ihr Judentum abgelegt hatten, auf das jüdische Idyll zurückgekommen sind und die Chronik der Wohnviertel ihrer orthodoxen Kindheit und der engen Gassen geschrieben haben, die nun aus dem Rückblick wieder den Eindruck einer »kleinen Ewigkeit« vermitteln wie die Berliner Grenadierstraße Martin Beradts[6]. Diese nach dem nazistischen Genocid durch das Schuldgefühl, gewissermaßen desertiert zu sein, in besonders starkem Maße ausgelöste und genährte Rückkehr ist schon vorher und anderswo bei den Schriftstellern zu finden, die sich nach ihrer Emanzipation von den »Müttern« der Überlieferung bewußt wurden, sich ins Leere vorgewagt haben, und wenn es auch problematisch war, den Weg zurückzugehen, keine anderen, sicheren Ziele mehr sehen. Kafka ist ein äußerster Fall dieser mythisierenden Haltung dem Judentum und vor allem dem Ostjudentum gegenüber; er sieht – schreibt Giuliano Baioni[7] – sein Unglück und seine Schuld in der Entfremdung von seinem kulturellen und sozialen Ursprung: Der Wächter am Tor zum Gesetz, zu dem der Protagonist nicht vordringen kann, trägt den östlichen Kaftan und die chassidischen Locken[8].

Es ist bezeichnend, daß die ostjüdischen »Mütter« einen metaphorischen und doch so starken Gegenpol zur allgemeinen Auflösung der Zeit darstellten, aber es darf nicht vergessen werden, daß es sich dabei eben um eine Metapher handelt, die nicht als objektives Urteil verstanden werden darf. Döblins Beschreibung der polnischen Gemeinden kann man jederzeit ohne irgendeine ketzerische Absicht den maßvollen Bericht der *Jüdischen Rundschau* vom 12. Februar 1937 entgegenhalten, wo belegt wird, wie schlau die chassidischen Zentren, die von den Rabbinern selbst in Touristenattraktionen und einträgliche Spekulationsobjekte umgewandelt wurden, ihren exotischen, malerischen Reiz auszubeuten verstehen[9]. Wenn Arthur Landsberger im Vorwort zu seiner von Kafka so geschätzten Anthologie über die Ostjuden schreibt: »Das Land der Wunder steht ihnen noch offen;

ihre Welt ist voller Poesie[10]«, so gibt er nur einem Bedürfnis nach Kompensation der eigenen Entfremdung Ausdruck; in diesem Geist wendet sich Roth von der am Ende seines politischen Engagements stehenden »Leere[11]« mit *Hiob* der direkten rühmenden Schilderung des *Shtetls* zu (auf das er in den vorangegangenen Werken nur im »Negativ« angespielt hatte). Die unmögliche Bergung einer entschwundenen Vergangenheit oder deren Idealisierung versucht typischerweise nur, wer nicht mehr an der ersehnten Choralität teilhat. Zu jedem idealisierenden Zeugnis über das *Shtetl* kann man ein polemisches oder negatives zitieren: das Bild düsteren Elends, das beispielsweise Alexander Swientochowski[12] gibt, oder Nathan Samuelys Kritik am starren, mosaischen Formalismus[13], dessen erbarmungslos repressive Wirkungen mit einer Heftigkeit beschrieben werden, die das Verständnis dafür erleichtert, wie gerade die Reaktion auf den harten jüdischen Traditionalismus in aus dem Judentum ausgebrochenen Individuen oder Gruppen den Radikalismus bewirkt, der häufig den jüdischen Intellektuellen gekennzeichnet hat und den antisemitischen Ressentiments ein beliebtes Angriffsziel war.

Selbst die Familie, Keimzelle des jüdischen Humanismus, ist oft hart in ihrer rückständigen Struktur kritisiert worden, vor allem in bezug auf die drückend untertänige Stellung der Frau. Aber abgesehen von diesen ausgesprochen polemischen Tendenzen kennt die eigentliche jüdische Literatur – das heißt die nicht nur der Sprache nach jüdische, sondern von innen heraus aus der jüdischen Tradition sprechende – im allgemeinen keine idealisierende Begeisterung: Seit Mitte des vorigen Jahrhunderts stehen Moritz Rappaport und seiner auf deutsch geschriebenen Verklärung eines unlösbaren Konflikts zwischen der patriarchalischen Orthodoxie und der einbrechenden Moderne (*Bajazzo*, 1863) Ishak Erter oder Morchedai David Brandstetter mit ihren freimütigen hebräischen Satiren gegen die galizischen *Chassidim* gegenüber. Doch der eigentliche jüdische Roman bevorzugt die objektive und kritische Darstellung aller Strömungen des Judentums, von der Aufklärung bis zur formalisierten Orthodoxie und zum volkstümlichen Mystizismus, und oft zeichnet er ein negatives Bild des verschlafenen östlichen Städtchens, wie es zum Beispiel bei Mapu im *Heuchler*[14] (1860) oder bei Smolenski in *Auf Lebenswegen irrend*[15] (1871) zu finden ist. Übrigens bringen auch Autoren der deutschen Gettoliteratur wie zum Beispiel Karl Emil Franzos düstere und heftig polemische Schilderungen der Altertümlichkeit des *Shtetls*.

Auf der Gegenseite werden die inneren Widersprüche der jüdischen

Gesellschaft in unbedingter Bewunderung ignoriert oder verschwiegen: Sicherlich war aus der Erfahrung des jüdischen Proletariats heraus Isaac Deutscher zur Ironie über die vergoldeten »Inkrustationen[16]« der chassidischen Geschichten Martin Bubers berechtigt, und es ist heute offensichtlich, daß Kafka in keiner Rückkehr zur Tradition Frieden gefunden hätte; die Unmöglichkeit dieser Rückkehr war nur Metapher für die Unlösbarkeit seines persönlichen Dramas. Diese Haltungen dem Ostjudentum gegenüber – auch die Roths gehört dazu – haben ihre Gültigkeit als Metapher und Ausdruck einer geistigen Not oder eines poetischen Moments. Sie bedeuten Anlaß, Vorwand und Ausgangspunkt für einen schöpferischen Weg, wobei sich oft gequälte menschliche Erfahrung in große Dichtung umsetzte. Anders, das heißt als objektives Urteil über die spezifische historisch-kulturelle Wirklichkeit der jüdischen Tradition verstanden, können diese Haltungen nur Mißverständnisse schaffen oder, schlimmer noch, eine richtige Halbkultur ins Leben rufen: Gershom Scholem[17] hat sogar bei Martin Buber einige Ungenauigkeiten festgestellt, und mit noch größerer Strenge warnte Fritz Morchedai Kaufmann alle, die nicht tief in der ostjüdischen Kultur verwurzelt sind, vor einer Beschäftigung mit ihr, um die Leichtfertigkeiten wissenschaftlich unkontrollierter Begeisterung und die unkorrekten, das Exotische betonenden Divulgationen zu vermeiden, zu welchen er sogar die Übersetzungen aus dem Jiddischen von Alexander Eliasberg, dem größten deutschen Übersetzer der Klassiker jener Literatur, zählte[18]. Sicherlich sind in wenigen Fällen so wie in bezug auf das Ostjudentum bezeichnende Erlebnisse auf persönlicher Ebene unbewußt zu objektiven Interpretationen einer ganzen Kultur verfälscht worden: Die chassidischen Geschichten Martin Bubers wurden nicht nur als Dokument eines geistigen *revival* in einem bestimmten Milieu oder als Zeugnis für einen besonderen und hochinteressanten »Erzählgeist« in der Epik einer bestimmten Gemeinschaft gelesen; sie wurden oft *en bloc* in ihrer idealisierenden Perspektive als treues Bild und objektive Beurteilung der Werte einer wenig bekannten menschlichen Landschaft aufgefaßt. Unter den vielen Beispielen, die in diesem Zusammenhang angeführt werden könnten, wäre auch das Roths zu nennen, dessen *Hiob* ebenso und noch in stärkerem Maße irreführend wäre, wollte man ihn unvermittelt verstehen. Die Bedeutung von *Hiob* liegt gerade in der Auflösung des Realen, in der menschlichen und poetischen Notwendigkeit seiner ideologischen Irrtümer, die allein durch die Kohärenz der Fabel und des Gleichnisses gerechtfertigt sind, wo die inhaltlichen und realistischen Elemente (in diesem Fall die Zeichnung der ostjüdischen Welt) nur als der andere Ausdruck einer unbestimmten metaphysischen Ähnlichkeit, als bloßer Verweis auf ein sich dem Zugriff entziehendes Jenseits, Geltung haben.

Hiob stellt eines der typischsten Beispiele für die Entdeckung des ostjüdischen Raumes als literarischen Ort und als Seelenlandschaft dar. Gerade auch in der deutlichen Verflechtung von Wirklichkeitstreue und Manier, epischen Zügen und dekorativen Stilisierungen, innerer Teilnahme und kontrolliertem Abstand ist es ein typisches Werk. *Hiob* ist der ironische Roman eines Intellektuellen, der gerade deshalb eine vollkommene Rekonstruktion der Welt und der Humanität des Ostjudentums unternimmt, weil er ihren Verlust und seine nicht wieder rückgängig zu machende Ferne von ihr fühlt. Mit *Hiob* versucht Roth in seiner Ratlosigkeit vor der europäischen Wirklichkeit seiner Zeit eine Stellungnahme, die sich auf die Archetypen einer Kultur stützt, nach der er sich, innerlich von seiner Entwurzelung überzeugt, aus ganzem Herzen sehnt. Gerade die Patina des Archaischen und Naiven zeigt den äußerst problematischen Charakter dieser ersehnten Einfalt. Anderseits wird das ostjüdische Element gerade in seiner objektiven Fiktivität und folglichen Irrealität und Abstraktheit in *Hiob* kohärent auf seine Natur als Metapher, als Wort, als Zeichen reduziert; als solches bewahrt es die Werte im unverteidigten Raum des Imaginären und verherrlicht sie in ihrer absoluten Reinheit vor dem Druck des Wirklichen. Die Ironie, die in der manieristischen Einfalt darüber hinwegzutäuschen versucht und gleichzeitig enthüllt, daß es unmöglich ist, in einem modernen Kontext die Archetypen einer mit eben diesem Kontext unvereinbaren Tradition wieder aufleben zu lassen, schwächt den Roman keineswegs, ja im Gegenteil: Er erweist sich gerade darin als authentisch, daß er sein Versagen auf der geschichtlichen Ebene deutlich werden läßt und durch seine Verkleidung in das Märchen zugibt.

Die ahistorische Struktur des Märchens verweist sofort auf die Werte, denen Roths Sehnsucht und Problematisierung gilt. Roth sucht in erster Linie eine zeitlose Dimension wiederzugewinnen, eine völlige Freiheit von jedem Zwang der Geschichte und der als negative Kategorie und bedrückende Unvollkommenheit empfundenen Zeit. Das Judentum wird so zur Chiffre für die mythische Freiheit, die der Schriftsteller um so mehr ersehnt, als in diesen Jahren das Unbehagen vor der geschichtlichen Gegenwart und die Schwierigkeiten einer präzisen und konkreten Stellungnahme ihr gegenüber wachsen. Kafka schrieb über den Zionismus, die Juden wollten jetzt ein räumliches

Vaterland an Stelle ihres wahren, nur in der zeitlichen Dimension existierenden Vaterlands der Diaspora[19], doch es ist vielleicht richtiger zu sagen, daß die Heimat der Juden in der Diaspora auf einer außerzeitlichen Grundlage ruht. Seit der Zerstörung des Tempels hat das israelitische Volk nicht im Werden gelebt, sondern in einem Buch, im Wort und in der Schrift, in der Thora, die als schon vor der Schöpfung existierend betrachtet wurde. Das Buch – hat Maurice Blanchot erklärt – bedeutet Zeitlosigkeit[20]; die jüdische Tradition erscheint durch die Jahrhunderte hindurch nach starren Archetypen und nach dem Modell der Wiederholung geformt. Im Judentum ist der jeder religiösen und transzendenten Weltanschauung eigene Antihistorizismus am stärksten ausgeprägt, weil der jüdischen Religion jede Möglichkeit genommen war, konkret auf die sie umgebende geschichtlich-gesellschaftliche Wirklichkeit einzuwirken. Sehr früh ist jede Illusion über eine Macht oder über eine Auseinandersetzung mit der Logik des Säkulums gefallen, und alle Hoffnung ist nicht auf die Gegenwart oder Zukunft gerichtet, sondern auf ein messianisches Zeitenende, das ebenso metahistorisch ist wie die biblischen Parameter. In unbewußter, für den Entwurzelten typischer Verklärung wird das Judentum als zeitloses und daher absolut menschliches Maß empfunden: Die aus der Bahn geworfenen Überlebenden, »Jehovas heilige Nomaden[21]«, wie sie Frankl nannte, halten sich nicht damit auf, die konkrete Geschichte des jüdischen Volkes in der Zerstreuung zu analysieren – es ist klar, daß diese in dauernden geschichtlichen Beziehungen stand – das heißt in einer fortwährenden Dialektik des Verteidigungs- oder Machtkampfes (in der Entstehungsepoche des Kapitalismus vor allem auf ökonomischem Gebiet); sie, die leben, nachdem bereits die wirtschaftliche Auseinandersetzung praktisch mit der Niederlage der Juden den konkurrierenden *Gojm* gegenüber ausgegangen ist, empfinden die jüdische Lage als geistiges, nicht als soziologisches Phänomen, ja, sie halten sie instinktiv – als Dimension der Freiheit und der Dauer – dem materialistischen Soziologismus der umstehenden Gesellschaften entgegen. Mythisiert und in bezug auf seine wahre Entstehungsgeschichte deformiert, wird dieses »Judentum« so jedoch eine ideale Alternative zur Inflation der Werte im Geschichtsablauf; als Alternative, Utopie, als Modell, das die Wirklichkeit in Frage stellt, gewinnt es eine unbestreitbare Gültigkeit und Wahrheit und nähert sich dadurch dem Dichtungsvorgang selbst an: phantastische und utopische Landschaften werden gegen die Unmittelbarkeit des Wirklichen und seine horizontale Verflachung errichtet.

Gerade das Metatemporale wird aber als problematisch empfunden, es wird als fernes, ungreifbares Maß aus einem verfremdenden Gesichtswinkel von außen her betrachtet. Das ganze Erzählwerk Isaac Bashevis Singers betont in seiner synchronischen Grundstruktur die Freiheit von jeder Chronologie; in der Novelle *The Shadow of a Crib* beobachtet gerade Doktor Yaretzky, der umgetriebene »arische« Atheist, nachts am Fenster den in seine Studien vertieften Rabbiner beim stummen Liebesdialog mit seiner alten Frau, die ihm den Samowar bringt: »›Woher haben sie wohl diese mächtigen Stirnen?‹ fragte sich Yaretzky . . . ›Eins ist sicher, er weiß nicht einmal, daß heute nacht ein Ball ist. Körperlich wohnen sie Seite an Seite mit uns, aber im Geist sind sie irgendwo in Palästina, auf dem Berg Sinai oder weiß Gott wo. Er merkt vielleicht nicht einmal, daß er im 19. Jahrhundert lebt.‹ Bestimmt weiß er nicht, daß er in Europa ist. Er lebt jenseits von Zeit und Raum . . . Seltsam, daß der Rabbi nichts zu ihr sagte und weiter ins Buch schaute. Aber sein Gesicht wurde freundlicher, wie er sich halb aufs Lesen konzentrierte und halb auf die Bewegungen seiner Frau horchte. Er hob die Brauen, und an der Decke zitterte der Schatten. Doktor Yaretzky . . . war überzeugt davon, daß er eine Liebesszene beobachtete, ein altes, frommes Liebesritual zwischen den Eheleuten. Sie war mitten in der Nacht aufgestanden, um im Samowar des Rabbi Kohlen nachzulegen. Er, der Rabbi, wagte nicht, seine heiligen Studien zu unterbrechen, aber er bemerkte ihre Nähe und zeigte ihr schweigende Dankbarkeit . . . ›Sie haben wer weiß wie viele Jahre in Europa gelebt. Ihre Ur-ur-urgroßväter sind hier geboren, aber sie benehmen sich, als wären sie erst gestern aus Jerusalem vertrieben worden. Wie ist das möglich . . .? Wie können sie so sicher sein, daß alles, was in ein paar alten Büchern steht, absolut wahr ist[22]?‹«

Erst in seinen späteren Werken erreicht Roth die unbedingte Kohärenz der Parabel, die Singers Erzählungen gegen jede künstliche Abstraktion und gegen jede Regression immun und sie zu vollkommenen, hochaktuellen musikalischen Synthesen unserer Zeit macht, dieser Zeit, die von der Avantgarde als »unsere Saison in der Hölle« definiert worden ist. In der *Geschichte von der 1002. Nacht,* im *Leviathan* oder in der *Legende vom heiligen Trinker* gelingt es Roth, seine manchmal überreichen Phantasien auf das Wesentliche zu beschränken und die erzählerischen Inhalte völlig in der Form aufzulösen; *Hiob* hingegen steht noch zwischen Roman und Gleichnis, zwischen dem Interesse für die Gegenwart, die mit archaischen Waffen angegriffen werden soll, und der Konzentration auf die Ebene des rein Symbolischen. In *Hiob* kämpfen sozusagen zwei Tendenzen miteinander, Ironie und Pathos oder symbolische Projektion und Realismus, trostlose Erkenntnis des Nichts und forciert erbauliche Verklärung. Manchmal erscheint die menschliche und moralische Landschaft des *Shtetls* als Maße setzender seelischer Raum, dann wieder als materieller Schauplatz; Mendel Singers stoische Haltung wird als Allegorie des menschlichen Schicksals geschildert, aber auch als ausdrückliche positive Verhaltensweise. Statt alles auf eine symbolische Ebene zu verlegen, wo zeitliche Zwänge in der Wahrheit der Parabel aufgehoben würden, scheint Roth sich von der Geschichte *in fieri* ab- und der vergangenen Geschichte zuzuwenden, und das weniger, um eine bestimmte Epoche der Vergangenheit wiederzubeschwören, als vielmehr, um sich der Beruhigung einer schon abgelaufenen und geschehenen, einer schon in ihren Widersprüchen gelösten Geschichte zu vergewissern. Ernst Bloch hat schon von der Heimat gesprochen, die »allen in die Kindheit scheint und worin noch niemand war[23]«. Doch Bloch sucht die Heimat in einer zukünftigen Nicht-Zeit, während Roth sie gerade in der Nicht-Zeit der Kindheit sucht, das heißt im hinter uns Liegenden statt im vor uns Liegenden, auf Ithaka wie der homerische Odysseus statt jenseits der Säulen des Herkules wie der dantesche. In diesem Sinn steht sein Konservatismus chassidischer Prägung entschieden gegen jede Form des jüdisch-revolutionären Messianismus.

Die Ordnung der Vergangenheit und der Bildungsroman

Die Vergangenheit – kein bestimmtes Zeitalter, sondern die Vergangenheit schlechthin – bietet Roth die Gewähr und die Sicherheit des Bekannten, des schon Geschehenen, dessen Geschichte deshalb erzählt werden kann. Bezeichnenderweise entstand sein *Hiob*, nachdem die Rußlandreise von 1926 und die anderen politischen Enttäuschungen sein radikalsozialistisches Engagement ausgelöscht hatten, ohne daß eine andere ebenso bestimmte Ausrichtung an dessen Stelle getreten wäre. »Politisch entstand in ihm eine Leere«, hat Ingeborg Sültemeyer geschrieben, »zugleich steigerte sich seine Wachheit für die das Politische bedingenden und umfassenden Kräfte[1].« In dieser durch die gesteigerte Sensibilität noch trostloser empfundenen Leere ist der Roman – in den Augen Roths – nur noch (wie er es in *Zipper und sein Vater* selbst ausgesprochen hatte) aus einem Abstand möglich, wie er allein der alten Generation gegenüber existiert: nun nicht mehr fragmentarischer und experimenteller Versuch einer Annäherung an die Wirklichkeit, beruft sich der Roman wieder auf die Distanz einer folgerichtigen und in sich abgeschlossenen Fabel. Um einen Bildungsprozeß zu erzählen und Bedeutungen zu setzen, ist eine geordnete oder wenigstens mit bekannten Maßstäben meßbare Welt notwendig. Das Chaos und die Unordnung, mit denen sich die ersten Werke auseinandersetzen, wirken für Roth in bezug auf alles Erleben entwertend und sinnentleerend. Die einzige Erfahrung, die einen Sinn haben kann, ist ihm daher nicht die sich eben abspielende, sondern die schon erlebte und erfahrene, die schon verfestigte, und er sucht sie nicht in der Geschichte oder in der Chronik der Gegenwart, sondern in der Historisierung, in der Vergangenheit – nicht in der Realität, sondern in der Kunst.

Roths Haltung verweist so auf eines der augenscheinlichsten Paradoxe der modernen Literaturtheorie. Bekanntlich haben die formalistisch ausgerichteten Schulen die Tendenz, die Beziehung Kunst – Wirklichkeit zu verwerfen, um die Alterität der Literatur in bezug auf die Geschichte zu proklamieren; sie soll – wie Giorgio Barberi Squarotti geschrieben hat – artifiziell sein, Hypothese, reiner Raum des

Imaginären, dessen eigene Gesetze aus ihrer stilistischen Ordnung erwachsen[2]. Diesen Voraussetzungen scheint bei näherem Hinsehen jedoch eher die traditionelle als die avantgardistische Literatur zu entsprechen, eher der allwissende Erzähler als der sensible Phänomenologe psychischer Prozesse. Die Willkür der freien Erfindung, die den Unwillen Valérys oder Karl Kraus' erregte (die Marquise stand um vier Uhr auf, der Kutscher fuhr um fünf Uhr ab), ist die Willkür des traditionellen Schriftstellers, der eine in sich gerechtfertigte Welt schafft und keine außerliterarischen Kategorien braucht, um seine Behauptungen abzustützen. Es ist des öfteren bemerkt worden, die moderne Literatur sei, im Gegensatz zum romantischen Begriff der mit der Realität rivalisierenden Kunstschöpfung, zur als Erweiterung der Wirklichkeit aufgefaßten Kunsttheorie zurückgekehrt[3]. Doch gerade die erweiternde Kunst sucht sich der Wirklichkeit anzupassen, im Wort objektive, jenseits des Wortes existierende Prozesse zu fassen, die geeignetsten Mittel zur Darstellung der »Wirklichkeit« zu entwickeln. Gerade die Erneuerer des modernen Romans von Conrad bis James kümmern sich um die Rechtfertigung dessen, was die Literatur behauptet, bemühen sich darum, ihr Wissen um die erzählten Geschehnisse plausibel zu machen, zu erklären, wie und warum man weiß, daß die Marquise um fünf Uhr ausging, darzulegen, wie und warum es willkürlich ist, das Leben eines Menschen geordnet zu erzählen. Und es ist eben darum willkürlich, weil im *Leben*, in der *Geschichte*, in der *Wirklichkeit* weder eine solche Ordnung noch eine solche Allwissenheit, noch ein solcher Erkenntnisprozeß existieren; wenn die Literatur der Ort des Imaginären ist, dürfte sie aber nicht außerhalb ihrer selbst Geltung für ihre rein hypothetischen Postulate suchen. Im Grunde ist *Ulysses* eine titanische Auseinandersetzung mit der Wirklichkeit, wenn auch mit der durch das Wort ausgeloteten Wirklichkeit der Tiefe, während die Romane Walter Scotts ein täuschendes, chimärisches Bild zeichnen. Der wahre Realismus ist der der großen Avantgarde des 20. Jahrhunderts, die unbekannte Bereiche des Menschlichen und damit des Realen und indirekt auch der Geschichte zutage gebracht hat; die formal künstliche Literatur ist anderswo beheimatet, nämlich bei den Klassikern des frühen 19. Jahrhunderts, im perfekten und völlig hypothetischen Mechanismus des *Master of Ballantrae*.

Unfähig zu echtem Realismus, wendet sich Roth zurück zur geschlossenen Form des klassischen »realistischen« Romans im geläufigen, verfälschenden Sinn des Begriffs. Unter diesem Gesichtspunkt muß wohl die von *Hiob* bezeichnete Wende mit ihrem einmütig von der

Kritik festgestellten Bruch mit dem früheren Erzählstil betrachtet werden. Der Roman verwandelt sich in ein Märchen, das von Anfang an in den Händen eines allwissenden Erzählers liegt: »Vor vielen Jahren lebte in Zuchnow ein Mann namens Mendel Singer. Es war fromm, gottesfürchtig und gewöhnlich, ein ganz alltäglicher Jude. Er übte den schlichten Beruf eines Lehrers aus. In seinem Haus, das nur aus einer geräumigen Küche bestand, vermittelte er Kindern die Kenntnis der Bibel. Er lehrte mit ehrlichem Eifer und ohne aufsehenerregenden Erfolg. Hunderttausende vor ihm hatten wie er gelebt und unterrichtet[4].« Roth bekümmert sich nicht darum zu erklären, woher er die Maße der Küche Mendel Singers weiß. Der märchenartige Anfang aus einem ganz selbstverständlichen Alleswissen heraus wird ihm nun in dieser zweiten Phase seines Schaffens und auch in den letzten Jahren der liebste: »Es war einmal im Bezirk Zlotogrod ein Eichmeister, der hieß Anselm Eibenschütz« *(Das falsche Gewicht[5]).* »Im August des Jahres neunzehnhundertvierzehn lebte in New York ein junger Mann, namens Nikolaus Tarabas« *(Tarabas[6]).* »In dem kleinen Städtchen Progrody lebte einst ein Korallenhändler, der wegen seiner Redlichkeit und wegen seiner guten, zuverlässigen Ware weit und breit in der Umgebung bekannt war« *(Der Leviathan[7]).*

Die epische Fiktion springt nun in die Bresche der unerträglichen Mängel des Realen und gestattet all das, worauf Roth in den ersten Romanen bitter verzichtet hatte: die Auswahl des Wesentlichen und die Wiederentdeckung des einzelnen als Träger von Bedeutungen. Die Generation der Väter stellt die einzige menschliche Kategorie, die wirklich Bildung erfahren und aus ihren Erlebnissen lernen kann. In jedem Augenblick seines Lebens ist Mendel Singer ein Mensch in der Fülle seiner Persönlichkeit; der Schmerz, der ihn trifft, und die blasphemische Empörung, die ihn erschüttert, machen ihn zur tragischen Gestalt, seine Existenz verarmt nie in grauer Banalität und Gleichgültigkeit. Für Mendel Singer hat alles einen Sinn, vom Sonnenuntergang bis zum Tod seiner Frau und zum Wahnsinn der Tochter. Er ist ein Held, über den ein Roman geschrieben werden kann, weil das, was ihm widerfährt, Bedeutung hat. Bei Roth sind zu diesen Erfahrungen nur die Väter fähig, nur die in der mythischen Zeit vor dem großen Krieg geformten und gefestigten Gestalten. Er findet den ganzen Menschen, den Helden, in der Gestalt des Vaters wieder und vor allem – wie eben in Mendel Singer – in der absoluten Gestalt des *pater familias,* den in seinen Augen am reinsten der Ostjude, der Vater der ostjüdischen Familie verkörpert.

Trotz der Fülle von Werten, die diese Figur auszeichnet, kann doch nicht im strengen Sinn von einem Bildungsroman die Rede sein, da die Persönlichkeit des Protagonisten von Anfang an schon geformt, bestimmt und abgeschlossen erscheint: *Hiob* ist kein bescheidener *Wilhelm Meister*, nicht die Erziehung eines Menschen von der Jugend bis zur Reife wird erzählt, sondern der Zusammenstoß einer schon vor dem Beginn der Geschichte erreichten menschlichen Reife mit dem Schicksal. Mendel Singer entwickelt sich nicht, er setzt nur seine unerschütterliche Integrität der Welt entgegen; nicht das dynamische, sondern das statische Prinzip vertritt er, nicht entwicklungsfähige Empfänglichkeit, sondern standhafte Unveränderlichkeit. Die religiöse Krise, die sein Leben zu zerstören scheint, verändert ihn innerlich im Grunde nicht, sie schüttelt ihn nur eine Zeitlang, wie der Wind die Ähren beugt, die wieder in ihre alte Lage zurückschnellen. Roth schildert nicht mehr die Geschichte eines imaginären Bruders oder eines Altersgenossen, um nun die eines idealen Vaters zu erzählen. Er entscheidet sich für Historisierung, Klassizismus, Adel und Judentum. Die Voraussetzung für die Historisierung, welche die tragende Struktur des *Radetzkymarsches* ausmacht und dem Roman die warme, wenn auch fragwürdige Zustimmung Lukács' eintrug[8], ist eine im tiefsten Sinn konservative Haltung, die jenseits jedes expliziten politischen Bekenntnisses steht, eine Weigerung und Unfähigkeit, als Zeitgenosse die Gegenwart und die täglichen Ereignisse mitzuerleben. Im Gegensatz zum eigentlichen Geschichtsverständnis schließt der historische Gesichtspunkt die Distanz vom Gegenwärtigen ein, die Projektion der Zweifel und Zerrissenheit von heute auf das Empyreum der Synthese, auf die Serenität des »jenseits des Scheiterhaufens« Liegenden: Was geschieht, wird im Augenblick, da es sich ereignet, schon als Geschehenes und Vergangenes erlebt; im Gestern wird das Heute umgangen und das Morgen ruhig aufgehoben und vergessen: Für Croce war in den Jahren 1922 oder 1925 der Faschismus wesentlich historisiert, vergangen, verstanden und daher »überwunden«. Die Synthese der Gegenwart ist nur als immanente Anstrengung und nicht verwirklichte Bemühung möglich; die dynamische Gebärde dessen, der die Synthese der Konflikte, mit denen er selbst zu kämpfen hat, formuliert, gelingt nur unter der Bedingung eines Rückzugs aus dem Kampf und der Zuhilfenahme einer Totalität, die sich eben dadurch als abstrakt erweisen muß.

Roths Reflexion gilt bereits gelösten Problemen, einer schon reifen und daher konservativen Humanität; er richtet seinen begeisterten

Blick auf altüberlieferte, längst erworbene Werte, die nunmehr nur noch verteidigt werden können, und wendet sich daher – in einem höflichen, aristokratischen Sich-Versagen – von den Fragen des Tages, den eben entstehenden Werten ab. Dem Aktuellen – das heißt dem, was eigentlich seine Generation bekümmern müßte – gegenüber legt Roth das Desinteresse und die freundliche Distanziertheit des Konservativen an den Tag, des Konservativen, der die Probleme der vorhergehenden Generation als seine eigenen empfindet und sich vor allem als Verwahrer metahistorischer Inhalte fühlt, die es in den Wandlungen der Zeit zu retten und als Vorbilder auszustellen gilt. Auch die klassische Struktur und die »weimarische« Sprache von *Hiob*, die den Auflösungen und den auch formellen Verwirrungen der früheren Werke so fernstehen, sind durch die restaurative Funktion des Romans bestimmt. *Per definitionem* steht ja der Klassizismus über der Zeit, und vor allem weigert er sich, immer wieder seine Werte aufs Spiel zu setzen, den unsicheren Weg der Söhne mitzugehen und ihnen in ihren Diskussionen und in ihrem Suchen zu folgen. Die Isolation des Klassizismus ist ihrer Bestimmung nach aristokratisch, sie identifiziert sich mit dem ruhigen Besitz der Tradition, das heißt mit den Vätern; auf der anderen Seite ist es von jeher gerade wegen dieser Ablehnung der Gegenwart und wegen dieser Unfähigkeit, den Weg der Söhne nachzuvollziehen, jedem Klassiker versagt gewesen, der nachfolgenden Generation wirklich ein Vater zu sein; die Reizbarkeit – das heißt das schlechte Gewissen – Goethes und Croces den Jungen gegenüber ist ein Beweis dafür. Klassizismus und Adel sind darüber hinaus Metaphern einer metahistorischen Haltung und stehen in diesem Sinn bei Roth eng mit der leidenschaftlichen jüdischen Ablehnung der Geschichte, die ja Exilgeschichte ist, in Beziehung. Nur im Bereich der ostjüdischen Kultur, die für Roth eine unverdorbene larische Klassik im Reinzustand darstellt, bedeuten die allgemeinmenschlichen Werte noch die echte Bindung einer Kontinuität zwischen den Generationen, außerhalb dieses Bereichs wird die Vater-Sohn-Beziehung – das Grundmotiv des Rothschen Erzählens – zur Allegorie der nicht mehr möglichen Verständigung und der Unübertragbarkeit der Überlieferung.

Die zwei Gesichter des Bürgers

Hiob ist ein Roman des Vaters: Der Protagonist ist Mendel Singer, nicht seine Kinder; der zurückgebliebene Menuchim, die zügellose, später irrsinnige Mirjam, der amerikanisierte Sam und Jonas, der zu den Kosaken geht, sind sozusagen nur um ihrer Funktion als Kontrapunkt und Vorwand zur Geschichte des Vaters willen da, haben nur insofern als sie auf den Vater bezogen sind, wirkliche Bedeutung. In der Figur des Vaters versucht Roth eine unveränderliche Gegenwart darzustellen, die sich mit einer absoluten Individualität deckt, welche ihrerseits die Physiognomie eines mythischen bürgerlichen Wesens trägt, wie es der Schriftsteller im Ostjudentum zu finden glaubt. In *Juden auf Wanderschaft* schreibt er: »Die meisten sind Kleinbürger und Proletarier ohne proletarisches Bewußtsein. Viele sind reaktionär aus bürgerlichem Instinkt, aus Liebe zum Besitz und zur Tradition, aber auch aus der nicht unbegründeten Furcht vor einer veränderten Situation, die für Juden keine verbesserte sein könne. Es ist ein historisches Gefühl, genährt durch Erfahrungen, daß die Juden die ersten Opfer aller Blutbäder sind, welche die Weltgeschichte veranstaltet[1].« Über die Notwendigkeit hinaus, die antisemitische Propaganda jener Jahre zu widerlegen, die den Juden und vor allem den ostjüdischen Flüchtling als den umstürzlerischen Revolutionär (oder, im Gegenteil, als den kapitalistischen Ausbeuter) hinstellte, scheint Roth einen besonderen »bürgerlichen« Charakter des Ostjuden aufzeigen zu wollen. Bezeichnenderweise setzt er seinen Prototyp eines ostjüdisch-patriarchalischen Bürgers, Mendel Singer, gegen die entfremdende liberale Gesellschaft des Westens, gegen die kapitalistische Gesellschaft Amerikas, wohin Mendel auswandert, mit dem festen und aufrechterhaltenen Vorsatz, vor allem sich selbst treu zu bleiben. Für Roth stellt der ideale jüdische »Bürger« einen klaren Kontrast zu den bürgerlichen Werten und Unwerten der westlichen Kultur dar. Es ist oft – besonders eingehend von Fritz Hackert[2] – beobachtet worden, wie Roths Sympathien neben einer konstanten heftigen Abneigung gegen das Bürgertum zwischen dem Adel und den einfachen Volksklassen hin- und herschwanken. Auf der Linie der großen konservativen Kritik »von rechts« an der Industriegesellschaft veröffentlicht Roth – wie Kraus, Friedell und Broch – in seinen Feuilletons und im schwachen Predigtroman *Der Antichrist* (1934) eine Anklage gegen die Verwirrung der Werte, gegen die kommerzielle Manipulation des Mythos, gegen die Auflösung einer einheitlichen, harmonischen Hierarchie aller Lebenserscheinungen. Roths Kritik ist zwar paradox in ihrer apokalyptischen Verdammung des technischen Zeitalters als Weltuntergang, aber sie trifft sich doch vom entgegengesetzten Gesichtspunkt her mit der großen Bewegung gegen die kapitalistische Gesellschaft und ist zum Beispiel in ihrer Demaskierung der irrationalen Totalität der industriellen Welt, wo die Rationalität des einzelnen Teils auf Kosten eines globalen Prinzips oder vereinheitlichenden Wertes überanstrengt wird[3], Adornos Kritik zur Seite zu stellen. Bei allem Pathos, das häufig Roths Anklagen verzerrt, sind sie doch in ihrer Geißelung der Banalität des modernen Leidens kaum widerlegbar: Ihm, der sich im Besitz der heiligen Geschichte weiß, scheinen die modernen Tyrannen stammelnde Parvenus (»Der letzte Diktator, der seine Muttersprache beherrschte«, schreibt er, »war Julius Cäsar[4].«), Hitler und den Nazismus sieht er wesentlich als vulgäre und obszöne Erscheinungen[5]. Bezeichnenderweise polemisierte Roth in der Emigration hart gegen die anderen Gegner des Faschismus, vor allem gegen die linken, weil er ihnen vorzuwerfen hatte, daß sie den Nazismus zu gut »studierten« und ihm dadurch indirekt Würde und Wert verliehen: Er protestierte zum Beispiel gegen einen Artikel Golo Manns über Ernst Jünger – »ein Tor, ein Barbar und ein Verworrener« in Roths Augen –, der den Emigranten schon allzu bekannt sei und dabei doch keinerlei Beachtung würdig, und er schrieb, es sei jetzt nicht der Augenblick, »Literaturgeschäfte oder Literaturpolitik« zu betreiben oder sich mit einem perversen Taschenspieler wie Stefan George zu beschäftigen[6]. Der Sarkasmus Roths über die dem besten »Beinfleisch« verliehenen Medaillen, über die kleinbürgerliche Ungeschliffenheit der gesetzlosen Künstler, über die lächelnde Dummheit der Photokratie und über die »genialen« Kreationen der Schneider, seine Kritik der vielfachen, spezialisierten aber nicht mehr »menschlichen Eigenschaften« des europäischen Bürgers[7] sind Musils berühmten Zeilen über das »geniale« Rennpferd würdig; andere Sticheleien hingegen kommen nicht über das Niveau einer pathetisch-vergeblichen reaktionären Fastenpredigt hinaus. Dem liberalen westlichen Kleinbürgertum verzeiht Roth weder die Unechtheit noch die hinter falschen Idealisierungen schlecht verhüllte Furchtsamkeit, noch die Unwahrheit im Guten wie im Bösen[8]. Aus dieser Perspektive heraus vermochte er, seit 1923 *(Das Spinnennetz)*, den Entwicklungsgang der spießbürgerlichen Kleingeisterei zum Nazismus zu beschreiben und in zahlreichen Romanen und Reportagen eindringliche Porträts einer spezifisch modernen Trübsal zu zeichnen.

Der Bürger ist also für Roth der Nicht-Mensch, er vertritt in Übereinstimmung mit der ganzen Anlage seines politischen Denkens die Fälschung, die Profanation aller Werte und den Kitsch. Doch wenn Roth von den Ostjuden spricht, ändert sich der Ton unvermittelt: Der Begriff »Bürger« bekommt einen positiven, warmen, liebevollen Klang. Das Wunschbild einer von der Geschichte unberührten Individualität, das Roth im nichtassimilierten Ostjuden sehen möchte, gewinnt unwiderruflich auch die konnotative Bedeutung einer idealen klassisch-bürgerlichen Physiognomie. Das Ostjudentum ist für Roth eine Welt larischer Werte, positiver, in der häuslichen Innerlichkeit überlieferter Eigenschaften, eine Welt der »kleinen Geschichten[9]« kleiner, vor der Zerstörung bewahrter Menschen. Diese Werte sind keine archaischen Prototypen des Bäuerlichen, sondern Archetypen eines vertrauten bürgerlichen Idylls. Die Familie, Angelpunkt der von Roth erträumten Ordnung, ist keine Stammesgemeinschaft; sie ruht auf der persönlichen Beziehung zwischen Eltern und Kindern, auf der Ehrbarkeit, auf alltäglichen Gewohnheiten und Sitten, die bestimmt nicht zum bäuerlichen oder proletarischen Leben gehören, sondern zum kleinbürgerlichen. Die Vergangenheit der ostjüdischen Gemeinden, um deren Rettung Roth sich bemüht, ist eben die des *Shtetls.* Wie oft bemerkt wurde[10], ist die Psychologie des Ostjuden die des Bewohners eines kleinen, von seiner oft feindlich gesinnten Umgebung isolierten Städtchens, dessen Lebensrhythmus von den Erfordernissen kleinbürgerlicher und handwerklicher Berufe bestimmt wird: Händler, Hausierer, Schneider, Geschäftsvermittler, Krämer (und daneben die Gelehrten der *Jeshivoth,* der talmudischen Akademien) sind die Prototypen des Ostjudentums. In *Juden auf Wanderschaft* hebt Roth des öfteren hervor, daß die wirtschaftlich eigentlich zum Proletariat oder Lumpenproletariat gehörenden Juden den Ehrgeiz haben, im Familienleben ein gewisses bürgerliches »Dekor« zu wahren[11]: Das Thema findet sich in vielen jiddischen Erzählungen – zum Beispiel bei Abraham Reisen in *Der arme reiche Mann,* dem Epos der alltäglichen Nöte und Sorgen der Familie Reb Josse Bärs, die es trotz allem schafft, sich einen gewissen Anstrich zu geben, nicht um in den Augen der andern zu glänzen, sondern um der eigenen Würde willen[12] – und es drückt den ganzen Stil einer Kultur aus, die auf dem Respekt vor dem Individuellen gründet, wie ihn auch die moralische Sauberkeit und das

Niveau der Gewohnheiten und des Umgangs miteinander widerspiegeln. Es handelt sich um eine typisch städtische Mentalität; die berüchtigten zaristischen Verordnungen vom Mai 1882, nach denen es den Israeliten nur erlaubt war, in Städten zu wohnen, aus denen sie vertrieben wurden, sobald diese, was jederzeit möglich war, oft aus unersichtlichen Gründen zu Dörfern herabgestuft wurden, scheinen das Symbol für diese städtische Lebensverfassung der Juden zu sein.

Während also in den Augen Roths das liberale Bürgertum des Westens wegen seines Machthungers und ehrgeizigen Emporkömmlertums für die Auflösung der Tradition verantwortlich ist[13], gilt ihm das ostjüdische durch seine Verhaftung in Familie und organischem Mikrokosmos des *Shtetls* als Bewahrer der Traditionen, des Gesetzes und des Allgemeinmenschlichen schlechthin, wie es aus den jiddischen Melodien tönt: »Ynter die griene Beimelach[14] . . .« Man darf nicht vergessen, daß Roth dabei das Bild der bereits am Ende ihrer Entwicklung stehenden ostjüdischen Welt vor Augen hatte; das Judentum hatte damals schon die geschichtliche Funktion verloren, die ihm ein paar Jahrhunderte lang durch seine kapitalistische oder vielmehr protokapitalistische Aktivität in den wirtschaftlich rückständigen Ländern zugewachsen war, und befand sich nun angesichts des aggressiven sozialen Erwachens eben jener Länder in einer rein defensiven Lage. In dieser Phase erscheint das »Klassevolk« – wie es Abram Léon in seiner marxistischen Deutung des Judentums als Träger des Kapitalismus definiert hat[15] – jetzt als Kategorie der Unterdrückten, der Opfer. »Opfer – sagt Cesare Cases in seiner Rezension von Léons Buch – der Überflüssigkeit, die nach und nach im Urteil des Kapitalismus selbst einen großen Teil der Menschheit betrifft« und die ihnen, »dem erwählten Volk[16]« ein »wirklich exemplarisches Schicksal« bereitet hat.

Roth, der diese defensive und verzweifelte Lage mythisiert, sieht daher einen deutlichen Unterschied zwischen der existentiellen Situation der Ostjuden und der von Angehörigen weiter entwickelter Gesellschaften. Während im Kontext einer industriellen Gesellschaft im Westen ständige Auseinandersetzungen und ein dauernder Kräfteumlauf bestehen und damit verschiedene Reaktionsmöglichkeiten, vom Klassenegoismus bis zum mutigen Kampf um die Werte oder sogar bis zum revolutionären Engagement, gibt es in der rückständigen Gesellschaftsstruktur Osteuropas für den Ostjuden keine Wahl. Die privaten Gefühlsbeziehungen allein bieten seiner Persönlichkeit den geistigen Raum, in den er sich vor einer Geschichte, die nur Leid und Verfolgung bedeutet, flüchten kann. So steht der falschen, feigen und von Ressentiments bestimmten Wahl des westlichen Spießbürgers die furchtlose Geste gegenüber, mit der der Ostjude die Unmöglichkeit zu wählen annimmt. Es wird hier eine wahrhafte Klassik gepriesen, nicht allzu fern von der larischen bürgerlichen Klassik, die Goethe – wie Giuliano Baioni gezeigt hat[17] – als zentripetische Kraft dem geschichtlichen revolutionären Chaos entgegengesetzt hatte. Der klassische Aspekt der jiddischen Literatur ist für Roth ein völlig autonomer Wert, gerade kein von einer politischen Klasse zur Ideologie gegen andere Ideologien anderer politischer Klassen instrumentalisierter, sondern Selbstzweck in seiner zärtlichen Hege des Glücks und in seiner Skepsis gegenüber der Welt, die immer die Individualität zerstört hat.

Klassik drückt bekanntlich ewige allgemeinmenschliche Werte aus, die dem geschichtlichen Werden entzogen sind: Sie vertritt die echten zehn Gebote, nicht deren Plagiat, als das Roth die moderne Ethik bezeichnet[18]. »Es ist eine Lüge«, darauf beharrt der Held von Solferino, als er im Lesebuch die hagiographische Verfälschung seiner Tat in der Schlacht gelesen hat, obwohl Seine Majestät ihm antwortet: »Es wird viel gelogen[19].« In den Büchern des jüdischen Schankwirts und im einfachen Gemüt von Manes Reisiger steht es: Du sollst nicht töten[20]; »der Krieg ist auch eine Sünde[21]«, sagt der sterbende Kaiser während seiner Beichte. Tarabas büßt für seine Gewalttat, und eine der wenigen Handlungen des Offiziers Carl Joseph von Trotta an der Front ist, die drei erhängten Spione vom Baum herunterzunehmen und begraben zu lassen[22]. Es gäbe noch viele Beispiele: die zum Sabbat angezündeten Kerzen[23], das traute häusliche Glück, das Anselm Eibenschütz durch die Ritzen der erleuchteten Fenster beobachtet und beneidet[24], das vom Krieg unverändert gebliebene Haus[25], ja, auch die Vertrautheit mit dem Tod[26]. Im unmoralischen, kurzlebigen Chaos der *Kapuzinergruft* »segnet« erst das väterliche Haus als lebendiger Gegenpol gegen die Perversion die unruhige, schwierige Liebe des letzten Trotta und Elisabeths[27]. Übrigens hat auch Edmund Wilson in »einer gewissen jüdischen Familienfrömmigkeit, Intensität des Idealismus und unerbittlichen moralischen Strenge« das Urteilskriterium gesehen, mit dem Proust die so stark im Gegensatz zur klaren Zärtlichkeit der Großmutter stehende moderne Realität mißt[28].

Auch *Hiob* ist mit der modernen Wiederaufnahme des biblischen Themas, das heißt, in seiner kontrapunktischen Struktur aus Mythos und Ironie, in einem gewissen Sinn als Parabel der ehelichen Liebe und des Familienlebens der Roman eines idealen bürgerlichen Archetypus.

Hiob ist die Geschichte eines Familienvaters, der in seiner patriarchalischen Autorität intakt bleibt, in allen Drangsalen seiner Existenz im *Shtetl* und auch noch als Ausgewanderter unter dem psychologischen Beschuß in Amerika. Mendel ist Lehrer, also ein Mann, der ein unveränderliches Vermächtnis von Werten an die Kinder weitergibt und auf die *tabula rasa* ihrer Seelen die wesentlichen Elemente dieses Erbes einzeichnet. In der Tat beruht die Bedeutung von *Hiob* gerade auf dieser Wesentlichkeit, auf der Beschränkung der existentiellen Problematik und Vielfalt auf wenige, aber sichere und grundlegende Anhaltspunkte. Aber von Anfang an mischt sich die persönliche Unruhe in Gestalt der Krankheit des Sohnes Menuchim wie eine nicht aufzulösende Disharmonie in die biblische und objektive Sphäre von Singers Leben, das im Rhythmus der Wiederholung und Weitergabe der Werte verläuft. Schon die Schreie des hungrigen Säuglings scheinen das alles symbolisch vorauszunehmen: »Seine Stimme krächzte über den Stimmen der zwölf lernenden Kinder, profane, häßliche Laute über den heiligen Sätzen der Bibel. Deborah stieg auf einen Schemel und holte den Säugling herunter. Weiß, geschwellt und kolossal entquoll ihre Brust der offenen Bluse und zog die Blicke der Knaben übermächtig auf sich. Alle Anwesenden schien Deborah zu säugen. Ihre eigenen älteren drei Kinder umstanden sie, eifersüchtig und lüstern. Stille brach ein: Man hörte das Schmatzen des Säuglings[29].«

Die Frömmigkeit ist eine grundlegende Komponente in der Ökonomie des Romans, weniger ein ausdrückliches Glaubensbekenntnis als vielmehr ein So-Sein der ganzen Person, eine existentielle Haltung, die eigentliche Lebenskraft. Religion als fideistische Instanz interessiert Roth kaum (er ironisiert sie höchstens wie in der Ambiguität des Wunders, durch das Menuchim geheilt wird), sie gilt ihm als Lebenssitte, als Kraft des Menschen: In diesem Sinn ist Mendel Singers Frömmigkeit untrennbar von seiner unverwüstlichen körperlichen und geistigen Zähigkeit, sie sitzt mehr in seinem Körper und im Gleichmaß seiner täglichen Verrichtungen als in seinem Geist oder Gemüt. Als Mendel im Ungestüm seiner Auflehnung gegen Gott die Bücher, den Gebetsmantel und die Gebetsriemen verbrennen will, hindert ihn eine Reflexbewegung an der Blasphemie, es ist ihm nicht möglich, die physische und vitale Harmonie, die bisher den friedlichen Rhythmus seiner Existenz bedingt hat, zu zerstören: »So stand Mendel vor dem offenen Feuer und brüllte und stampfte mit den Füßen. Er hielt das rotsamtene Säckchen in den Armen, aber er warf es nicht hinein. Ein paarmal hob er es in die Höhe, aber seine Arme ließen es wieder sinken. Sein Herz war böse auf Gott, aber in seinen Muskeln wohnte noch die Furcht vor Gott. Fünfzig Jahre, Tag für Tag, hatten diese Hände den Gebetsmantel ausgebreitet und wieder zusammengefaltet, die Gebetsriemen aufgerollt und um den Kopf geschlagen und um den linken Arm, dieses Gebetbuch aufgeschlagen, um und um geblättert und wieder zugeklappt. Nun weigerten sich die Hände, Mendels Zorn zu gehorchen[30].«

Im ganzen Roman erfüllt die Frömmigkeit diese Garantie-Funktion in bezug auf die existentielle Sicherheit, sie wirkt wie ein Prinzip epischer Objektivität: Das schwere Gebetbuch ist Mendel bis in die kleinste Einzelheit seines glatten Leders oder der verkrusteten Stearinflecken von den unzähligen verbrannten Kerzen vertraut[31], das Abendgebet, das aus den dunklen Gruppen der Juden vor dem schwarzen Wald ertönt, gibt ihnen Sicherheit vor der rätselhaften Präsenz der Natur[32], die Gebete steigen zum Himmel, furchtlos und fast überheblich, unter dem Gekläff der fernen Hunde, während der Mond wie über dem Land der Väter aufgeht und der Herr überall wacht, im Vaterland wie in der Verbannung[33]. Die religiöse Andacht hat etwas Dionysisches, das sich nicht in orgiastischer Raserei ausdrückt, sondern als friedliche Hingabe an den kosmischen Rhythmus und als Identifikation mit dem Schicksal: Des betenden Mendel »monotoner Gesang« ist »wie ein heißer Gesang in der gelben Wüste . . . verloren und vertraut mit dem Tode«; sein Morgengebet wird im rituellen Schwanken seines Oberkörpers zu einer Art Tanz; »der ganze Körper betete mit« und jeder Gedanke wird aus Mendels Herzen vertrieben, er ist nun »nichts mehr als ein Beter«, »ein hohles Gefäß . . . ein Trichter[34]«. Auch vor dem Meer ist das Gebet Mendels, der seine Furcht bezwingt und betäubt, bloßer inhaltloser Laut, aber gerade deswegen Gott, der allein ihn versteht[35], näher, ein »Tanz[36]«, in dem der »kleine schwarze Jude[37]« in der Schöpfung Gottes eins wird mit der Unendlichkeit des bewegten ewigen und unveränderlichen Wassers, in dessen Tiefen sich der Leviathan ringelt[38]. Im lithurgischen Segen, der über den Wogen ausgesprochen wird, wirkt die Harmonie mit dem Rhythmus des Alls[39]; so grüßen in der Erzählung *Fahrt nach Südamerika* (1938) von Moses Katz die Worte des 106. Psalms jubelnd das erscheinende Meer[40], in einem Aufschwung zur Freiheit, wo das Individuum vom Atem der Schöpfung getragen wird, gleichsam in einem existentiellen Seiltanz, wie bei den chassidischen Wunder- und Bettlerheiligen, deren Eli Wiesel gedenkt[41].

Frömmigkeit und Lebenskraft

In der teils authentischen, teils antiquarischen Rekonstruktion von *Hiob* beruft sich Roth auf die Synthese aus Judentum und nietzscheanischen Ideen, die im Zuge der chassidischen Neubelebung um 1910 in Mitteleuropa, vor allem durch das Werk Martin Bubers, entstanden war. Hans Kohn[1] und Giuliano Baioni[2] haben sich ausführlich mit dieser Synthese befaßt. Mit der Sammlung chassidischer Geschichten bemühte sich Buber um die Wiedergewinnung einer reinen jüdischen Essenz, in der sich die Widersprüche der Assimilation auflösen sollten. »Was Martin Buber an Nietzscheanischem im Chassidismus zu finden glaubte, war eine grundlegende Bejahung der Einheit von Geist und Materie, von Verstand und Instinkt, eine freudige Verherrlichung der Sinne, kurz, eine Frömmigkeit, die dem Monismus des Kabbalisten getreu . . . das sinnliche Leben als Manifestation eines Gottes, der in allen Dingen ist, akzeptierte. ›Du mußt Gott im guten und im bösen Trieb folgen‹, war das Grundprinzip der chassidischen Mystik, unter dessen Zeichen die jungen Intellektuellen . . . glaubten, eine Synthese aus der nietzscheanischen Sensibilität und der jüdischen Geistigkeit verwirklichen zu können. Sie versuchten, wie Buber schreibt, ›den einheitlichen heilen Lebenssinn des Juden‹ als Opposition zum ›reinen Intellektualismus‹ wiederzufinden . . . in einem Irrationalismus, der mit der Annahme einer religiösen Sphäre des Irdischen als Äquivalent der Mahnung Zarathustras, nicht gegen die Erde zu sündigen, verstanden wurde[3].«

Martin Buber spricht vom Lächeln der *Magghid,* der jüdischen Heiligen, die »noch heute so lächeln können[4]«, und vom Lachen des Rabbi David von Lelow, der im Sterben sagt: »Ich lache Gott an, weil ich seine Welt angenommen habe, wie sie steht und geht[5].« Doch dieses Zarathustra-Lachen hat nichts Übermenschliches; das Zusammenfallen von Freiheit und Notwendigkeit wird nicht im Heroismus eines übermenschlichen Geschöpfes gesucht, sondern in der Einfachheit und Spontaneität des gewöhnlichen Menschen. Moral und Religion behindern und zügeln nicht, wie für Nietzsche, die Lebenskraft, sondern sie sind die erste Bedingung für die Existenz, primäre Organe für den Besitz und Genuß des »Lebens« in seiner Fülle und Unmittelbarkeit. Mendel Singers Persönlichkeit ist die moralische Problematik angeboren, sie gehört mit zu seinem Temperament: »Wofür bin ich so gestraft?« fragt sich Mendel in seinem Schmerz. »Wo ist die Sünde[6]?« Mendels Freiheit besteht in seiner Demut, in der spontanen und natürlichen Unterwerfung seines Ichs unter eine höhere Ordnung; seine epische Dimension und seine klassische Gelassenheit kommen daher, daß er jedem anmaßenden, rebellischen Titanismus so fernsteht, daß er den zerreißenden Furor der Auflehnung nicht kennt, der ja im Mythos der Alten Prometheus dazu verdammt, sich von einem Adler die Leber fressen zu lassen. Mendel Singer fügt sich dem Leben unmittelbar, er weiß nichts von einer intellektuellen Spaltung und von einer subjektiven Hybris; der unfromme Protest erfaßt seine Person nicht wirklich bis ins Innerste. So schützt ihn seine nie unterbrochene Rückbindung an den Ursprung des Lebens vor der wachsenden Verwirrung, mit der er in Berührung kommt, vor den »Symbol(en), die keine Antwort geben[7]«, die – wie Menuchims Anormalität – in sein Leben einbrechen und das Chaos und den Widerspruch, den die moralische Dekadenz ankündigenden Zweifel bringen. Gewiß ist in diesem Sinn in *Hiob* eine absichtliche archaisierende Regression auszumachen, die auch in der Stilisierung vieler Szenen ins Naive zu spüren ist und doch wieder manchmal hinter großen Momenten echter Epik zurücktritt: »Mendel Singer schwieg. Er saß am Straßenrand neben Sameschkin. Zum erstenmal in seinem Leben saß Mendel Singer auf der nackten Erde, mitten in der wilden Nacht, neben einem Bauern. Er sah über sich den Himmel und die Sterne und dachte: sie verdecken Gott. All das hat der Herr in sieben Tagen geschaffen. Und wenn ein Jude nach Amerika fahren will, braucht es Jahre. ›Siehst du, wie schön das Land ist?‹ fragte Sameschkin. ›Bald wird die Ernte kommen. Es ist ein gutes Jahr. Wenn es so gut ist, wie ich mir vorstelle, kaufe ich noch ein Pferd im Herbst. Hörst du was von deinem Sohn Jonas? Er versteht was von Pferden. Er ist ganz anders als du. Hat dich dein Weib vielleicht einmal betrogen?‹ – ›Alles ist möglich‹, erwiderte Mendel. Es war ihm auf einmal ganz leicht ... Er schmiegte sich sogar an Sameschkin wie an einen Bruder. ›Alles ist möglich‹ – wiederholte er – ›die Weiber taugen nichts‹. Plötzlich begann Mendel zu schluchzen. Mendel weinte, mitten in einer fremden Nacht, neben Sameschkin. Der Bauer ... legte ... einen Arm um die dünnen Schultern Mendels und sagte leise: ›Schlaf, lieber Jude, schlaf dich aus!‹ Er blieb lange wach. Mendel Singer schlief und schnarchte. Die Frösche quakten bis zum Morgen[8].«

Die Sphäre der Lebenskraft ist die des Familienkreises, durch den sie genährt, gesteigert und gleichzeitig auch begrenzt wird. *Hiob* ist vor allem die parabelhafte Fassung der Thematik eines Eheromans. Die Sünde und die Schuld bestehen im langsamen fortschreitenden Dahinwelken der ehelichen Bindung, in der Ergebung in das Altern, das die Schönheit von Deborahs Körper abbröckeln läßt »wie Mörtel von einer Wand[9]«, im Verfall der sinnlichen Einheit zwischen ihnen, der ihnen in der unvergeßlichen Szene eines Erwachens am Morgen bewußt wird, wo Deborah im Spiegel ihren gealterten Körper betrachtet, Mendel sie im Halbschlaf beobachtet und die beiden sich plötzlich, aber definitiv, ihrer gegenseitigen körperlichen Fremdheit bewußt werden[10]. Die Erkenntnis, die unversehens über Mendel kommt, das Bewußtsein, daß er unauflöslich an seine Frau gebunden ist, aber wie an eine Krankheit[11], wird später als die eigentliche Sünde empfunden: Sie haben ihre Ehe im »Frost der Gewohnheit« verkümmern lassen, statt sie in der Liturgie der täglichen Liebe zu steigern[12]. *Hiob* ist der Roman einer ins Epische archaischer Prototypen projizierten Ehekrise. Das Werk erscheint, so gesehen, als archäologischer Abguß des großen jüdischen Themas der Familie, deren Einheit – wie eine Legende talmudischer Herkunft sagt – mehr wiegt als der Name des Herrn[13]. In seinem *Caliban* feiert Arnold Zweig die »Atmosphäre der Familie, die, so stockig und schwer sie oft sein möge, doch Schimmer, Wärme, unvergeßliche Feierlichkeit und Verbundenheit mit diesem rätselvollen und unverstandenen Sein . . . ausgießt[14].« Hugo Salus versichert zum Beispiel, »das Geheimnis des Judentums heißt Pietät[15]«, Achtung vor Vater und Mutter und vor den durch sie überlieferten Wahrheiten[16]. Schon Frankl hatte von der jüdischen *pietas* als von der Vertauschbarkeit von Leben und Religion gesprochen[17] und in *Dichter und Kaufmann* hatte Berthold Auerbach die jüdische Familie als das entscheidende Element für die Bewahrung des Glaubens gesehen, aber auch als die Keimzelle der echten und konkreten Menschenliebe; deshalb konnte er die Verwurzelung im Judentum als Garantie und Schutz der individuellen Person und zugleich der *humanitas* auffassen[18]. Gewiß setzt, wie Goldmann bemerkt hat[19], der Lobpreis der Familie oder des Ehepaars als einzige gültige Gemeinschaft die Entfremdung eines Individuums oder einer Gruppe in bezug auf einen größeren sozialen Kontext voraus und bringt die Tendenz mit sich, diese Gemeinschaft auch in ihren negativen Elementen zu idealisieren. Und dies Negative hat ja – wie bekannt ist – nicht nur nicht gefehlt, sondern ist auch gerade von vielen jüdischen Schriftstellern herb kritisiert worden. Trotzdem darf man, wozu eine gewisse undifferenzierte und doktrinäre Literatursoziologie neigt, nicht vergessen, daß ein objektiv gesehen prekärer Ausgangspunkt – wie die aus der Reaktion auf die gesellschaftliche Entfremdung heraus entstandene Zelebrierung individueller Werte – doch eine schöpferische Entwicklung bedingen kann, deren Ergebnisse von allgemeiner Gültigkeit sind. Bezeichnenderweise beziehen sich Goldmanns unanfechtbare Bemerkungen auf die ideologische Position Chagalls, dessen Werk in dem marxistischen Wissenschaftler einen feinsinnigen und begeisterten Ausleger gefunden hat. Goldmann erkennt nicht nur, sondern belegt auch, wie Chagalls Universalität gerade auf seiner Hinwendung zu jenen aus dem Unbehagen oder sogar aus regressiven Impulsen entstandenen Werten beruht. So absurd die Verherrlichung des Familienidylls ist, wenn es als absoluter Wert postuliert wird, so erfüllt diese Verherrlichung doch eine dialektische Funktion als Gegengewicht zu einer ebenso einseitigen und voreiligen Entwertung eben dieses Familienzusammenhalts, dessen Ende gern allgemein verkündet wird, bevor noch andere Werte, die in analoger Weise das Individuum schützen könnten, in Aussicht stehen. Übrigens ist bei diesen Autoren die Aufwertung der Familie fast nie als Verteidigung der Ordnung an sich aufzufassen; verklärt ein jüdischer Schriftsteller die Familienrealität – wie zum Beispiel Else Lasker-Schüler in *Arthur Aronymus und seine Väter* (1936) –, so gewöhnlich nicht, um eine existente gesellschaftliche Form zu verteidigen – wie es so oft in einer gewissen positiven und erbaulichen Literatur des Westens zur Stützung des herrschenden Systems geschehen ist –, sondern um eine absolute Wirklichkeit, die nunmehr nur in der Phantasie, in der Erinnerung und in der Utopie existiert, Sprache werden zu lassen. Gedächtnis und Vorstellung jenes »intimen und in sich geschlossenen Zusammenlebens[20]«, um einen Ausdruck Raphael Seligmanns zu zitieren, bieten dem jüdischen Schriftsteller eine Alternative zur Kommunikationslosigkeit und Unpersönlichkeit der modernen Industriegesellschaft, eine reiche Welt der Bindungen, Anspielungen, Beziehungen und Entsprechungen. In diesem Sinn identifiziert sich auch Roth, der Dichter der modernen Trübsal, mit dem kollektiven Gedächtnis einer volkstümlichen, konservativen und eigentlich mundartlichen »Familiensprache«, die liebevoll die Geschichten von gestern bewahrt, Geschichten von Untergängen, Niederlagen und Opfern, Exilgeschichte – und der in diesem zärtlichen Gedenken wieder zu einer farbigen Unmittelbarkeit findet, die den Mangelerscheinungen der Zeit, in der der Schriftsteller selbst leben muß, entgegengesetzt werden kann.

Festigkeit und Schutzfunktion des Familienkreises werden in malerischer, königlicher Pracht verherrlicht, die sich so oft in den Schilderungen der jüdischen Festtage oder auch schon des Sabbats entfaltet. Von der Stimmung des Juden am Sabbat schreibt Schalom Asch in *Reb Schloyme Nogid* (Der reiche Herr Salomon, 1913): »Wie ein König fühlt er sich in seinem Hause. Es gibt kein Exil mehr, Jerusalem ist nie zerstört worden, Babylon und Rom haben nie existiert[21].« Die Sabbatherrlichkeit ist schon seit Ernst Moritz Arndts[22] Beschreibungen der von prunkvollen Kleidern und Juwelen starrenden polnisch-jüdischen Hochzeitszeremonien eine Metapher der Familienwärme und der Kraft, die sie dem Individuum spenden. In *Memoiren einer Großmutter* (1908–1910[23]) gedenkt Pauline Wengeroff in ihren Erinnerungen des russischen Judentums zur Zeit der aufklärerischen Strömung der *Haskalah* mit besonderer Liebe der *pietas* und des behäbigen bürgerlichen Glanzes ihres Elternhauses, der »Sabbatruhe[24]«, die auf dem Gesicht des Vaters strahlte, wenn er die Soße und die Zubereitung des Fisches lobte, und auf den Festgewändern und über dem Gesang der Psalmen, denen jeder seinen eigenen Ton aufprägt, weil er in ihnen »seine eigenen Erlebnisse findet[25]«. Anbruch und Ausgang des Sabbats skandieren das jüdische Leben in einem Rhythmus von Erwartung, Schwermut und stets wieder erneuerter Hoffnung wie in der Erzählung Jakob Elias Poritzkys[26]. Manchmal haben die Festzeremonien auch etwas Legenden- und Märchenhaftes wie zum Beispiel in Salomon Kohns Schilderung des Prager »Primators«, mit seinen silbernen Haaren und der hohen mächtigen Gestalt im feierlichen Zobelpelz und im seidenen, mit Atlas und Samt besetzten Kaftan, dem jüdischen »Galarock«, der zur Chiffre eines Macht- und Majestätsbewußtseins wird[27]. Auch Mendele Moicher Sfurim hebt wiederholt die familiäre Pracht der großen jüdischen Feste[28] und ihre symbolische und zugleich ausgleichende Funktion hervor, sie ersetzen dem Juden die »ganze Existenz[29]«. Ebenso beschreibt Auerbach in *Dichter und Kaufmann* die prunkvolle häusliche Üppigkeit und den rituellen Glanz des goldenen Kelches, der für den Propheten Elias gefüllt wird[30]; im Gegensatz zur alltäglichen Kargheit wird hier ein Ausnahme-Luxus entfaltet, der den bürgerlichen Wohlstand auf die aristokratische Ebene einer prächtigen Liturgie hebt. In seinen Memoiren, die im Englischen den Titel *In My Father's Court* tragen, verklärt Isaac Bashevis Singer dieses moralisch-religiöse Brauchtum der jüdischen »Königskinder« zur Parabel eines ethisch-individuellen Widerstands gegen die Mechanik der Ereignisse und zur lebendigen Ehrung eines alten »heroischen

Gesetzbuchs[31]« stoischer Prägung, zu einem der sophokleischen Antigone würdigen Gehorsam, der nicht bereit ist, sein »ungeschriebenes Gesetz der Götter« den Listen der Dialektik unterzuordnen. Auch in *Hiob* verleiht der Schmerz Mendel Singer königliche Majestät und eine Größe, die ihn den anderen in seinem abgetragenen Kaftan »wie einen ... verkleideten König« erscheinen läßt[32].

Oft und ausführlich kehrt bei diesen Festschilderungen das Motiv des Essens wieder, die märchenhaften gastronomischen Aufzählungen der jüdischen Literatur kompensieren sozusagen das Elend und den Hunger des Alltags. Das Thema wächst über das farbige folkloristische Detail hinaus zur symbolischen Bedeutung einer vollkommenen – physischen und geistigen, intellektuellen und sinnlichen – Harmonie mit dem Leben. Pauline Wengeroffs oder Schalom Aschs Sabbatbeschreibungen (um einfach wahllos aus den vielen Beispielen zu zitieren) enthalten unvergeßliche Speiselisten: » ... gesalzene, kalte Fische ..., hartgekochte Eier mit Zwiebelsalat, Gänseleber, Gänsefett, Rettig, Kalbsfüße mit Eiern und Knoblauch ..., der Scholet ... schmeckte vortrefflich ..., das Symbol des Sabbatmittagsmahles[33]«. »So werden denn zunächst große Karpfenköpfe aufgetragen und breite, in der Fischsülze erstarrte Mittelstücke. Nach den Fischen gab es einen Schluck starken Branntwein. Auf kleinen Tellerchen folgen köstliche kleingehackte Leber mit Zwiebeln und Grieben in Gänseschmalz, kräftig mit Pfeffer bestreut, daß der würzige Duft das ganze Zimmer durchdringt[34].« Und Mendele zählt auf: » ... gebratene Lende mit Grütze; saures Suppenfleisch; Lokschen-Kugel mit einem gefüllten Hühnerhälschen; gebackene Teigflecken mit Grieben ... Chremslach, Frackes, Sülze von Kalbsfüßen mit Hühnerleber, Rettich mit Zwiebeln, ein Truthahnkopf mit Zimes von Pastinaken[35]«.

Diese Rezepte, die kürzlich Salcia Landmann zu einem köstlichen gelehrt-kulinarischen Exkurs angeregt haben[36] und so vielen jiddischen Schriftstellern Anlaß zu bizarren gastronomisch-linguistischen Ausschweifungen waren, stehen unverkennbar auf der gleichen Linie wie die epischen Kataloge. Sie erfüllen die epische Funktion einer objektiven Darstellung der Realität und der Tradition. In Singers Erzählungen werden diese Motive Zeichen eines häuslichen Epos und einer Familienliebe als Opposition zu einer existentiellen Unsicherheit, von der ein jüdisches Sprichwort sagt: »Vom Morgen bis zum Abend kann die Welt zerstört werden[37].« Der Ritus des Essens scheint Nathans Hedonismus zu bekräftigen, einen schon von sinnlicher Spannung angegriffenen Hedonismus, in welcher seine sonst freie und voll befriedigte Sinnlichkeit unter dem umgekehrten Vorzeichen zu stehen scheint: »Eine Vorspeise aus Kalbsleber und -lunge, teils gebacken, teils gekocht, wurde vor der Fleischbrühe serviert und ihr Aroma kitzelte die Nasenlöcher. Die Suppe war mit in Frampol unauffindbaren Köstlichkeiten wie Paprika und Kapern gewürzt, die das neue Dienstmädchen anscheinend aus Zamosc mitgebracht hatte. Zum Nachtisch gab es ein Mus aus Apfelbrei, Rosinen und Aprikosen, mit Zimt, Safran und Nelken darin, dessen Duft das ganze Haus erfüllte. Danach servierte sie, wie in den wohlhabenden Häusern von Lublin, schwarzen Kaffee mit Zichorie[38].« Im *Kurzen Freitag,* einer der schönsten Ehegeschichten der zeitgenössischen Literatur, verklärt sich die Zubereitung der Speisen zu einem heiligen Ritus der Familieninnigkeit und der ehelichen Liebe: »Schoche knetete in der Schüssel den Teig und bedeckte ihn mit einem Tuch und einem Kissen, damit er aufging. Mit Feuerholz und dürren Ästen zündete sie dann den Ofen an. Dabei mußten Innenläden und Türe des Zimmers geschlossen bleiben. Bett und Bettbank blieben, wie sie waren, denn erst bei Tagesanbruch pflegten beide sich zu einem kurzen Schläfchen niederzulegen. Solange es dunkel war, bereitete Schoche das Sabbatmahl bei Kerzenlicht vor . . . Über den glühenden Kohlen briet sie dann für Schmul-Leibele ein Stück Leber und buk ihm ein kleines Sabbatbrot, auf das sie gelegentlich mit Teigbuchstaben ihren eigenen Namen auftrug . . . Das Sabbatbrot kam stets rund und braun aus dem Ofen. Schoche flocht es so rasch zu einem Zopf, daß es sich vor Schmul-Leibeles Augen geradezu im Tanz zu wiegen schien . . . mitunter nahm sie auch mit bloßen Fingern ein Stück glühender Kohle auf. Die Töpfe blitzten und brodelten. Gelegentlich lief die Suppe etwas über, und die Ofenplatte zischte. Und die ganze Zeit über zirpte das Heimchen am Herd[39].«

Der absolute Bürger und die beziehungslose Individualität

Nicht zufällig stammen die beiden zitierten Beschreibungen Singers aus Novellen, die ganz auf der ehelichen Liebe und auf einer Dimension der Familieninnigkeit gründen, welche dem klassisch-bürgerlichen Larenkult nahesteht, den Goethe als Kategorie über der Geschichte und über den Klassen gefeiert hatte. Auch Roth versucht nun, sozusagen, einige bürgerliche Ideale aus allen geschichtlich-politischen Dimensionen und Klassenbedingungen herauszulösen. Der Begriff »bürgerlich« wird Synonym für »Individualität«, für die absolute menschliche Physiognomie, die der Philosoph Franz Rosenzweig – der in seinem von Benjamin hochgeschätzten Werk *Der Stern der Erlösung* (1921) den Idealismus im Lichte der hebräischen Mystik interpretierte – als den »Durchschnittsmensch(en) . . ., eine ganz elementare Reinheit des Gefühls« definiert hatte[1]. Der Prototyp dieses Bürgers ohne Zeit und ohne Gesellschaft ist der Jude: Von den galizischen Juden wird gesagt, daß sie in ihrer Gleichgültigkeit gegenüber Lob und Beleidigung »alles können[2]«; der schwarze, riesige Manes Reisiger mit den mondweißen Zähnen, der mit herablassender Arroganz die Wohltaten Graf Chonickis akzeptiert, fügt sich sofort in die Unbequemlichkeiten der Gefangenschaft, ohne seine angeborene Vitalität einzubüßen, er wird im Gegenteil zum Führer der Gefangenengruppe, brüstet sich in kindlicher Naivität mit seinem »illegalen« Paß und nimmt den Tod seines auf den Barrikaden der Revolution erschossenen Sohnes in der Gewißheit an, daß der Minister, der das Blut vergossen hat, auch sein eigenes wird vergießen müssen[3]; Theodor Lohse, dem gehemmten Spießbürger im *Spinnennetz,* der sich aus Schwäche an die faschistische Gewalt klammert, gelingt es nie, sein Minderwertigkeitsgefühl vor dem jüdischen Juwelier Ephrussi zu überwinden, schwarzgekleidet und königlich steht dieser in seinem auf echten Liebesbindungen ruhenden Familienkreis über ihm[4]; nicht einmal im stürmischen Amerika können die Ereignisse der Welt Mendel Singers abgetragenen Kaftan streifen[5]; im Postdirektor, der jeden Morgen mit der Haltung eines Gottesdieners das Kalenderblatt abreißt, wird die bürgerliche Pedanterie zur religiösen *pietas*[6]*;* die solide Familienharmonie erlöst Gustav vom – als umstürzlerischer Radikalismus verstandenen – Faschismus[7]; während sich die freie, kühne Sinnlichkeit in der »heiligen Pflicht[8]« des biblischen Gebotes erfüllt. Benjamin Lenz, der Anarchist, der Westeuropa zerstören will und konspiriert, um das Chaos heraufzubeschwören, legt seine Ersparnisse zurück, um sie dem Vater, einem kleinen Barbier in Lodz, und seinen Schwestern zu schicken[9]; und bezeichnenderweise nennt sich Ehrenburgs Lasik Roitschwantz einen »gewissenhafte(n) Kleingewerbetreibende(n)« von früher[10].

Wie Musil und Broch (man denke an die Gestalt der Tonka aus der gleichnamigen Novelle, beziehungsweise an Ružena aus den *Schlafwandlern*) im slawischen Element eine menschliche Reinheit gefunden hatten, in der eine völlige Hingabe an das Leben diesseits jedes intellektuellen Bruchs möglich wurde, glaubt Roth eine mythische individuelle Kraft ununterschieden im Slawischen wie im Jüdischen zu finden: Die beiden scheinen ihm in diesem Sinn vertauschbar. Der slowenische Dialekt im Munde des Vaters klingt dem Helden von Solferino *(Radetzkymarsch)* wie »etwas vertraut Fernes und verloren Heimisches[11]«; die slawische Sprache, die der entwurzelte Enkel nicht mehr versteht, ist wie ein unbekannter Ozean[12]; das Reich lebt nunmehr nur noch im ruthenischen Lied »Oj nasch cisar, cisarewa[13]«. In *Rechts und Links* scheint Brandeis den anderen »ein Mongole«, ein beunruhigender Dämon des Ostens; gerade, weil er »der europäischen Gewöhnlichkeit entfernt[14]«, ist er aber lebendig der Natur und dem Frühling verbunden, die ihn beide an die russische Sprache erinnern[15]. Ebenso werden im Roman *Die hundert Tage* das hausgebackene Brot und die duftende Tanne aus Polen zum Weihnachten schlechthin[16]; und in der Novelle *Stationschef Fallmerayer* (1933) erscheint die russische Sprache der Gräfin Walewska als Metapher ihres Vaterlands[17]. Roth selbst schrieb von sich, er sei »aus einem Russen ein Österreicher geworden[18]« und versicherte in seiner Antipathie gegen alles Deutsche (neben seiner zumindest anfänglichen Begeisterung für Frankreich), die meisten seiner wenigen deutschen Leser seien russische Juden[19].

Bei alldem spielt gewiß ein spezifisch politisches Motiv eine große Rolle. Roths antideutscher Austroslawismus ließ ihn alle Völker des Reichs als Österreicher betrachten bis auf die Deutschösterreicher. Doch es geht dabei auch um einen metapolitischen oder wenigstens auf metapolitische Ebene projizierten Aspekt. Der Zauber, den die slawische Seele auf ihn ausübte, bedeutete auch unbewußtes Angezogensein von den »geschichtslosen Nationen« im traditionellen Sinn einheimischer und beschränkter bäuerlicher Gemeinschaften als Bewahrerinnen unveränderlicher, von Generation zu Generation weitergegebener Werte. Gerade austromarxistische Denker und im besonderen Otto Bauer hatten zwar, wie Arduino Agnelli in seinem Buch *Questione nazionale e socialismo*[20] ausführlich belegt, diese romantisch-volkssozialistische Anschauung korrigiert und die geschichtslosen Nationen nicht mehr als archaische Inseln, sondern als geschichtliche, von erdrückenden Mächten überrollte Einheiten gesehen, denen jahrhundertelang jegliche Oberschicht und folglich jede kulturelle Tradition und politische Initiative abgegangen war. Aber der »Primitivismus[21]« Roths ist diesbezüglich nicht ironisch und bewußt, sondern ehrlich und naiv: Er träumt wirklich von einer Gemeinschaft außerhalb der Geschichte, so wie Carl Joseph von Trotta wirklich Sehnsucht nach dem slowenischen Dorf hat, wo das Leben im ruhigen Rhythmus der Befruchtung der Felder und der Frauen verläuft[22]. So kommt Roth im Namen des gemeinsamen geschichtslosen Schicksals zu einer slawisch-jüdischen Symbiose. Wie im jüdischen Theater von Moskau die slawischen Diminuitiv-Endungen den jiddischen Texten den zärtlichen Ton verleihen[23], so erscheinen in der *Kapuzinergruft* der Slowene Joseph Branco und der galizische Jude Manes Reisiger als gleichwertige Inkarnationen einer gegen die Gewalt der Politik immunen Naturkraft. Im *Radetzkymarsch* verkörpert der Großvater des Militärarztes Max Demant, der königliche, patriarchalische jüdische Schankwirt mit seinen alten Büchern und dem weißen Bart, eine absolute menschliche Integrität, ähnlich der wilden Kraft des Kosaken Nikita, die Paul Bernheim erschütterte *(Rechts und Links)*. Der Osten ist geschichtslos wie die Sonne, die dort jeden Morgen aufgeht, und Judentum heißt für Roth *Ostjudentum,* »jüdischer«, weil »orientalischer[24]«, dionysisch und frei wie Manes Reisiger, der an »Urwald, Urmensch, Vorzeit[25]« gemahnt. Das Ostjudentum, das der europäischen Kultur als positives Ideal entgegengehalten wird, ist die Quintessenz des Ostens selbst; Brandeis kann »Mongole« oder »Jude« sein, und der Anarchist Benjamin Lenz *(Das Spinnennetz)* strahlt Festigkeit und »Wärme[26]« aus wie ein Porträt von Natan Altman. Wenn Arthur Landsberger von der Affinität und gegenseitigen Beeinflussung der jüdischen Melodien und der slawischen Volksweisen spricht[27] – die, so erzählt Pauline Wengeroff, am Sabbat gesungen wurden[28] –, verweist er nur auf diese geistige Symbiose: Bezeichnenderweise ist es sowohl Goldmann[29] als auch Deutscher[30] aufgefallen, daß auf Chagalls Bildern der weißrussische Bauer und der Jude als vertauschbare Symbole für die Heiligkeit und Unschuld erscheinen, für ein immer gültiges Maß des Individuums und seiner elementaren Lebenszelle, des Paares. In *Hiob* können die Liebesszenen zwischen Mirjam und den Kosaken im erntereifen Ährenfeld[31] als Allegorie dieser Symbiose verstanden werden, wie in der Novelle *Der verirrte Kosak* des jiddischen Schriftstellers Fischl Schneersohn der Ostjude von den westlichen Glaubensgenossen in der Berliner Synagoge für einen Kosaken gehalten wird[32]. Die Heimat kann also im Osten sein, aber der Osten ist nur das Heim, aus dem der Protagonist von Schneersohns Erzählung aufgebrochen ist, um seine kranke Frau zu den Berliner Ärzten zu bringen.

Roth sieht das Brauchtum als Schutz vor der Politik und preist so einen individuellen Vitalismus, in dem das Gedankengut Nietzsches einem gutmütigen, vertrauten chassidischen Konservativismus gewichen ist. Der Schriftsteller setzt also seinen utopischen Widerstand auf eine individuelle, fast im reinen Instinkt sich erschöpfende Dimension, auf eine episch-großartige Unbekümmertheit in der Skepsis, in der unerschütterlichen Treue zum eigenen Lebensrhythmus, in der zähen Ablehnung jeder Veränderung und im Optimismus in bezug auf das »biologische Fortbestehen des Lebens«, wie Deutscher zu Chagall schreibt[33]: Es ist der heroische und unvorsichtige Optimismus, den schon Zangwill in *The King of Schnorrers*[34] ein Denkmal gesetzt hatte. Die Einheit von Geistigem und Sinnlichem, die der Chassidismus verfochten und, vor allem im späten, immer mehr zu konservativen Anschauungen neigenden Chassidismus, auf die Sphäre des Unmittelbaren und Privaten konzentriert hatte, wird zur Chiffre einer enttäuschten, aber unüberwindlichen bürgerlichen Festigkeit des Individuums. In dem von der Gestalt Trotzkis und der Russischen Revolution beeinflußten Roman *Der stumme Prophet* ist der einzige, der von der Tragödie unversehrt bleibt, der alte Waren- und Menschenschmuggler Parthagener mit seiner Brille, seiner Zeitung und seinen alten Möbeln, der unbeirrt seinen zweistündigen Mittagsschlaf hält, »wie um den Krieg zu widerlegen[35]«, und jeder verzweifelten Entscheidung des Revolutionärs Kargan seine nüchterne Frage entgegenstellt: »Wozu haben Sie das nötig gehabt[36]?« Ebenso beklagt sich auch Mendel Singer während des Kriegs über den schlechten amerikanischen Tee[37] und ist darin dem unbekannten alten jüdischen Emigranten von Odessa ähnlich, von dem der Soziologe Louis Wirth erzählt, er habe, kaum nach einer mühseligen Pilgerfahrt à la Chaplin in Amerika gelandet, mit aggressiver Ungeduld gefragt: »Wo ist die Odessaer Shul[38]?« Einer ähnlichen Gestalt begegnet man schon in einem der ersten Briefe Roths: Er berichtet von einer Jüdin aus der Leopoldstadt, die an einem Dichterleseabend, bei dem auch ihre Tochter ein paar dilettantische Verse zum Besten gegeben hatte, aufstand »und sprach: Das ist meine Tochter. Diese vier Worte machten die Mutter unsterblich[39]«.

Die Widerstandsfähigkeit des Brauchtums wird zum Symbol des Überlebens der jüdischen Welt. In *The Brothers Ashkenazi* (1936) von Israel Joschua Singer verkörpert der heftige, vitale Jakob Bunin – der sich selbst in seiner hinreißenden Sinnlichkeit und im furchtlosen Tod durch die Hand des von ihm geohrfeigten antisemitischen polnischen Offiziers treu bleibt – die unzerstörbare jüdische Integrität, die natürliche Kraft und die von keiner politischen Gewalt angefochtene Lebensfreude. Doch der Autor beschreibt auch die Niederlage dieser Vitalität, die zur Lösung aus dem Judentum führt. Ein analoges Thema behandelt Isaac Bashevis Singer in *The Family Moskat* (1950), einem naturalistischen Fresko des ostjüdischen Schicksals: Aus dem Magma von Figuren, Ereignissen und Verwicklungen ragen zwei wesentliche Gestalten hervor, die den Roman tragen: Asa Heshel und Abram, die beiden gleichermaßen besiegten Gegenpole des sterbenden Judentums. Asa Heshel ist der von Ketzerei und Atheismus zersetzte *Chassid*, Abram der von Leidenschaften fortgerissene Sünder, den aber noch die absurde Lebensfreude des Chassidismus, seine paradoxe Hoffnung und der bizarre Mystizismus, vor dem die hoffnungslose Traurigkeit als schlimmste Sünde gilt, stützen. In Asa Heshel verschmilzt Singer unauflöslich die Gestalt des jüdischen Helden mit dem typischen modernen Heros: Beide sind Erscheinungen eines negativen Helden, willenlos und schwach, den das Leben fortschreitend auspowert und so seinen verborgenen Drang nach dem Absoluten an jeder Manifestation und folglich an jeder Befreiung hindert. Wie der Mensch bei Nietzsche erlebt Asa Heshel den Tod Gottes, aber er täuscht sich durch keinen Ersatz über diesen Verlust hinweg; die Hölle, in die er seine Umwelt und seine Nächsten nach und nach versinken sieht, ist die Projektion der inneren Kälte, die ihn langsam tötet, ohne jedoch je sein geheimstes Leiden ganz zu zerstören. Mit epischer Meisterschaft zeichnet Singer die Entwicklung dieses modernen Helden, der am Anfang noch als zaghafte, zarte, Hoffnung und Erlösung versprechende Persönlichkeit auftritt und dann in der geistigen Leere untergeht. Während Asa Heshel geistig zerschellt, stirbt Abram, der *Chassid* und dreiste, unverbesserliche, bewußte und satirische Sünder, auf seine Weise unbesiegt, von der Geschichte zerstört, aber unversehrt in seinem religiösen Innersten, in das auch das abgebrühteste Laster nicht einzudringen vermag: »Er ließ sich zu Boden gleiten. Rauchwölkchen stiegen aus den Kaminen. Die Fenster gingen auf. Er hörte schrille Frauenstimmen. Jemand hielt ihm ein Glas Wasser an die Lippen. ›Soll das jetzt der Tod sein?‹ dachte er – ›Er ist ja gar nicht so schrecklich.‹ Er lächelte in seinen Bart. Über den Dächern flammte die eben aufgegangene Sonne ... Abram hob die Arme und legte sie Asa Heshel um die Schultern. ›Ich glaube an Gott‹, murmelte er. – ›Ich sterbe als Jude[40].‹«

Vertreter dieser Kraft können bei Roth nur noch die Väter sein; exemplarisch ist in diesem Sinn die Gestalt des alten Zipper, in der sich der Roman konsolidiert. In Zipper verkörpert sich die ganze Ambivalenz des Rothschen Bürgers. Er ist im ersten Teil des Werks der typische Spießbürger, der feige seine Aggressionen unter komplizierten und konformistischen Idealen versteckt und seine ganze Energie im armseligen sozialen Streben verzehrt[41]: Er ist also ein Spiegel der gefälschten Werte der bürgerlichen Gesellschaft, die er in seiner Verständnislosigkeit den Söhnen gegenüber und in seinem infantilen Autoritätsanspruch reflektiert[42]. Später, als ihm der Schmerz und die Unordnung den Boden unter den Füßen wegziehen, findet er sich in der Leere verloren, er wird aus einem Durchschnittsmenschen ein Mensch schlechthin. Der mittelmäßige Mensch, hat Pasolini geschrieben, ist der Mensch an sich, wenn die Angst nicht aus seiner Mittelmäßigkeit unmenschliche Entfremdung gemacht hat. Kein bornierter Hüter einer Ordnung mehr, sondern verirrter Schiffbrüchiger, wird Zipper wieder menschlich in seinen Glaubensüberzeugungen und Manien, mit seinem Spazierstock und seiner verbohrten Antipathie gegen Sobieski, in seiner pathetischen Unbekümmertheit, mit der er alles Neue und Unerwartete zu akzeptieren sucht, oder in seiner Traurigkeit und in seiner Albernheit, deren Höhepunkte die beiden großartigen Szenen sind, wo er den Sohn wiedersieht und dessen Unglück fühlt, ohne es zu begreifen, und wo er in bereitwilligem, geschmeicheltem Einverständnis mit den Richtern und Anwälten seinen Prozeß verliert[43]. Zipper ist, wie Hartmut Scheible bemerkt hat, eine Rothsche Version des *Candide* und des *Armen Spielmanns*[44].

In dieser Erhöhung der Individualität zu absolutem Wert verfällt Roth allerdings oft in eine abstrakte Idealisierung, in einen »Individualitätsbegriff«, von dem Alexander Mitscherlich als von einem der mißbrauchtesten Pseudobegriffe der modernen Kultur schrieb, er sei »ein außerordentlich idealisierter und faktisch hohler[45]«. Roth neigt zur Annahme eines unveränderlichen, eigentlichen Kerns der Individualität, die sich somit als eine im Grunde beziehungslose Kategorie ohne jedes dialektische Verhältnis zu den sozial-geschichtlichen Kräften erweist: Der Schriftsteller beschränkt sich nämlich nicht darauf, ihre Autonomie zu proklamieren oder die Zufallsbedingungen, unter denen die Individualität autonom ist, zu fixieren, sondern er nimmt sie schlechthin aus jedem Bezug zur Alterität heraus und verwandelt so das komplizierte Verhältnis in starren Gegensatz. Darin folgt er Martin Buber und dessen Versuch, eine unveränderliche Wesenheit des Judentums herauszudestillieren; bezeichnenderweise verkörpern vor allem die »jüdischen« Gestalten bei Roth – von Mendel Singer bis zu Manes Reisiger und dem Großvater Max Demants – dieses ideale Menschentum der Mitte, während viele andere Figuren nicht nur als Kinder ihrer Zeit erscheinen, sondern nachgerade als mechanisch von der Geschichte und der Gesellschaft Bedingte. Die Beziehung, die Roth zwischen den Individuen zu errichten sucht – häufig über die intersubjektive Ordnung des barock-habsburgisch-katholischen *Organon* –, erweist sich meist als von empfindlicher Brüchigkeit und prekärer Irrealität. Ja, man könnte bei Roth von einem proportionalen Verhältnis zwischen dem Abstand einer Gestalt zu ihrem ostjüdischen Hintergrund und dem Grad ihrer Determination durch die gesellschaftliche Mechanik sprechen. So erweitert sich ihm die Frage nach dem Sinn, Jude zu sein (die Robert Alter[46] thematisch behandelt hat) zur Metapher der Frage nach dem Sinn, Mensch zu sein; *Jid* heißt im Jiddischen auch Mensch – und die Identifikation kann sowohl eifersüchtige Beschränkung als auch Sinn für die menschliche Gemeinsamkeit bedeuten. In *Hiob* ist die abstrakte Rückbildung auf den Archetypus der Gestalt des Vaters deutlicher als in *Zipper und sein Vater*, wo die Vaterfigur dank der geschichtlichen Konkretheit ihrer sozialen Bedingungen lebendiger und echter wirkt. Übrigens darf auch der Mythos von Franz Joseph und seinem methodischen, bürokratischen Lebensrhythmus jenseits der fließenden Zeit als eine äußerste Form dieser Sehnsucht nach einer aus jedem präzisen gesellschaftlichen Kontext herausgelösten Physiognomie des Bürgers, die zur archetypischen Vatergestalt wird, verstanden werden.

Natürlich deckt sich der Mythos einer »echten und unberührten[47]« Individualität nicht ausschließlich mit dem idealen Bürger: Er verkörpert sich auch im Bauern Onufrij, dem ruthenischen Burschen Carl Joseph von Trottas, der desertiert, um nach Hause zu laufen[48], oder in Herrn von Märker, dem dummen und würdevollen Aristokraten, der aber sein Leben ohne eine Spur von Feigheit lebt und mit der gleichen Selbstverständlichkeit als einziger den Rebellen Friedrich Kargan nicht verkennt[49]. Adel und vorbürgerliche Welt tendieren jedoch in ihren positiven Aspekten zum Bürgerlichen, das heißt, zur absoluten Figur des *pater familias* hin. Bei der Schilderung der arroganten moralischen Lässigkeit der »neuen Klasse« der Schauspieler, Pseudointellektuellen und Filmleute fragt sich Roth: »Ach! weshalb waren sie nicht wie ihre Väter Zigarrenhändler, Börsenmakler, brave Uhrmacher und Bankbeamte[50]?« Später hat Saul Bellow, der im verirrten Amerika der sechziger Jahre Zuflucht im liebevollen Erinnern der ostjüdischen Familie suchte, einen ganz ähnlichen Vorwurf an einen von den falschen Werten der kulturellen Manipulation verdorbenen jüdischen Intellektuellen gerichtet: »Saphiro . . . Es quält mich bis zum Irrsinn, daß du so fehlgeleitet sein kannst. Eine lediglich ästhetische Kritik der modernen Geschichte! . . . Du hast ein reiches Blut geerbt. Dein Vater hat auf der Straße Äpfel verkauft[51].«

Arnheim und Papa Fischel

In seinem *Caliban* zitiert Arnold Zweig als extremstes Ergebnis der in den beiden Polen der »Emanzipation« und der »Entjüdung« verdichteten neurotischen Dialektik das Beispiel Rathenaus[1]. Es ist kein Zufall, daß dieselbe historische Gestalt – deren geschichtliche Bedeutung, muß man der Wahrheit halber hinzusetzen, oft durch die geniale Tendenziosität ihrer literarischen Verwertung entstellt worden ist – sowohl Zweig als auch Musil zum negativen Modell des *homo novus* gedient hat: gesichtslose Silhouette des modernen Intellektuellen in seiner schlimmsten Form, Profil eines Menschen ohne »Gestalt[2]«, der gerade dadurch noch den Mangel an eigener Individualität betont, daß er sucht, ihn durch frenetische Selbstbehauptung, Machtstreben und durch Kompromisse zu kompensieren, welche er sogar vor sich selbst geheimhält und unter spiritualistischem Plunder versteckt, so daß sie nur noch trister wirken. Im *Mann ohne Eigenschaften* wird aus Rathenau Arnheim, eine Figur, in der sich die Krise der Werte und der Mangel an Eigenschaften in ihrer gröbsten Form enthüllen: Sie erscheinen nicht mehr wie bei Ulrich und den anderen Gestalten als furchtloses Bewußtsein der eigenen Impotenz und als erbarmungslose Analyse oder Selbstanalyse der fremden und eigenen Aporien, sondern als Verfälschung und Mystifikation. Noch vor der Synthese von *Kultur und Kapital* vertritt Arnheim für Musil die Synthese schlechthin, das heißt soviel wie die Lüge in einer Zeit, wo es keine Synthese, Lösung, Versöhnung, Aufhebung und Überwindung der Gegensätze mehr gibt, wenn nicht als Sehnsucht und Schmerz um ein endgültig verlorenes klassisches Maß und einheitliches Weltgefühl. Bei der radikalen Liquidation der klassischen Philosphien des 19. Jahrhunderts und vor allem eines jeden »dialektischen« Passepartouts, die *Der Mann ohne Eigenschaften* darstellt (und in diesem Sinn ist der Roman wirklich das große antiepische Epos unserer Kulturepoche), ist das Porträt Arnheims der gnadenloseste Rechenschaftsbericht und die böseste Registration des Zusammenbruchs jedes auf hegelianischem, bürgerlichem oder marxistischem Grund entstandenen Humanismus. Musil kann bei seiner Durchleuchtung der modernen Schizophrenie nostalgische Zärtlichkeit für die Scheuklappen des Generals Stumm und für die alten kurzsichtigen Sicherheiten, die einmal Entschluß und Handeln möglich machten, empfinden, aber die intellektuellen und moralischen Fälschungen Arnheims sind ihm unverzeihlich, denn darin handelt es sich nicht mehr um die menschliche Echtheit und das hilflose konservative Sehnen einer der Grausamkeit der neuen schnellen Zeiten ausgesetzten Generation der Alten, sondern um den Talmikompromiß mit den neuen Zeiten, um die schlaue und schwülstige Verwaltung eines versteinerten Erbes, das zu Machtzwecken benutzt wird. Arnheim ist die Negation der den Menschen wirklich offenstehenden Zukunft, und er ist die Negation Kakaniens und seiner humanistischen und traditionalistischen Vergangenheit, die in den Augen Musils dieser ungewissen und tastenden Zukunft sehr viel mehr an menschlicher Substanz zu überliefern hatte als das Fortschrittlertum des 19. Jahrhunderts.

Musil erwählt also zum Prototypus der Krise in ihrer schlimmsten Form gerade die Gestalt, die Arnold Zweig als äußersten Exponenten der durch den Assimilationsprozeß hervorgerufenen Neurose und Entpersönlichung sieht. Zwar wird bei Musil nur ironisch und flüchtig – über Diotimas Perspektive – die »jüdische Abstammung[3]« Arnheims als ein völlig unbedeutendes Detail erwähnt, doch es ist symptomatisch, daß hinter Musils Porträt des modernen Intellektuellen und Zweigs negativem Modell des assimilierten Juden die gleiche historische Persönlichkeit steht. Musils geistige Weite und persönliche Lage bewahren ihn vor der Beschränkung, die jede Erhöhung einer begrenzten und besonderen Wirklichkeit, wie auch die jüdische eine ist, zu absolutem Wert mit sich bringt: Er verfällt nicht in Zweigs Mythisierung und Verkürzung, sein Interesse gilt weit umfassenderen Problemen, die sich nicht im Exemplarischen irgendeiner Parabel oder festumrissenen Metapher vereinfachen lassen. Die parallele Projektion, die bei Zweig und Musil Rathenau zum Symbol der entfremdenden Epoche macht, darf daher nur als eine punktuelle Koinzidenz angesehen werden; indirekt jedoch erscheint auch bei Musil die Assimilation als eine (wenn auch nicht als die einzige noch wichtigste) der vielen falschen Formen des Übergangs von der Tradition zur Moderne: eines an sich notwendigen und positiven Übergangs, der sich aber in diesem Fall als zweideutig und voller Kompromisse erweist, nicht als echte Entwicklung, sondern als verlegene, eilige Anpassung, als gezwungenes Miteinander widersprüchlicher, unausgewogener Komponenten. In diesem Sinn stellt die teilweise und mittelbar in der Gestalt Arnheims angeschlagene Problematik des Juden eine kleine Variante des großen Themas des *Mannes ohne Eigenschaften* dar, ist sie miteinbezogen in die Analyse des Übergangs vom Alten zum Modernen, der Suche nach der Einheit in der Zersplitterung und Zersetzung: in die Analyse, die sich, gleich weit von Traditionalismus wie von Progressismus, auf die falschen Lösungen dieses Übergangs richtet und im Strom der Zeit, dem sich Musil in furchtlosem, ulysseshaftem Geist frei von jeder Norm hingibt, die selbst noch in bezug auf die schon erschöpfte Tradition der regressiven Momente, die falschen Nachfolger des Grafen Leinsdorf und Tuzzis, aufspürt.

Gegenüber Arnheim, dem Vertreter einer fragwürdigen »modernen« Kontinuität der Philosophie des 19. Jahrhunderts und gegenüber anderen Gestalten des Romans die –, wie zum Beispiel Walter – die engbrüstige Rhetorik des *siècle stupide* verkörpern, verweist gerade die Figur Leo Fischels nicht zufällig auf die Menschlichkeit der individuellen und liberalen Kultur des 19. Jahrhunderts in ihrer edelsten und echtesten Form. So unerbittlich Musil jeden verlogenen Versuch, Totes lebendig zu erhalten, demoliert, so nostalgisch schaut er doch auf die verlorenen und entschwundenen Werte, wenn sie sich ihm ohne irgendwelchen arroganten Ewigkeitsanspruch präsentieren: Der Hohn über Walters schwülstige spätbürgerliche Sentimentalität wandelt sich in gerührte, sehnsüchtige Achtung vor dem individualistischen bürgerlichen Ethos, von dem Fischel auf seinem Spaziergang durch den Garten im Grunde endgültigen Abschied nimmt. Vielleicht ist die humanistische Kultur des alten Europa nirgendwo so sublim, so voller *pietas* und Schwermut, in so vollem Bewußtsein ihrer Werte verabschiedet worden, wie auf diesen Seiten Musils[4]. Hier erscheinen diese Werte von jedem Kompromiß mit der Logik der Macht gereinigt, sie erscheinen sozusagen in ihrer Essenz, als humanistisches *Maß* des Individuums. In diesem Sinn bedeutet ihr Untergang, angesichts dessen sich Musil jeder tröstlichen Illusion verschließt, einen nicht wiedergutzumachenden Einsturz und damit die Voraussetzung für den ganzen Roman, den wichtigsten Grund für die Unmöglichkeit und das Fehlen von Menschen mit Eigenschaften in der neuen Moralwelt. Diese Werte verkörpern sich ein letztesmal und verabschieden sich zugleich nicht in der Gestalt eines hypersensiblen Künstlers oder eines unternehmenden Tatmenschen, sondern in der »Durchschnittsgestalt« eines jüdischen Bankprokuristen. Zum Zeitpunkt seines melancholischen Spaziergangs ist Leo Fischels Welt schon eingebrochen: Aus dem Innern seiner Familie selbst verbreitet sich der antihumanistische und antisemitische Irrationalismus, der sie zerstören wird, der soziale Zusammenhang der Moral und der Sicherheiten zerfällt, und diese Brüchigkeit gibt Fischels Eigenschaften sozusagen wieder ihr reines menschliches Maß zurück und macht aus ihm einen Geschlagenen und ein Relikt der Vergangenheit und gleichzeitig einen der wenigen Menschen mit Eigenschaften (aus *mit* dem Menschen geprägten nämlich) in der Welt der Ulrichs, Arnheims, Walters, Diotimas, Meingasts und Lindners. Nur Clarisse und Moosbrugger stehen mit Fischel auf der Ebene der Wahrheit, sie verkörpern sie in der dissoziierten Dimension der neuen Zeiten, während er sie der sauberen Korrektheit einer Sitte anvertraut, die er selbst als unrettbar zu Ende gegangen empfindet. Im Gegensatz zu fast allen anderen Gestalten im *Mann ohne Eigenschaften* ist Leo Fischel ein Vater, und seine – physische wie moralische – Vaterschaft bildet einen Kontrast zur Unfruchtbarkeit, von der die ganze Musilsche Welt gezeichnet ist. Wie eine reine Flamme hüllt die Sterilität die Liebe zwischen Ulrich und Agathe ein, ihre Liebesgeschichte, die zu den größten der Weltliteratur gehört, ist in einem Absoluten isoliert, das durch keinen Lebensrhythmus oder -zyklus berührt wird. Leo Fischel scheint eine in den *Mann ohne Eigenschaften* versetzte Tolstoische Gestalt zu sein, die zum letztenmal für eine andere, vergangene und betrauerte Epik zeugen soll; er scheint aus »dem rückständigen Rock vor zwei Jahrhunderten« hervorgeschlüpft zu sein, unter dem – wie Ehrenburgs Lasik Roitschwantz versichert – »doch ein echtes menschliches Herz« klopfte[5]. Bezeichnenderweise wickelt Fischel seine Überlegungen während des Spaziergangs nach den gängigen Vorstellungen eines häuslichen Paradieses ab. Fischel kann der Träger dieser Wahrheit sein, weil er eben ein Vater ist (ein echter Vater, dessen Vaterschaft auf Liebessubstanz beruht, nicht der Vater als Pädagoge und Haustyrann, wie er in der Figur Lindners karikiert wird, der gerade daheim unecht und lächerlich autoritär wirkt wie jeder sentenziöse »Tugut«). In Leo Fischel scheint hinter der melancholischen Fassade des Bankdirektors der ostjüdische *pater familias* auf. Seine Vaterschaft erwächst ihm aus überliefertem Familienkult, der im jüdischen Bereich zu absoluter Geltung erhoben worden war. Es ist das »Jüdische« an Fischel, das ihm seine moralische Bedeutung im Roman verleiht.

Judentum und bürgerlicher Geist decken sich als metahistorische Kategorien in der Figur des Vaters, sowohl Symbol der Sicherheit als auch Verkörperung der nunmehr verlorenen Individualität. Das ist der Sinn von Roths Rückkehr zur väterlichen Gestalt und zur vorhergehenden Generation in *Hiob*, und im gleichen Sinn erklärte Arnold Zweig, seinen *Caliban* einer »verschollenen Generation« widmen zu wollen: »Es ward geschrieben eigentlich für Leser meiner Vergangenheit und Generation: geduldig zum Geiste, denkfroh, denkgeübt, aus antipolitischen Geistesstätten hervorgegangen, produktive Leser, die mit dem Bleistift Anmerkungen an den Rand schreiben, um den Autor zu stützen und zu kontrollieren. Diese Generation ist hin. Wie sie im öffentlichen Leben fehlt, die Million toter Deutscher und Juden, wie sie als Publikum dem Roman und dem Drama fehlt, so fehlt sie auch dem Denken der Epoche: ihre kritische Reinlichkeit, ihr anerzogener Zweifel, ihr herzhaftes Ja, ihr intellektuelles Gewissen. Das, was heute Jugend ist, hat von dieser unserer Jugend kaum einen Schimmer, im Sport, in Politik, in Bünden und Horden gewinnt man allerlei, aber nicht die Redlichkeit des Geistes und die Selbständigkeit namenlosen Dienstes. Darum richte ich dieses Buch ›Caliban‹ an die Repräsentanten einer verschollenen Generation, die nicht mehr da sind[6].«

Wie Roth wenden sich noch viele andere jüdische Schriftsteller der Welt der Väter zu, um in der patriarchalischen Solidität und in der Klarheit des Individuellen eine Stütze in der anonymen, unpersönlichen Gesellschaft, in der sie leben, zu finden. Mit dieser Erscheinung hängt auch die Rückkehrbewegung zusammen, die Stefan Zweig in der dritten Generation der Assimilierten beobachtet hat[7]: nach der gefahrvollen Odyssee des Vaters, die er unternimmt, um aus dem Gefängnis und Elend des Gettos herauszukommen, nach dem wirtschaftlichen Erfolg des Sohnes, der, von der mühsam eroberten Position des Vaters ausgehend, sich oft in bemerkenswertem Maß in der kapitalistischen Gesellschaft durchsetzt, findet sich der Enkel in einer schon vom gesellschaftlichen Neid und Antisemitismus und von der irrationalen Unordnung vergifteten Umwelt und entdeckt als Rettungsanker die Tradition der Ahnen wieder, welche die unmittelbar vorhergehenden Generationen, gerade um der Rückständigkeit des Gettos zu entfliehen, aufgegeben hatten. In der plötzlichen Erkenntnis der Isolation und der Inflation aller Ideale erscheint die Familienfrömmigkeit wieder als Bindung und Hilfe. Der Gegensatz zwischen Vätern und Söhnen wird zum Gegensatz zwischen *Individuen* und anonymen, in der Massengesellschaft entfremdeten Subjekten. In der Erzählung *Der tate mit di fir bonim oder naches fun sport (Sportfreuden)* schildert Der Tunkeler drei völlig entpersönlichte Söhne, die von den Mechanismen der Massengesellschaft (hier am Beispiel des mechanischen Leistungszwangs im Sportkult) programmiert, dem Vater, dem »Melamed« (Lehrer) Fischel Henach, entfremdet werden[8]. Kadja Molodowsky erzählt, wie der gemeinsame Kummer zwei von ihren Kindern verlassene Alte, den Juden und den Arier, Schlomo Jalowiz und Grand-Pa, einander nahebringt als Opfer einer Ideologie, die nur das Primat der Produktivität kennt und daher die Jugend vergöttert[9]. Und Ephraim Kaganowski beschreibt in seiner Erzählung *In Muschews Sekanim* (*Im Altersheim,* 1946) zwei Greise, die nur noch von Erinnerungen leben und dauernd neue erfinden, um wenigstens im Namen einer Vergangenheit, von der sie glauben oder glauben wollen, daß sie ihnen gemeinsam sei, miteinander reden und streiten zu können[10].

Auch in diesem Fall verkehrt sich die unbezweifelbar regressive Tendenz – »denn jedem Juden gehört die ganze Vergangenheit und ihre Leiden[11]«, sagt Salomon Kohn – in die positive Demystifikation der durch den Fortschritt nicht gelösten oder noch verschlimmerten Probleme (hier zum Beispiel das soziologische Problem der Stellung des alten Menschen in den hochentwickelten Industriegesellschaften); Roths *Hiob* ist, besonders wo Amerika als Schauplatz fungiert, um die Apothese einer Vaterfigur zentriert, die als Kontrasterscheinung die Unmenschlichkeit der industriellen Gesellschaft durchleuchtet, ohne von ihr zermalmt zu werden, was hingegen mit Mendels Kindern geschieht. In diesem Sinn bestimmt die Väter-Kinder-Beziehung, bzw. das Verhältnis zwischen den Generationen, die Welt der Erzählungen Roths, von *Zipper und sein Vater* bis zum *Radetzkymarsch.*

Es geht hier nicht darum, wie es der Urgroßvater aus Ludwig Batos Novelle *Am Schwungrad der Zeit* (1937) tut, die einzige metahistorische Realität von »Erez Israel« den »Fiktionen ... armseligen Träumern ... Phantasten« der wirklichen Geschichte entgegenzuhalten[12]; und es handelt sich auch nicht nur um die von Hugo Salus verherrlichte »Elternverehrung[13]«. Aus dieser Bindung mit allen ihren regressiven Implikationen, die übrigens gerade von jüdischer Seite oft beklagt wurden, kam die Rettung vor dem Flüchtigen und Brüchigen, die Pietät gegenüber dem Sterblichen und dem Toten, der ein großer Teil der jüdischen Literatur ihren schmerzlichen, zutiefst betroffenen menschlichen Ton verdankt. Die jüdische *pietas* scheint so jene Nachhutfunktion zu erfüllen, die Pasolini der Literatur zugewiesen hat, als er sagte, es sei ihre Aufgabe, bei den Gefallenen und Verwundeten eines fliehenden Heeres auszuharren, die Dürstenden zu laben und die Verletzten zu pflegen. Die Zeugnisse der Gettoliteratur sind in der Tat fast immer Zeugnisse der Vergangenheit, bergende Schilderungen dahingegangener Generationen. Die gleiche Liebe zur Vergangenheit eint in einer Novelle von Elise Orzesko den Juden und den christlichen Aristokraten[14]. Unter diesem Gesichtspunkt scheint der Gettoschriftsteller die große, dissoziierte Paranoia vorwegzunehmen, die den mitteleuropäischen Intellektuellen beim unbeschränkten

Experimentieren in seinem ideologischen und linguistischen Laboratorium dazu treibt, die Totalität in der Zerlegung der traditionellen Kultur und zugleich in der Gewißheit und in der Freiheit dessen, was *war*, zu suchen. Das Reale wird in die Erinnerung übergeführt und gewinnt nur in den Parametern des Gedächtnisses einen Sinn. Die kühnen Verneinungen und Umkehrungen aller erworbenen Sicherheiten, die vom *Fin de siècle* an bis zu den dreißiger Jahren die mitteleuropäische Kultur charakterisieren, sind in erster Linie ein Protest gegen die »aktuelle« Wirklichkeit des geschichtlichen Augenblicks und gegen die Logik der Geschichte selbst. Sie scheinen im Irrationalen zu wurzeln, in jener erlösenden Totalität der Erinnerung, die Canetti im Wahn seines Doktor Kien beschrieben hat: »An allen Schmerzen ist die Gegenwart schuld. Er sehnt sich nach der Zukunft, weil dann mehr Vergangenheit auf der Welt sein wird. Die Vergangenheit ist gut, sie tut niemand was zuleid, zwanzig Jahre hat er sich frei in ihr bewegt, er war glücklich. Wer fühlt sich in der Gegenwart glücklich? Ja, wenn wir keine Sinne hätten, da wäre auch die Gegenwart erträglich. Wir würden dann durch die Erinnerung – also doch in der Vergangenheit – leben. Im Anfang war das Wort, aber es *war*, also war die Vergangenheit vor dem Wort. Er beugt sich vor dem Primat der Vergangenheit. Die katholische Kirche hätte viel für sich, sie enthält ihm zu wenig Vergangenheit ... Ein katholischer Priester wird von jeder ägyptischen Mumie übertroffen. Weil sie tot ist, dünkt er sich über sie erhaben. Doch die Pyramiden sind durchaus nicht gestorbener als die Peterskirche, im Gegenteil, lebendiger, weil sie älter sind ... Gott ist die Vergangenheit ... Eine Zeit wird kommen, da die Menschen ihre Sinne zur Erinnerung und alle Zeit zur Vergangenheit umschmieden werden. Eine Zeit wird kommen, da eine einzige Vergangenheit alle Menschen umspannt, da nichts ist außer der Vergangenheit, da jeder glaubt: an die Vergangenheit[15].«

Die Originalität und die revolutionäre Größe des mitteleuropäischen Intellektuellen ist gerade durch diese Spannung zwischen dem Bruch mit dem Alten und der Erinnerung, zwischen der Zerstörung aller überlieferten Idole und Tabus und der manischen Flucht in einen inneren Raum, zwischen zersetzendem, analytischem Empirismus und dem Hang zum Absoluten, vielmehr: zu *einem* Absoluten, gekennzeichnet. Sie wird zum Schicksal Ulrichs zwischen der Mathematik und der »heimatlosen großen Liebe«: aus dieser Spannung heraus bemüht sich Musil, die Kreislinie, von der für die irdischen Augen nur einige Kurven erkennbar sind, zu finden und zu schließen. Die Vergangenheit ist in diesem Fall kein konservatives Modell eines Zeitalters oder einer zu restaurierenden geschichtlichen Kultur, sie ist die Chiffre der Innerlichkeit, die totale Unbedingtheit der Seele, für die alles gleichzeitig ist und nichts vergessen oder abgelegt werden darf. Die Vergangenheit wird zur Utopie als Negation jeder Gegenwart und jedes herrschenden Systems, aller herrschenden Normen. Und sicherlich ist das religiöse und metahistorische Vermächtnis des Judentums eine der Komponenten dieser Humanität, die in ihrer »Verachtung der Zukunft« – die Auerbach[16] und Benjamin[17] erwähnen – die Totalität des menschlichen Geschehens als immer lebendigen und aktuellen Wert bewahrt. So wird in einer Erzählung aus dem Prager Getto von Salomon Kohn die um 1830 spielende Handlung noch einmal mittels der beiden Greisengestalten Schachner und Schmerling zurückversetzt, für die Alten bleibt alles in der entfliehenden Zeit fixiert und gegenwärtig, sie streiten sich noch über ihre napoleonischen beziehungsweise antifranzösischen Gesinnungen, sie tragen die Kleider von vor achtzig Jahren, verachten die inzwischen dreißigjährigen »neuen« Moden, Schachner mit seinen 94 Jahren betrachtet voller Gravität den 91jährigen Schmerling noch immer als den Burschen, der mit 18 noch ledig war, während er mit seinen 21 schon Familie hatte, und täglich gibt es die gleichen liebevollen Reibereien wegen der gleichen Kleinigkeiten, die sich seit Jahrzehnten unverändert wiederholen[18] – mit der Monotonie der Fixierung und der Sehnsucht der Treue.

So gewinnt das Alter die Bedeutung außerzeitlicher Dauer und damit an Wert; altern steht daher nicht mehr für »Schwindel oder Gemeinheit« wie bei dem Expressionisten Rubiner[19], sondern für einen epischen Reifeprozeß. Das Alter wird ahistorische Dimension: In *Hiob* wirkt das Altern Mendel Singers wie eine tröstliche Naturerscheinung, eine Manifestation des Ewigen in der geschichtlichen Unordnung. Roth ist hierin gewissermaßen Expressionist unter umgekehrtem Vorzeichen. In *Hiob* ist es auch *sein* Ziel, eine reine menschliche Wesentlichkeit, eine archetypische Gestalt des Menschen, wiederzuentdecken und aufzurichten, doch statt des Schreis, der das Wesen des Sohnes, des Jungen, des Rebellen bloßlegt, wählt er eine klassische oder klassizistische Harmonie, in deren Mitte der Vater steht, die *auctoritas*, der Führer, der Mentor, der die wehrlose Jugend des Sohnes in feste, selbständige Reife verwandeln soll. Die Rothsche Restauration soll sozusagen den bürgerlichen Alltag von seiner dämonisch-deutschen, vom Expressionismus aufgedeckten[20] Seite befreien und ihn wieder in religiöse oder einfach nur menschliche Heiligkeit einhüllen.

Väter und Söhne

Um diese Problematik geht es bei dem »amerikanischem« Motiv in *Hiob,* das heißt in dem Teil des Romans, der dem Zusammenstoß Mendel Singers mit der amerikanischen Gesellschaft gewidmet ist. Mit der Gestalt Mendel Singers wollte Roth der Odyssee der ostjüdischen Auswanderung in die Vereinigten Staaten, die so viele und unvergeßliche Zeugnisse und Dokumente vor allem in der jiddischen Literatur hinterlassen hat, ein Denkmal setzen. In gewollter, mitunter auch oberflächlich vergröbernder Vereinfachung eliminiert Roth jede Dialektik und schildert – mit der Technik der Großaufnahme oder archaischer Basreliefs – einen direkten Zusammenstoß. Indem er die völlig horizontale gesellschaftliche Wirklichkeit Amerikas und die innere vertikale Wirklichkeit der Persönlichkeit Mendels und der von ihm verkörperten Tradition in direkte Berührung bringt, greift er auf einen Verfremdungseffekt zurück. Amerika ist ein ironisches *God's own country,* ein Gelobtes Land; Deborahs Totenklage um den Sohn Sam ein *trenos* des 20. Jahrhunderts; Mendels Revolte gegen die Grausamkeit Gottes die Transponierung einer modernen existentiellen Anklage, die nicht nur die Theologie betrifft. Der von Reklamen blinkende amerikanische Nachthimmel ist ein neuer Olymp der Idole, und der Gesang des Kol Nidre, der sich »wie ein heißer Wind« erhebt, symbolisiert die Kraft des Gebets in einem entweihten Kontext, während die Majestät, die Mendel im Leid, im Fluch und gerade auch in der Apathie des Schmerzes erwirbt, ihn wie ein Mal negativer Erwählung vor der konkreten Präsenz des Bösen auszeichnet[1]. Die jüdische Tradition bietet eine Sprache, in der es möglich ist, eine sonst unverständliche Wirklichkeit zu entschlüsseln und zu definieren und deren vermeintliche totale Herrschaft einer höheren Dimension unterzuordnen. Symbol dafür ist vor allem der Kol Nidre, der heilige Gesang, den die Lebenden mit den Toten zusammen anstimmen. Amerika, dessen Wolkenkratzer die Liebe besser verbergen als die Ähren auf den Feldern der wolhynischen Ebene[2], repräsentiert die unpersönlichen und daher irrationalen Mächte: Es ist über die Familie Singer »hergefallen«, nicht wie ein bewußt gewähltes Ziel, sondern wie ein undefinierbarer und daher unmenschlicher Befehl[3]; es ist die »Wüste«, durch die ihre Ahnen vierzig Jahre gewandert waren[4].

Amerika ist ein »tödliches Vaterland[5]«: Roth verleiht also der ethnisch gemischten Gesellschaft der Vereinigten Staaten die schlimmsten aggressiven und brutalen Züge des nationalistischen »Vaterlands«. In einem Brief an Zweig schreibt er, die Preußen seien »die Vertreter der *chemischen* Hölle, der industrialisierten Hölle, in der Welt[6]«. Die Entweihung ist die unausbleibliche Folge der fehlenden Einsamkeit[7], das heißt des Kollektiven, Anonymen des Zusammenlebens. Auch Schalom Aschs Onkel Moses, der wie Mendel Singer in die neue Welt ausgewandert ist, bemerkt, daß in Amerika die »Zeit« zum Beten fehlt[8]. Durch eben diese Hast, dem häufigen Symbol der Disharmonie – wie Roth bemerkt –, fühlt sich Mendel bedroht, »entfremdet[9]«, und er fragt sich, ob er derselbe geblieben sei[10]. Der ganze Roman wird von der bejahenden Antwort auf diese Frage zusammengehalten. Er lebt aus der neuerlichen Übereinstimmung von Schein und Sein, von Innerlichkeit und äußerer Haltung: Auf den schon erwähnten Vorwurf seiner Frau, »du benimmst dich wie ein russischer Jude«, kann Mendel in seiner östlichen Ehrlichkeit antworten: »Ich bin ein russischer Jude[11]«. Der Anonymität der kollektiven Gesellschaft stellt Roth im Kontrastverfahren eine streng individuelle Problematik gegenüber, die Geschichte der Ehe und der religiösen Krise Mendels; angesichts des Chaos der Technik und des Kriegsfiebers, wo das Psalmensingen lächerlich und sinnlos wird[12], richtet sich, wenn auch geschlagen, die biblische Bedeutung der körperlichen Verbindung zwischen den Ehegatten wieder auf.

Übrigens ist bezeichnenderweise *Hiob* eigentlich nicht die Geschichte der ostjüdischen Auswanderung nach Amerika: Immer bleibt die erträumte Möglichkeit der Rückkehr ins *Shtetl* im Blickfeld, und das soziale Problem der ostjüdischen Auswanderung wird absichtlich nicht behandelt. Zwischen der Welt Mendel Singers und der amerikanischen gibt es keinerlei Dialektik noch irgendeine Beziehung, nur steinernen Kontrast; mit Mendel »beginnt« keine Generation amerikanischer Juden, es schließt nur die Geschichte eines Individuums mit ihm. Stehen hinter Bellow, Malamud, Dahlberg oder Philipp Roth schattenhaft noch die Ahnen oder vielmehr die Exponenten von so viel jiddischer oder jüdisch-amerikanischer Literatur, so gehört Roth seinerseits nicht zu dieser Reihe. Seiner höchst europäischen Perspektive bleibt Amerika eine fremde Welt, wirkungsvoll in ihren charakteristischen Zügen gezeichnet, aber als absolute Alterität aufgefaßt. Eine wirkliche Auseinandersetzung zwischen der jüdischen Welt und der amerikanischen Gesellschaft fehlt in *Hiob*, es ereignet sich nur ein monolithischer Zusammenstoß, bei dem die sozialen Fragen utopisch auf moralischer Ebene verkürzt und überwunden werden.

Es geht in der völlig individuellen Handlung von *Hiob* nicht um die Frage des amerikanischen Judentums als – nach der Formulierung von Claudio Gorlier – »mögliche Symbiose bei der zweiten Generation, die aus der Verpflanzung auf einen neuen Stamm erwächst und sich in einer neuen Sprache, dem Englischen, verwirklicht[13]«. Wenn überhaupt von einer amerikanischen Thematik in *Hiob* die Rede sein kann, dann nur als eine Art Allegorie des Endes oder des drohenden Endes dessen, was Saba (wie Giorgio Voghera berichtet) die »Saison der Juden« genannt hat[14]. Nach Sabas Ansicht hatte das Judentum seinen großen Beitrag zur modernen Kultur leisten können, weil es unter dieser Spannung »zwischen zwei Wahrheiten, der der Familie und der seiner christlichen Umgebung[15]« stand, die den kritischen Geist und den Individualismus förderte, denen die Massenkultur so schädlich ist. Die Massenkultur, glaubte Saba, mußte so das Ende der kulturellen Sendung des Judentums bedeuten. Amerika verkörpert diese kollektive und dabei irrationale Nivellierung in höchstem Grad; es heißt also schlechthin Antijudentum, Symbol einer verplanten Zukunft, die die individuelle Kritik, wie sie die jüdische *humanitas* vertritt, zu zerstören droht. Später sollte die Literatur selbst zum problematischen Ort der Judenfrage in Amerika werden, also eine Realität zweiten Grades, der imaginäre Ort der Sprache: Bei Cynthia Ozick zum Beispiel erscheint die Zerrissenheit des amerikanischen Juden im Filter der scharfen, bösen Diskussion einiger Schriftsteller über die Frage des *Yiddish in America*[16], und die jüdische Literatur wird zum Feld, auf dem die Dialektik der Assimilation und der Identitätskrise ausgetragen wird[17].

Mendel Singer ist in der Tat der Repräsentant des patriarchalischen Moments, das heißt der Forderung nach einer Wiedereinsetzung von Werten. Auch unter diesem Gesichtspunkt steht er in einer in der jiddischen Literatur oft behandelten Thematik. In der technologischen Gesellschaft unterliegen die Kinder und werden von ihr zermalmt: Schemarjah nennt sich Sam und fällt als Soldat im amerikanischen Heer, Mirjam erliegt den Verführungen und wird wahnsinnig. Einigermaßen von dieser Auflösung unberührt bleiben nur die in Osteuropa zurückgelassenen Kinder, der anormale Menuchim tritt schließlich sogar als Retter auf. Einzig der Vater widersteht dieser Gesellschaft, er erscheint daher nicht als Symbol einer bestimmten und folglich vergänglichen Generation, sondern als das Symbol einer klassischen, *per definitionem* zur Dauer bestimmten Humanität[18]. Im Roman

Khayim Lederers tsurikkumen (Chaim Lederers Rückkehr[19], 1927) hat Schalom Asch ausdrücklich das Generationenproblem als den Konflikt zwischen der individuellen Dimension (die Väter) und der sozialen (die Söhne) angelegt. In Chaims Begegnung mit Nürnberger treten die anfängliche Feindseligkeit und die ideologischen Differenzen vor dem spontanen Einverständnis der beiden Alten zurück, sie verstehen sich als »zwei alte gute Freunde ... die das Leben und seine Leiden zusammen durchgemacht haben und einander Rechenschaft über ihr Werk geben[20]«. Die im Land des Exils und des Erfolgs eigensinnig festgehaltenen Gewohnheiten des alten Europa werden zu Maß und Sitte eines Lebens verklärt, in welchem menschliche Verständigung möglich ist: Chaim, der seinen Kaffee nach dem Brauch »von der alten europäischen Heimat« trinkt[21], ist in den Augen der Söhne lächerlich, altmodisch, europäisch, »russisch[22]«, während er seinerseits Abneigung gegen eine Generation empfindet, die den Sinn für die Persönlichkeit verloren zu haben scheint und sich trotz allen anmaßenden wirtschaftlichen Erfolgs als schwach und hilflos erweist[23]. Als Morris, der Sohn, die Macht an sich reißt und sich in der Betriebsleitung an die Stelle des Vaters setzt, fühlt Chaim plötzlich Mitleid und Zärtlichkeit für ihn; der Alte, der sich sein Leben noch mit eigenen Händen aufgebaut hat, begreift, wie zerbrechlich und heteronom die vom automatischen sozialen Mechanismus gelenkte neue Generation ist[24].

Bezeichnenderweise bleibt der zum Kapitalisten avancierte Chaim dabei seinen Jugendlektüren treu, den alten russischen Büchern, die vom Sozialismus handeln[25], der »Philosophie« und den volkstümlichen Lehrgängen, die er den »Debatten[26]« entgegensetzt, das heißt der kulturellen Organisation, der es um die Verwirklichung um jeden Preis geht und die dabei keinen freien, desinteressierten, privaten und individuellen Dialog mehr kennt. Wie Roth greift auch Asch bei seinem Protest gegen die Unzulänglichkeiten der Gegenwart auf eine veraltete moralische Dimension zurück. Chaim bleibt zum Beispiel starrsinnig dem Radikalismus und Atheismus seiner Jugendjahre treu, während sich seine Kinder gerade aus Polemik gegen den »Freigeist« des Vaters wieder dem jüdischen Glauben nähern: Es handelt sich aber bei ihrer widergefundenen Religiosität nur um gesellschaftlichen Konformismus (die zur Schau gestellte Frömmigkeit der jüdischen Familie der wirtschaftlichen Elite). Sie ist genau der Gegensatz zur individuellen Aufrichtigkeit des Laizismus vom vergangenen Jahrhundert, der in Chaims Persönlichkeit zwar objektiv überholt, aber ihr doch wesenseigen und so zum menschlichen Maß geworden ist. Chaims Atheismus hat daher denselben Wert und dieselbe Funktion wie Mendel Singers Gottesfurcht, die »in seinen Muskeln wohnt[27]«, auch wenn der Geist sich dagegen auflehnt. Roth – wie Asch – geht es um den Glauben als individuelle Substanz des Menschen, was immer auch sein Inhalt sei; wie im Bibeltext geht es auch in *Hiob* nicht um die Frage nach der religiösen Bedeutung der Prüfungen, sondern darum, wie sich der Mensch in diesen Prüfungen bewährt: Nicht die Theodizee ist das Thema – schreibt Georg Fohrer zum Buch *Hiob*[28] –, sondern die Haltung des Individuums.

Die Garanten dieses Verhaltens sind die Väter: In Schalom Aschs Roman *Onkl Moses* (1918) demystifiziert der alte Vater des Industriellen, ein pikaresker Trunkenbold und unverbesserlicher Ostjude, ständig den wirtschaftlichen Erfolg und die soziale Ungerechtigkeit des Sohnes, dieses »neuen Pharao[29]«, der die Landsleute aus dem heimatlichen Kusmin in seiner Fabrik als Arbeiter ausbeutet und verrohen läßt. Er, der »Alte«, bewahrt die »Vielfalt[30]« Kusmins, des *Shtetls* (in das er zum Sterben zurückkehren wird), in dieser verflachten Eindimensionalität der amerikanischen Gesellschaft, in der Eintönigkeit dieser scheinbaren Massendemokratie, die in Wirklichkeit Tyrannei bedeutet, zu jedem Zweck manipulierbares Ungeheuer, »Zar im Inkognito[31]«. Nur die »uralten Geschichten[32]« aus dem *Shtetl* schützen vor der anonymen Entfremdung der Fabrik. Die Integrität der Väter (im Fall Mendels ist sie absolut) macht es ihnen möglich, die eigene Schuld zu erkennen, der individuellsten Gewohnheit der Gewissensforschung zu frönen; das heißt, sie erlaubt ihnen, sich des entmenschlichenden ökonomischen Zyklus bewußt zu werden, in den sie geraten sind oder den sie sogar selbst geschaffen haben, um sich nun als Gefangene wiederzufinden. Die Väter haben deshalb die Möglichkeit zur Ablehnung dieses Rhythmus, zum Durchbrechen des Zyklus, zur individuellen Freiheit. In *Chaim Lederers Rückkehr* wie in *Onkel Moses* sind die Erscheinungsformen des bürgerlichen Aufstiegs zum Erfolg immer wie in *Rechts und Links* Unsicherheit, Zufälligkeit, Sklaverei, Furcht, Bangigkeit, Mangel an allen privaten Gefühlen, Persönlichkeitsspaltung, Neurose[33]. Und die Väter bemerken, was geschieht, erkennen im Spiegel das eigene Gesicht nicht wieder und beobachten, wie die Zärtlichkeit aus der Familie verschwindet, sie erinnern sich, daß Sara, die Frau, früher einmal Sure hieß[34]. . . Die Väter weisen anklagend auf die Entfremdung und auf die Selbstentfremdung hin, die sich im Kitsch ihrer neureichen Wohnungseinrichtungen widerspiegelt[35]. Sie fühlen wie der altgewordene Moses die *vanitas* ihres

Lebens oder machen sich wie Chaim auf die »Rückreise«, lassen alles zurück und verschwinden im Meer des Unbekannten auf der Suche nach einem ursprünglichen Ausgangspunkt, einer wesentlichen, nicht ihrer elementaren Werte beraubten *conditio humana.*

Die Kinder hingegen fügen sich widerstandslos und kritiklos, ihrer selbst nicht bewußt, den kollektiven Mechanismen. Das ist auch in Roths Erzählwerk die emblematische Haltung des »Sohnes«: Arnold Zipper ist im Verhältnis zu seinem Vater schwach und willenlos, in *Rechts und Links* verlöscht die Kraft in der Generation der Söhne, den Enkeln Carl Joseph von Trotta und Max Demant haben die Großväter kaum noch etwas von ihrer Kraft vererbt und nur Unsicherheit hinterlassen, Golubtschik, den unehelichen Sohn aus *Beichte eines Mörders* hat der Vater schon im Augenblick seiner Geburt zu Unglück und Tragik verdammt, der letzte Trotta (*Die Kapuzinergruft*) hat überhaupt nichts mehr von der rebellischen Energie des Vaters noch von der Festigkeit der Mutter. Je nach den verschiedenen Phasen, in denen die Problematik behandelt wird, klagt Roth die Väter an, alle Lebenskräfte aufgezehrt und den Söhnen nichts hinterlassen zu haben, oder er trauert um die verlorene väterliche Integrität. Im Bereich dieser Thematik von der Übertragbarkeit oder Nicht-Übertragbarkeit der Tradition bezeichnet *Hiob* einen unwiederholbaren Moment der Mitte. Und es ist nicht ohne Bedeutung, daß sich die Handlung von *Hiob* und damit ihr hin und wieder unverhüllt mahnend geschilderter moralischer Konflikt im Kontext der amerikanischen Gesellschaft entwickelt, das heißt in der »vaterlosen« Gesellschaft *par excellence*, die – wie Geoffrey Gorer und Alexander Mitscherlich[36] schreiben – das Leitbild und die *potestas* des Vaters immer abgelehnt hat und noch ablehnt. Roths negatives Urteil über die amerikanische Gesellschaft, die er als Konzentrat der westlichen industriellen und technologischen Gesellschaft versteht, ist eng an dieses fehlende Vaterbild gebunden. Amerika erscheint in *Hiob* als die Welt der Technik, und die Technik begründet im modernen Zeitalter eine »zweite Natur«, schreibt Mitscherlich im Gefolge Alfred Webers[37]. So verkehrt sich die äußerste Zivilisation in eine Art Rückschritt zu einem archaischen und primitiven Chaos, zu einem wilden Naturzustand, der keine gesetzten Werte kennt. Auf dieser Basis entwickelt sich, was der Soziologe und Psychologe Gérard Mendel als »die Generationenkrise« definiert hat[38]: Im modernen Dschungel der vom Menschen nicht mehr kontrollierten Natur-Technik findet sich dieser wieder in der primitiven Lage des Indiviuums, im Matriarchat, und ist der ungeregelten Gewalt ausgesetzt, die vorherrscht, wenn der Wertkodex der patriarchalischen Ordnung fehlt. In seinem Konservativismus macht Roth keinen Versuch, ein neues Gleichgewicht zwischen Autoritäten und Freiheit zu finden, die potentiell fortschrittlichen Elemente einer »brüderlichen« Gesellschaft erkennt er nicht. Er begnügt sich damit, seismographisch die charakteristischen Gefahren und Fallen einer Übergangsepoche zu registrieren, die eine alte Ordnung aufgegeben hat, ohne eine neue dafür zu finden. Daher spürt er das ganze Potential an latenter Gewalt und aggressiver Kompensation in einer Gesellschaft, die er schon als Konsumgesellschaft sieht, erkennt er den Zusammenhang zwischen dem unsichtbar gewordenen Vaterbild und der sich verbreitenden Angst und Aggressivität, in denen ja auch Mitscherlich die sozialen Folgeerscheinungen des verschwundenen Vaters[39] sieht, solange die in seiner traditionellen Figur verbürgte Gewähr nicht wirklich durch neue echte sozioaffektive Beziehungen ersetzt wird. Das Individuum verliert also – nach Roth – seine Freiheit nicht nur durch Autokratie und Zwangsordnung, sondern auch durch die anonyme Gruppenmystik, in der es als unreifer und hilfloser einzelner allen kollektiven Psychosen und allen autoritären Manipulationen ausgesetzt ist[40]. Der Rothsche »Sohn« exemplifiziert in seiner Schwäche und Charakterlosigkeit das »*other-directed*« Individuum, den »Durchschnittsbürger der neuen Mittelklasse ... wie sie die technische Massenzivilisation heraufgebracht hat[41]« (um mit David Riesmann zu sprechen). Wilhelm Reich hat gezeigt, wie die verirrte, moralisch verwaiste deutsche Jugend für das verlorene Vaterbild einen Ersatz in der Massenhysterie und folglich in der Autokratie eines charismatischen Führers suchte: Die gleiche Problematik behandelt das mutige, rückhaltslose Werk des Erzählers Ernst Weiß; seine Romane sind ein erbarmungsloses Gleichnis der »Vaterlosigkeit« bis zu ihrer »Erlösung« im Nationalsozialismus (*Ich – Der Augenzeuge*, 1939). Roth erkennt den matriarchalischen, irrationalen Charakter der modernen entpersönlichten Macht, das heißt – um mit Mitscherlich zu sprechen – er veranschaulicht, daß der moderne Führerdemagoge nicht die äußerste Konsequenz der väterlichen *auctoritas* vertritt, sondern »viel eher ... in der Imago einer primitiven Muttergottheit unterzubringen« ist[42]. Daher schlägt Roth als Ausweg aus der Tyrannei und Sklaverei der Massengesellschaft, wie er sie am Beispiel der Spaltung des Ostjuden in Amerika und der Schwäche von Mendels Kindern darstellt, die Restauration der ostjüdischen Familienhierarchie (deren repressive Elemente er zu Gunsten der positiven verschweigt) und des individuellen Stoizismus vor.

Jüdischer Stoizismus und mitteleuropäische Humanität

Salomon Maimon hatte gesagt, die jüdische Moral sei »der echte Stoizismus[1]«; *Hiob* ist das Epos dieses Stoizismus, des unzerstörbaren individuellen Ethos, das sich im Widerspruch zu jeder soziologischen Dimension auf einen unveränderlichen Wertkodex beruft. Mendel Singers Gelassenheit im Leid, selbst angesichts des Wahnsinns der Tochter, sein abgetragener Kaftan und sein vom amerikanischen Lebensrhythmus unberührtes Alter, ja auch sein Verzicht auf die Hoffnung auf den Messias im Augenblick der Krise, seine langsamen königlichen Gebärden und sein nicht als Zukunfts-, sondern als Todessehnsucht verstandenes Heimweh nach dem *Shtetl*[2] verleihen seiner Individualität mythische Größe. Nur im Zurückgreifen auf mythische Archetypen gelingt Roth eine, allerdings archaisierende, Darstellung der vorbildlichen Individualität. Mit größerem Realismus – das heißt mit größerem Problembewußtsein und folglich größerer menschlicher und dichterischer Wahrheit – hat Isaac Bashevis Singer sozusagen als Epigraph zu seinen Memoiren später geschrieben: »Nur das Individuelle kann für sich in Anspruch nehmen, richtig und wahr zu sein[3].« In *Hiob* wird das Judentum zur Chiffre einer individuellen und vertikalen Dimension, die jeder soziologischen Einschränkung widerstrebt; wie Jisrolik in Mendele Moicher Sfurims Roman *Die Mähre* betrachtet der einzelne die Welt von der Höhe des Berges[4], stets wie der jüdisch-römische Führer in Frankls Gedicht[5] trotzig dazu bereit, vor dem Titusbogen mit dem *Shemà Israel* seinen Glauben zu bekennen. Das Wesen des Judentums – sagt Isaac Bashevis Singers Rabbi Shloime Meyer, der sein Rabbineramt aufgibt, um Knecht in einem Obstgarten zu werden, sei »Du sollst das Angesicht des Menschen nicht fürchten[6]«, und der Heilige bei Buber lacht sich selbst und die ganze Welt aus[7]. Exzentrisch, bizarr und archaisch inmitten des programmierten amerikanischen Konformismus, erinnert Mendel Singer an den Rabbi Akiba der Legende, der mit seinem Esel, auf dessen Rücken er Erde gehäuft und Kresse gepflanzt hatte, zu Markte zog und gleichgültig die Leute lachen ließ, bis sie genug gelacht hatten[8]. Im Bereich dieses Ethos ist die Familie, die Keimzelle des Individuellen, Trägerin des Universellen; sie ist Familie als Archetypus, die sich im Namen metaphysischer Werte ausdrücklich in keine soziologische Dimension einordnen läßt, in keine »Sonntags- oder Montagssoziologie«, wie der Philosoph David Koigen voller Verachtung gegenüber der Atomisierung und Relativisierung, die er sogar bei einem Soziologen wie Simmel zu finden glaubte[9], geschrieben hat. Die Ablehnung der soziologischen Perspektive, oder zumindest ihrer jede Möglichkeit der Wahl negierenden Verabsolutierung[10], setzt einen Maßstab des Ewigen voraus, auf den Singer mehrmals in seinen Erzählungen verweist: »Der Rabbi liebte die Stille der Morgendämmerung, wenn beinahe noch alle Bewohner der Stadt hinter geschlossenen Fensterläden schliefen. Er wurde nie müde, dem Sonnenaufgang zuzusehen . . . Die aufgehende Sonne erweckte in ihm stets denselben Gedanken: im Gegensatz zur Sonne erneut sich das Menschenkind nie, deshalb ist es zum Sterben verurteilt. Der Mensch hat Erinnerungen, Trauer, Groll. Sie sammeln sich an wie Staub, legen sich um ihn, so daß er das Licht und das Leben, das vom Himmel herunterkommt, nicht aufnehmen kann. Aber Gottes Schöpfung erneuert sich dauernd. Wenn sich der Himmel bewölkt, hellt es wieder auf. Die Sonne geht unter, doch sie wird jeden Morgen wiedergeboren. Kein Makel der Vergangenheit liegt auf dem Mond oder den Sternen. Nie ist die Beständigkeit der Schöpfung so deutlich fühlbar wie am frühen Morgen. Der Tau fällt, die Vögel zwitschern, der Fluß entzündet sich, das Gras ist feucht und frisch[11].«

Nach der hebräischen Tradition nimmt Mendel Singer nicht nur eine Stelle im geschichtlichen, sondern auch im kosmischen Beziehungsfeld ein. Sein Handeln ist im Guten wie im Bösen mit der Verantwortung für die Beschleunigung oder Verzögerung der endlichen Erlösung beladen. Monolithisch bis zur Stilisierung, ist seine Persönlichkeit deshalb doch mehrdimensional und bewegt sich nicht nur auf alltäglicher, sondern auch auf metaphysischer Ebene. Er lebt nach dem »heroischen Gesetzbuch[12]« der Familie, von dem Singer spricht, nach einem Stoizismus, der keine nationalistische Beschränkung anerkennen kann und daher den Zionismus ablehnt, wie er die Ethik der Arbeit verurteilt, denn darunter versteckt sich bloß die kapitalistische Ausbeutung, die insbesondere Schalom Asch immer wieder denunziert hat[13]. Dieser stoische Kodex sucht im Grunde, gegen die neue moralisch indifferente Bourgeoisie der Konsumgesellschaft das individuelle Moralbewußtsein des Bürgers vom vergangenen Jahrhundert wieder einzuführen, der nach der Ethik des Sparens, nicht nach der des Konsums lebte. Das individuelle Ethos des jetzt verschwundenen »mittleren« Bürgers wird im verklärenden Rückblick zum moralischen

Gesetz von allgemeinmenschlicher Gültigkeit erhoben. Es war bereits die Rede von Aschs Polemik gegen die kulturelle Organisation, in der auch der desinteressierte Ideenaustausch den Kriterien der Produktivität unterworfen wird; vor einiger Zeit erinnerte Giorgio Voghera in einer Radiosendung an den »unverrückbaren Individualismus« der Triestiner Intellektuellen der Vorkriegsgeneration, die sich hartnäckig jeder sozialen Institutionalisierung ihres Gedankenaustauschs oder ihrer kulturellen Interessen widersetzen[14]. Der »jüdische Stoizismus« erkennt sich in der vergangenen individualistischen Kultur des 19. Jahrhunderts und im antiquierten klassischen Humanismus wieder, dem Schalom Asch im Protagonisten seiner Erzählung *Der kleyner daytsh*[15] (1928) ein Denkmal gesetzt hat: Der sanfte, weitherzige und introvertierte Leser Lessings und Schillers trägt in die flammenden »modernen« Diskussionen der jungen Leute in den Warschauer Cafés das Zeugnis einer Menschheitsreligion und der Achtung vor dem Individuum. So erweist sich das Jüdische als Essenz der mitteleuropäischen und zugleich der deutschen Kultur und ist der einzige echte, unverdorbene Vermittler ihrer Ideale. Die jüdische geschichtslose Gestalt wie Gabriel Dan[16] oder wie die Lea David Rothblums[17] berührt sich so mit Grillparzers *Armem Spielmann*, der sich ja ebenfalls ausdrücklich dazu bekennt, keine Geschichte zu haben[18], Stammvater jener bescheidenen, melancholischen und leidenden *humanitas*, die vielleicht das Sublimste war, was die Zivilisation des Habsburgerreichs und seine in es eingepflanzten, vielfach mit ihm gekreuzten Widersacher hervorgebracht haben. Man denke an die Gestalt der introvertierten, einsamen Persönlichkeit, fast immer alt oder in mittleren Jahren, die oft unter dem Pathos des Maßes und der Ordnung einen tiefen und doch beherrschten, gleichsam höflichen Schmerz verbirgt: Als Grillparzers Bancban, als Stifters Hagestolz, als die resignierten Helden der Ebner-Eschenbach und Ferdinand von Saars, als so viele schwermütige Figuren bei Schnitzler, als Werfels Professor Kio, als Roths Herr von Trotta bevölkert sie die ganze österreichische oder im eigentlichen Sinn »habsburgische« Literatur. In diesem Typus, der wesentlich aus der Begegnung zwischen dem herbstlich-bürokratischen Ideal mit seinem Pathos des Verzichts und der jüdischen Introversion mit ihrer Leidenserfahrung entstanden war, hat das vielleicht Edelste des mitteleuropäischen Humanismus Gestalt angenommen. Paradoxerweise lebt in der offiziellen sozialistischen Ideologie, die heute im alten Donaugebiet die Kultur beherrscht, dieser Humanismus noch weiter, wie vor allem gewisse Filme aus der Tschechoslowakei zeigen: der Professor in einem

Film wie *Vyšší Princip* (Das höhere Prinzip) von Jiří Krejčí (nach einem Roman von Jan Drda) setzt der nazistischen Barbarei (die im Film der stalinistischen zum Verwechseln ähnlich ist) eine Humanität entgegen, die unwillkürlich an die pathetische Rechtschaffenheit von Werfels Professor Kio oder an Schnitzlersche Gestalten wie Robert Pilgram, Wegrat oder Eduard Jagisch[19] erinnert. Gerade nach seiner geschichtlichen Vernichtung durch den Nazismus bewahrt oder gewinnt dieser melancholische, zivilisierte Humanismus wieder eine Funktion als Schutz, schwach aber unzerstörbar wie das Salz der Erde, gegen die neuen Inkarnationen des Leviathan. Um noch ein anderes Beispiel aus einem für Tendenzen und Richtungen so besonders aufschlußreichen Gebiet, wie der Film es ist, anzuführen, sei an den bescheidenen, schüchternen jüdischen »Antihelden« des tschechoslowakischen Films *A pátý jezdec je strach* (Der fünfte Reiter ist die Angst) von Brynych erinnert, der als Opfer des nazistischen Terrors zum symbolischen Opfer jedes politischen Terrors wird; ist einerseits der Schrecken jener öden Straßen und dunklen Passagen ohne Kafka undenkbar, so ist anderseits die höfliche Ruhe des alten jüdischen Herrn mit seiner Geige, dieses »armen Spielmanns«, wieder eine der unzähligen Verkörperungen jenes introvertierten mitteleuropäischen Humanismus und damit der wesentlichen Kultur; er ist die Verkörperung eines unter dem altväterlich würdigen Betragen versteckten Radikalismus, wie er das *Pamphlet postumo* und die *Biografia* von Guido und Giorgio Voghera[20] auszeichnet, wo menschliche Zeugnisse von »früher« angeführt werden, die heute angesichts der Entwertung des Menschen und der Innerlichkeit aktueller denn je sind.

Das Besondere an dieser mitteleuropäischen Lebenskultur liegt in der Tat in einer einzigartigen Synthese aus unerbittlich kritischem Geist und tadelloser bürgerlicher Korrektheit. Mit melancholischem Scharfblick werden alle traditionellen Tabus und alle konventionellen Lügen demystifiziert, und zugleich wird gerade wegen der Integrität dieser analytischen wissenschaftlichen Ernsthaftigkeit jede Geste bohemienhafter Revolte und eklatanten Avantgardismus abgelehnt. Menschen wie Freud und Schnitzler, die alle gesellschaftlichen Fetische vom Postament stürzen, schreiben diese schüchternen Briefe an die Braut (Freud) und tragen die traurigen Gesichter aus dem 19. Jahrhundert (Schnitzler); es ist ein und dieselbe Kultur, in deren Gefolge der Anonimo Triestino später das Gesetz der universalen ethischen Antiselektion formuliert und damit jede Sicherheit, doch nicht die humane Oberfläche der guten Manieren und nicht die geordnete Logik der

Syntax zerstört. In seinem resignierten und verzweifelten Verständnis des Menschen ist der Protest dieses mitteleuropäischen Geistes zu radikal, zu schmerzlich und tief, um gegen irgendwelche Unordnung oder pseudokünstlerische Clownerie Nachsicht zu üben. Quirino Principe hat auf die antihegelianische und antihistorizistische Komponente dieser mitteleuropäischen Kultur, die in ihrer Berufung zur Analyse des Vielfältigen die »Synthese« ablehnt, hingewiesen[21]. Auf dem Hintergrund dieser Kultur ist die ethische Mahnung Guido Vogheras zu verstehen, der sagte, er ziehe wegen des schon im Begriff enthaltenen Bewußtseins des Mangelhaften jeden Kompromiß der rechtfertigenden und auflösenden Synthese vor[22]. Im gleichen allen historizistischen Rechtfertigungen abholden Geist schrieb Roth später über seine jugendliche Rebellion gegen das habsburgische Regime: »Ich (habe) recht behalten – was noch nicht heißen soll, daß ich recht hatte[23].«

Das jüdische Element hat die Werte, die eine gewisse andere mitteleuropäische Kultur durch politische Mystifizierung und Manipulation verfälschte, sozusagen im Reinzustand ausgedrückt; für Roth ist der Ostjude noch der einzige echte Vertreter der vom Deutschnationalismus degradierten deutschen Klassik: »Dem Ostjuden ist Deutschland zum Beispiel immer noch das Land Goethes und Schillers, der deutschen Dichter, die jeder lernbegierige jüdische Jüngling besser kennt, als unser hakenkreuzlerischer Gymnasiast[24].« Im Bannkreis dieser jüdisch-deutsch-mitteleuropäischen Symbiose[25] oder Synthese, deren später, sublimer und tragischer Ausdruck Elias Canettis Tagebücher[26] wurden, steht Roth dem Optimismus Salomon Kohns, der die emanzipierende habsburgisch-jüdische Synthese für vollkommen verwirklicht hielt[27], fern und ebenso den Ansichten David Feuchtwangs, der glaubte, der Traum von der jüdisch-deutschen Verbindung sei in der gelehrten Ökumene des Mittelalters schon einmal wahr geworden[28]. Für Roth bleiben zu einem Zeitpunkt, da es keine Deutschen mehr gibt, die ihres Namens würdig wären, die Juden die wahren Deutschen: Seine Ablehnung Nationaldeutschlands schließt daher folgerichtig auch die Ablehnung des Zionismus ein, den er einseitig im Namen seiner chassidischen, oft – wie so manches im ostjüdischen *Revival* – etwas mystifikatorischen Betrachtungsweise verurteilt. Im Grunde schreibt Roth nur eine den gewandelten geschichtlichen Voraussetzungen entsprechende Neufassung von Grillparzers *Armem Spielmann.* Aus den Verwirrungen des aus der Bahn geratenen Schicksals des einzelnen, zu dessen Interpreten und Erzähler er sich immer gemacht hat, sucht er Zuflucht in der Sicherheit der Genealogien, in der Eingliederung und Verwurzelung in einer – mehr oder weniger hypothetischen – ununterbrochenen Reihe von Vätern, Ahnen, Leitbildern. In Singers Autobiographie wird die rabbinische Genealogie[29] zum beruhigenden Zusammenhang, wie die biblischen Aufzählungen der Erzväter, die bis auf ihren frühesten Ursprung oder geradezu auf Gott zurückgehen; der wie der Gesang einer Litanei sich erhebende Rhythmus der Geschlechterfolge durchläuft die Zeit rückwärts: Die Erinnerung wird zur Rettung vor dem Flüchtigen und zur Bürgin für jeden Wert. Dieses Gedenken heiligt die Autorität des Vaters und findet wieder den Sinn der Existenz in der jedesmal im Geiste erneuerten Wiederholung, in der Liturgie des täglichen Lebens.

Die Epiphanie des Alltags und die Verurteilung der Melancholie

Wie im Märchen spielt in *Hiob* die Frage der Erzählzeit und ihres Bezugs auf den Zeitpunkt des Erzählens keine Rolle: »Also verrannen die Jahre[1].« Mendel schreitet in einem friedlichen, vom Wechsel der Morgen- und Abendgebete geregelten Rhythmus[2] auf sein Alter zu; das Gebet hüllt sein Leben in eine harmonische und schützende schlafähnliche Wärme[3]. Das Leben verläuft in einem Raum jenseits der Zeit, seine Gesamtheit erscheint in der Auswahl wesentlicher Augenblicke, nicht in einer Summierung, im Gesetz, das die Entwicklung nachgestaltet, nicht in der gesamten Abfolge der einzelnen Phasen der Entwicklung selbst. Das einzelne ist kein isoliertes Bruchstück oder versprengtes Detail mehr, sondern in ihm scheint die warme Epiphanie eines ganzen sinnvollen Lebens auf. Man lese kontrapunktisch zum zitierten Sonntagsspaziergang Franz Tundas in der *Flucht ohne Ende* den Schluß von *Hiob* mit seinem heiligen Ritual der wiederholten täglichen Gebärden: »Am blaßblauen Himmel standen ein paar weiße Wölkchen. Unter diesem Himmel war es Mendel recht, zu glauben, daß Jonas sich einmal wieder einfinden würde und Mirjam heimkehren, ›schöner als alle Frauen der Welt‹, zitierte er im stillen. Er selbst, Mendel Singer, wird nach späten Jahren in den guten Tod eingehen, umringt von vielen Enkeln und ›satt am Leben‹, wie es im ›Hiob‹ geschrieben stand. Er fühlte ein merkwürdiges und auch verbotenes Verlangen, die Mütze aus altem Seidenrips abzulegen und die Sonne auf seinen alten Schädel scheinen zu lassen. Und zum erstenmal in seinem Leben entblößte Mendel Singer aus freiem Willen sein Haupt, so wie er es nur im Amt getan hatte und im Bad. Die spärlichen, gekräuselten Härchen auf seinem kahlen Kopf bewegte ein Frühlingswind, wie seltsame, zarte Pflanzen ... Und eine Möwe stieß, wie ein silbernes Geschoß des Himmels, unter das Zeltdach der Terrasse. Mendel beobachtete ihren jähen Flug, und die schattenhafte weiße Spur, die sie in der blauen Luft hinterließ ... Der Vater blieb auf dem Sofa, die Photographie legte er sachte neben sich. Sein müdes Auge schweifte durchs Zimmer zum Fenster. Von seinem tiefgelagerten Sofa aus konnte er einen vielgezackten wolkenlosen Ausschnitt des Himmels sehen. Er nahm noch einmal das Bild vor. Da war seine Schwiegertochter, Menuchims Frau, da waren die Enkel, Menuchims Kinder. Betrachtete er das Mädchen genauer, glaubte er ein Kinderbild Deborahs zu sehen ... Dankbar erinnerte sich Mendel an ihre junge Wärme, die er einst gekostet hatte ... Er stand auf, schob einen Sessel und legte sich wieder hin. Während sie sich langsam schlossen, nahmen seine Augen die ganze blaue Heiterkeit des Himmels in den Schlaf hinüber[4].«

In jedem Aspekt des Lebens, auch im tragischsten und bestürzendsten, ruhen Bedeutungen, die das einzelne auf eine Ebene heben, wo die mechanische Kausalität und Unvermitteltheit in Höherem aufgehoben sind. Die Augen Kossaks (das heißt Menuchims, des anormalen Sohnes, der wie durch ein Wunder geheilt wieder erscheint) sind groß und hell, weise, alt und prophetisch, als leuchteten in ihnen zwei Jahrtausende jüdischer Geschichte[5]; es ist das Maß der Seele, das Singer als »ein ganz bestimmtes jüdisches Gesicht, dem man überall auf der Welt begegnet[6]« bezeichnet und das er im Gesicht seines Uhrmachers Todros oder Reb Bereles dargestellt hat: »Die Ruhe in seinen Augen war so nuancenreich, wie Menschen von heute es gar nicht mehr kennen. Dieser zwergenhafte kleine Mann war ein herzhafter Esser und Schnapstrinker. Auf seinem blühenden Gesicht lag immer ein Ausdruck von Befriedigung[7].« Die Dimension dieser Menschlichkeit ist eben diese Zufriedenheit – nicht im Sinn des Spießbürgers natürlich, der keine »verschwiegene Begierde« (Saba) kennt, sondern in der Reife und Harmonie, im Verständnis und in der Bejahung der *conditio humana*. Eine Befriedigung, die Freiheit von aller ungelösten inneren Zerrissenheit bedeutet, ein gelöstes Wissen um Schmerz und Enttäuschung, welche mit einem klassischen Bewußtsein der Grenzen und der Leiden und ohne irgendwelchen Zensur- oder Sublimationsversuch getragen werden. *Hiob* ist der Versuch, wieder ein heiliges Maß des Alltäglichen in die Welt einzuführen, in der alles Wesentliche und vor allem die Werte fehlen. Roth ist bemüht – und auch damit ist er wieder fast zu ausdrücklicher Bannerträger und Sprecher einer ganzen literarischen Strömung ostjüdischer Herkunft – eine Lebens- und Erfahrensfülle wiederherzustellen, die zu verschwinden drohen: »Alles Plötzliche ist böse, und das Gute schleicht langsam[8]«, denkt Mendel Singer. Funktion und Dimension der Zeit machen eines der großen Maße dieser Lebensweisheit aus. Die Eile wird zum Symbol der Angst, der Neurose, des fiebernden Aktionstriebs, der dem Menschen keinen Raum zur Reife und zur geistigen Disponibilität mehr läßt. Die Eile ist das Symbol des prometheischen und faustischen Titanismus, das heißt einer kindlichen Unfähigkeit, ganz zu leben, gerade weil das verfolgte Ziel maßlos und abstrakt ist. Als Erbe der barocken Kultur und der jüdischen Geistigkeit wandelt Roth das alte Motiv der titanischen *vanitas* zur Chiffre für den neurotischen Aktivismus ab, der Wachstum und Entfaltung der Persönlichkeit verhindert. In den *Hundert Tagen* nimmt er unter diesem Gesichtspunkt die Klatscherei über Napoleons *ejaculatio praecox* auf und macht daraus das Emblem eines falschen vitalen und geistigen Rhythmus[9]: Napoleon – Titan und nach Taten und Erfolg dürstender Selbstvergötterer, der Führer, der im höchsten Grad die schlimmsten Eigenschaften des modernen Menschen verkörpert – kann nicht anhalten, nicht rasten, kennt weder Ruhe noch Hingabe und kennt vor allem deren höchste Form, die Liebesbefriedigung, nicht. *Die hundert Tage* sind ganz vom Motiv der Zeit bestimmt und damit von dem des Menschen, der sie gegen ihren Rhythmus zu eigenen, ichsüchtigen Zwecken zu beherrschen und zu beugen sucht und sie dabei nicht als menschliches Maß betrachtet, sondern als unerbittliche Frist, die der Macht und dem Besitz gesetzt ist: Napoleon, der über die Zeit befehlen will, ist eine Erscheinungsform des modernen Individuums, das die Hierarchie der Werte umgestürzt hat und den Fetisch Zeit-Geld anbetet, das nicht – nach der Ermahnung Werfels[10] – Geld zu verdienen sucht, um die Zeit zu genießen, sondern die Zeit ausnützen will, um Geld und Macht anzuhäufen. Die erotische Hast Napoleons und die Unbefriedigtheit der von der Majestät des Kaisers, der sich nicht einmal in der Umarmung vergessen kann, geblendeten Frauen, werden zu Zeichen für das Mißverhältnis im eindimensionalen und daher entfremdeten Menschen. In diesem dem Unmaß entgegengesetzten Geist kann Singer hingegen in nüchterner Strenge von einem Ehebruch erzählen, der an einem hohen religiösen Feiertag begangen wird: »Da sie nun den heiligsten Tag entweiht hatte, gab sie allen seinen Wünschen nach. Er nahm sie auf dem Stuhl, auf dem Teppich, auf Fishels Bett. Asa Heshel schlief ein[11] . . .« Auch das Motiv des »Trinkers« wird zum symbolischen Ausdruck dieser Harmonie; in der Novelle *Zwei Feslech Vain (Zwei Fässer Wein,* 1912) von Morchedai Spektor[12] wird das Ehe- und Lebensidyll in der beispielhaften *simplicitas* eines fröhlichen Weintrinkers möglich.

Die ostjüdische Epik – die letzte wirkliche Epik unserer Literatur – will keine optimistisch idealisierte Welt darstellen, sondern die auch noch der Katastrophe immanente Dialektik, das Miteinander von Positivem und Negativem, die Erkenntnis, daß nicht nur das Chaos existiert, sondern daß es sowohl das Chaos als auch die Ordnung, sowohl die Zärtlichkeit als auch die Perversion gibt. Auf diesem Grund entsteht die Klassik Chaplins in ihrer heroisch-komischen Standhaftigkeit der Bejahung trotz der sich stets wiederholenden Niederlagen. Es geht dieser Epik darum, eine Beziehung zwischen dem Individuum und den Erfahrungsobjekten wiederzufinden. Ihr idealer Bezugspunkt ist unter diesem Aspekt Rembrandt in seiner exemplarischen Gegensätzlichkeit zu Dürer. Von der *Melancholie* Dürers hat Benjamin geschrieben, daß »die Gerätschaften des tätigen Lebens am Boden ungenützt, als Gegenstand des Grübelns liegen[13]«; es handelt sich um eben die Melancholie, die Benjamin selbst als »pathologische Verfassung« definiert, »in welcher jedes unscheinbare Ding, weil die natürliche und schaffende Beziehung zu ihm fehlt, als Chiffre einer rätselhaften Weisheit auftritt[14]«. Kann der Dürersche Stich zum Symbol des absoluten Triumphs einer stehenden, unveränderlichen Zeit, die jedes Ding in beziehungslose Vereinzelung taucht, erhoben werden, so hat dagegen Henry Miller auf das Beispiel Rembrandts als auf eine Haltung hingewiesen, die der »Melancholie« der meisten modernen Literatur entgegensteht: »Ob er von einer Dirne, einem Dieb, einem Mörder, einem Abtrünnigen oder von irgend jemand anderem schreibt, Singer umhüllt die Gestalt immer mit einer heiligen Aura. Es gibt bei ihm Bildnisse von Heiligen . . ., die von Rembrandt stammen könnten. Sogar die abgenutzten und vertrauten Gerätschaften des Haushalts oder der Werkstatt oder des Ladens sind in dieses warme Licht der Frömmigkeit und der Achtung getaucht. Die Zeit hat hier kein Gewicht. Diese Gestalten treten lebendig aus der Ewigkeit des Juden . . . Ihr Leben ist sinn- und bedeutungsgesättigt . . . Man hat immer ein Gefühl der Erfüllung[15].« Rembrandts Licht und die Gesichter seiner Rabbiner werden zum Abbild eines allerkonkretesten Ewigkeitssinns, der sich nicht als abstrakte spiritualistische Festsetzung metahistorischer Kategorien niederschlägt, sondern sich in der Entdekkung eines freien Seelenraums in den geschichtlich determinierten und oft gerade in den bescheidenen alltäglichen Zufällen verwirklicht. Dieser winzige, aber unverwechselbare Raum der Selbstbestimmung erlaubt Erlebnis und Erfüllung der eigenen existentiellen Wahrheit. Nicht zufällig hat Marcel Reich-Ranicki[16] von einer »rembrandtschen« Frömmigkeit in der sozialistischen Kunst der Anna Seghers gesprochen (die übrigens ihre Doktorarbeit über den holländischen Maler verfaßt hat[17]). Damit ist genau diese in eine Synthese aus Geschichtlichkeit und fideistischer Spannung übersetzte Religiosität gemeint.

Ein rembrandtsches Licht heiterer und schmerzlicher Heiligkeit liegt zum Beispiel über *Kalonymos,* einer Erzählung aus dem Stockholmer Getto, von Oskar Levertin; es herrscht hier ein weiches, hie und da von den hellen Reflexen des Meeres und des Märzschnees und der frischen baltischen Luft dieses »arktischen Gartens« belebtes Halbdunkel: allmählich versinken die Porträts an den Wänden des soliden Bürgerhauses im Dunkel des frühen Abends, die Litaneien der Kinder strömen wie ein langsamer Regen und die stillen Personen der wohlhabenden Kaufmannsfamilie spüren hinter ihren Sorgen und ihrem jahrhundertealten Besitz »das Glück der engen Ufer, die den Strom sich in der Tiefe sammeln lassen, um still und spiegelklar zu werden[18]«.

Es ist bedeutsam, daß ein häufiges Motiv der jüdischen Literatur gerade die Melancholie ist, oder vielmehr die Mahnung, sich vor der Melancholie zu hüten. Nicht so sehr als die »Tiefe[19]«, von der Benjamin spricht, wird diese Melancholie verstanden, sondern vielmehr als ein verbildetes Verhältnis zu den Kräften der Tiefe. Wie in jeder religiösen Perspektive zählt auch in der religiösen Perspektive unverkennbar chassidischen Ursprungs, aus der das Werk Roths und Singers lebt, nicht der Ausgangs-, sondern der Endpunkt, nicht die verborgene Feder eines Lebenstriebs, sondern das Ergebnis, zu dem eben dieser Trieb führt, seine Funktion auf der Ebene der Handlungen und der Persönlichkeit des Menschen. Es ist nicht so wichtig, die Natur oder den Ursprung einer Leidenschaft zu erkennen, als die Wirkungen und Ziele dieser Leidenschaft zu prüfen, zu klären, ob sie zu einer Erhöhung oder zum Fall des Menschen führt. Als Vorläufer einer gewissen konservativen Geistesströmung, die auch heute noch nicht ganz verebbt ist, verficht Roth – und die anderen vom Chassidismus herkommenden Schriftsteller, die ihm zur Seite gestellt werden können – eine Art Antithese zwischen »moderne(r) Psychologie und überlieferte(r) Weisheit[20]«; der Dichter setzt die Weisheit der Tiefenpsychologie, die ihrerseits als passiver, obsessiver und götzenanbeterischer Kult der dämonischen Kräfte verschlüsselt wird, entgegen. Roth polemisiert gegen die Tendenz, die das Böse (es dabei rechtfertigend) ins Unbewußte verlegen will, in dem – sagt Roth – das Sexuelle wurzelt, aber nicht die Ethik[21]. Selbstanalyse und moralistische Kasteiung erscheinen als Trauer, Abtötung der Lebenskraft und damit auch der religiösen Fülle; sie sind daher Sünde. Im Widerspruch zur Melancholie und zum manisch-asketischen religiösen Perfektionismus entsteht wieder der objektive Sündenbegriff, der sich bei jedem

Psychologismus verflüchtigt, da dort die moralische Analyse in einer dem ethischen Urteil entzogenen psychischen Phänomenologie aufgehoben wird. Beide, Langer und Buber, erinnern an die Anekdote vom Seher von Lublin, der einen unverschämten Sünder liebgewinnt, weil dieser trotz aller Sünden sich die Lebenskraft bewahrt und »der Schwermut« widersteht[22]«, die den Menschen im dunkelsten Kerker gefangenhält. Und einem von Zweifeln geplagten Gläubigen – erzählt Buber – hat der Rabbi geraten, nachts das Fenster offenzulassen, »denn eine Luft, die sich nicht erneut, mache die Seele stockig[23]«. In solchen Motiven tritt auch die nietzscheanische Komponente, von der schon die Rede war, in Bubers Neuchassidismus hervor. Er sucht mehr oder weniger bewußt nach einer religiösen Variante von Zarathustras Lachen, von Nietzsches Traum von einer totalen Bejahung der Wirklichkeit und von einer vitalistischen Befreiung von jedem ethischen Widerspruch. Bezeichnenderweise behandelt Peretz, einer der großen Schriftsteller der chassidischen Renaissance, in einer Erzählung das nietzscheanische Thema von der Traurigkeit des Gebens und der Freude des Nehmens, von der Einsamkeit des Sterns, der nur Licht verbreiten, aber keines empfangen kann[24]. So erarbeitet also die literarische ostjüdische Kultur eine Art Synthese zwischen Nietzscheanismus und Historizismus unter dem Zeichen einer ruhigen – nicht trunkenen oder exaltierten – Bejahung der effektiven Realität der Dinge, wie sie sind.

Bei Roth – wie bei Singer – erscheint keine Spur dionysischen Jubels (wie etwa noch bei Buber) mehr in dieser Vitalität, sie wird ganz Metapher der moralischen Thematik. *Die Beichte eines Mörders,* sein – wenigstens in struktureller Hinsicht – dem Chassidismus am nächsten stehendes Werk ist im Grunde die Geschichte einer Schwermut, die zu Verzweiflung und Untergang des Individuums führt. Auch *Hiob* ist in seinem zentralen Moment die Geschichte einer Verneinung, die eine Persönlichkeit zu zerstören droht und schließlich überwunden wird. Diese wesentlich rückwärtsgewandte Anschauung geht von einem globalen negativen Urteil über die moderne Literatur aus. Interessant ist in diesem Zusammenhang E. T. A. Hoffmanns geniale Novelle *Der Kampf der Sänger* (1819). Furio Jesi[25] hat auf ihre scharfe Diagnose der Kunst der Avantgarde hingewiesen, die hier (harte Selbstkritik einschließend) gestellt wird. Während die traditionellen Meister – hebt Jesi hervor – positive Gefühle verherrlichen und ihre Individualität in der Harmonie des Choralischen und in der Achtung vor objektiven Poetiken verwirklichen, vergeht der neue Meister (Heinrich von

Ofterdingen) in der Schwermut, ist zerquält und zerrissen und drückt in seinen Liedern Hohn und Dissonanz aus. Acherontische Lieder sind seine Kompositionen (denn er findet weder auf Erden noch im Jenseits Frieden), sie bringen ihn den anderen Menschen nicht näher, sondern trennen ihn von allen, die sanfte Weiblichkeit Mathildes wandelt sich unter ihrem verderblichen Einfluß in hybride, fast hermaphroditische Anmaßung, sie feiern das Reich der Hölle und finden keinerlei Widerhall in den Zuhörern mehr, sie müssen auf jeden Austausch mit dem Publikum verzichten. Die moderne Kunst entsteht nur aus der vom Evangelium verdammten dämonischen Hybris des Menschen, das heißt aus einem Pakt mit dem Teufel; um echt zu sein, muß sie auf Schwarze Kunst und satanische Wissenschaft zurückgreifen[26].

Ist Hoffmanns Werk als »die äußerste Rache des Bewußtseins, das in den Abgrund seines eigenen Endes leuchtet[27]« anzusehen, so steht Roth – der beim Schreiben bereits den Verschleiß der dämonischen Experimente der ganzen satanisch beeinflußten Tradition vor Augen hat – der Hoffmannschen Ironie fern (zumindest in *Hiob*, allerdings nicht mehr im *Leviathan* und in der *Legende*). Er scheint zu einer eindeutigen, simplifizierenden, globalen Verdammung der Moderne zu neigen. Erst in seinen späten Parabeln kommt er zur furchtlosen, ironischen Schilderung des Nichts, in dem sich das Positive und das Dämonische gegenseitig aufheben. Dieses Thema hat vor allem in Singers Erzählungen einige der großartigsten Gleichnisse der menschlichen Existenzbedingungen gebracht: »Aber von der Betrübnis bis zur Verleugnung« – wird in *Jakob der Knecht* gesagt – »ist (es) nur ein kleiner Schritt[28]«; die Motive der Kabbala und der messianisch-sabbatianischen Überlieferung werden zu Allegorien der moralischen Problematik und des menschlichen Geschicks, wie das Exil zum Emblem der Ferne und der Abwesenheit geworden ist. Rabbi Aaron Naphtali, von dem es heißt, er sei über dem Studium der okkulten Wissenschaften »der Schwermut verfallen[29]«, ist das Symbol eines Kults des Dämonischen, der schließlich in Verfallensein an das Irrationale endet. Im gleichen Geist polemisiert Roth gegen die das moderne Zeitalter auszeichnende Dämonisierung des Bösen (zum Beispiel des Nazismus), denn er sieht darin eine unerlaubte, feige Würdigung gerade dessen, was *per definitionem* unwürdig ist. Singer deutet die Schwermut vor allem als Zeichen einer verirrten Sexualität, die ihrerseits wieder intellektuelle Verbiegungen bedingt: In den dem sabbatianischen Messianismus gewidmeten Erzählungen, wo die moderne Problematik des Irrationalen eine sublime, zweideutige Verklärung erfährt, bedingen die »Schwermut« der erotischen Perversion und die ambivalente Auflehnung gegen die Ordnung einander. *Die Zerstörung von Kreschew* – »Und dies alles lediglich um der Sünde willen, die ein Ehemann, sein Weib und ein Kutscher begangen hatten[30]« – ist ein *exemplum* des intellektuellen Bergsturzes im Westen und entsteht aus einer ehelichen Verfehlung. Auch *Satan in Goray*, wo das gleiche Thema auf breiterer Ebene und in (weit weniger eindringlich) ausgesprochener Unmittelbarkeit behandelt wird, faßt diese kulturelle Krise in die Metapher einer sexuellen Repression und deren rasender Explosion. Nicht zufällig identifiziert auch Arnold Zweig in den *Aufzeichnungen über eine Familie Klopfer* Krankheit und Dekadenz in der »tödlichen Melancholie[31]« Peter Klopfers, des homosexuellen Schriftstellers, der durch Selbstmord endet. Komplementär und kontrastiv erscheint daneben das Thema der voll erlebten Geschlechtlichkeit, der »Entschlossenheit derer, die keine körperliche Furcht mehr verspüren[32]«, der unermüdlichen Sinnenfreude, der ehelichen Liebe, der Singer einige unvergeßliche Gleichnisse gewidmet hat, von Shmul Leibeles Liebe an bis zur Leidenschaft Nathan Jozefovers[33]. Auch in *Hiob* ist ja, wie wir gesehen haben, die eheliche Liebe das Zentralmotiv. Lucien Goldmann hat hervorgehoben, wie in der jüdischen Gesellschaft »die Erotik, ohne unterdrückt oder erstickt zu werden, ganz besonders gut in sozialisierte Formen gefaßt, gleichsam kanalisiert worden ist[34]«. Kafkas Verlobungsdrama kommt wahrscheinlich auch von der anziehend-abstoßenden Wirkung, die diese Sozialisierung der Liebe auf ihn ausüben mußte; doch das ändert nichts an der Tatsache, daß in wenigen anderen Fällen die »Kanalisation« so minimale repressive Komponenten und Wirkungen gezeitigt hat wie in der jüdischen Gesellschaft, so daß dort im ganzen die entspannte Freiheit befriedigter Sinne auch in der Ordnung vorzuherrschen scheint. Gegen diese kanalisierte Erotik sind dann in Amerika von seiten vieler jüdischer Intellektueller höchst zweideutige und unreife, da nicht wirklich von der Tradition befreite, Einsprüche erhoben worden, einer der letzten, *Portnoy's Complaint* (1967) von Philipp Roth, ist stärker im jüdischen Gesetz befangen, als es dessen traditionelle Apologeten waren oder sind.

Die Tafeln des Gesetzes

Diese Haltung setzt eine streng objektive Ethik wie die Thora voraus, die bei Roth so klar ausgeprägte Ethik der Zehn Gebote. Nicht von ungefähr wird im *Antichrist* versichert, das Wort, das da sagt, alles verstehen heiße alles verzeihen, sei ein teuflisches Prinzip[1]. Der Anspruch auf Wahrheit wird allem historizistischen Relativismus und allen psychologisierenden Rechtfertigungsbestrebungen entzogen: Für den Lehrer Reb Noske in Israel Joschua Singers *The Brothers Ashkenazi* »bedeutete teils unrecht, teils recht haben, ganz unrecht haben«, und die akrobatischen talmudischen Sophismen verdienen eine trockene, eindeutige Antwort: »Der Satz darf nicht verdreht werden . . . Es gibt nur eine einzige und ewige Wahrheit[2].« Ein strenger jüdischer Monismus wird als unvergängliche Norm hier sogar den Spitzfindigkeiten des Chassidismus entgegengesetzt. Den Protest gegen den nachsichtigen Relativismus jeder auf der Dialektik basierenden Ethik findet man übrigens bei vielen jüdischen Schriftstellern von Roth bis zu Isaac Bashevis Singer, und vor allem bei Kafka, für den die Schuld nicht in der subjektiven Intention des einzelnen liegt, sondern im möglicherweise auch unbewußten und unfreiwilligen Verstoß gegen eine objektive Norm. Im Namen dieser jeder Ethik der Intentionen entgegengesetzten Verhaltensethik kann Singer in einer Erzählung schreiben: »Wenn du nicht glücklich bist, handle, als ob du glücklich wärest. Das Glück wird später schon kommen . . . Bist du verzweifelt, handle, als glaubtest du dennoch. Der Glaube kommt nach[3].« Die jüdische Tradition wird Symbol eines absoluten Imperativs, der sich in der Ablehnung jeder Gewalt ausdrückt wie zum Beispiel in der Novelle *Gojische Gescheftn* (*Ihre Geschäfte*, 1946) von Ephraim Kaganowski[4], wo die Juden im Zug stumm auf die polnischen Jäger mit ihrer blutigen Beute schauen oder auch in Israel Joschua Singers Erzählung *Ein Fremder*[5] (1949), wo das gleiche Motiv erscheint. Auf dem lakonisch geschilderten Hintergund einer schwermütigen galizischen Landschaft wird dort die Parabel von der jüdischen Ablehnung der Gewalt gezeichnet. Dieser absolute Imperativ trennt den Müller Rafael von den Bauern seines Dorfes, als er ihrer blutigen archaischen Privatjustiz gegen den Dieb Zegelek, der doch gerade ihn bestohlen hat, nicht zustimmt. Nachdem er sich so selbst durch seine Gewaltlosigkeit von einer wilden, ihm anfänglich solidarischen und freundlich gesinnten bäuerlichen Umwelt ausgeschlossen hat, muß der Jude das Land verlassen und in die Stadt ziehen, in eine persönliche Diaspora, die hier wie eine Allegorie für das geschichtliche Schicksal des Ostjuden steht. Roth widersetzt sich vor allem dem dialektischen Rechtfertigungseifer, der dazu neigt, die individuelle Schuld im Namen der objektiven Umstände zu vergeben. Nicht einmal im Schützengraben, zehn Minuten vor einem Sturmangriff, darf man lügen, schreibt er an Stefan Zweig, und: »Der Weltuntergang ist *eine* Sache und die private Schweinerei eine andere. Schweinerei ist nicht auf das Conto der allgemeinen Verwirrung zu setzen[6].«

Gewiß scheitert Roth in dieser Hinsicht oft, weil er auf vereinfachende und unmögliche Weise versucht, die Weisheit als »epische Seite der Wahrheit[7]« wieder einzusetzen. Bei Kafka und Isaac Bashevis Singer hingegen steht die Darstellung dieser Problematik unter dem Zeichen der Ambiguität, von der Errichtung und Verurteilung der Dialektik gleichermaßen betroffen werden. In der *Zerstörung von Kreschew* bedeuten die Wörter, die ihre Funktion als »Wort Gottes« verloren haben, die Korruption der Werte, und das Prinzip der Identität der Gegensätze erweist sich als »Phantom[8]«, das Seele und Körper des Menschen ins Verderben zieht. Übrigens wird in *The Unseen* (wo unter anderem eine erschütternde Kreuzigungsvision geschildert ist, bar aller metaphysischen Bedeutung und nur noch sinnlose barbarische Folter) die Schuld – nämlich der Ehebruch zwischen zwei seit Jahrzehnten geschiedenen und inzwischen anderweitig verheirateten Ehegatten, die von der alten, unerlaubt gewordenen Leidenschaft übermannt werden – vom Schriftsteller mit gerührter Teilnahme dargestellt, so daß es im Zweifel bleibt, ob er sie verdammt oder ob er vergibt, ob er am Ende an eine Enthüllung der universalen Ambiguität glaubt oder an ihre Bestrafung als irrationale Lüge.

So bewegt sich der Erzähler Singer auf zwei Ebenen: auf einer vertikalen religiösen, wo alles einen Sinn zu haben scheint, und auf einer menschlichen, wo es anscheinend kein Warum des Schmerzes gibt, wo sich die Leiden und die Tage sinnlos und zwecklos wiederholen und die forschende Suche nach einer Rechtfertigung keine Antwort findet. In dieser Welt muß alles so kommen, wie es muß, steht alles schon geschrieben, aber man weiß nicht, von wem[9]; in dieser Welt kann sich wie in der schönen Novelle *Taibele und ihr Dämon* eine an Boccaccio gemahnende Situation in eine zarte desillusionierte Liebesgeschichte verkehren: Eine schöne, einfache Frau, die sich von einem

Dämon geliebt glaubt, hält ihn mit mütterlicher und liebender Weisheit in ihren Armen, auch als der wie ein gewöhnlicher Mensch erkrankte Dämon sich grämt, den Beischlaf nicht mehr vollziehen zu können[10]. Gerade das Epische bei Singer macht ihn zum Dichter des Positiven und des Negativen zugleich; er kann das Böse zusammen mit dem Guten zeigen und das Urteil aussetzen, so daß alle Deutungsmöglichkeiten offenbleiben wie im Leben selbst: Die paradoxe Ehegeschichte von der Krochmalstraße kann als eine über jedes Gesetz erhabene Leidenschaft verstanden werden oder auch als kindische Laune eines Senilen, eine nicht endende Katastrophe läßt Hochzeiten und Todesfälle wie im Reigen des Totentanzes einander abwechseln[11]. Nur aus der absoluten Distanz heraus wird diese in der zeitgenössischen Literatur so seltene epische Kraft Singers möglich; aus einer Distanz, die nicht Kälte bedeutet, sondern Freiheit von aller unvermittelten Betroffenheit, klarste Bewußtheit darüber, daß die greifbare Wirklichkeit der Inhalte nicht mehr existiert, daß sie sich völlig im Imaginären aufgelöst hat. Aus derselben Haltung entstehen auch Sabas Gedichte in ihrer außergewöhnlichen, in der Lyrik des 20. Jahrhunderts nahezu einzigartigen Epik und Einheitlichkeit. Saba ist im Gedicht dazu fähig, die Existenz ganz zu bejahen und die schneidenden Widersprüche zu versöhnen, Stimmen, die er »vergeblich uneins[12]« nennt, in ulysseshaftem Frieden zur Komposition zu vereinen und sich mit dem Sein zu identifizieren. In *Hiob* erreicht Roth hingegen das Epische nur sprung- und stellenweise, immer wieder stören ein Rest unmittelbarer Hingabe, eine gehätschelte selbstbetrügerische Illusion von Realität und die greifbare restaurative Tendenz. Bezeichnenderweise erscheint die ganze Größe Roths erst in den letzten Werken, zum Beispiel im *Leviathan,* wenn die jüdischen Werte zur Chiffre für eine endgültig und bewußt verlorene Ganzheit werden. Eine Gestalt Singers befindet sich wirklich im Zentrum eines kosmischen Beziehungssystems, das sich in dem stets in seinem Werk gegenwärtigen spinozianischen Geist verdeutlicht; hinter der Chronik erscheint die ursprüngliche Substanz, aus der alles entsteht, die Form tritt für einen Augenblick aus dem Prozeß des allgemeinen Werdens, für den sich der einzelne Mensch religiös verantwortlich fühlt, während aus dem Dachfenster seiner Warschauer Mansarde Doktor Fischelson auf »das Chaos der Nebel« und auf das »vorübergehende Spiel der verschiedenen Seinsformen[13]« des unendlichen Raums hinunterschaut. Bei Roth dagegen ist gerade in der konstruktiven Phase von *Hiob* die innere Erschöpfung einer derartigen kosmischen Spannung oder der versuchte Rückgriff auf Surrogate zu spüren. Auch die Ordnung des physischen Zyklus, die bei Singer eine, wenn auch unerforschliche und rätselhafte Sicherheit behauptet und seinen Erzählungen den naturhaften Rhythmus aufprägt, entleert sich bei Roth fortschreitend ihrer Inhalte und Werte und bedeutet daher schließlich nur noch rhetorisches, verzweifeltes Pathos: ein nihilistischer Versuch, eine überspannte Ordnung der Symmetrie und minutiöser Regeln als Kompensation für den Verlust einer echten Ordnung zu errichten. Die Ordnung wird bei Roth zu einer Rhetorik der Gebärden und Gefühle, über den Abgrund wird ein Raster gelegt, der nur für die Oberfläche gilt, »wo«, wie Singer schreibt, »das Chaos herrscht[14]«.

Idyll und Revolution

So erweist sich also das Strukturprinzip von *Hiob* als ein sich überlagerndes Miteinander von echten epischen Elementen und archaisierenden Kunstgriffen, von gelungener Erfassung einer Ganzheit und deren Ersetzung durch bemühte Surrogate, von wiedergefundener Bedeutungsträchtigkeit und Kompensationsversuchen, wo diese versagt. Die einzigen Details, hinter denen das Ganze oder wenigstens ein organischer Zusammenhang, welcher sie verbindet, aufscheint, sind die auf die individuelle und familiäre Sphäre bezogenen. Wo diese in den Hintergrund tritt, zeigt der Roman seine Schwächen und Fälschungen: Die geschichtliche und die gesellschaftliche Sphäre werden in eindimensionaler Vereinfachung gezeichnet, hinter der scheinbaren Sicherheit des flüssigen Reportagestils verbirgt sich wesentliche Ausdrucksarmut. *Hiob* erscheint als der – ungleiche Ergebnisse zeitigende – Versuch, den inneren Zusammenhang eines schönen Märchens in die Strukturen des Romans zu übertragen. Für Roth – in diesem Sinn ist er geistiger Schüler Stifters – bedeutet dichterische Arbeit im Grunde ein Reduktionsverfahren. Ideologische Tendenz und dichterisches Ergebnis decken sich dabei vollkommen. Hermann Kesten hat in seiner *Ode an Joseph Roth* geschrieben, daß, lebte der Schriftsteller heute noch, ihm Herbert Marcuse »nicht passen« würde[1]. Bei aller Leichtigkeit des für Kesten so typischen Kaffeehausliteratentons wird hier in der polemischen Anspielung auf Marcuse auf einen grundlegenden Aspekt von Roths Judentum hingewiesen. Wollte man ein so komplexes Phänomen auf eine skeletthafte Formel reduzieren, könnte man im Bereich des jüdischen Antihistorizismus zwei völlig verschiedene, wenn nicht antithetische Richtungen unterscheiden. Als die »Gefäße« zerbrochen wurden, sagt der wichtigste Text der hebräischen Mystik, der *Schar* (Glanz oder Leuchte, 13. Jahrhundert), fielen die Funken des göttlichen Lichtes in die Finsternis und mengten sich unter sie, das Gute hat sich überall mit dem Bösen vermischt, und die *Shekhinà*, die Gegenwart Gottes, ist verbannt. Das Ende des Exils, die Heimat, die echten Werte müssen daher – es kann nicht anders sein – außerhalb der geschichtlichen Zeit liegen, wie Ithaka abseits der Schlachten von Troja und der Seestürme der Rückfahrt lag. Die moderne Utopie der Revolution steht in tiefem Zusammenhang mit der jüdischen Exilthematik in ihrer antihistorizistischen Auflehnung. Vor allem über den Expressionismus (der, wie Ladislao Mittner angemerkt hat[2], entscheidend durch jüdische Beiträge westlicher und östlicher Prägung mitbestimmt wurde) sind der westlichen Kultur viele, unter neuen, eigenen Formen aufgenommene Motive der Tradition des messianischen Judaismus vermittelt worden. Aus dem Messianismus kommt der tragische Impuls, der in den Stürmen der Verfolgungen die Juden oft auf ein gewaltsames Ende der Geschichte, auf die Apokalypse als Voraussetzung für die Wiedergeburt und Erlösung, hat hoffen lassen. Der Messianismus führt in die Revolution. Das zeigt der Weg Julio Juretinos (im gleichnamigen Roman von Ilja Ehrenburg) in seiner Hast und seiner Begierde, schnell das Ende heraufzubeschwören und, wie Salcia Landmann schreibt[3], die Welt in den Abgrund der Tragödie zu stürzen, um über die totale Verneinung den absoluten revolutionären Umsturz, die Zerstörung und die messianische Erlösung der Geschichte zu erreichen. Diese jüdische Überlieferung vom Messias, der kommen muß, wenn das Böse das Äußerste erreicht hat und die »Wehen« der Geschichte auf dem Höhepunkt sind, ist schon zu Beginn des Jahrhunderts mit dem anarchisch-revolutionären Mystizismus zusammengeflossen. Tiefe Nachklänge davon hat dann – selbstverständlich in völlig anderem Kontext und weitgehend verändert – das »negative Denken«, vor allem bei Benjamin[4], in sich aufgenommen. So wird der Messianismus zur treibenden Kraft einer Forderung nach der totalen Revolution, die stark religiös gefärbt ist, auch wenn sie völlig verweltlicht scheint, denn der Messianismus ist Ausdruck einer Ablehnung der Geschichte und folglich auch jeder historizistischen Weltanschauung und eines Bedürfnisses, »das Tempo zu forcieren«, das Ende der Geschichte zu beschleunigen, Gott oder die List der Vernunft oder die objektiven Umstände zu zwingen.

Roth faßt dagegen das Problem in antithetische Begriffe und steht darin einer anderen, gegensätzlichen Form der Geschichtsverweigerung nahe, die ebenfalls aus der jüdischen Kultur, nämlich vom Chassidismus oder vielmehr vom Neuchassidismus herkommt. »Mir soll noch einer sagen, ich soll mich um die große Geschichte kümmern!« wird in den *Hundert Tagen* dem polnischen Schuster Jan Wokurka, der die ungebrochene Bindung an das Leben und die Natur verkörpert, in den Mund gelegt, »die kleinen, die kleinen Geschichten sind es, die ich liebe[5]!« Weit davon entfernt, das Tempo forcieren und das Ende beschleunigen zu wollen, versucht Roth »das Private[6]«, die kleinen individuellen Wirklichkeiten, zu retten, und greift dabei auf die chassidische, ihrem Wesen nach antimessianistische und antirevolutionäre *pietas* zurück. Der Chassidismus war nämlich nicht nur als Bewegung gegen die erstarrte formalisierte Orthodoxie und gegen den aufklärerischen Laizismus (die *Haskalah*) in Osteuropa wieder aufgeblüht, sondern auch aus Reaktion auf die tragische Wendung, die der sabbatianische Messianismus genommen hatte, als von der Bewegung um Shabbatai Zevi im 18. Jahrhundert nach den Massakern, welche die Kosaken und rebellischen polnischen Bauern verübt hatten, die Notwendigkeit proklamiert wurde, die Ankunft des Messias zu beschleunigen. Der Triumph des Bösen und der Sünde, hieß es, müsse zu diesem Zweck gefördert werden, und es wurde Nichtachtung des Gesetzes und entfesselte Sittenlosigkeit gepredigt bis hin zum paradoxen Abfall in den Islam, den Shabbatai Zevi, der sich zum Messias erklärt hatte, selbst vollzog. Der Chassidismus und besonders der Spätchassidismus in seiner Erstarrung durch die rabbinischen Dynastien, die Roth in Galizien in unmittelbarer Anschauung kennenlernen konnte, reagiert auf diese revolutionäre und tragisch utopische Apokalypse in individualistischem, intimistischem und konservativem Sinn; der schwarzen Sünde der »Schwermut« der Erlöser – die von allen chassidischen heiligen Wundermännern, den fabelhaften *Zaddiqim*, verurteilt wird – soll eine Mischung aus »grenzenlose(m) Glaube(n), überirdische(r) Freude, Demut, Hoffnung und Menschenliebe, vor allem aber seelische(r) Schlichtheit« entgegenstehen, wie sie der Prager Jiři Langer, einer der großen Sammler chassidischer Geschichten und Freund Kafkas[7], definiert hat. Freude anstatt des erlösenden Leids, Demut statt der titanischen Utopie. Eine paradoxe, arrogante Demut, wo in unbekümmertem Vertrauen in der Mundart zu Gott gesprochen wird, dem man, wie es die Heiligen Jismach Mojsche und Mojsche Wolf[8] tun, Vorwürfe machen kann, daß er ein Versprechen nicht hält oder leichtfertig war. Der Konflikt wird aber innerhalb einer warmen persönlichen Beziehung ausgetragen, in einem manchmal respektlosen, doch immer liebevollen Gespräch zwischen Vater und Sohn. Alle an Gott gestellten Fragen und erhaltenen Antworten berühren den Bereich des Individuellen und des familiären Innenraums, für den jeder messianische Utopismus eine Bedrohung darstellt. »Genug der Erlöser«, ruft Advokat Kiniower *(Die Kapuzinergruft)* aus[9], seiner Ansicht nach sollte der radikale Sohn besser an seinen alten Vater denken.

Von der chassidischen *pietas* ausgehend, deutet Isaac Bashevis Singer – er hat übrigens bezeichnenderweise den *Zauberberg* ins Jiddische übersetzt – den Messianismus in seinem Roman *Der Satan in*

Goray als Einbruch des Dämonischen, als Trauma einer totalen Auslieferung an das Irrationale, das sich in die apokalyptische Utopie und in eine hysterische, mystische Gruppenerotik umsetzt. Jakob Wassermann hat in seinem Roman *Die Juden von Zirndorf* ein ähnliches Gemälde irrationaler Raserei und orgiastischer Erotik geschaffen[10]. In gleicher Weise ist Bubers *Gog und Magog* ganz vom Motiv des Messianismus als paradoxe, fast blasphemische »Beschleunigung der Zeit« in Epochen großer geschichtlicher Umwälzungen (hier die Napoleonischen Kriege) beherrscht. In der *pietas* der Erzählung und des Überlieferns, und das bedeutet: des Bewahrens, sucht der Chassidismus die Überwindung der Geschichte in den alltäglich aufscheinenden Wundern, in der Epiphanie des Alltagslebens und seiner zärtlichen Gefühle und Werte. Das Jenseits wird nicht als Ergebnis eines revolutionären Umsturzes aufgefaßt, sondern »es ist«, wie Henry Miller in seinem Aufsatz über Singer geschrieben hat, »jetzt und hier, wenn Erde und Himmel eins sind. Es ist das, was Rimbaud ›Weihnachten auf Erden‹ nannte[11]«. Roth will die kleinen privaten Geschichten vor dem »verzehrenden Hauch[12]« der Weltgeschichte (um es mit Nietzsche zu sagen) retten, wie Ehrenburgs ostjüdischer Held, der kleine Schneider Lasik Roitschwantz, der sich mit seinen komischen talmudischen Geschichten und respektlosen chassidischen Apologen gegen die Polizeien aller politischen Regimes verteidigt; »Ich bin von der Größe der Geschichte zermalmt worden ... Wozu soll ich denn vorausschauen in meine blutige Zukunft? ... Weshalb soll ich also davonlaufen oder auch nur meine Schritte beschleunigen[13]?« Das Zitat aus dem *Bewegten Leben des Lasik Roitschwantz* bezeichnet auch die Haltung Roths: das zähe, zuversichtliche Bemühen, sich im Sturm der Geschichte eine Nische zu bauen, in gerührter Bewahrung des Vergangenen den Blick nach rückwärts gewandt auf die häuslichen Laren, die so oft zerstört worden sind; ewige Wiederholung von Orpheus' Ungehorsam, hartnäckiges, furchtloses Sich-Umwenden nach Eurydike. Das Gedächtnis ist, wie Willy Haas schreibt, der Kern des mosaischen Ritus; der jüdische Sabbat, sagt Roth in *Tarabas,* hält den Gang der Geschichte auf[14].

Das Erzählen ist für Roth – nach der chassidischen Tradition – ein Akt der *pietas* und der Rettung, der Erzähler und Zuhörer in einer sich stets erneuernden Bindung eint. Doch bedeutet Roths Gang zurück in die Vergangenheit nicht die Geschichtsfeindlichkeit, die Benjamin in Kafkas Anlaufen gegen das Vergessen oder in der Rückwendung des Bukephalos mit dem Ziel, das Leben in die Schrift zu verwandeln, erkannt hatte[15]. Für Benjamin galt es, die Vergangenheit im Namen einer erlösten Zukunft völlig neu zu deuten, für Roth hingegen, die flüchtige und vergängliche Existenz festzuhalten. Dem Messianismus als der Auflösung und Zersetzung jeder Gebundenheit[16] (und das heißt Bruch der *religio)* setzt Roth die Bindung schlechthin entgegen, nämlich die elementaren, lebensspendenden und instinktiven Familienbande, die schon Berthold Auerbach zum – auch nicht durch höchste Ideale ersetzbaren – Gut erklärt hatte[17]. Die Sehnsucht nach dem Individuellen geht mit einem regressiven Anstoß zusammen; Roth hat zwar im Chassidismus die *pietas* gefunden, der er seine zartesten dichterischen Stellen verdankt, aber der Chassidismus bestimmt auch seine Wendung zum Archaischen, die im Grunde – trotz der bezauberten Zustimmung, die sie in Augenblicken kulturellen Überdrusses in Westeuropa und den Vereinigten Staaten gefunden hat – rückständig ist. Roth übernimmt völlig das Motiv der Zukunftsverachtung und konzentriert sich hingegeben auf die Gegenwart, die einzige Wirklichkeit, die er erfassen will und in einer zeitlosen Augenblicklichkeit festzuhalten sucht. Wie bei Buber scheint es auch bei Roth das Ziel, »daß man aus den Schrecken der Geschichte heimkehrte in den geläufigen Gang der Dinge[18]«; in *Hiob* ist diesem Bestreben ein Denkmal gesetzt. Immer wieder predigt Roth im Wirbel des von ihm so hartnäckig denunzierten »Selbstmords« Europas[19] (und nicht ohne Reuegefühle über sein eigenes Versagen auf diesem Gebiet) die Observanz der »unpolitischen« privaten Pflichten der ehelichen und väterlichen Liebe, – »das einzig *Wichtige*[20]«. Mendel Singer ist das typische Individuum, das in der ewigen Gefährdung der kleinen Gemeinden durch die geschichtlichen Gewalten über sich hinauswächst, die Verkörperung der »Potenzierung« der individuellen Fähigkeiten, die sich, wie Kühne schreibt[21], unter den Umständen entwickelt hatten, wo der Mensch sich nur durch solche Fähigkeiten verteidigen konnte, und die erloschen sind, sobald neue Situationen – zum Beispiel für die Juden der israelische Staat – andere, nicht mehr nur individuelle oder private Formen des Widerstands erforderten. Das – in seiner rein privaten Dimension potenzierte und gleichzeitig reduzierte – Individuum begegnet den Wechselfällen des Lebens mit dem *»amor fati«*, den Joseph Eberle an den Gestalten der Erzählungen Jacob Picards hervorgehoben hat[22]; der Stoizismus steht der modernen Wirklichkeit in offener, menschlichster Skepsis gegenüber. In Shalom Alejchems Erzählung *Hodel* hört Tewje der Milchhändler an, was seine Tochter ihm voll Feuer über ihren Liebsten, einen antizaristischen Revolutionär, erzählt, dessen Leben »nur auf das Wohl der anderen Menschen und der ganzen Welt gerichtet« ist; an diesem Punkt unterbricht sie Tewje: »Er sorgt für die Welt? Warum sorgt die Welt nicht für ihn, wenn er schon ein so vortrefflicher Mensch ist[23]?«

Exemplarisch verkörpert Mendel Singer diesen *»amor fati«* und diesen extremen Individualismus. Die Potenzierung seiner Menschlichkeit verleiht seiner Gestalt und allem, was mit ihr in Berührung kommt, nachgerade eine Dimension alltäglicher Heiligkeit. Auf der Ebene seiner absoluten Menschlichkeit verlieren das Böse und die Schrecken der Existenz ihre Macht. In diesem Sinn gibt es für alles Erlösung und Rettung; die totale, liebevolle Hinnahme läßt sich von keiner Verwirrung beirren, überwindet alle dem Menschlichen gesetzten Schranken. Das Religiöse ist in *Hiob* tief humanistisch, bedeutet Frömmigkeit und Bereitschaft, alle Erscheinungen des Lebens und vor allem des Leides gleich ernst zu nehmen und zu verstehen. In der unvergeßlichen Szene im Irrenhaus, wo Mendel seine Tochter Mirjam besucht, verdichtet sich in epischer Knappheit der Geist des Romans in seiner hohen Menschlichkeit. Die Beschreibung erfaßt in echtem Mitleid das Leben mit einer Freiheit und Menschenliebe, die weit über das offen bekannte, ausdrückliche individuelle Ethos hinausgehen. Die Einfachheit und Natürlichkeit, mit der hier – in gleichsam evangelischem Geist der Gemeinschaft vor dem Schmerz – auch die erschütterndsten Tragödien erfahren werden können, hängen zwar indirekt mit der Lebenskraft der Gestalt Mendels, das heißt mit seiner spontanen körperlichen und geistigen Gesundheit zusammen, aber es geht in seiner Haltung nicht mehr nur um Vitalismus, sondern um dessen Überwindung und Verklärung zur vollkommenen Aufgeschlossenheit gegenüber allen Erscheinungen des Menschlichen.

Doch sobald die Perspektive über den individuellen Bereich hinaus erweitert wird, läßt die innere Spannung des Romans nach und es droht Auflösung; das »Wunder«, das am Ende eintritt und alles aufgehen läßt, ist nicht nur eine gelungene ambivalente Anspielung auf die tägliche Verquickung von Rationalem und Irrationalem, es ist auch in negativem Sinn zweideutig, nämlich als Kompromißlösung für einen Roman, den Roth als solchen nicht abschließen kann und deshalb im Märchen enden läßt. In diesem Sinn scheitert der Roman des Ostjudentums in Amerika, bleibt er *exemplum* des paradigmatischen Schicksals eines einzelnen, das – manchmal nicht ohne Forcierungen – zur Kategorie des Typischen erhoben wird. Der geographische und geschichtliche Raum dieses »Typus« ist auch in der amerikanischen

Emigration das begrenzte, provinzielle *Shtetl*. Im Geiste des Chassidismus und seiner »kleinen Geschichten« beschränkt sich auch Roth auf die Privatsphäre, auf das häusliche Maß enger, festumrissener Horizonte, innerhalb derer die Koordinaten einer epischen Welt gezogen werden. Dem chassidischen Individualitätskult entspricht der einzige Raum, in dem der einzelne voll und entscheidend wirken kann, die »kleine Welt« des Städtchens oder des Stadtviertels, dessen Ordnung man kennt und das man mit einem einzigen Blick umfassen kann. Das Amerika von *Hiob* besteht im Grunde nur aus der »Gasse«, in der Mendel wohnt, es ist »eigentlich ein größeres Kluczýsk[24]«, also wieder ein *Shtetl*. Auf die Anonymität der modernen Kollektivgesellschaft reagiert die ostjüdische Tradition mit der Regression auf häusliche Details, mit der Treue gegenüber den kleinsten Einheiten des sozialen Lebens: Man denke nur an die bunte, malerische Stadtviertelepik Dienesohns[25], an das Heimweh der Juden, die doch aus Prag vertrieben worden[26] oder aus dem *Shtetl* ausgewandert und in London reichgeworden sind[27]. Es ist die »jüdische Treue«, die Szymanski oder Niemirower[28] gerühmt haben. Auch bei Isaac Babel bildet der Mikrokosmos der Odessaer Vorstädte, ihrer Bettler und ihrer Dichter, den einzigen Kontrapunkt zur Revolution: »Gecht (, der) von der Možajsker Landstraße wie von einem von ihm und niemand anderem entdeckten Land (schreibt), und Starin (, der) von Balta im Bezirk Odessa (erzählt) wie Racine von Karthago[29] . . .« Aber gerade Babel hat das Ende dieser Welt in ihrem Reichtum an nunmehr untergegangenen Bedeutungen dargestellt und ihre Verwandlung in die neue Welt, das heißt die Welt der Revolution, geschildert. Für Roth reicht hingegen der Abschied vom *Shtetl* ins Symbolische und Religiöse, er bedeutet nicht Übergang zu Neuem, sondern völlige Vernichtung. In *Hiob* ist gerade im Versuch der Wiederherstellung dieser Welt zu spüren, wie hinfällig sie ist. Die Sehnsucht, die am Ende steht, ist so schon vorweggenommen, es ist das Heimweh, das Tewje bei der Abreise nach *Erez Israel* nach jeder Einzelheit des *Shtetl* empfindet: nach Pferd und Dorf, nach Bürgermeister und Polizist, nach den Dorfleuten und nach der Heiratsvermittlerin[30] . . .

Auch für Roth bedeutet der Abschied vom *Shtetl* – oder dessen utopische Rekonstruktion, die auch eine Form des Abgesangs ist – die Trennung von einer organischen, harmonischen Vielfalt, die von der »bürgerlichen« Welt der modernen Zivilisation und Kultur zerstört worden ist.

Der politische Roman: *Natura Lapsa* und *Imperium*

Der auferstandene Bourgeois und der Triumph der Zeit

Das bedeutsamste Kapitel der 1926 veröffentlichten *Reise in Rußland,* die einen Wendepunkt in der Entwicklung des politischen Denkens ihres Verfassers bezeichnete, trägt die programmatische Überschrift *Der auferstandene Bourgeois*[1]. Auch im Konzept für einen Vortrag, den Roth ein Jahr darauf über seine in der Sowjetunion gesammelten Reiseeindrücke hielt, kam er auf dieses Thema zurück: »Meine Herren, ich werde mich bemühen, Ihnen heute abend zu beweisen, daß das Bürgertum unsterblich ist. Die grausamste aller Revolutionen, die bolschewistische, hat es nicht zu vernichten vermocht. Und nicht genug daran: diese grausame bolschewistische Revolution hat ihren eigenen Bürger geschaffen[2].« Roth sieht den Verlauf der Geschichte als einen Triumphzug des *esprit bourgeois* in den verschiedensten politischen Formen; der *esprit bourgeois* und sein unaufhaltsamer Sieg sind in seinen Augen Beweis und gleichzeitig Metapher für die Geschichte als Involution und Rückschritt, für die Natur als Stand der Sünde und der Verderbnis. Wie Klaus Peter (in seinem kurzen, aber grundlegenden Essay über den *Stummen Propheten*) geschrieben hat, »erstarrt (in der Perspektive des Schriftstellers) das Bürgertum (. . .) zur Ewigkeit des Seins selbst, zu einer ontologischen Kategorie[3]«. Ein beharrlicher Antimodernismus kennzeichnet Roths ganzes Werk, jede rationalistische und progressivistische Anschauung wird *en bloc* verworfen; Roth, tolerant, agnostisch und instinktiv zum Synkretismus neigend[4], ist in diesem Sinn dem Laizismus tief abgeneigt, hält ihm seinen intensiven, schmerzlichen und manchmal pathetischen Pessimismus in bezug auf den Menschen entgegen. Er versichert ausdrücklich: »Ich glaube nicht an ›die Menschheit‹ – daran habe ich nie geglaubt, sondern an Gott und daran, daß die Menschheit, an der Er keine Gnade übt, ein Stück Scheiße ist[5].« Diese Anschauung, diese jedem »Enthusiasmus[6]« fernstehende Skepsis, erklärt seine Abneigung gegen Rolland und seine laue Einstellung zu Gandhi[7]. So verschwimmt die Politik in Religion und Metaphysik[8]. Roth verhält sich zum Fortschritt wie Grillparzers Libussa, wie sie stellt er ihm die prophetische Diagnose unheilbarer Dekadenz, ohne sich jedoch mit der eschatologischen Hoffnung der mythischen böhmischen Königin trösten zu können. Allerdings unterscheidet er sich darin klar von all den von ihm verabscheuten irrationalistischen Propheten der Dekadenz und der Götterdämmerung; sein Pessimismus steht nicht unter dem Einfluß irgendeiner der zyklischen Philosophien der Krise, sondern wird durch eine klare transzendente Instanz bestimmt, die er als Dichter in eine persönliche Fabel zu übersetzen sucht. In der Tat bezeichnet Roth sich selbst als »ein Rationalist mit Religion, ein Katholik mit jüdischem Gehirn[9]«. Politisch gesehen, stehen Roths Anschauungen einem bestimmten Katholizismus viel näher als dem jüdischen Humanismus. Roth legt weniger Gewicht auf die Krise und die Untergangsstimmung des Endes, als vielmehr auf den Sündenfall des Anfangs, auf die Erbsünde der Genesis, die die Natur verdorben hat. In seiner jeder biblisch-prophetischen Perspektive entbehrenden Religiosität liegt für Roth die Unschuld in einer nicht wiederzuerlangenden Vergangenheit, sie ist daher durch die Zeit selbst zerstört. Adams Fall wird nicht in streng fideistischem Sinn ausgelegt, sondern allegorisch: So betrachtet, veranschaulicht auch er Roths Ablehnung der als Hybris, als luziferischer Hochmut, als prometheische Verkennung der Grenzen des Menschlichen verstandenen Moderne.

Die Abneigung gegen den Rationalismus und den Fortschrittsglauben ist zugleich Ursprung und Folge der Ablehnung jedes egozentrischen Titanismus. Roth mißtraut allem über die menschliche Alltäglichkeit hinausragenden Maß. Bezeichnenderweise wird ihm sogar Goethe indirekt zur Zielscheibe einer gegen jeden Kult der Ausnahmepersönlichkeit gerichteten Polemik; die berühmte, enttäuschende Begegnung zwischen Grillparzer und Goethe wird von Roth als Enthüllung der universalen menschlichen Gebrechlichkeit dargestellt, als Gelegenheit zur Entdeckung, daß »ein Mensch kein Halbgott wird und daß auch einem Genie nicht mehr zugezählt sind als fünf Sinne, ein paar Gran Ahnungsvermögen – und manchmal ein äußerliches Glück, das nichts ist gegen die Gnade des Leides[10]«. Für Roth bedeutet diese Demystifikation des Übermenschen nicht nur Kritik an einem sich über sich selbst täuschenden, arroganten Adel des Geistes, sondern auch Kritik an der Menschheitsreligion schlechthin, am humanistischen, weltlichen Vertrauen in den Menschen als Schöpfer und Urheber seines Schicksals und seiner Kultur. Die »großen Männer« der Moderne, von Luther über Napoleon und Bismarck bis hin zu den großen Diktatoren des 20. Jahrhunderts[11], erscheinen Roth als vergrößerte, verzerrte Projektionen des humanistischen Individuums der Renaissance oder

der Aufklärung, das sich von jeder absolut gültigen Gesetzesordnung befreit hatte, als das Individuum also, das – indem es der Versuchung des *eritis sicut Deus* nachgab – seine Würde geschädigt und verloren hat. Unter diesem Gesichtspunkt reiht sich Roths Standpunkt exemplarisch in die antisäkularistisch ausgerichtete Auslegung der neueren Geschichte ein, wie sie Augusto del Noce[12] mit besonderer Rigorosität der Perspektiven gezeichnet hat. Auch Roths entschiedene Abneigung gegen den Protestantismus gehört zu seiner antirationalistischen Haltung: »Ich hasse ... das Protestantische[13]«, schreibt Roth in einem Brief an Stefan Zweig; in einem anderen Brief an Bernhard von Brentano spricht er vom »antiprotestantischen« Geist des »alten Römischen Reiches Deutscher Nation[14]«. Eine barocke Mahnung vor *vanitas* und *fugacitas* setzt der habsburgische Emigrant jedem aufklärerisch getönten Rationalismus und Optimismus entgegen. Durch den Spiegel der Persönlichkeit Grillparzers verkündet Roth ausdrücklich, daß Voraussetzung für den religiösen Glauben die Skepsis gegenüber dem Menschen sei und daß nur im desillusionierten Verzicht darauf, das Unmögliche zu verlangen, konkrete und verstehende Liebe zu dem Menschen möglich werde[15].

Der Sündenfall heißt vor allem Bruch und Nichtbeachtung des Maßes, das dem Individuum gesetzt ist; wer es überschreitet, verliert sich selbst. Daher steht als Metapher für den Fall der Aufbruch aus dem *Shtetl* und aus der angestammten organischen Sphäre, Aufbruch, der dem Ruf reduktiver und totalitärer Träume nachgibt. So ist der *Radetzkymarsch,* die Saga vom Ende des Reichs, auch eine große Allegorie der Vertreibung aus dem irdischen Paradies der Heimat, des *Shtetls:* Mit dem Eintritt des Helden von Solferino in die Welt der Geschichte sind die Trottas »draußen[16]«, im Stande der transzendentalen Auswanderung, und die patriarchalische Überlieferung der Werte ist unterbrochen und wird unfruchtbar. Die von Roth geschilderte politische Welt ist daher die Welt nach dem Sündenfall, die Welt der Abkehr vom Übernatürlichen: Der politische Roman spielt auf dem Hintergrund des *status naturae lapsae,* den gerade die stets anwesende traurige und undefinierbare Atmosphäre der galizischen Landschaft in starker, lakonischer Melancholie widerspiegelt. Der Verfall beginnt mit der Geschichte, dem Reich des Rationalismus und der durch falsches sakrales Blendwerk getarnten Verweltlichung: Nach der Heldentat ist Joseph Trotta in den Adelsstand erhoben worden. »Als hätte man ihm sein eigenes Leben gegen ein fremdes, neues, in einer Werkstatt angefertigtes vertauscht ..., schien der geadelte Hauptmann Trotta das

Gleichgewicht zu verlieren, und ihm war, als wäre er von nun ab sein Leben lang verurteilt, in fremden Stiefeln auf einem glatten Boden zu wandeln, von heimlichen Reden verfolgt und von scheuen Blicken erwartet. Sein Großvater war noch ein kleiner Bauer gewesen, sein Vater Rechnungsunteroffizier, später Gendarmeriewachtmeister im südlichen Grenzgebiet der Monarchie . . . Natürlich und angemessen schien der Rang eines gewöhnlichen Leutnants der Infanterie dem Sohn eines Unteroffiziers. Dem adeligen und ausgezeichneten Hauptmann aber, der im fremden und fast unheimlichen Glanz der kaiserlichen Gnade umherging, wie in einer goldenen Wolke, war der leibliche Vater plötzlich ferngerückt[17].«

Die menschliche Welt im *Radetzkymarsch* und mit ihr die Natur als ihr symbolischer Hintergrund ist eine Welt, in der Tod, Flüchtigkeit des Augenblicks, unaufhaltsamer Verfall und Verschleiß aller Werte herrschen. Es ist die Welt der »erloschenen Gestalt« und des »verschollenen Ruhmes[18]«, die das Porträt des Großvaters, das Carl Joseph von Trotta betrachtet, ausströmt: Das Bildnis erläutert auf exemplarische Weise die Thematik des Todes, der Eitelkeit und Vergänglichkeit, die den ganzen Roman in unbezwingliche Schwermut hüllt. Das Porträt des Stammvaters des Geschlechts, das doch ein Gefühl der Dauer vermitteln müßte, wird zur Allegorie der Auflösung und des Vergessens: »Im Herrenzimmer des Bezirkshauptmanns hing das Porträt, den Fenstern gegenüber und so hoch an der Wand, daß Stirn und Haar im dunkelbraunen Schatten des alten hölzernen Suffits verdämmerten . . . Es zerfiel in zahlreiche tiefe Schatten und helle Lichtflecke, in Pinselstriche und Tupfen, in ein tausendfältiges Gewebe der bemalten Leinwand, in ein hartes Farbenspiel getrockneten Öls . . . Der grüne Schatten der Bäume spielte auf dem braunen Rock des Großvaters, die Pinselstriche und Tupfen fügten sich wieder zu der vertrauten, aber unergründlichen Physiognomie, und die Augen erhielten ihren gewohnten, fernen, dem Dunkel der Decke entgegendämmernden Blick . . . Nichts verriet der Tote. Nichts erfuhr der Junge. Von Jahr zu Jahr schien das Bildnis blasser und jenseitiger zu werden, als stürbe der Held von Solferino noch einmal dahin, als zöge er sein Andenken langsam zu sich hinüber, und als müßte eine Zeit kommen, in der eine leere Leinwand aus dem schwarzen Rahmen noch stummer, als das Porträt, auf den Nachkommen niederstarren würde[19].« Die Stimmung im *Radetzkymarsch* ist recht eigentlich die Stimmung des körperlichen und geistigen Zerfalls; in dieser Atmosphäre ist alles zum Verwelken und Dahinschwinden bestimmt, wie der zarte weiße Körper der Frau

Slama; die barocke Vorstellung ihres Verwesens im Grab zeugt von einem unheilbaren Pessimismus über den Lauf des Irdischen[20]. Die starke Sinnlichkeit, die als verzehrende Liebe zum beziehungslosen und vergänglichen Besonderen und als einzige, wenn auch ephemere Sicherheit, an die man sich in der universalen Flucht der Dinge und der Gefühle halten kann, empfunden wird, entsteht gerade aus dieser völligen Verzweiflung, aus dieser Totentanzatmosphäre. Der Triumph des Todes schließt jede transzendente Dimension aus; indem er die Leere und gespenstische Öde einer Welt ohne alle vertikale Perspektive zeigt, polemisiert Roth indirekt gegen jeden rationalistischen Immanentismus. Außerhalb der religiösen Harmonie ist die Zeit nicht mehr das dem Menschen zu weisem Genuß gegebene Maß, sondern eine zerstörerische, feindliche Kraft, die die wenigen (sinnlichen) Güter des Lebens dahinrafft und der nur die Selbsttäuschung ein bißchen Freude und Lust abjagt; daher stellt die schöne Frau von Taussig in ihrem späten Sommer »dem nahenden Alter junge Männer entgegen, wie Dämme[21]«. In dieser Perspektive bedeutet auch das Bewahren der Vergangenheit keine Rettung des Vergänglichen in der inneren Dauer mehr, sondern wirkt wie eine besessene Fixierung auf das Werk der Zeit, wie die minutiöse Registrierung von Orten und Erinnerungen, die Herr von Trotta[22] auf seinem Spaziergang durch Wien vornimmt; seine manische Treue wird fast zu einem totemistischen Ritus, zur rituellen Beschwörung der Schatten unter den Bäumen des Parks, deren Laub seine Gedanken zu einem in der Jugend gekannten Mädchen zurückführt. »Er verlor sich in stummen Berechnungen. Lange, lange Jahre schienen seit damals vergangen; es war Carl Joseph, als säße neben ihm nicht sein Vater, sondern ein Urahne. ›Mizzi Schinagl hat's geheißen!‹ sagte der Alte. In den lichten Kronen der Kastanien suchte er nach dem verschollenen Bildnis Fräulein Schinagls, als wäre sie ein Vögelchen gewesen[23].« Die ganze angestaute Melancholie und enttäuschte Lebensfreude des epikureischen katholisch-kaiserlichen Österreichers Roth kommt im *Radetzkymarsch* zum Ausdruck, es ist eine schmerzliche Klage des Menschen, der ins Reich der Sünde und der dem Verfall ausgesetzten Natur verstoßen wurde.

Diese Natur ist vor allen Dingen kosmisches Schweigen, wie Carl Joseph und Doktor Demant es in der Sternennacht vor der Tragödie empfinden[24]; sie hat keine Bedeutungen, keine Antworten auf die Fragen der Menschen. Sie ist »das kalte Flimmern der winterlichen Sterne, . . . ohne Ufer und Grenze, ein totes Meer der tauben Ewigkeit«, wo man notwendigerweise zum »Opfer« des Todes[25] wird im

Namen des »großen schwarzen Gesetzes[26]«, das unaufhaltsam alles mit sich fortspült. Wo ein religiöser Bezug fehlt, tritt für Roth nicht etwa weltlicher und humanistischer Glaube ein, sondern das »schwarze Gesetz«, die sinnlose Unerbittlichkeit eines mechanischen Zyklus. *Status naturae lapsae* ist für Roth sogar der natürliche Lebensrhythmus, wenn dieser nicht als unvollkommen und daher einer anderen, jenseitigen und höheren Ebene bedürftig anerkannt, sondern zur einzigen existierenden Wirklichkeit erklärt wird. In der gefallenen und vom großen schwarzen Gesetz beherrschten Natur ist der wahre Wortlaut des Gesetzes verlorengegangen, sein Buchstabe ist bis zur Unentzifferbarkeit verblaßt, und erst die Erzählung, das Wort, kann es später wieder herstellen und deuten. Es ist das Reich des Rätsels und der kosmischen Täuschung, vergleichbar mit jener Morgenstille, in der Doktor Yaretzky (in der zitierten Erzählung Singers) beschließt, zu fliehen und sich dem blinden biologischen Willen zu entziehen[27].

Die entfremdete Natur symbolisieren die stets wiederkehrenden Motive von Sonnenuntergang und Dämmerung, das abendliche Dunkel, das nach und nach das Gesicht der Frau Demant in seinen Schatten zieht, »wie eine große, weiße, ovale, langsam niedersinkende Blume[28]«.

Diese – für das Empfinden des städtischen Ostjuden, der sie, wie schon erwähnt[29], als etwas »Unnatürliches« erlebt – verfremdete Natur erscheint in erster Linie als das Unverständliche: Sie ist rätselhaftes, bedrohliches Grillenzirpen, beunruhigendes Nachtblau, unbeteiligter Sternenglanz[30]. Die Natur nach dem Sündenfall hat das Gesicht der schwermütigen, blassen slawischen Landschaft: »Weit vorgeschritten war schon der Herbst. Wenn man am Morgen aufsaß, tauchte die Sonne wie eine blutrote Orange am Ostrand des Himmels auf. Und wenn die Gelenksübungen auf der Wasserwiese begannen, in der breiten grünlichen Lichtung, umrundet von schwärzlichen Tannen, erhoben sich schwerfällig die silbrigen Nebel, auseinandergerissen von den heftigen, regelmäßigen Bewegungen der dunkelblauen Uniformen. Blaß und schwermütig stieg dann die Sonne empor. Zwischen das schwarze Geäst brach ihr mattes Silber, kühl und fremd. Der frostige Schauer strich, wie ein grausamer Kamm, über die rostbraunen Felle der Rösser; und ihr Wiehern kam aus der nachbarlichen Lichtung, ein schmerzlicher Ruf nach Heimat und Stall[31].« Vor allem die Natur der östlichen Provinzen des Reiches, Galiziens, wird zum symbolischen Ausdruck dieser Verzweiflung: » . . . die Sümpfe lagen unheimlich ausgebreitet über der ganzen Fläche des Landes, zu beiden Seiten der

Landstraße, mit Fröschen, Fieberbazillen und tückischem Gras ... Viele kamen um, und ihre letzten Hilferufe hatte keiner gehört ... Im Frühling und im Sommer war die Luft erfüllt von einem unaufhörlichen, satten Quaken der Frösche. Unter den Himmeln jubelte ein ebenso sattes Trillern der Lerchen[32].«

Es ist dieselbe osteuropäische Landschaft, die als »arme, weite Ebene« von Mendele Moicher Sfurim[33] beschrieben wurde und die Musil im Bild der Dörfer, von denen Rauch aufsteigt »wie aus aufgestülpten Nasenlöchern[34]« beschwört, die so oft voller Traurigkeit geschilderte Natur der jiddischen Erzählung. Es ist die Landschaft von Mosche Kulbaks *Munje der Vojgelhendler* (1946) mit ihren kalten, glanzlosen Sonnenuntergängen, die sich in den Fenstern der zerfallenden Hütte voller Vögel spiegeln, mit dem Reif der Tannenwälder, der sich in die Bärte und Kleider der Bauern setzt, mit den schneidenden Winden eines blassen, grauen Herbstes, mit dem Rauch gebratener Kartoffeln und der materiellen und moralischen Not des schweigsamen, wilden Protagonisten[35]. Immer wieder ist es eine winterliche oder herbstliche Natur, die Landschaft einer nackten, trostlosen Jahreszeit, die stets zu früh kommt, wie der Winter mit seinen bösartigen Schneemassen in das von den Deutschen besetzte Getto einfällt (in Joschua Spiegels *Gesang fun Fajgel,* Der Gesang der Vögel[36], 1947); eine Natur schwermütiger Wälder, dürrer Äcker und rauher, von den Furchen der vergangenen Jahre gezeichneter Brachfelder[37]. Sie ist Emblem des Exils, der Abwesenheit, oder vielmehr der Gefangenschaft der Shekhinà (Gottesgegenwart): »Er macht die Finsternis zu seinem Versteck ... die Schechina als Verbannte wandert[38]«, behauptet Buber. Die Shekhinà ist »Einwohnung[39]«, bedeutet also, daß die göttliche Gegenwart der Geschichte und den Widersprüchlichkeiten der Welt innewohnt, und folglich selbst begrenzt und allem Elend und auch aller Schuld der Welt ausgesetzt ist[40]. Natur heißt daher Exil, Immanenz: Im Meer, schreibt Lasik[41], herrscht das Unglück der Fische, und – nach den Worten Martin Bubers – verschlingen sie sich untereinander, während der Leviathan sie alle verschlingt[42]. In diesem Sinn ist die Natur das Reich der Notwendigkeit, das mit seiner erstickenden Macht überallhin reicht: In Roths pessimistischer, provozierender Demystifikation fehlt einer der beiden Pole der natürlichen Spannung, wie sie Buber hingegen versteht, dadurch daß er stets einen dem universalen Druck des Zwangs entgegengesetzten Impuls aller Dinge zur Freiheit annimmt[43].

Die gefallene Natur bedeutet Notwendigkeit, Determinismus, Fatalität; sie bedeutet auch innere Unfreiheit und Abhängigkeit von den unterirdischen Kräften des Irrationalen und der Tiefe. Daher ist das Exil das Reich der Schwermut: Der Zustand der Versklavung wird nicht als solcher anerkannt und im Bewußtsein der Unvollkommenheit und in der Demut des Beschränkten überwunden, sondern er wird als geistiger *Status,* als angeblicher Raum des menschlichen Handelns und der menschlichen Freiheit vergöttert. Für Roth heißt die Erfüllung des horizontalen Maßes, das Lob des *status naturae lapsae* als Bedingung für den Fortschritt, hörige Vergötzung des Exils, Unterwerfung unter die dämonischen Kräfte. Die Schwermut ist immer götzendienerisch, behauptet Singer[44], die Natur wird dann – wie er in seiner Novelle *The Black Wedding* schildert – zur wilden Landschaft der Seele, zum dämmervollen Alptraumwald, wo Bären, Wildschweine und untermenschliche Dämonen hausen, die dem kranken Geist des sich so hartnäckig gegen die Heirat wehrenden Hindele entsprungen sind. »Im Wald ging ein Regen nieder, und durchs Geäst pfiff der Wind[45].« In seiner gotisch-chassidischen Einbildungskraft (die Definition stammt von Charles Madison[46]) zeichnet Singer die Natur als das Reich des Exils und sieht den einseitigen Kult der Naturkräfte als Hingabe ans Unvernünftige und Tierische: In Hindeles Geschichte verwandelt sich eine verdrehte Kabbala – nämlich ein halluziniertes magisch-esoterisches Erforschen der Geheimnisse der Körperwelt – zur Metapher für eine Geisteskrankheit und eine pathologische Abwehr des Sexuellen. Die nur natürliche Dimension ohne irgendeinen transzendierenden Bezug erstickt und verhindert die Harmonie gerade in der körperlichsten aller Sphären, der erotischen.

Die Natur ist also eine große Metapher für das Exil; das liegengelassene Holzscheit liegt schwer und unbeweglich da, schreibt Peretz, wie Israel im *Golus,* in betäubter, nur von Träumen bevölkerter Lethargie: Der Baum ist gefällt, zu Ende ist es mit seinem glücklichen Leben im Walde[47]. Natur heißt Gleichgültigkeit, Erschöpfungszustand der Schöpfung, ewige Wiederholung, angesichts deren Traurigkeit wir versucht sind, an die Vergreisung und den Schlaf des Allmächtigen zu glauben[48]. Außerhalb der Thora, schreibt Singer, ist die Welt böse[49] und kennt keine Wertunterschiede: »In den schräg einfallenden Lichtstrahlen zitterten winzige Staubteilchen, nicht mehr Materie und noch nicht Geist, reflektierten sie die Regenbogenfarben[50].« In Singers Erzählen läuft die Meditation über die Heilige Schrift oft in eine Homilie über das Nichts aus: Wenn alles von einer giftigen Beere abhängt, die den Menschen in ein totes Stück Fleisch umwandeln kann, dann sind alle Geschehnisse nur wie Beeren, Gott selbst löst sich in ein kurzes Zeichen des Willens auf, die Fliegen setzen sich auf die glasigen Augen der aufgetischten Fische[51], und das Wort verkehrt sich in die totale Verneinung: »Am Anfang war der Kot[52].« Und trotzdem wird in derselben Geschichte gerade das Wort, die heilige Auslegung, den Seelenraum wieder herstellen und die von der Seuche geraubte Tochter, die »Freude«, nach der die Novelle genannt ist, wiederbringen. Singers Ambiguität liegt in der anscheinenden Gleichgültigkeit seiner epischen Registration, in seiner unparteilichen Aufzählung des Bösen und des Guten: Er hält immer die Distanz einer Ironie ein, von der man nicht genau weiß, worauf sie sich eigentlich richtet, ob auf den Glauben oder auf die Verneinung. Manchmal, scheint es, vermag der talmudische Kommentar in seiner Exegese (und Singers Erzählwerk ist wie das Kafkasche eine große existentielle Exegese) die Verbindungen und Beziehungen zwischen den Erscheinungen auszumachen: »Es schneite den ganzen Tag . . . Philosophen behaupten, jeder Schneeflokken habe seine eigene Gestalt. Aber der Schnee ist wieder etwas für sich . . . Weiß ist nach der Kabbala die Farbe der Gnade, während Rot das Gesetz bedeutet . . . Warum färbt sich der Bart der Greise weiß? Alles das hängt untereinander zusammen . . . Nachts hörten wir das Heulen der Wölfe[53].« In der Erzählung *Jachid und Jechida* hingegen verkehren sich die Begriffe Geburt und Tod: Die Zeugung führt das Individuum ins Reich des Todes ein, Paarung und Schwängerung bezeichnen das Ende der göttlichen Existenz und das Herabsinken ins irdische Exil im biologischen Zyklus, dessen verschlüsselter Sinn ein Zerstörungsprozeß ist. In den menschlichen Totenstädten fragen sich die Leichen dauernd, wie spät es ist, weil sie unbewußt nach dem Ende ihrer Strafe lechzen[54]. Das Thema Liebe-Tod erscheint hier unter der Sinngebung der Kabbala. Auch im *Judenraphael* (1882) Sacher-Masochs wird die ungestaltete, grenzenlose Natur der slawischen Steppe zum verschwommenen Meer des Todes, atmet sie dunkle, selige Lockung zur ununterschiedenen Rückkehr in den Mutterschoß, dessen gewaltige Anziehungskraft im zerstörerischen Reiz der gebieterischen, herrischen Frau wirkt. Auch bei Sacher-Masoch ist die blasse slawische Landschaft Chiffre für eine Welt von absoluter Verderbnis; seine perverse Sinnlichkeit sieht er als ausdrückliche Folge des Sündenfalls an, als einzige wahrhaftige Dimension des Geschlechtlichen im Reich der Sünde[55] und gleichzeitig auch als selbstzerstörerische Befreiung aus der Versklavung, als Weg zur Aufhebung des individuellen Schmerzes: Die von Sacher-Masoch angebetete Frau, die Sultanin, ist die grausame

Natur und auch die Mutter, die am Ende der erotischen Kreuzigung von ihrer Grausamkeit befreit. Bei Roth wird die Zersetzung und Auflösung am deutlichsten an den östlichen Grenzen des Kaiserreichs, in dessen äußersten slawischen Provinzen; seherisch gestaltet er das totemistische Bild der weissagenden Raben, der schwarzen Vögel, die den Tod von weitem riechen[56]. Über dieser Landschaft schwebt nicht mehr der Adler, sondern der Geier[57].

Die Natur steht also – wie die Geschichte – im Gegensatz zur Heimat, die in keiner räumlichen oder zeitlichen Dimension mehr erreichbar ist. Im unerlösten Zyklus der geschichtlichen Erfahrung taucht die Heimat nur in der außerzeitlichen Gegenwart von Augenblicken ekstatischen Vergessens auf, die keine bestimmte, lokalisierbare Vergangenheit beschwören (denn diese ist immer leer und verzweifelt), sondern die Zeit abschaffen. Eine mythische Nicht-Zeit der Kindheit, der Unmittelbarkeit und des einschließenden Bezugs zwischen Seele und Dingen kristallisiert sich. Der dichte, feste Erzählrhythmus wird angehalten, nicht um beschwörend und berichtend die Vergangenheit einzuschalten, sondern um der Wahrheit des Zeitlosen Raum zu geben, einer bezaubernden, weil verzauberten Kindheit (wie Maurice Blanchot es formuliert hat), die eigentlich nichts offenbart und auch durch nichts offenbar werden kann, sondern »reine Spiegelung und . . . Strahlung eines Bildes[58]« ist. »Und es war Sommer. Ja, es war Sommer« (*Radetzkymarsch*[59]). Im biblischen »und« und im Satzanfang mit »ja« wird etwas festgehalten, was nie existiert hat, nicht die blassen Sommer in der farblosen mährischen Stadt, sondern die reine Freiheit einer unbestimmten Erinnerung, eines Seufzers und eines Schwungs, mit dem ein Anlauf gemacht wird, dem Kreis der immer gleichen und doch zerstörerischen Geschichtswiederholung zu entkommen. Im Geist des müden Enkels Carl Joseph von Trotta entsteht das Bild des nie gesehenen slowenischen Dorfes der Vorfahren, »eingebettet zwischen unbekannten Bergen, unter dem goldenen Glanz einer unbekannten Sonne[60]«; und auch in der Trauer um den Tod des Freundes Max Demant wendet sich Carl Josephs Herz der bergend-tröstlichen absoluten Gegenwart der Heimat zu: »Er *trat* vor die Generalstabskarte . . . im äußersten Süden der Monarchie *lag* es, das stille, gute Dorf . . . Es *ist* Abend in Sipolje. Vor dem Brunnen *stehen* die Frauen in bunten Kopftüchern, golden überschminkt vom glühenden Sonnenuntergang[61].« Oder da sind, um andere Beispiele zu nennen, die längst vergangenen und doch in Frau von Taussigs Gedanken festgebannten Liebesstunden[62] und die feuchte Erde, die dem Anschlag der Pferdehufe antwortet (*Radetzkymarsch*[63]), oder die etwas weniger kalten Sterne am österlichen Himmel (*Das falsche Gewicht*[64]) und das Tauwetter des ukrainischen Frühlings, das der einsame Nikolai Brandeis erlebt (*Rechts und Links*[65]). Im Napoleonroman *Die hundert Tage* bleibt der armen Angelina in all den schlimmen geschichtlichen Wirren und Liebesenttäuschungen nur die immaterielle und flüchtige Ewigkeit der Kindheit in Ajaccio und der glücklichen Nächte, die sie im Boot des Vaters auf dem Meer verbracht hat[66].

Der Sündenfall und das Reich als »*remedium*«

Im Reichsbegriff Roths kommen gleichzeitig die Folge dieses Pessimusmus und der Versuch, dagegen zu reagieren, zum Ausdruck. Der radikale Pessimismus den Menschen und der Geschichte gegenüber erzeugt als Ausgleich die tröstliche Idee eines heiligen Reiches. Das Reich ist eine Projektion der Schwermut und der Skepsis; die Reichssonne ist stets eine untergehende Sonne, der Kaiser hat immer das traurige Gesicht des Kafkaschen Kaisers, das sich am Fenster seines Palastes in der von nördlichen Nomaden überrannten Stadt zeigt[1]. Natur und Geschichte sind das Reich der Unordnung und des Chaos: Die fortschrittlerische Illusion von der Freiheit entfesselt unkontrollierte Kräfte, die – in welcher politischen Richtung auch immer sie sich entwickeln – das Individuum zur Eindimensionalität des jeden inneren Raumes entbehrenden *Bourgeois* einebnen. Die müde Schöpfung neigt ihrem Niedergang und Ende zu. Die isolierende Vergötzung des einzelnen und der materialistische Immanentismus suchen die Menschen über den wahren Stand der Dinge zu täuschen, die ach so unvollkommene Lage des Menschen als Zustand der Vollkommenheit und der Glückseligkeit zu preisen. Doch diese tritt, ist erst einmal das Wissen um die universale Labilität verlorengegangen, immer mehr hervor und unterhöhlt auch die Dämme, die sie noch in Schranken halten. In dieser Welt der Flüchtigkeit und des Totalitarismus, des Todes von Frau Slama und der furchtbaren Nationalismen, ist das Reich ein *remedium*, eine Art ethisch-politisches Sakrament, das die schwache, hilflose Kreatur braucht. In seinem Ernst, seiner Feierlichkeit und seiner Schwermut bedeutet das Reich die Wiederholung und Wiedereinsetzung der Ordnung, eine schwache Kopie der Hierarchie des Gesetzes, deren Spuren im Exil verblaßt sind. Auch für Roth gilt, wie für Singer, »daß alles jetzt in der Schwebe war . . . Zweifellos besteht diese unsere Welt nur in unserer Einbildung[2]«: wie in *Di goldene keyt* (Die goldene Kette) von Peretz nur das Geschlecht der Gerechten die Wirklichkeit in der Zeit vor der Strafe des göttlichen Gerichts und vor der jeden Augenblick zu erwartenden Zerstörung schützen kann[3]. Sobald eine Gestalt Roths das *Shtetl* oder den heiligen

Raum des Reiches verläßt, verfällt sie zerstörerischen Kräften: Sie wird zum gedrückten Philister voller Ressentiments oder zum grausamen Faschisten, zum anonymen und in der aggressiven industriellen Gesellschaft sich selbst entfremdeten Individuum, zum integrierten Zwerg oder zum verirrten überrollten Subjekt. Das Reich ist *remedium concupiscentiae,* ein Damm für den Drang nach persönlichem Übergriff, für die egozentrischen Triebe und auch für die Schwäche des unter dem Vermächtnis des existentiellen Abfalls von Gott Schwankenden.

Wie das Werk Kafkas ist auch Roths Erzählen tief von einem unbedingten, aus der jüdischen Überlieferung kommenden Sinn für die Norm und für den Buchstaben des Gesetzes durchdrungen. Nicht von ungefähr berichtet eine alte jüdische Legende von einem Alten, der von Mitleid mit einer fast erfrorenen Schlange erfaßt wird und sie an seiner Brust wärmt, bis das Tier, wieder zu Kräften gekommen, sich gegen ihn wendet, um ihn zu töten. Der Alte ruft um Hilfe und beklagt sich über soviel Undankbarkeit, aber alle geben ihm Unrecht. Die Schlange, wird ihm gesagt, hat ihr volles Recht darauf, zu beißen und zu töten, sie handelt ihrer Anlage gemäß: »Das ist der Welt Ordnung[4].« Erst die List Salomons rettet den Alten, ohne das Gesetz zu verletzen. Wie Kafka läßt sich auch Roth in seiner Anklage nicht zum ungestümen Schrei nach Revolte oder zu leichtfertigem revolutionärem Pathos hinreißen; doch er versucht eine Restauration der Ordnung durch die gespenstische, panoptikumhafte Errichtung des Reichs, während Kafka die Reichsstadt den einfallenden Nomaden überläßt. In beiden Fällen ist die Voraussetzung, daß das Gericht, die Ordnung und das Gesetz anerkannt werden: Zugrunde liegt der heilige Sinn der Hierarchie, der Gemeinschaft und der Autorität, um den es mit versteckter Polemik gegen die Logik der modernen Gesellschaft in Kafkas Erzählungen *Beim Bau der Chinesischen Mauer, Ein altes Blatt, Das Stadtwappen, Die Abweisung* geht (wie Giuliano Baioni angemerkt hat[5]). Hinter all dem steht das talmudische Prinzip, das verlangt, daß man »den führenden Geistern unter den Mitlebenden Gefolgschaft leisten[6]« soll; ein Prinzip also, das sich – gerade durch seine Unbedingtheit – jederzeit in die Rebellion gegen die falschen Führer verkehren kann, wie Roth selbst im *Antichrist* geschrieben hat.

In seinem scharfsinnigen und gewundenen Plädoyer sucht Kafka – mit der Sophistik des Winkeladvokaten und der Phantasie des religiösen Fabulisten – auszumachen, wo der erste Fehler begangen worden ist, gegen welchen Gesetzesabsatz sich der Untertan oder der Richter oder der Gesetzgeber selbst vergangen haben, auf welcher Seite und worin die Schuld besteht. Roth versucht dagegen, wie Singers Jakob, das Gesetz in den Fels zu hauen[7]: Auch sein Kampf ist ein Kampf mit Purà, dem Engel des Vergessens[8]. »Damals, vor dem großen Krieg ... war es noch nicht gleichgültig, ob ein Mensch lebte oder starb. Wenn einer aus der Schar der Irdischen ausgelöscht wurde, trat nicht sofort ein anderer an seine Stelle, um den Toten vergessen zu machen, sondern eine Lücke blieb, wo er fehlte, und die nahen wie die fernen Zeugen des Unterganges verstummten, sooft sie diese Lücke sahen. ... Alles, was wuchs, brauchte viel Zeit zum Wachsen, und alles, was unterging, brauchte lange Zeit, um vergessen zu werden. Alles aber, was einmal vorhanden gewesen war, hatte seine Spuren hinterlassen und man lebte dazumal von den Erinnerungen, wie man heutzutage lebt von der Fähigkeit, schnell und nachdrücklich zu vergessen[9].« *(Radetzkymarsch)* Majestätisch und erstarrt, ist die Ordnung des Reiches Garantin dieser Schlacht gegen die Vergänglichkeit und das Vergessen, dieses totalen, von der dauernden Wiederholung skandierten Gedenkens. Und doch täuscht sich Roth nicht darüber, daß die Ordnung, die das Reich vertritt, nur *remedium*, nur Nachahmung und willkürliche Satzung sein kann: Bezeichnenderweise ist dem nostalgischen Bewunderer der »Welt von gestern« nie eine wirklich rühmende Schilderung der Vergangenheit gelungen. Er beschwört sie als gespenstische Welt ohne Entwicklungsmöglichkeiten für den Menschen: Die Welt des *Radetzkymarschs* ist eine Vorhölle der Toten, in der alle menschliche Freude und Energie erstickt, die der *Geschichte von der 1002. Nacht* erscheint als faszinierendes, aber erbarmungsloses Räderwerk der Konventionen, von dem die Schwachen und Reinherzigen, wie die hilflose Mizzi Schinagl, zermalmt werden. Hansjürgen Böning hat auf die Doppeldeutigkeit in Roths sehnsüchtiger Erinnerung an das so häufig genannte, suggestive »Damals« hingewiesen[10]: Der nach dem Krieg schreibende Schriftsteller trauert um das Glück von »damals«; aber die Gestalten, von denen er erzählt, die darin leben, empfinden es erstickend und bedrückend und wenden sich ihrerseits wieder einem »damals« zu, wie es nie als Gegenwart existiert hat.

Unter diesem Gesichtspunkt hat Lukács Recht gehabt, als er in einem 1939 in der *Literaturnaja gazeta* erschienenen Artikel[11] Roths (damals gerade ins Russische übersetzten) *Radetzkymarsch* als einen demystifizierenden, stark, wenn auch unbewußt, politischen und sozialkritischen Roman sah[12]. Es ist der Rezension Lukács', vor allem, wenn man an die Epoche denkt, in der er sie schrieb, eine stimulierende

Schärfe des Urteils nicht abzusprechen. Seine damals völlig originelle Deutung sollte der Joseph-Roth-Interpretation neue Horizonte erschließen. *Radetzkymarsch* ist – auch heute noch – zu oft als innerlich tief beteiligtes Gedenkbuch der *Austria Felix* gelesen worden und wird dadurch leicht unter vielen Aspekten für den bedeutendsten Ausdruck der konservativen Gesinnung Roths gehalten. Die Folgen dieses mit äußerster stilistischer und ideologischer Kohärenz vorangetriebenen Rothschen Konservativismus waren ja eben in der zweiten Phase seiner menschlichen und künstlerischen Entwicklung die wiedergewonnene strenge Form des klassischen Romans und später der antinazistische Kampf in den Reihen der monarchistischen und legitimistischen Emigranten gewesen. Es ist dagegen Lukács' Verdienst, hinter dem Schleier subjektiver Trauer in diesem wahren Brevier der mitteleuropäischen Überlebenden den Realismus erkannt zu haben, mit dem hier vorurteilslos, wenn auch ungewollt, die Auflösung einer Gesellschaft durchleuchtet und damit Kritik an der Dekadenz geübt wird.

Allerdings scheint Lukács, indem er den *Radetzkymarsch* zu seiner großen, vorbildhaften Kategorie des geschichtlich-realistischen Romans zählt, das Entstehungsdatum des Werkes zu vergessen und es zwanzig Jahre zurückzudatieren: Die Bedeutung, die er dem Roman beimißt, wäre unbestreitbar, wenn das Buch, wie alle großen Werke des sogenannten Realismus, ein zeitgenössisches Zeugnis der erzählten Ereignisse wäre, eine im Dialog mit ihrer eigenen Gegenwart engagierte Stimme, und nicht die Rekonstruktion, das Reliquiar der Vergangenheit, die es ist. Denn *Radetzkymarsch* liegt nicht die Intuition und Darstellung eines im Werden begriffenen Prozesses zugrunde, sondern die Rückprojektion eines historischen Urteils, das nunmehr feststeht und willkürlich als schicksalhafte Potentialität im Laufe des Geschehens verhüllt wird. Dies soll nicht heißen, daß dadurch der dichterische Wert des Romans geschmälert oder geleugnet würde; er liegt anderswo, nämlich in der gleichnishaften Struktur der Erzählung; *Radetzkymarsch* ist ein irrealistischer und antihistorischer Roman, in dem sich zum Beispiel die handelnden Personen mit Worten ausdrücken, die ihnen von einem das Danach kennenden Geschichtsschreiber zwanzig Jahre später in den Mund gelegt worden sind und nicht mit glaublichen, realen Worten, in denen die objektive Ahnung einer noch offenen Zukunft zu spüren wäre. Graf Chojnickis Gespräche mit Herrn von Trotta gleichen eher den Dialogen aus Lampedusas *Leopard* als denen des Zeitromans *I viceré*.

Übrigens fühlte sich Lukács wohl gerade auch aus diesem Grund zu dem Roman hingezogen. Lukács' an den großen Werken der Literatur des 19. Jahrhunderts entwickelter Realismusbegriff bestimmt seine Wertung der zeitgenössischen Literatur so entscheidend, daß er – wie seine Vorlieben auf dem Gebiet der Meisterwerke unseres Jahrhunderts zeigen – oft noch in der tautologischen, friedlichen Historisierung das Erbe der konkreten, dynamischen Geschichtlichkeit seiner Modelle erkennen zu dürfen glaubte: bezeichnenderweise stellt er zum Beispiel *Doktor Faustus* in seiner unangreifbaren definitiven Deutung eines schon abgeschlossenen und erschöpften Prozesses über die tastenden Annäherungsversuche an eine noch im Werden begriffene Wirklichkeit, deren Entwicklung und Ergebnisse aus dieser Position noch nicht voraussehbar sind, wie sie *Der Mann ohne Eigenschaften* und *Ulysses* darstellen. Am *Radetzkymarsch* preist Lukács im Grunde die Historisierung, das heißt die unbewegliche Reproduktion eines abgeschlossenen und erstarrten Ganzen, das nunmehr endgültig historisch und geistig beurteilbar ist.

Diese Historisierung ist das Ergebnis der Bemühung, alles Wirkliche der Zeitflucht zu entziehen und es in die Heiligkeit des Reiches einzuschließen; das »prekäre Gleichgewicht« der Geschichte hält sich nur in einer völligen Bewegungslosigkeit, und die »großartige Statik« der Habsburger[13] verklärt sich dadurch nicht nur zu politischer Weisheit, sondern auch zum *remedium* des Sündenfalls. Thema und zugleich Atmosphäre im *Radetzkymarsch* ist das Alter als deutlichstes Symbol einer statischen und erstarrten Welt, in der kein Raum für Jugend und Bildung ist. Das Alter erscheint in ambivalentem, positivem und zugleich negativem Licht: Emblem der Würde und der Weisheit ist es auch das *memento mori:* In einer unweigerlich zum Tode, zur Niederlage und zur Hilflosigkeit verdammten Welt (in einer *alten* Welt also) verkörpert gerade das Alter die einzige Würde[14], mit der dem Untergang begegnet werden kann. Vom Bezirkshauptmann von Trotta wird gesagt, daß es keinem Menschen eingefallen wäre, ihn für einen jungen Mann zu halten, auch als sein Backenbart noch ganz schwarz gewesen war, denn die Würde seines Amtes hatte ihn »sofort alt gemacht«, doch – wird hinzugesetzt – erst vom Augenblick an, da sein Glaube an die Ordnung schwankend geworden, war es den Leuten im Städtchen aufgefallen, daß er alt wurde[15]. Höchstes Symbol dieses doppeldeutigen Alters ist natürlich Franz Joseph, als Greis ist er der Zeit entrückt und vom Geist der Ewigkeit erleuchtet und anderseits schon der Ewigkeit des Todes geweihtes Bild einer sklerotischen und einbalsamierten Welt. Die Mitte dieser Welt, das einzige, was das

System am Leben hält, ist deshalb diese Personifikation des Alters und der Unmöglichkeit, sich zu verändern.

Wider seine Absicht enthüllt also Roth auch in der mythischen Gesellschaft der Epoche vor dem Krieg, obwohl er sie betrauert und sich nach ihr sehnt, die Unmöglichkeit von Entwicklung und Bildung. Carl Joseph von Trotta, der »gar nichts vergessen[16]« kann, ist ein Modellfall der fehlenden Reife, von der Adorno spricht: Seine Jugend verlischt in einer immer larvenhafter werdenden Existenz, so daß der Tod im Krieg der einzig mögliche Abschluß seines Wachstums, oder vielmehr die Befreiung von seiner Unfähigkeit zu wachsen, ist. Als Geschichte des Jungen ist der *Radetzkymarsch* die äußerste Negation des Bildungsromans, ja, er ist nicht einmal mehr der Roman der Väter, sondern greift noch weiter zurück auf seiner Suche nach einer älteren und festeren Generation, aus deren Geschichte Belehrung und Kraft zu ziehen wäre. Der junge Carl Joseph ist der nicht mehr entwicklungsfähige Sohn, doch auch die Existenz seines Vaters, des Bezirkshauptmanns, ist schon von einer Krise untergraben, die ihn innerlich hemmt. In der verzweifelten Sorgfalt, mit der er, dem der Glaube abhanden gekommen ist, die sinnlos gewordenen Amtsgeschäfte erledigt, gleicht er »einem Virtuosen, in dem das Feuer erloschen ist, in dessen Seele es taub und leer geworden und dessen Finger nur noch in kalter, seit Jahren erworbener Dienstfähigkeit dank ihrem eigenen, toten Gedächtnis richtige Klänge erzeugen[17]«. Anderseits ist aber auch der Großvater, der Held von Solferino und Ahnherr des Geschlechts, in dessen Gedenken der Enkel vergebens Kraft und Stütze sucht, ein müder Nachkomme, der sich – vor der Zeit zum Handeln unfähig – aus dem Leben zurückzieht. Die wirklich lebensfähigen Bedeutungen liegen auf einer früheren Stufe, beim Vater des Helden von Solferino, dem bescheidenen, noch mit seiner bäuerlichen, slowenischen Herkunft verwurzelten Unteroffizier. Das Positive geht also der eigentlichen Geschichte voraus, verkörpert sich in einer mythischen Generation, die vor dem Beginn des Romans gelebt und noch in der Zeitlosigkeit der Natur (oder ihrer Metapher, der slawischen Landschaft) existiert hat und noch nicht in die Welt des Sündenfalls, beziehungsweise in die der Exilgeschichte, eingetreten ist.

Überall im Roman bedeutet die Bewahrung des Vergangenen Lebensunfähigkeit; die Wiederentdeckung der Welt von gestern ist, wie es auch im *Falschen Gewicht* geschieht, eine Reise zurück in die Unterwelt, Enthüllung eines unerbittlich einschließenden Labyrinths, Blick in das Gesicht der Medusa. Hatte Roth die Unordnung der

Nachkriegszeit in der Unordnung der Erzählstrukturen ausgedrückt, so schildert er nun die durch eine falsche Ordnung ausgelöste Angst mittels der quälenden Ironie einer vollkommenen formalen Symmetrie, innerhalb der das Nichts durch den Kontrast zur Form noch deutlicher hervortritt. Mit dem *Radetzkymarsch* hat der Schriftsteller das anachronistische Paradox eines Romans des 19. Jahrhunderts geschaffen, der eben die Formen, auf denen er ruht, als absurd und irreal erscheinen läßt. In der *Kapuzinergruft* ist dann das Reich mit den Keimen des Verfalls dargestellt wie in einer makabren barocken Allegorie: Der Tod hält seine knöchernen Hände über die schäumenden Kelche der gespenstischen, vergnügungssüchtigen Feste[18]; in den Gesichtern der leichtsinnigen, frivolen Jugend im Schatten des Doppeladlers zeichnen sich die Züge eines vorzeitigen, der Zerstörung geweihten Alters ab; überall erscheinen die mahnenden Vorzeichen des Endes, und die Geschichte schließt barock in einer Krypta.

So ist diese Welt wirklich, wie Lukács schreibt, die Welt der Unordnung, der Ungerechtigkeit und der Unterdrückung, allerdings nur, wenn man sie als historisch-politische Darstellung einer Epoche oder einer Gesellschaft betrachtet. Jenseits und diesseits der privaten Sehnsucht nach der Welt von gestern, die das objektive Urteil über die Wirklichkeit eben dieser Welt nicht zu verhüllen vermag, existiert für Roth die sakrale Bedeutung des Reiches als sterbende, höhere Idee, die gerade in der Gesellschaft, deren staatlicher und politischer Ausdruck es sein müßte, zerstört wird. So bricht bei Roth die imaginäre Einheit der Welt von gestern im Widerspruch zwischen Reich und Gesellschaft, zwischen der Würde des Reiches und den sozialen Mechanismen, auseinander. Roth selbst zerstört, vor allem in der *Geschichte von der 1002. Nacht,* aber auch im *Radetzkymarsch,* die ganze illusorische Projektion von Werten auf die österreichisch-ungarische Welt: Nicht nur durch die Nachkriegsgesellschaft erscheinen ihm Treue, Dauer, unwiederholbare Würde des einzelnen Individuums mißachtet und vergewaltigt, sondern in vielleicht noch radikalerem Maße gerade in der *Austria Felix* selbst. Daher ist bei ihm das Reich nur eine liturgische und rituelle Manifestation des Heiligen, das – zum Untergang bestimmte – Abbild einer religiösen Hierarchie und einer überindividuellen Ordnung, wie sie keine politische Realität vertreten kann. Roth ist ein düsterer Historiker, ein Chronist des Endes, das er registriert; ja, er verzichtet dabei darauf, nach den Ursachen zu forschen, und verstärkt dadurch noch im Leser, wie Böning schreibt[19], das Gefühl einer unabwendbaren Fatalität. Die Zersetzung des Reiches ist also im

Grunde nichts anderes als das Gleichnis vom Verlöschen des Heiligen. Wer noch im Geiste die organische Bindung an den Vater, den »Hüter der Ehre, Wahrer des Erbteils[20]« sucht, muß wie Carl Joseph die eigene Schwäche und Unfähigkeit erkennen oder findet sich nachgerade wie Max Demant »in der Uniform eines Offiziers und mörderisch bewaffnet[21]«. Durch seinen Eintritt in die kaiserlich-königliche Armee verleugnet der Enkel des patriarchalischen jüdischen Schankwirts, der schwerhörig war und »gewaltig, wie ein Berg[22]« und dessen langer, silberner Bart, wenn er über seine frommen Bücher gebeugt saß, die untere Hälfte der Seiten bedeckte, die Tradition und das Gesetz, nimmt er die götzendienerische Gewalt der Welt an und kommt schließlich in einem sinnlosen Duell um. Franz Joseph trägt den Titel »König von Jerusalem[23]«, und die echteste Weihe erfährt sein Kaisertum durch den Segen, den der Älteste der Gemeinde der Juden über ihn ausspricht. In einer Szene von biblischer Größe wird geschildert, wie der Kaiser den »schwarzen Haufen« der Juden sich vor ihm neigen sieht, »wie ein Feld voll seltsamer schwarzer Ähren im Wind . . . mit langen wehenden silberweißen, kohlschwarzen und feuerroten Bärten . . . und . . . langen knöchernen Nasen«, während er vom Pferd steigt und ihnen zu Fuß entgegengeht, um den unverständlichen Segen zwischen den herbstlichen Feldern und dem ziehenden Altweibersommer anzuhören[24].

Verfinsterung der Ewigkeit und Pantomime

Franz Joseph verkörpert das Reich und die Ordnung als von seinem Alter beschattete Einsamkeit, Impotenz und Weisheit. Er, der die aufgehende Sonne grüßt wie einen Vorgesetzten[1], sieht das Gestirn seines Reiches sinken. Aber er schweigt, wie er zu allen kleinen Lügen des täglichen Zeremoniells schweigt, denn das Verschweigen seines Wissens um die Niederlage ist noch sein einziger Schutz vor der andrängenden Unordnung[2]. Im ganzen Roman herrscht »eine dunkle Ahnung vom Untergang der Welt[3]«, personifiziert in der epischen und lethargischen, kindischen und weisen, feierlichen und pathetischen Gestalt dieses Rothschen Franz Joseph. Emblem einer umgekehrten Utopie, wird Franz Joseph zum Träger der ganzen Ironie und Ambivalenz, die Roth in seinem immer radikaler werdenden Pessimismus ausdrücken konnte. Der Schriftsteller macht aus dem Kaiser eine Marionette, denn seine Welt ist nunmehr nur noch ein tristes Theater, wo alle Rollen schon verteilt sind und es keinen Raum mehr für Erfindung und Freiheit gibt. Der traurige Puppenspieler kann nur noch ein bißchen an den eingerosteten Fäden zupfen und die schlaff in ihren streng vorgeschriebenen Uniformen hängenden Figuren zu ein paar müden Pirouetten bewegen. Roth – hat Enrico Rocca geschrieben – »bemüht sich, die gespenstische Nutzlosigkeit einer komplizierten, präzisen, absurden und schon vor ihrer endgültigen Zerstörung stehengebliebenen Vorrichtung von innen heraus darzustellen«, und findet in den Puppen, die er aufschlitzt, »Stroh, Offizierskasino, Ungenügen, kleine Abenteuer, Langeweile und das Nichts[4]«. Franz Joseph verweilt im Anblick der Ränder der Ewigkeit, aber an seiner Nase erscheint ein Schleimtropfen, der ihm in den Bart fällt[5], seine Augen sehen in die Ferne, doch sie sind porzellanblau und unbeweglich wie tote Dinge[6].

Roths Franz Joseph ist die verzehrende und mitleidlose Darstellung einer Würde, die um ihre Entmachtung weiß, tragisch in ihrer Einsamkeit und zugleich komisch in ihrer bis ins Kleinste vorhersehbaren mechanischen Steifheit. Franz Joseph ist der abgesetzte Vater, der stur die Rolle seines Amts und seiner Würden weiterspielt. Seine väterliche Feierlichkeit verkehrt sich wie durch einen lächerlichen

Purzelbaum in kindische Senilität oder einfach in die Haltung des Kindes, das sich verteidigt, indem es den Erwachsenen, deren Weisheit gegenüber es sich für schlauer hält, Streiche spielt: Es macht ihm Spaß, sich unwissend zu stellen und sich Dinge erklären zu lassen, die er sehr gut weiß, er gefällt sich darin, die anderen glauben zu lassen, er bemerke die schmeichelnden Listen der Förster oder die Spötteleien hinter seinem Rücken nicht, tut so, als beherzige er die offiziellen Ansichten seines Arztes und die Meinungen des Generalstabs, liebt kindlich die Manöver und Heeresparaden, wie er die Kriege haßt, und verlangt mit der Pedanterie eines Knaben, der mit Bleisoldaten spielt, die strengste, dem Reglement entsprechende Symmetrie der Uniform und Abzeichen und genießt es wie einen Seitensprung, sich unvorsichtig ohne Wissen seines Leibadjutanten der kalten Nachtluft am offenen Fenster auszusetzen[7].

Der Ironie liegt jedoch jede politische Satire fern. Roths ganze Sympathie gehört dem Kaiser, von dem aus »ein näherer Weg zum bosnischen Maronibrater und zum galizischen Talmudjuden (führt) als zum sudetendeutschen Historiker der Wiener Universität[8]«, und der, wie jeder wahre Soldat, davon überzeugt ist, daß die Untergebenen die Dummheit ihrer Vorgesetzten wiedergutmachen müssen und daß »zehn gute Feldwebel mehr leisteten als zwanzig Generalstäbler[9]«. Die Ironie trifft Franz Joseph wegen seiner Machtlosigkeit, die ihn zum geweihten Schlachtopfer macht, und wegen seiner – ungeschickten, weil unmöglichen – Versuche, diese Machtlosigkeit zu überspielen. Der Kaiser ist wie ein vor Jahrhunderten erloschenes und erstorbenes Gestirn, dessen längst ausgesendete Strahlen noch immer über die Zeiten hinweg zu uns gelangen. Als mumifizierte und einbalsamierte Personifikation des Reiches verkörpert Franz Joseph die einzig mögliche Form dessen Bewahrung, geisterhaft und tragikomisch. An den habsburgischen Grenzen steht schon der Untergang wie ein Gewitter am Rande einer noch ruhig daliegenden Stadt[10]. Chojnicki erklärt ausdrücklich die kaiserliche Macht schon dadurch für erschöpft, weil sie an ein nunmehr erloschenes religiöses Gefühl gebunden ist: »Die Monarchie, unsere Monarchie, ist gegründet auf der Frömmigkeit, auf dem Glauben . . . Der deutsche Kaiser regiert, wenn Gott ihn verläßt, immer noch; eventuell von der Gnade der Nation. Der Kaiser von Österreich-Ungarn darf nicht von Gott verlassen werden. Nun aber hat ihn Gott verlassen[11]!«

Der Roman spielt im Chaos der Endzeit, doch Roth sucht auch das Gesetz der Unordnung im Weltuntergang zu erkennen: ». . . es war in der Ordnung, daß eine Stunde vor ihrem Untergang die Täler recht behielten gegen die Berge, die Jungen gegen die Alten, die Dummköpfe gegen die Vernünftigen. Der Bezirkshauptmann schwieg. Es war ein sommerlicher Sonntagnachmittag. Die gelben Jalousien im Herrenzimmer ließen gefilterte goldene Sonne einströmen. Die Uhr tickte. Die Fliegen summten[12] . . .« Mit dem Ende des Kaiserreichs scheint alles »seinen Sinn verloren zu haben[13]«; die Raben werden Propheten, und der jüdische Sabbatritus am Tage der Kriegserklärung gleicht einer düsteren Totenfeier[14]. Franz Joseph macht die Regungslosigkeit, zu der er gezwungen ist, bewußt zum Symbol und Ritual der Ordnung, damit in der flüchtigen, zerstörerischen Zeit wenigstens das Bild des Heiligen, die unvergängliche, dauerhafte Spur, wie ein Totenmal der unwandelbaren Hierarchie bleibe. Angelo Maria Ripellino hat Roths Franz Joseph mit der von Bruno Schulz in *Sanatorium pod klepsydra (Die Zimtläden*[15]) gezeichneten Gestalt des Kaisers verglichen. Bei Schulz erscheint Franz Joseph als erdrückendes Symbol einer beschränkten und eindeutigen Gleichförmigkeit, einer statischen Steifheit, die wie ein patriarchalischer Schirm die Vielfalt des Lebens verdeckt. Mit fröhlicher Clownerie bringt Schulz diese Unbeweglichkeit in der lebendigen Vielfalt, wie sie das Briefmarkenalbum und die verrückten Einfälle Maximilians darstellen, der sich durch kindische Abenteuer und Spiele von der düsteren Strenge des Kaisertums erholt, zum Platzen. Gewiß ist auch bei Roth Franz Joseph eher eine Mumie, ein uraltes Idol, denn ein lebendiger Mensch; der *Radetzkymarsch* ist immerhin – wie Roth selbst schreibt[16] – in einigen legitimistischen Kreisen als respektlose Satire des Kaisers angesehen worden. Franz Joseph ist auch in Roths Roman Relikt längstvergangener Zeiten und als solches beunruhigend, doch er steht nicht wie bei Schulz für das Väterlich-Repressive: Er widersetzt sich keiner hervorbrechenden lebendigen Vielfalt, denn für Roth gibt es diese in der modernen Welt gar nicht mehr: Franz Joseph erinnert im Gegenteil inmitten der triumphierenden Anonymität an einen Kosmos, der noch die Vielfalt kannte. So steht er wie eine Ruine aus alten Zeiten, wie ein Mahnmal für eine entschwundene Kindheit oder für eine Möglichkeit kindlicher Existenz. Bezeichnenderweise fühlt der Rothsche Franz Joseph, im Unterschied zu der Gestalt von Schulz, die Triebe und Versuchungen der kindlichen Seele. Parodie und Sublimation werden in seiner Figur eins; das Reich, das in diesem Kaiser gepriesen wird, wird gleichzeitig auch in ihm parodiert, denn es existiert als Ordnung nicht mehr, und Franz Joseph weiß das wohl, aber versteift sich wie ein lügendes Kind darauf, sich sein Wissen nicht anmerken zu lassen. Franz Joseph ist ein senil gewordenes Kind, das nie durch das Stadium der Reife hindurchgegangen ist, wie Singers Jenukà[17]. Er wird bei Roth zum Symbol der rückläufigen Spirale der modernen Geschichte, die in seinen Augen jedes Wachstum unmöglich macht und nur noch die groteske, regressive Alternative mythischer Kindlichkeit oder parodistischer Senilität offenläßt. Franz Joseph verkörpert den zur Parodie gewordenen Mythos, die in ihrer Entwicklung gehemmte und zur Senilität verkehrte Kindheit. Nicht zufällig fehlt bei Roth völlig die echte Dimension der Kindheit, der sonst in der jüdischen Literatur so viele Schilderungen des Glücks und der Freiheit gewidmet sind: Man denke nur an Schalom Alejchems *Motl Pejssi dem chassus*[18] (1911–1915) oder an Singers Märchen, die – wie Guido Davico Bonino sagt – »aus dem Ofenwinkel« zu kommen scheinen[19]. Bei Roth hat die Moderne die Kindheit zerstört, es gibt sie nur noch als Projektion auf die Vergangenheit, und das heißt auf das Unwirkliche.

Deshalb lebt Franz Joseph in der Vergangenheit, ist er wie ein *Golem*[20] mit der Vergangenheit verwoben, und seine feierlichen und zugleich lächerlichen Bewegungen gehorchen wie eben im Fall des *Golem* dunklen Befehlen oder sind vielmehr bedingte Reflexe eines in grauen Vorzeiten erdachten Uhrwerks. Und doch kennt er allein, als einzige Gestalt im *Radetzkymarsch* außer dem Diener Jacques, unter der hölzernen Marionettenmechanik des mumifizierten Zeremoniells die Freiheit, weiß er die Wahrheit über sich, ist er ganz er selbst.

Immun gegen jede moderne Zerrissenheit und gegen jede Problematik, wenigstens auf intellektueller, wenn nicht auch auf sentimentaler Ebene, lebt Franz Joseph – wie Jacques – in völliger, von der Geschichte unbeschädigter Integrität, in der kohärenten Treue zu sich selbst, deren bei Roth nur der fromme Mensch fähig ist und von der die letzte warme Festigkeit des Individuellen ausgeht. Roth »judaisiert« sozusagen den Kaiser, er macht ihn zum geistigen Bruder des alten Juden, der den Segen über ihn ausspricht, oder des Großvaters von Max Demant. An die Stelle der kritisierten oder unverstandenen Väter tritt die Kategorie der Großväter als die metahistorische, über jeder Auseinandersetzung stehende Generation schlechthin: Franz Joseph ist durch mehrere Generationen von der geschichtlichen Gegenwart seiner Umwelt geschieden. Im Gegensatz zu den anderen Gestalten lebt der greise Kaiser auf der Ebene des Ewigen und des Transzendentalen, im Raum einer absoluten Innerlichkeit, der Roths Sehnsucht gilt. Gerade das Nostalgische in seiner Haltung, das Bewußtsein der Entbehrung, ironisiert die Ewigkeit und das Transzendentale in der Pantomime.

Die Bienen

Radetzkymarsch ist das Epos einer Hierarchie, die ihrer Entmachtung ins Auge sieht, einer patriarchalischen Autorität, die wie Herr von Trotta erkennt, daß sie das Recht, zu verbieten, verloren hat[1]. Durch diese Erkenntnis wandelt sich die Majestät zur Groteske, in deren Trauer und Schmerz aber Ernst und Würde gewahrt bleiben: Herr von Trotta, dessen innerer Glaube zerstört ist und der dem hinfälligen Kaiser immer brüderlicher ähnlich wird, scheint sich in »einen jener exotischen Vögel im Schönbrunner Tierpark« zu verwandeln, »die einen Versuch der Natur darstellten, die Physiognomie der Habsburger innerhalb der Fauna zu wiederholen[2]«. Das sklerotische, starre Verhaltensritual skandiert die aufrechte Schwermut eines Geistes, der sich schon mit der Niederlage abgefunden hat und trotzdem dem Chaos in stolzer Zurückhaltung mittels einer fast karikierten Ordnung und Symmetrie begegnet: Die Briefe des Helden von Solferino an den Vater[3] (immer der gleiche Inhalt, die gleiche Form, dieselben Wendungen) oder das berühmte Zeremoniell zu Carl Josephs Ankunft bei Ferienbeginn[4] bedeuten, wie Böning schreibt[5], äußerstes Bemühen, den Fluß des Lebens nach den Parametern des Bekannten und der Wiederholung auszurichten und zu ordnen: »Erkältet?! Im Mai[6]?!«, ruft mit zärtlicher, pedantischer und hilfloser Überraschung vor der Regellosigkeit des Lebens der Bezirkshauptmann aus, als man ihm meldet, daß Jacques, der alte Diener, mit dem symbolisch die Dauer des Geschlechts und im Grunde auch die des Reiches verbunden sind, erkrankt ist.

Der *status naturae lapsae* ist nur eine Übersetzung oder Metapher der als Exil gedeuteten Geschichte. Im Reich des Negativen ist die Unbeweglichkeit das kleinste Übel, Schutz vor Veränderungen und Umstürzen, die nur unnütze Erschütterungen bringen und individuelles Leid verursachen würden, das kein Fortschritt wiedergutmachen könnte. Ja, die Veränderungen können nur alles verschlimmern wie im Märchen, das Semin Juschkewitsch erzählt. Dieser jüdische Schriftsteller aus Odessa erinnert in seiner Novelle *Ghetto* an einen alten Brauch aus den Zeiten, »als wir (die Juden) unser eigenes Reich hatten[7]«. Nach diesem Brauch wurde, wer sich gewisser Verfehlungen schuldig gemacht hatte, seiner Kleider entblößt, mit Honig bestrichen und dem

Angriff von Bienen ausgesetzt. Einmal – fährt die Erzählung fort – wurde ein schon vom ersten Schwarm der Bienen bedeckter Verurteilter von einem alten Freund, der zufällig vorbeikam, erkannt. »Als dieser sich, um die Qualen des Unglücklichen zu lindern, auf die Bienen stürzen wollte, um sie zu verscheuchen, bat ihn der Gefolterte selbst, davon abzusehen: ›Die Bienen, die meinen Körper besäten und ihren Stachel in mich versenkten, haben ihr Werk vollführt und können mir nichts mehr zuleide tun. Verjagst du sie, indem du deiner Güte gehorchst, werden gleich neue an ihre Stelle treten und meine Leiden werden sich verdoppeln. Deswegen bitte ich dich, lasse es sein, wie es ist, und überlasse mich meinem Schicksal[8].‹«

Das Reich bedeutet eine Art Schutzsakrament, es bürgt höchstens für die Verteidigung eines leicht zerstörbaren Gleichgewichts, welches ja – auch in seiner Unsicherheit – das einzige Gut oder vielmehr das kleinstmögliche Übel darstellt. Darüber hinaus herrschen nur Chaos, persönliche oder durch Klassengeist und Nationalismus gefärbte Machttriebe, Götzenanbeterei, sinnlose Tragödien, Nichtachtung der individuellen Werte. Schon Peretz hatte geschrieben, daß in der Geschichte die Mannschaft meutert und sich gegen die Weisen, die sie regieren, erhebt[9]; die Politik erscheint im Licht dieser typisch antiradikalen Mentalität als das Negative und Störende schlechthin. »Was hat es mit den Juden zu tun[10]?«, fragt sich Mendele und verspottet die Politik in den dickenshaften Disputen seiner gutmütigen Großmäuler von Teterewka[11]. Und bei Peretz erscheint sie als unnütze Akademie, die nur Schlechtes ausbrütet, als Arzt, der die Krankheit in die Länge zieht, als müßige, böse Hand, die die Steine, die nach dem Naturgesetz durch die Luft fliegen, nach den Fenstern der Juden lenkt[12]. Aus dem gleichen Grund verbesserte der Bezirkshauptmann von Trotta die Berichte seiner Untergebenen, indem er die Bezeichnung »revolutionärer Agitator« durch den Begriff »verdächtiges Individuum« ersetzte[13]. Für Roth bedeutet Politik jeder Farbe und Tendenz den geometrischen Ort des Fortschrittlertums und des Radikalismus, verleiht sie dem einzelnen oder der Gruppe unmäßiges Selbstvertrauen, in dem sich der ursprüngliche rationalistische Optimismus zu rasendem Irrationalismus verkehrt. Die Politik erscheint im *Radetzkymarsch* wesentlich unter der Form des Nationalismus, also unter einem ihrer bedrohlichsten totalitären Aspekte. Für Roth führen aber auch Liberalismus und Demokratie zum Totalitarismus, der unweigerlich aus dem Bruch mit der hierarchisch-patriarchalischen Ordnung und aus der Verkennung des *status naturae lapsus* entstehen muß. Politik und

»Engagement« stellen also die Dimension der Täuschung dar, und diese Illusion reizt zu Zusammenstößen und Kämpfen, die von Anfang an sinnlos sind und es noch mehr werden, da sie schließlich ihren optimistisch rationalen Ausgangspunkt selbst widerlegen. Das ist mit den Worten Tewjes Alejchems Ironie den Weltverbesserern gegenüber: »Die Welt ist schon einmal so geschaffen, was sollt Ihr Euch darüber den Kopf zerbrechen? ... Ein gelehrter Mann darf es sich nicht so zu Herzen nehmen, er muß verstehen, daß alles so geschieht, wie es eben geschehen muß, denn wenn etwas anders hätte sein müssen, als es ist, so wäre es eben anders[14]!« Dieser Haltung liegt nicht etwa Optimismus oder Vertrauen zugrunde, sondern eine tiefe Negation der Wirklichkeit und der besten aller möglichen Welten, die zärtliche und zugleich blasphemische Negation, wie sie sich im Witz vom galizischen Schneider ausdrückt, der auf den Vorwurf, daß er sieben Jahre gebraucht habe, um ein Paar Hosen fertigzumachen, während dem Herrn sieben Tage zur Erschaffung der Welt genug waren, selbstgefällig auf seine Arbeit wies und antwortete: »Ja – aber schaut Euch an die Welt – und schaut Euch an die Hose[15]!« Allem, was im Reich der gefallenen Natur und der Exilgeschichte geschieht, kann mit dieser nur aus dem Pessimismus kommenden Ruhe begegnet werden: »Es hätte ja schlimmer sein können, und für ›besser‹ gibt es ja überhaupt keine Grenzen[16].«

Der zweite Sündenfall

Der Eintritt in die Geschichte stellt eine Art zweiten Sündenfall des Menschen dar, eine Wiederholung der Ursünde: »Wo fange ich an?« fragt sich in Arnold Zweigs Roman der letzte der Klopfer. »Oft, wenn ich mich im Spiegel betrachtete, aufmerksam prüfend, wer ich sei, schien es mir, als blickte ich durch mein Abbild hindurch und als tauchten hinter diesen schmalen Schläfen, diesem allzu blassen Munde, hinter den Wölbungen und Buckeln dieses merkwürdigen Schädels die Umrisse des Gesichts meines Vaters, meines Großvaters Heinrich und die undeutlichen Linien Jakob Klopfers empor, des Bauern, unseres Ahnen; und alle blickten mich stumm aus dem einen Paar gelbbrauner enger Augen an, das uns allen gehört. Wohl, ich bin blässer, schwächer, kränker als sie, meine Stirne spiegelt Gedanken wieder, die ihnen fremd waren, ich antworte auf Reize, an denen sie vorübergingen: aber wer sagt mir, wo die Feinheit des Untergangs anfängt? – weiß ich etwas von ihnen? Wußten sie von sich, wie ich auf meinem laufenden bin[1]?«

Auch bei Roth wird nach dem Ursprung der Dekadenz, nach dem Anfang der Parabel vom Abstieg und vom Ende geforscht. Der *Radetzkymarsch* gehört zu den zahlreichen europäischen Erzählungen vom Niedergang einer Familie. Durch die Verbindung der Schicksale der Trottas mit dem Verfall des Reiches erweitert sich das Motiv des Untergangs der bürgerlichen Familie auf das Thema vom Ende eines Herrscherhauses, doch die Problematik bleibt im wesentlichen dieselbe. Im Unterschied zu den anderen Familiensagas setzt die Krise der Trottas von Anfang an ein, mit dem Ahnherrn des Geschlechts, als dem Helden von Solferino das Adelsprädikat verliehen wird, das ihn in der Folge von der slowenischen Welt der Väter trennt. Der Held von Solferino verläßt die Nicht-Zeit der Natur, in der sein Vater, der Rechnungsunteroffizier noch gelebt hat, und tritt in den zerstörerischen Zyklus der Geschichte ein. Roth überspringt in seiner Saga das bürgerliche Moment, von der bäuerlichen Dimension geht er direkt zur adligen über (bei der es sich wohlgemerkt nicht um einen feudal-agrarischen und folglich mit der Überlieferung verwachsenen Adel handelt, sondern um einen willkürlich und kürzlich ernannten, der seinen Aufstieg einem Bruch mit den eigenen Familientraditionen verdankt). Roth läßt das bürgerliche Moment beiseite, weil er die Zwischenphase relativer Ruhe und Sicherheit, des festen Besitzes in der vergehenden Zeit und des Fortschritts nicht kennt: Da für ihn die bürgerliche Dimension gleichbedeutend ist mit rationalistischem und radikalem Fortschrittlertum, setzt er gleich hinter das »Paradies der einfachen Gläubigkeit[2]« die Trübsal des Verfalls. Roth verschlüsselt im Habsburgischen das Thema der bürgerlichen Dekadenz, die ja im Grunde eines der Zentralmotive der europäischen Literatur bleibt und eben eine ganz besondere Physiognomie aufzeigt, wenn sie aus jüdischer Perspektive erlebt und behandelt wird; vor allem freilich aus der ostjüdischen Perspektive in ihrer Verankerung in der menschlichen, kulturellen und religiösen Integrität ihres vom Assimilationsprozeß des westlichen Judentums unberührt gebliebenen oder – je nachdem, wie man solche Phänomene beurteilen will – abgesonderten Ostjudentums. Im Bereich der bürgerlichen Kultur des liberalen Europa beginnt die Dekadenz, wie Cesare Cases über *Die Buddenbrooks* geschrieben hat[3], mit der Reflexion über die Sicherheit. Die jüdische Parabel dieser bürgerlichen Dekadenz hat hingegen nie die Sicherheit eines Johann Buddenbrook gekannt und daher auch nicht die dämonische Phänomenologie deren Auflösung.

Im *Radetzkymarsch* geht es, wie gesagt, um zwei Sündenfälle, um den existentiellen Verrat und um den geschichtlichen. Der erste geschieht zu Beginn, bevor noch der eigentliche Roman einsetzt, damit, daß der Held von Solferino die Vertreibung aus dem Paradies erlebt: Die Logik der Geschichte entreißt ihn den slowenischen »Müttern«, der Totalität der Natur, und gliedert ihn in die beschränkende politisch-soziale Existenz ein. Das Individuum wird seinen Ursprüngen entfremdet, mit Gewalt von dem entfernt, was ihm lieb ist, und in die eindimensionale Horizontalität der Geschichte gepreßt; mit dem gesellschaftlichen Aufstieg beginnt auch der melancholische Niedergang des Helden von Solferino. Sein Schicksal erhöht sich zum modernen Gleichnis der Vertreibung aus dem irdischen Paradies, oder – im metaphorischen Sinn – aus dem *Shtetl* mit seinen Laren. Den zweiten Fall stellt das Ende des Reiches dar, das seinerseits wieder durch den Tod Franz Josephs und Jacques', der beiden einzigen »echten und unberührten« Gestalten des Romans exemplifiziert wird. Folge der Ursünde ist das Reich und zugleich ihr *remedium,* pessimistisch gegen das Böse gesetzter Damm und Wissen um die *vanitas* des Irdischen: Mit seiner Zerstörung, mit der Auflösung dieses, wenn auch düsteren und erstickenden, moralischen Deichs flutet das Chaos hinein, in dessen dumm-hoffärtigem Geist sogar die Hinfälligkeit und Mangelhaftigkeit der Bedingungen des Menschlichen vergessen worden sind. In diesem Sinn ist der *Radetzkymarsch* wirklich der Grabgesang des Reiches: Mit dessen Ende erschöpft sich die organische Beziehung zwischen den Generationen; Nationalismen und innere und äußere Unordnungen jeder Art werden entfesselt, und jeder Sinn der Gegenwart zerstört (der Überlieferung beraubt, reduziert sie sich auf einen bloßen Nullpunkt); eine unüberwindliche Kluft zwischen dem Wort und der nunmehr irrationalen Erfahrung öffnet sich, sogar das Unwiederholbare der privaten Dimension geht verloren und damit die Möglichkeit, noch Geschichten zu erzählen[4]. Der Untergang des Reiches bedeutet zugleich auch das Ende der Menschlichkeit und des schmerzlichen Verstehens des Lebens; des traurigen, festen und liebevollen Begreifens der Existenz, wie es zum letztenmal am Schluß des Romans in der völligen Bejahung des Menschlichen angesichts des Todes, des einzigen wahren Bösen, wirkt – als frommer Sinn für die »ewige Erde[5]«. Auch wenn der *Radetzkymarsch* einige Jahre später entstanden ist, so stellt das Werk doch einen früheren Zeitpunkt dar als *Das Spinnennetz* oder *Der stumme Prophet;* es handelt von der Zerstörung der Harmonie, die die beiden in den zwei politischen Romanen geschilderten vernichtenden Bewegungen hervorgebracht haben. Die »Politik« wird aus den Trümmern des Reiches geboren.

Der *Radetzkymarsch* ist gleichzeitig Vorgeschichte und Metapher des bürgerlichen Romans. Vorgeschichte insofern, als sich aus der Auflösung des Reiches die Zersetzung der bürgerlichen Gesellschaft entwickelt, Metapher insofern, als Roth gerade an den Trottas – unter den aristokratischen Formen verhüllt – das großbürgerliche Thema vom Verfall der Familie behandelt. *Radetzkymarsch* ist der Roman der Enkel, der müden, erschöpften Erben, und unterscheidet sich unter diesem Gesichtspunkt in seiner Rückwärtsgewandtheit – in seiner Sehnsucht danach, wie der letzte Klopfer in die Tiefen der Zeit und über sie hinaus zurückzutauchen – von der großen bürgerlichen Epik. Der Zyklus erfüllt sich und endet. Im Gegensatz zum Epos des arischen Bürgertums, das mit dem Aufstieg des Irrationalismus schließt, ist den Trottas jede Beziehung zur Welt, die aus ihrer Asche entsteht, unmöglich. Darin ist das Werk typisch für eine ganze Gattung des jüdisch-bürgerlichen Romans. Seit Berthold Auerbachs *Dichter und Kaufmann* ist die jüdische Kultur auf ihrem mühsamen Weg zur Emanzipation unter der Antinomie von wirtschaftlichem Erfolg und geistigem Leben, beziehungsweise der Treue zu den eigenen Ursprüngen, gestanden, und dieser Widerspruch war unauflöslich, weil sich die

Gegensätze ausschlossen und die Entscheidung für *eine* Möglichkeit unweigerliches Scheitern bedeutete: entweder den wirtschaftlichen Ruin und damit das Ausgeliefertsein an einen aggressiven und vernichtenden Mechanismus der Segregation oder die Entwurzelung und den Identitätsverlust. Die jüdische Emanzipation beginnt mit der bürgerlichen Gesellschaft und sucht daher, wenn sie sich nicht ewig bedroht, ausgeschlossen und zunehmend in der immer unsichereren Assimilation entfremdet fühlen will, eine Identifikation mit ihr. Viele deutsche Erzählungen haben diesen Entwicklungsgang geschildert, von Georg Hermanns Berliner Idyllen (*Jettchen Gebert,* 1906–1908) und gerade auch den *Aufzeichnungen über eine Familie Klopfer* bis zu den Werken Schnitzlers (besonders *Der Weg ins Freie*). Abgesehen von einigen idyllischen und tröstenden Verkleidungen dritten Rangs kennt der jüdisch-bürgerliche Roman von Anfang an die Sicherheit, die harmonische Eingliederung in die Realität und den ruhigen Besitz der humanistischen Werte, wie sie die Generation Johann Buddenbrooks vertritt, nicht.

Das hängt, wie mehrmals – letztlich von Anna Pegoraro Chiarloni[6] – dargelegt wurde, mit der parallelen Entwicklung des wirtschaftlichen Aufstiegs der Juden und dem dadurch verursachten Judenhaß zusammen: ». . . die jüdische Minderheit wird solange toleriert, als sie keine ernstliche Konkurrenz zu der Mehrheit darstellt, (die Juden) werden so zum deutlichen Indikator der ökonomischen Kräfteverhältnisse einer Epoche und folglich zu instinktiv gewählten Opfern derjenigen Klassen, die in der wirtschaftlichen Entwicklung auf der Strecke bleiben. (Die fortgeschrittensten Gruppen der Juden) nehmen sofort die für das Großbürgertum bezeichnenden Charakteristiken an, vor allem also Bildung und endgültige Verstädterung. Dadurch öffnet sich aber zusätzlich auch eine tiefe Kluft zwischen ihnen und ihrer ursprünglichen Klasse, dem Kleinbürgertum[7].« Die Geschichte des deutschen Antisemitismus und seine politische Instrumentalisierung als Ablenkungsmanöver von seiten der herrschenden Klassen sind bekannt; sie spiegeln sich selbstverständlich auch in der Literatur, wo sie innerhalb des bürgerlichen Romanidylls ein Klima ständiger Spannungen schaffen. *Jettchen Gebert* (und die Fortsetzung *Henriette Jacoby*) ist vielleicht die heiterste Version der bürgerlich-jüdischen Familiensaga: Die Welt der Geberts ist noch fest und ruhig, ihre gesellschaftliche Stellung sicher und die Beziehungen zu den Bekannten und Verwandten aus dem Osten können noch in gutmütig humorigem Ton erzählt werden; in der liebenswerten Atmosphäre eines Biedermeierbildes verniedlicht sich die Physiognomie dieser kleinen Welt. Und doch bedroht auch hier – trotz der beruhigenden Präsenz der freien, aufgeschlossenen alten Generation (Onkel Elis, zum Beispiel, der von keinem ethisch-familiär-religiösen Vorurteil angefochten wird) – der Zwang zum Erfolg die Person von allen Seiten – in diesem Fall Jettchens Liebe – und isoliert die »Außenseiter[8]« wie den Onkel Jason. Unter der altväterlichen Patina des Vormärz scheinen die Widersprüche der Bismarckzeit und der Wilhelminischen Ära auf, indirekt gemahnt doch alles, trotz der gedämpften Töne, an die Spannungen, denen ein Heine ausgesetzt war. Von der Anmut des provinziellen Genrebildes kommt Hermann übrigens über die jüdische Thematik zur Darstellung der Angst des entwurzelten Individuums in der Großstadt; in der *Nacht des Doktors Herzfeld* (1912) schildert er das fiebrige nächtliche Gespräch zweier Berliner Literaten – Doktor Alwin Herzfeld und Hermann Gutzeit –, deren intellektuelle Angst, wie Hans Kohn[9] geschrieben hat, das melancholische Idyll von *Jettchen Gebert* in den Verwirrungen des Entwurzelten enden läßt.

Sind die Ostjuden in Hermanns Romanen in einer noch tröstlichen Dimension des »Charakteristischen», typisiert, so erscheinen sie dagegen in einigen der klassischsten Beispiele des eigentlichen deutschen bürgerlichen Romans in ganz anderem Licht: Dem stark negativen Porträt, das Gustav Freytag zeichnet[10] (bei dem unter anderen in *Soll und Haben,* 1853, die bürgerlich-jüdische Symbiose in zwei unversöhnliche Gegensätze – gesunde deutsche Arbeitsamkeit und jüdische Gewinnsucht – zerlegt wird), folgt die wesentlich feinere Darstellung Wilhelm Raabes. In seinem *Hungerpastor* (1864) wird der voll Sympathie geschilderte bescheidene, kleine ostjüdische Krämer dem unmoralischen Sohn Moses gegenübergehalten, der nach sozialem Aufstieg giert. Die fast sehnsüchtig zärtliche Beschreibung des rückständig Statischen der jüdischen Tradition hat hier repressive Funktion, es soll hier - wahrscheinlich unbewußt - eine Art ethisch-soziales Getto gezeichnet und das Bestreben, aus diesem Stand herauszukommen, als Amoralität und Bruch mit dem Ethos der Familie verurteilt werden.

In den *Aufzeichnungen über eine Familie Klopfer* mündet die bürgerliche Familienchronik in die archaische Tragödie, wo in der durch den Inzest vollendeten Totalität das jüdische Thema der Familie auf den Kopf gestellt und bis zur äußersten Dekadenz geführt wird. Im *Weg ins Freie* (1908) übersetzt sich voller Schwermut und entgleitender Poesie die ganze Thematik des bürgerlichen Romans des 19. Jahrhunderts in eine beunruhigende Parabel der Unsicherheit. Für die »sentimentalischen[11]« jüdischen Gestalten scheint es wirklich keinen Platz mehr zu geben, nicht einmal in der bezaubernden Stadt der Salons und des Wienerwalds, der Boden scheint ihnen unter den Füßen weggezogen. Sich der reichen jüdisch-wienerischen Romanliteratur anschließend, der Herzl seinerseits mit seiner langen Erzählung *Altneuland* (1902) die Rückkehr ins Gelobte Land entgegenhielt, schildert Schnitzler zum letztenmal die feste Bürgerwelt des vergangenen Jahrhunderts und höhlt dabei von Innen heraus in einer beunruhigenden, fast unmerklichen Auflösung der Erzählformen, die alle Objektivität in den Bewußtseinsregungen zersetzt und dem modernen Roman den Weg bereitet, jede Sicherheit und jedes »Dekor« des Wirklichen aus. Die »bürgerliche« Realität zerbröckelt in der jüdischen Psychologie, die sich ihr nach und nach immer stärker entfremdet fühlt. Der jüdische Geist scheint hier zum Boten der geheimen Unsicherheit der »Welt von gestern« zu werden, zum geheimen Reagens, das die Antinomien zur Explosion bringt und die formalen und literarischen Strukturen dieser Welt auflöst[12].

Freilich erscheint die jüdisch-bürgerliche Symbiose oft doppeldeutig und widersprüchlich. In *The Brothers Ashkenazi*, der Geschichte einer Familie und des ganzen polnischen Judentums während eines Jahrhunderts, spart Israel Joschua Singer jedes Lob des an die Anfangsphase der geschäftlichen Unternehmungen gebundenen patriarchalischen Familienidylls aus und befaßt sich dafür eingehend mit der häßlichen Wirklichkeit der Kapitalanhäufung im Stadium der ersten industriellen Expansion und Organisation. In einem Gewirr historischer Ereignisse (die vom zaristischen Regime bis zum polnischen Irredentismus, von den sozialistischen Fermenten bis zu allen jüdischen Bewegungen gehen) zeichnet Singer mit diesem Epos einer Dynastie – oder besser: einer titanischen, fiebrigen Monarchie – der Textilindustrie ein großes, grausames Epos des bürgerlichen Unternehmertums. »Mischung aus Gier, Ungeduld und Weitblick[13]«, verkörpert Simcha Meyer die ungezähmte Unternehmerenergie in ihrer ganzen Größe und in ihrem ganzen Elend, vom unmenschlichen Gebrauch, den er vom kapitalistischen Mechanismus macht, bis zum biblischen Endkampf gegen die Realität und die Geschichte, als in der neuentstandenen polnischen Republik das Wirtschaftssystem von innen heraus zerbricht. ». . . an Stelle des Lebens arbeitet nun die Dekadenz[14]«, und Simcha Meyer kämpft episch gegen diesen Verfall.

In bestimmten Fällen wie bei einer der Romanfiguren, nämlich bei Flederbaum, scheinen sich bürgerliche und jüdische Ethik, skrupulöse gesellschaftliche Ehrbarkeit und skrupulöse religiöse Frömmigkeit miteinander zu decken. Eine solche Symbiose ist in der jüdischen Tradition nichts Seltenes, in Salomon Kohns *Prager Ghettobilder. Durch Trauer zum Glück* (1884) wird zum Beispiel der unverhoffte wirtschaftliche Wiederaufschwung als chassidisches Wunder dargestellt[15]; andere Male führt die Verbindung von gewissenhafter bürgerlicher Buchhaltermoral und jüdischem Formalismus zu ungewollter Kleinlichkeit, wie zum Beispiel in Meyer Aron Goldschmidts Novelle aus dem dänischen Getto *Masser*, wo die rechtschaffene, aber philiströse Gestalt Simon Levis dominiert, der mit Gott ebenso ehrlich handelt wie mit seinen Geschäftspartnern und diese Ehrbarkeit seinem leichtsinnigen Bruder, einem waghalsigen, unbekümmerten Kaufmann, vorhält[16]. Das negative Porträt ist gewiß beabsichtigt, der Verfasser wollte im Gegenteil – wie der Handlungsablauf der Erzählung beweist – den Umriß einer gefestigten moralischen Gesundheit entwerfen. Die Schilderung der bürgerlichen Welt als Welt der moralischen Gesundheit findet sich hie und da auch bei Israel Joschuas Bruder, Isaac Bashevis Singer: In *Jakob der Knecht* wird der Adel als die Klasse zügelloser Perversionen hingestellt, und auch im jüngsten epigonalen Roman *The Manor* (1967) bildet der sittenlose polnische Adlige Jampolski den Gegenpol zur arbeitsamen Moral des Juden Calman Jacoby, bei dem sich Frömmigkeit und wirtschaftlicher Erfolg so entsprechen, daß Claudio Gorlier auf »einen einzigartigen Parallelismus zum amerikanischen Puritanismus[17]« hingewiesen hat. Unter diesem Gesichtspunkt scheint die unbewußte jüdische Haltung die berühmte These von Marx zu erhärten, das heißt, die spezifisch jüdische Existenzmöglichkeit mit dem bürgerlich-kapitalistischen System zu identifizieren: Die Gleichung findet sich auch unter ganz verschiedenen Zeichen in der selbstbewußten Autobiographie *Ein jüdischer Kaufmann*[18] (1911) von Sigmund Mayer und in der heftigen Sozialpolemik einiger der *Geschichten aus sieben Ghettos* (1934) von Egon Erwin Kisch[19] wieder. Friedrich Wilhelm Foerster nannte die vom orthodoxen Juden R. E. May herausgegebenen Jahrbücher der Hamburger Firma »Jahn & Co« ein »Handbuch der Ethik wie ein Welthandelsbericht[20]«; und die gleiche Haltung findet sich im Grunde schon in den berühmten Denkwürdigkeiten des *Glückel von Hameln* aus dem 17. Jahrhundert[21]. Im *Satan in Goray* hat Isaac Bashevis Singer (unter dem Einfluß des *Zauberbergs* und im Zeichen des Mannschen Motivs der Bannung des Irrationalen) die bürgerliche Vernunft zur traditionellen jüdischen Frömmigkeit verklärt: Sein

Rabbi Benish, der im Kampf gegen die messianische Bewegung den Jungen das Studium der Kabbala und die asketischen Übungen verbietet[22], ist ein Settembrini, dem die Ironie des bürgerlichen Romans fehlt und der dafür die größere Festigkeit hat, die ein transzendenter Glaube immerhin im Vergleich zu einem beschränkten, überholten Rationalismus bieten kann.

Doch stärker als alle Identifikation ist die Unsicherheit, das Gefühl des Prekären und Fragwürdigen, das in der Verbindung des Jüdischen mit der bürgerlichen Gesellschaft vorherrscht. Die Schönheit der Heimatstadt des Juden wird erst, unvermittelt und lakonisch, einen Augenblick vor dem Ausbruch der Tragödie empfunden, wie im düsteren, auch verwickelte Familienbeziehungen miteinschließenden Geschehen voll Konspiration, *Pogrom* und Gewalt, das Lamed Schapiro in der Erzählung *Zelem*[23] (1919) schildert; im wolhynischen Städtchen hängt die Trauer nicht nur über dem öden Haus, wo der alte Großvater die Uhren zur Erinnerung an seine verstorbenen Kinder aufzieht, sondern auch über dem Idyll der reichen Pinskis, der bürgerlichen »Guermantes«, die Bergelsons »Kranker« anschwärmt (vom Rachedurst gegen die barbarischen Zerstörer dieses Idylls besessen, stirbt er durch Selbstmord, nachdem er seine Zwangsvorstellung auf das Märchen vom Bettler, den die christlichen Hunde hetzen, übertragen hat[24]). Eine große Saga dieser Unsicherheit ist unter diesem Aspekt *The Family Moskat*. Mit epischer Meisterschaft wird hier die langsame Genesis und schließlich der heftige Ausbruch der Tragödie gezeichnet, welche das »jüdische Königsreich[25]« der Moskats, das heißt das bürgerlich-patriarchalische Idyll der jüdischen Familie, zerstört. Alle menschlichen Dramen der zahllosen Romanfiguren sind in eine Atmosphäre verzweifelter Vergeblichkeit gehüllt, werden von einem kalten Wind vorangetrieben und in den Sog eines Wirbels gerissen, wo Illusionen, Ressentiments, Niedrigkeiten, Lügen und zärtliche Leidenschaften im Absurden versinken. Der breite, detaillierte Naturalismus der Familiensaga löst sich in dämmeriger Verlorenheit auf, in der die Zerbrechlichkeit dieser menschlichen und gesellschaftlichen Welt deutlich wird. »Es fielen leichte Schneeflocken, sie wirbelten und tanzten im Wind. An der Ecke des Palastes stand eine Kutsche mit hochgeschlagenem Verdeck. Das Pferd schüttelte den nassen Kopf und spitzte die Ohren. Der Kutscher saß zusammengekauert auf dem Bock und hatte die Kapuze über den Kopf gezogen. Die Flamme zuckte und schwankte in der Laterne. In ihrem Licht zitterte der Palast wie eine Theaterkulisse[26].« In der geschichtlichen Auflösung der Welt der

Moskats hält nur noch eine geheime, unauslöschliche biologische Kraft stand, ein dunkler, sich im ständigen, unermüdlichen Ruf des Geschlechts äußernder Lebenstrieb, Substanz und Symbol eines verirrten und enttäuschten, aber unzerstörbaren Lebens.

Mit heftigen Schuldgefühlen verbundene Angst und Persönlichkeitsverlust charakterisieren die jüdisch-bürgerliche Begegnung auch in einem anderen Klassiker der jiddischen Literatur: *Sintflut* von Schalom Asch (*Farn mabl*, 1929-1937) ist ein typischer Romanzyklus über Geschichte und Katastrophe des russischen Judentums. Unter der scheinbaren patriarchalischen Festigkeit ist die Welt der Mirkins und der Halperins, der Ostjuden auf dem Gipfel bürgerlichen Wohllebens und Einflusses, äußerst verletzlich: Im zaristischen Regime trennen sich die privilegierten Angehörigen dieser Welt vom Rest ihres verfolgten Stammes, und später werden sie von der Revolution vernichtet, und alle Versuche, sich durch Anschluß an die konterrevolutionäre Reaktion zu retten, sind vergebens. Ein schmerzliches moralisches Pathos tritt bei Asch an die Stelle des epischen Gleichmuts; das überlieferte jüdische Erbe wandelt und verweltlicht sich zur Menschlichkeitsreligion des 19. Jahrhunderts. Der geistige Entwicklungsgang einer Gestalt von Asch schließt die Ablehnung der bürgerlichen Dimension mit ein. Gerade darin ereignet sich, nicht ohne großherzige humanitäre Emphase, ihre Menschwerdung; der Vater, der zunächst in seinem Klassenegoismus verurteilt wird, gewinnt am Ende seine ganze Integrität wieder, als alle Sicherheiten und alle gesellschaftlichen Privilegien vernichtet sind, worauf der geistig parallelgesetzte Tod Salomon Ossipovic Halperins und Gabriel Chaimovic Mirkins verweist. Die schmerzliche Auffassung der Geschichte als Exilgeschichte (Geschichte bedeutet Sintflut) betrifft alles Politische und damit auch die Revolution, doch wird diese trotzdem bejaht, nicht als politisches Programm, sondern als unvermeidliche Verletzung und vor allem als notwendige moralische Reinigung; Mirkin, eine der vielen jüdischen Gestalten in der Literatur, die wie Roths Friedrich Kargan vom Bolschewismus enttäuscht werden, kämpft wie der »stumme Prophet« in den Reihen der Revolution, als wolle er für seinen bürgerlichen Egoismus Buße tun. In der Tat erscheint dieser Egoismus immer als Entfremdung und Persönlichkeitsverlust im Wohlleben und in den Normen. Im *Stummen Propheten* bildet er als solcher den notwendigen Hintergrund, von dem sich das revolutionäre Engagement Kargans abhebt. Und ihren vielleicht stärksten Ausdruck findet die Allegorie von der Persönlichkeitsspaltung in *The Brothers Ashkenazi* in der Beschreibung des feudalen

Palasts im »deutschen« Stil, in den Simcha Meyer-Max auf dem Gipfel seiner Macht einzieht: In der musealen und antiquarischen Schilderung der einbalsamierten adligen Einrichtung enthüllen sich kontrapunktisch die Einsamkeit der Macht und die Entpersönlichung des Juden, das heißt des Menschen, der sich selbst verleugnet hat. Mit dem symbolischen Grinsen des Bronzemephistopheles, der Simcha Meyer seltsam unheimlich anmutet, scheint Israel Joschua Singer darauf verweisen zu wollen, daß die fieberhafte faustische Aktivität des Bürgertums im Grunde nichts anderes ist als Unruhe[27], jene Unruhe der Gier, Unsicherheit und des schlechten Geschmacks, wie ihn auch bei Asch die überladenen, unwirtlichen Zimmer von Onkel Moses' Haus symbolisieren[28]. Ebenso schildert Schalom Alejchem den bürgerlichen Reichtum als Entfremdung und Identitätsverlust: Bejlke, Tewjes Tochter, die, um dem Vater zu helfen, den reichen Pedozur heiratet, leidet und siecht im erdrückenden Luxus des prunkvollen Hauses dahin, wo sie mit voller Überlegung sagen kann: »Ich bin nicht mehr ich[29].« Das Bürgerliche ist eben die Dimension der allgemeinen Kommerzialisierung, in der – wie Mendele Moicher Sfurim mit der Selbstironie des Verfassers versichert – das Buch zur Ware wird und kein Raum für die Liebe ist, denn diese bleibt den gesellschaftlichen Kategorien vorbehalten, die aus Mangel oder Überfluß von den »Sorgen« und Mühen des Mittelstandes befreit sind[30].

Als Karikatur und schlechte Nachahmung der eigentlichen bürgerlichen Kultur erfährt das jüdische Bürgertum aber seine Dekadenz als einen totalen Vernichtungsprozeß, der nicht die Ungeheuer hervorbringen kann, wie sie aus der Agonie des »arischen« Bürgertums Westeuropas entstanden. In *The Family Carnovsky* (1943) von Israel Joschua Singer, einem drei Generationen umfassenden Familienroman, führt der unauflösliche Widerspruch zwischen strenger Gläubigkeit und der Geschichte zur Unduldsamkeit sich selbst gegenüber, zur Selbstzerfleischung und Selbstzerstörung. Thomas Manns Epos schließt mit den Propheten des Irrationalismus, das jüdische mit dem absoluten Nichts und mit dem Buch Hiob. Die verschiedenen Buddenbrooks der verschiedenen bürgerlichen Gesellschaften leben – auch in der Selbstverleugnung – in den Dämonen weiter, die aus ihren Lenden auferstanden sind; von den jüdischen Buddenbrooks bleibt keine Spur zurück, nur biblischer Staub. Den blutigen Götterdämmerungen steht das völlige Verlöschen nach Max Ashkenazis Beerdigung gegenüber, das Geschehen mündet in die Nicht-Zeit der Ewigkeit. »Der Abend senkte sich rasch. Über der Trauer tragenden Menge flog kreischend am schwarzen Himmel ein mondsichelförmig ausgerichteter Vogelschwarm vorbei[31].« In der jüdischen Ausgabe kennt der bürgerliche Aufstieg die Sicherheit nicht einmal in der Phase des triumphalen wirtschaftlichen Erfolgs. Auch diese Phase ist innerlich von geschichtlich unlösbaren Widersprüchen zerfressen, die von vornherein irgendeine idyllische Identifikation mit einer der sich gegenseitig bekämpfenden politischen Mächte unmöglich macht. Im Grunde endet die Sicherheit bereits vor dem Unternehmererfolg oder gerade mit dem Augenblick, da er einsetzt: Sie stirbt mit Reb Abraham Hirsch Ashkenazi, mit dem noch völlig jüdischen und der kapitalistischen Dialektik fernstehenden Familienvater. Es ist genau das gleiche wie in *Radetzkymarsch*, wo alles Positive mit dem Beginn des Aufstiegs und der Geschichte stirbt; der Vater des Helden von Solferino ist wie Reb Abraham Hirsch Ashkenazi, er ist der Letzte einer diesseits der Geschichte stehenden Tradition: also der Letzte der Tradition überhaupt.

Umwertung der Werte, Säkularisation und Faschismus

Die bürgerliche Kultur entsteht für Roth aus dem Zerfall der Tradition, das heißt zum Zeitpunkt, da das Reich und die religiösen Werte dem zentrifugalen Drang der Gesellschaft nicht mehr standhalten. »Bürgerlich« heißt für Roth in seinem metapolitischen Denken nämlich weniger eine bestimmte ökonomisch-soziale Ordnung als vielmehr die absolute Vorherrschaft eben dieser Ordnung über die moralischen Normen und die Werthierarchien. Die bürgerliche Ära bedeutet die »Umwertung aller Werte in Börsenwerte[1]«. Die ironische Paraphrase des Nietzscheworts soll das Ende aller Geistigkeit bezeichnen und deren einzigen Ersatz durch das Kriterium der Effizienz, das in allen Bereichen und auf jedem Niveau herrscht. »Die Notenskala ist um neue Bezeichnungen bereichert. Kein Sehr gut, sondern ›lebhaft‹; kein Ungenügend, sondern ›flau[2]‹.« Es ist die Herrschaft der »Philosophie des Schaufensters«, die Roth in seinen sozialistisch beeinflußten Artikeln der ersten Nachkriegsjahre denunzierte und deren Triumph in der *Kapuzinergruft* bitter geschildert wird. Dieser Triumph hat seine Ursache im Überdruß gegenüber der Tradition[3], den Roth daher nicht idealisiert, sondern als selbstzerstörerischen Prozeß zeichnet, der mit dem dekadenten Ästhetizismus der Jahrhundertwende und insbesondere mit der Scheidung von Substanz und Form begonnen hat, mit der Illusion, die Substanz retten und gleichzeitig arrogant die Form verwerfen zu können. Für Roth ist der bis zum äußersten gesteigerte Subjektivismus der bürgerlichen Gesellschaft ein komplementäres Moment ihrer allmählichen Vermassung: Die Ursünde der modernen Gesellschaft besteht darin, jede einzelne Kategorie zur autonomen und beziehungsfreien Realität erhoben zu haben (wie es zum Beispiel der Liberalismus in bezug auf die Wirtschaft und der Ästhetizismus in bezug auf die Kunst getan haben). Aller organische Zusammenhang des einzelnen mit dem Ganzen, in dem sich allein ein wahrer Sinn vermittelt, ist dadurch zerrissen. Auch für Roth entsteht der Niedergang aus dem *Wertvakuum*, das Broch analysierte. Es hat die Kraft des Individuums geschwächt, hat den einzelnen zum Sklaven kollektiver Wesenheiten und anonymer Verführer gemacht; auch für Roth ist, wie für Asch, die Massendemokratie nichts anderes als ein verkleideter Zarismus. Der allgemeinen Verflachung im »Zeitgeist« werden bedeutsamerweise katholische Treue und ein austro-slawischer Patriotismus, der sich gegen die nunmehr entheiligte Autorität auflehnt und allem Deutschen feind ist, entgegengesetzt[4]. Auch das Kulturelle ist von dieser Deutschfeindlichkeit nicht ausgenommen: In der *Flucht ohne Ende* wird Thomas Manns *Zauberberg* mit selbstverständlich bösartiger polemischer Absicht zitiert[5], als Epos der Krankheit und der Dekadenz, Ausdruck einer Warnung und Anklage, aber auch geheimen Gefallens am Elend einer Gegenwart, die doch nach Ansicht Roths nicht einmal auf den Rang des Interessanten erhoben werden dürfte. Auch in den Briefen wird Mann oft mit ungerechter Schärfe genannt, als Symbol für eine unpersönliche und fälschlich objektive bürgerliche Haltung, die unter dem Vorwand, »alles zu verstehen«, zu jeder Neutralität bereit ist, als ein Schriftsteller, der »dem eigenen Talent nicht geistig gewachsen« ist[6], der – wie später Bobi Bazlan gesagt hat – mehr »Leistung« als »Substanz« zu bieten hat[7] und deswegen im Kampf gegen die Tyrannei der Epoche auf der falschen Seite steht. *Die Kapuzinergruft*[8] ist die exemplarische Parabel dieses Totalitarismus der Moden, der Kommerzialisierung und der konsumistischen Laxheit, der unerbittlich Gefühle und Persönlichkeit des letzten Sohnes des alten Europa vernichtet, obwohl sich Trotta dem Nationalismus und dem Nazismus verschließt: Der antimoderne, reaktionäre Held widersteht als einziger dem Faschismus, er ist immun wie der innerhalb der moralischen Inflation seiner Tradition treubleibende Ostjude Manes Reisiger.

Die Assimilation bedeutet für Roth also den ersten Schritt zum Faschismus, auf den die bürgerliche Gesellschaft schicksalhaft zutreibt. In einem Brief vom Jahr 1934 schreibt er: » . . . (das Reich der Väter) wurde zerstört von diesem ekelhaften rationalen Sozialismus = Nationalsozialismus, dessen Väter die Sozialdemokraten, dessen Großväter die liberalen Juden waren[9]«. Roth polemisiert wiederholt gegen den intellektuellen Radikalismus der auf Karl Kraus abonnierten[10] Juden, gegen den zersetzenden Geist der Israeliten, die »*novarum rerum cupidissimi*[11]« in seinen Augen zuallererst die Schuld am Antisemitismus tragen und in erster Linie an den von Rechts geführten antisemitischen Kampagnen, denen sie mit diesen Haltungen Material und Anlässe zu ihrer Propaganda liefern[12]. In bezug auf Weizmann, dessen Genialität und Größe er durchaus anerkennt, behauptet Roth sogar, es gebe eine untergründige Affinität zwischen Zionismus und Nazismus, da beide dahin tendierten, den Menschen einzig auf seine »nationale« Dimension zu reduzieren[13]. Auch in *Rechts und Links* interpretiert Roth ausdrücklich den Faschismus als Radikalismus: ». . . meiner Ansicht nach bin ich konservativ und Sie äußerst radikal«, sagt Brandeis über die nationalsozialistischen Stoßtrupps. »Es ist«, glaube ich, »nicht konservativ, zu schreien, zu demonstrieren und Windjacken zu tragen[14].« Im gleichen Roman wird der junge Faschist Gustav, als er in die warme Sphäre der Familie zurückkehrt, wieder »unpolitisch[15]« und sagt sich von den Gewalttaten der Stoßtrupps los: Die Politik wird dem Engagement gleichgesetzt, und Engagement bedeutet seinerseits wieder für das Individuum den arroganten Vorwand, den Kreis der larischen Gefühlsbindungen und der täglichen Pflichten zu durchbrechen. Der Faschismus stellt also das äußerste Ergebnis des zügellosen Strebens einer neuen – der bürgerlichen – Klasse dar, der nicht einmal mehr der wirtschaftliche Erfolg genügt, sondern die sich völlig von jedem Werturteil und von jedem objektiven ethischen Kriterium befreien will. In diesem Sinn heißt Faschismus nichts anderes als Radikalismus, also Bruch mit der Tradition. So tendiert die bürgerliche Gesellschaft einerseits potentiell zum Faschismus – der extremen Form der Negation der universalen menschlichen Werte – und schafft anderseits alle Voraussetzungen für dessen Sieg. Denn in den Faschismus münden auf der Suche nach einem Anhaltspunkt die ganze Angst, Unsicherheit und Frustration des Spießbürgers, des im Räderwerk der kapitalistischen Gesellschaft unterdrückten und ständig bedrohten Individuums. Das Ende der *auctoritas* in der Kette der Generationen, der Verantwortung des Vaters für den Sohn[16], zerstört das Gleichgewicht und bewirkt die entgleisten Versuche, ausgleichende Lösungen zu finden. Der erste Schritt in der Richtung, die zum Ende der *auctoritas* führte, war die Säkularisation, die daher als geistiger Grund des Faschismus zu verstehen ist. Bezeichnenderweise identifiziert schon 1911 Max Brod im Roman *Jüdinnen* Assimilation und Nationalismus. Aus der Prager jüdisch-deutschen Elite mit ihren gesellschaftlichen Vorurteilen und ihrer Verachtung der eigenen bescheidenen jüdischen Herkunft geht Alfred hervor, der Prototyp des säkularisierten Juden in einer Gesellschaft, in der bürgerlich sein deutsch sein heißt. Als deutscher Chauvinist und Vorsitzender des *Turnvereins Wotan* haßt Alfred die Tschechen und – in der Nachfolge des selbstverstümmelnden Antisemitismus Otto Weinigers, den er sich zum Vorbild erwählt – vor allem die Juden. Während eines Vortrags, bei dem der russische Jude Pitroff spricht, inszenieren Alfred und seine Gesinnungsgenossen eine regelrechte brutale Stroßtruppaktion. Auf den unsicheren, schwachen Hugo, den jungen Protagonisten des Romans, übt Alfred mit seinen Versuchen, sich aus seinem Judentum zu lösen, eine bezeichnende Anziehung aus. Auf der Gegenseite bekämpft Nußbaum, der kosmopolitische, humanitäre Jude, alle Nationalismen, unter ihnen auch den Zionismus, »eine reaktionäre Bewegung, die umso gefährlicher ist, als sie sich unter dem Deckmantel des Fortschritts einschleicht[17]«.

Auch in *Rechts und Links* greift Roth radikal alle Versuche der Juden an, sich der immer bedrohlicheren Gesellschaft anzupassen, indem sie gerade die Kräfte unterstützen, die ihnen feindlich sind[18]. Aber vor allem der in Fortsetzungen in der *Arbeiter-Zeitung* erschienene Roman *Das Spinnennetz* ist Roths erzählerische Deutung des Faschismus. Ausgangspunkt von Theodor Lohses Entwicklung ist eine negative, bedrückende Familienatmosphäre, die ihn demütigt, statt ihn zu fördern. Theodor hat die Anlage zum Faschisten, weil bei ihm die primäre Sphäre larischer und traditioneller Werte, die Familie, versagt hat. Die *libido gubernanti*, der Machthunger, der ihm zu den Schlägertrupps und zum Verbrechen bringt, ist im Grunde eine Kompensation: Am Ende des Weges zur Macht steht für Theodor der Traum, sich Frau Efrussi, der sanften, geheimnisvollen Jüdin, die ihm in ihrer gelassenen Weiblichkeit unerreichbar scheint, zu nähern[19], während nicht einmal die Karriere in den faschistischen Organisationen seinen Minderwertigkeitskomplex zum Verschwinden bringt, den die gefestigte, sichere, reife und ausgewogene Persönlichkeit des jüdischen Juweliers Efrussi in ihm auslöst[20]. Auch im *Spinnennetz* ist das Jüdische der Gegenbegriff zur historisch-sozialen Involution. Es erscheint in drei verschiedenen Dimensionen, in drei exemplarischen Momenten seiner politischen Haltung. Trebitsch, der für die antisemitische Organisation arbeitet, stellt den äußersten Punkt der Selbstentfremdung, der in Selbstverfolgung verkehrten Assimilation, dar. Efrussi verkörpert die absolute Individualität des »echten und unberührten« Juden, dem innerlich die historischen Raufhändel nichts anhaben können. Benjamin Lenz ist der anarchische, revolutionäre Ostjude, den ein die ganze Gesellschaft umfassender Haß zur Kollaboration mit dem Faschismus treibt, um das Chaos zu fördern und messianisch den Sturz Europas in den Abgrund zu beschleunigen. »Er haßte Europa, Christentum, Juden, Monarchen, Republiken, Philosophie, Parteien, Ideale, Nationen. Er diente den Gewalten, um ihre Schwäche, ihre Bosheit, ihre Tücke, ihre Verwundbarkeit zu studieren. Er betrog sie mehr, als er ihnen nützte. Er haßte die europäische Dummheit[21].«

In dem Delirium Europas, das Individuen und Staaten in den Abgrund reißt, ist Lenz der einzige klarsehende Geist, der *Deus ex machina* des Romans, der die Fäden des Netzes spinnt und die anderen wie Marionetten bewegt. Lenz ist es, der zum Beispiel Theodors Schritte lenkt, von den Verbrechen bis zur Heirat. »Benjamin freute sich. Das war die europäische Hochzeit. An seiner Seite saß die Majorswitwe Strubbe und erzählte von Kattowitz, wo sie ihre schönsten Jahre verlebt hatte . . . hier heiratete einer, der ohne Sinn getötet, ohne Geist gearbeitet hatte, und er wird Söhne zeugen, die wieder töten, Europäer, Mörder sein werden, blutrünstig und feige, kriegerisch und national, blutige Kirchenbesucher, Gläubige des europäischen Gottes, der Politik lenkte. Kinder wird Theodor zeugen, buntbebänderte Studenten. Schulen werden sie bevölkern und Kasernen. Und Benjamin sah den Stamm der Lohse. Es gab Arbeit. Sie werden einander morden[22].« Angesichts dieses Europa, »in dem es Nationen gibt, die keine Völker sind[23]«, bleibt als einziger Gewissensspiegel und moralischer Anhaltspunkt der menschliche Reichtum des Ostjudentums. »Benjamin hörte nicht, Benjamins tiefer Blick verglomm irgendwo im Weiten, er dachte an Lodz, an die schmutzige Barbierstube seines Vaters und sah den einzigen, blindgewordenen Spiegel im Laden. Wie einfach und weise waren die Reden alter Juden in Lodz, wie treffend ihr Witz, maßvoll ihr Gelächter, schmackhaft ihre Speisen, die Speisen der verachteten, geschlagenen, in Barbarei lebenden Juden, die keine Helme trugen und nicht glänzen und nicht scheppern konnten[24].«

Es ist die totale Negation wie bei den Heimkehrer-Söhnen, und es ist auch einer der klarsten Augenblicke Roths. Das Ostjudentum erscheint hier nicht wie in *Hiob* als greifbare Realität oder als wiedereinzusetzendes Gesetz, sondern nur als die genaue Bezeichnung der Abwesenheit, als verlorene und nicht wiederzubringende Welt, als rein innerliche Wirklichkeit. Dieser seelische Raum kann sich dem Lauf zur Katastrophe nicht in den Weg stellen, nur das Bewußtsein eben dieser Katastrophe kann in ihm erscheinen: Das Ostjudentum ist Bewußtsein und Anklage der Krise, es ist die Klarsicht Lazars, der keiner Erklärung bedarf[25], es ist das »kleine Wort«, das eine Welt enthält[26]. Der Anarchismus Benjamins und seines Bruders Lazar, der Sprengstoff für Europa herstellt, ist eine absolute Forderung, die mit der herrschenden Unordnung *tabula rasa* machen will, er ist – wie Peter W. Jansen geschrieben hat – eine »Antithese zur institutionalisierten menschfeindlichen Anarchie des Westens[27]«. In messianischem Willen zur Apokalypse bejaht Benjamin Lenz voll und ganz das Böse, verwirft er jedes

Linderungs- oder Heilmittel, stellt sich also Auge in Auge der modernen Welt der Negation und der Gottesferne. In diesem Sinn ist der Ostjude Benjamin Lenz die einzige Gestalt bei Roth, die sich wirklich mit der Geschichte mißt und die Konfrontation mit der gegenwärtigen Wirklichkeit will, ohne sich in Evasion, Utopie oder in irgendeinen Trost zu flüchten. *Das Spinnennetz*, »die Klage des Österreichers und des Ostjuden[28]«, ist ein Anklageakt gegen die europäische Geschichte, gegen »das junge Europa[29]« und seine Geschöpfe: gegen Theodor Lohse, »den feigen und grausamen, plumpen und tückischen, ehrgeizigen und unzulänglichen, geldgierigen und leichtsinnigen, den Klassemenschen, den Gottlosen, Hochmütigen und Sklavischen, Getretenen, strebenden Theodor Lohse . . . (den) europäische(n) junge(n) Mann[30]«.

Theodor Lohse ist vor allem ein Klassenmensch; in diesen Jahren starker politischer Leidenschaft gelingt Roth eine überzeugende Diagnose des Klassencharakters des Faschismus. Er stellt den bürgerlichen Hintergrund der ihrer Unantastbarkeit sicheren nationalsozialistischen Geheimbündler heraus, von dem sich die traurige Festigkeit der aller Gewalt, nicht nur des Faschismus, sondern auch des Staates, ausgesetzten Arbeiterbewegung abhebt. Mit sparsamen, wirkungsvollen Strichen, »mit seiner eigentümlichen Erzählhaltung der Pendelbewegung« zwischen einer genau begrenzten Perspektive und einer allwissenden Distanz[31], zeichnet Roth mit dokumentarischer Präzision das Deutschland der paramilitärischen Organisationen Ludendorffs. Als Klassenmensch ist Theodor auch ein Gottloser: Bedingtheit durch die Klasse und Negation aller das Unmittelbare überschreitenden Werte sind die zwei Seiten derselben Medaille. Faschismus bedeutet also für Roth Säkularisation schlechthin, äußerste Entfesselung der zentrifugalen Kraft, die das einzelne zur absoluten Realität erhöht, tierischer Dynamismus ohne Bewußtsein und Gewissen. Mit der für die Epoche der Entstehung des Romans höchst bedeutsamen Denunziation des Faschismus als bürgerlicher Klassengeist geht eine noch von traditionellen Prinzipien bestimmte moralische Reaktion einher: Theodors Erniedrigung, das heißt sein Eintritt in die geheime Organisation, beginnt mit der Demütigung, die ihm der degenerierte militaristische Adlige zufügt, als er ihn zu homosexuellen Praktiken verführt. Der Prozeß, der Theodor gemacht wird, gilt nicht nur dem Faschismus, sondern der ganzen geschichtlichen Entwicklung Europas vom liberalnationalen Erwachen im 19. Jahrhundert an: Daher gibt es für Roth im gefallenen Europa keine Möglichkeit mehr, die Barbarei zu bekämpfen. Als wollte die Wirklichkeit symbolisch das Werk bestätigen, unterbrach im November 1923 der Putsch von Ludendorff und Hitler die Veröffentlichung des Romans, der dessen Vorbereitung beschrieb. *Das Spinnennetz* endet abrupt mit den letzten Sätzen einer Fortsetzung, mit einem Schluß, der kein Schluß ist, sondern eine Öffnung auf die Tragödie, ein abbröckelnder Spalt, hinter dem der Abgrund sichtbar wird. Roth blieb nun nur noch die Frage, ob der totale Bruch mit der europäischen Geschichte in der Oktoberrevolution verwirklicht worden war.

Revolution und bürgerlicher Geist

Doch *Der stumme Prophet*, der Roman über die Revolution, erweist sich als das exemplarischste erzählerische Zeugnis von der Unsterblichkeit des Bürgers, deren sich Roth gerade auf seiner Rußlandreise vom Jahr 1926 bewußt geworden war. Das Buch, dem der sehr frei behandelte Fall Trotzki Pate gestanden hat, ist die Geschichte eines »Anarchisten«, eines »sentimentalen Rebellen«, eines »individualistischen Intellektuellen[1]«. So wird er ausdrücklich im Prolog genannt, wo der Verfasser bei einer fiktiven Silvesterfeier mit einigen sowjetischen Kommunisten in einem Zimmer des Hotels Bolschaja Moskowskaja über Friedrich Kargan, den in Ungnade gefallenen ketzerischen Revolutionär, diskutiert. Von Anfang an behauptet Roth, es gehe in Kargans Lebensgeschichte nicht exemplarisch um eine politische Anschauung, sondern sie sei höchstens ein Beispiel »für die alte und ewige Wahrheit, daß der einzelne immer unterliegt[2]«. Diese Parabel von der geschichtlichen Zerstörung des individuellen Schicksals wird nicht mit der Revolution an sich in Bezug gesetzt (nach dem Klischee, daß die »Revolution ihre Kinder frißt«, das übrigens damals, lange vor den stalinistischen Prozessen, im Vergleich zu denen die Autokratie des Rothschen Stalin fast gutmütig wirkt, noch kaum aktuell gewesen sein dürfte); nicht die Revolution selbst vernichtet im Roman das Individuum, sondern deren bürgerliche Entartung, die spießbürgerliche Regression der Revolution. Kargan, Kommunist der ersten Stunde, wird am Ende vom ewigen Bürger, der aus den gestürzten Thronen und den Tragödien des Bürgerkriegs wiederaufersteht, erdrückt. In diesem Sinn ist der in den Jahren 1927–1930 entstandene Roman die erzählerische Verarbeitung der in der Reportage gesammelten Eindrücke und Reaktionen während der Reise in die Sowjetunion 1926.

Kargan, der zum Opfer der wiedererstehenden bürgerlichen Mittelmäßigkeit wird, ist zugleich deren Produkt und wider seinen Willen auch ihr Vertreter. Seine Laufbahn als zukünftiger Revolutionär beginnt mit dem spießbürgerlichen Skandal seiner unehelichen Geburt und mit der Kindheit im gutbürgerlichen Haus seines Triestiner Großonkels mütterlicherseits, zu dem der Großvater von Odessa aus den unerwünschten Enkel schickt. Obwohl kaum beiläufig erwähnt, hat das Motiv doch seine präzise Bedeutung. Ausgerechnet in der Atmosphäre des reichen kaufmännischen Bürgertums von Triest in seiner Gleichgültigkeit und Unempfindlichkeit allen nicht merkantilen Werten gegenüber, wie es von Giorgio Negrelli historisch analysiert worden ist, wächst der zukünftige Rebell gegen die europäische Ordnung auf. Die Revolution entsteht aus der absoluten moralischen Entwertung innerhalb der bürgerlichen Schicht, die Roth keineswegs zufällig in der Triestiner Kaufmannschaft exemplifiziert, denn diese verkörpert offensichtlich in seinen Augen den *esprit bourgeois* schlechthin: intelligenter und blühender, ehrlich als einziger Wert anerkannter wirtschaftlicher Unternehmergeist, offener und schneller Verzicht auf jede ideologische Deckung, oder höchstens Rückgriff auf einen geistigen Überbau deutlich instrumentellen Charakters, wesentliches Fehlen allen moralischen Eifers, der doch gewöhnlich den Aufstieg der bürgerlichen Kultur[3] begleitet hat. Schlau, klug, genußfreudig und vorurteilslos, stets bereit, je nach den Nützlichkeitserfordernissen des Augenblicks die nationalen Leitbilder zu wechseln oder die Fahne des Irredentismus aufzuziehen, kosmopolitisch und kommunal, vertritt die national gemischte Bourgeoisie Triests (man denke an Kargans Herkunft aus Odessa) in Reinform die absolute Säkularisation, die horizontale Verflachung, die materialistische Reduktion und egozentrische Zersplitterung, die Roth dem bürgerlichen Geist, dem Zerstörer und Manipulator der Tradition, zuschreibt.

Der Revolution liegt also weniger eine Auflehnung gegen die sozialen Ungerechtigkeiten zugrunde als vielmehr ein Zustand des Mangels und der Entbehrung, ein Wertvakuum: Ihre geistigen Bedingungen sind am Ende oder frühestens während der Agonie des Reiches entstanden, als die Hierarchien durcheinandergebracht wurden. Kargans Jugend im Triestiner Bürgerhaus ist von unterdrückter Arroganz, falscher Bescheidenheit, Angst und Rachsucht[4] gezeichnet. Frustration und Unbefriedigtheit beherrschen seine Stimmung. Bei Roth fehlt jede, selbst negative, großartige Dimension der bürgerlichen Kultur: Wenn zum Beispiel später Enzo Bettiza in dem *Phantom von Triest* (1958) den Weg zur sowjetischen Revolution am Sprößling einer reichen Triestiner Kaufmannsfamilie exemplifiziert, so wird dieser Entwicklungsgang in der dämonischen Optik, die Thomas Mann von der bürgerlichen Gesellschaft hatte, dargestellt, so daß der Anschluß an den Kommunismus den extremen Ausgang eines Prozesses des morbiden, kranken Verschleißes aller Irrationalismen der Dekadenz bedeutet. Bei Roth herrscht statt dieser weltlichen, durch Thomas Mann beinflußten Perspektive, welche die Phänomenologie der bürgerlichen

Agonie als Dämonologie sieht, eine religiöse Anschauung, die hinter der Maske des Dämons die kleinlichen Sünden der Beschränktheit und hinter den heidnisch blendenden Flammen der Götterdämmerung die Härte einer sturen, egoistischen Anständigkeit ausleuchtet.

Kargan wächst in einem Unbehagen auf, das ihm nach und nach den Stempel einer unangenehmen Unfähigkeit aufdrückt, von der er sich nicht einmal in der leidenschaftlichen Zeit seines Wirkens als revolutionärer Führer befreien kann. Die Grundlage seines Handelns ist die Verachtung, Verachtung für die Schwindeleien der Gesellschaft: Zum Beispiel für die Wiener Universität mit ihren geruhsam in der akademischen Routine befangenen Professoren, die am Ritus der Prüfungen ihr kindliches Wohlgefallen finden, mit ihren Studenten aus gutbürgerlichen Häusern, die ihre programmierte und sichere gesellschaftliche Laufbahn vor sich haben, mit ihren Raufereien zwischen »reine(n) Arier(n), reine(n) Zionisten, reine(n) Tschechen, reine(n) Serben. Nichts für mich[5]!« Der Gesichtswinkel, aus dem heraus dies beschrieben ist, ist doch immer die religiöse Anschauung des Reichs und des *Shtetls:* Wenn Roth von den Begegnungen Kargans mit dem »Kaukasier« Savelli (Stalin) im Vorkriegs-Wien erzählt, bringt er im Grunde wieder seine antimodernistische Deutung der zeitgenössischen Dichtung. Die ahnungslose, dem Blutbad des unmittelbar bevorstehenden Weltkriegs geweihte Jugend benimmt sich so, »als hätte sie unaufhörlich Ketten zu sprengen[6]«, ein Drang zur Aktion, für den Augenblick noch gezwungen, sich auf Worte zu beschränken, malt sich sehnsüchtig eingebildete Gefahren und Abhilfen aus, die Offiziere streben nach dem Avancement und denken an »einen kleinen, heiteren Krieg[7]«, die Gelehrten dürsten nach Geld und Macht, die Künstler – ungehobelte Karikaturen des spießbürgerlichen Kleingeists – erklären sich selber über alle Gesetze erhaben: »Jeder war kühn, und doch rebellierte jeder nur gegen seinen eigenen Vater[8].« Die traditionalistische Haltung, die hinter dieser Kritik steht, ist unverkennbar; das vage Engagement rührt nur daher, daß Roth keine Befreiungsmöglichkeit im Innern der bestehenden Gesellschaft sieht: Nur die Revolution bietet noch, wenn auch widersprüchliche, Hoffnungen darauf, die moralische Inflation Europas zu bekämpfen und zu korrigieren. Nach dem Fall des Reiches scheint die Revolution die einzig mögliche Alternative zu sein – obwohl auch sie am Ende in der Enttäuschung mündet. Später sagt Roth von sich: »Es ist so grauenhaft, nach links abgedrängt zu werden, gegen seinen Willen[9].« Revolution heißt hier, wie aus dem seltsamen Liebesbrief hervorgeht, den Kargan bei

Kriegsausbruch an Hilde schreibt, totale Negation der geschichtlichen Gegenwart und auch Kampf gegen den *Fortschritt* und gegen die *Emanzipation,* wie sie der Bürger versteht: »Wenn ich Ihnen sage, daß ich nicht einrücken werde, um für Ihren Franz Joseph, die französiche Kriegsindustrie, den Zaren, Kaiser Wilhelm zu kämpfen, so geschieht es nicht, weil ich für mein Leben fürchte, sondern weil ich es bewahren will für einen besseren Krieg... Es wird ein Krieg gegen die Gesellschaft sein, gegen die Vaterländer, gegen die Dichter und Maler, die bei Ihnen verkehren, gegen die trauten Familien, gegen die falsche Autorität der Väter und den falschen Gehorsam der Kinder, gegen den Fortschritt und gegen Ihre Emanzipation, gegen die Bourgeoisie kurz und gut[10].«

In der Auseinandersetzung mit der politischen Frage des Krieges scheint sich Roth auf die Seite des revolutionären Internationalismus zu stellen: Er verdammt gleichmäßig alle beteiligten Parteien, lehnt *en bloc* das demokratische Fortschrittlertum und dessen Entscheidungen ab. Angesichts der sich vorbereitenden Katastrophe verliert die alte Welt jedes Maß und dreht sich im grotesk-lächerlichen Totentanz, in dem sich alle ihre geistigen Voraussetzungen entleeren. Auch das Österreich Franz Josephs wird im Fieber der Zeit mitgerissen, auch Franz Joseph verliert jede Reichswürde: Im *Radetzkymarsch* sagt Chojnicki vom Kaiser, daß Gott ihn verlassen habe[11], daß das Reich also seine Heiligkeit und damit alle Funktion eingebüßt hat. Roths Demystifikation aller fortschrittlich-bürgerlich-patriotischen Illusionen ist in dem *Stummen Propheten* besonders kraß. Er geißelt die Begeisterung des deutschnationalen jüdischen Jornalisten, verhöhnt den liberalen Abgeordneten, der sich vom Krieg das Ende des Klerikalismus verspricht, erwähnt ironisch, daß die Damen in den Kriegszeiten ihre abgelegten Kleider nicht mehr der Hausnäherin, sondern den Kriegswitwen schenken, beobachtet, daß die Mütter der Gefallenen ihren Schmerz tragen wie die Generäle ihren goldenen Kragen und schildert satirisch den Radikalismus des Studenten, der von den Revolutionen von 1789 und 1848 spricht, als handele es sich um aktuelle Ereignisse[12]. Die Revolution bedeutet in erster Linie die einzige Alternative zum Fortschritt und zur Emanzipation, und das heißt zum lügnerischen moralistischen Optimismus: Im *status naturae lapsae* soll sie sozusagen wieder den absoluten Nullpunkt schaffen – das heißt, die unmittelbar erfahrene existentielle Lage der Vertreibung und der Entfremdung –; die Wahrheit soll wieder, von jedem falschen Blendwerk befreit, hervortreten. Die bürgerliche Emanzipation wird ja als eine Degradierung gesehen, als eine Säkularisation, die das Individuum in einem neuen eisernen Konformismus verflachen läßt. Hilde, die von Kargan geliebte Frau, ist ein Opfer der »neuen Moral[13]« der Nachkriegszeit, welche die Frauen ihre sexuelle Freiheit wahrnehmen läßt, nicht um sich als Persönlichkeiten zu verwirklichen, sondern, »damit sie sich von ihren Müttern unterschieden[14]«. Dabei kommen die Frauen oft überhaupt nicht mehr zum Genuß, weil der Geschlechtsverkehr nichts mehr von einem individuellen Abenteuer hat und als eine Verpflichtung ausgeübt wird, zum sozialen Fetisch geworden ist wie früher der gute Ruf[15]. Hilde läßt sich mit Derschatta, dem Direktor, dessen Sekretärin sie ist, im Büro ein: » . . . die Liebesstunden verliefen wie die Bürostunden . . . in einer kühlen Lüsternheit, die sich ähnlich anfühlte wie das braune Leder des Bürodiwans, auf dem sie sich vollzogen. Der gelbe Bleistift und das Stenographieheft lagen indessen auf dem Teppich und warteten, bis sie in Funktion traten, denn der Herr Generaldirektor liebte es nicht, seine Zeit zu vergeuden, und er begann zu diktieren, noch während er an der Wasserleitung den Forderungen der Hygiene zu genügen beflissen war. Es war, könnte man sagen, ein Liebesidyll nach Gabelsberger System[16] . . .«

Roth verzeiht der bürgerlichen Welt die Frustration und Freudlosigkeit, den Mangel an Lebensfülle und Genuß nicht; die Anbetung des Fortschritts, die das Individuum täuscht, indem ihm Möglichkeiten der Selbstverwirklichung vorgespiegelt werden, die in Wirklichkeit in dieser Gesellschaft nicht existieren, verschlimmert nur noch – durch Verfälschung – den wahren Zustand des Mangels und der Minderwertigkeit. Moralismus und Dekor der Wohlanständigkeit sind dabei die Kehrseite der konformistischen Bedenkenlosigkeit: Derschatta wird Hildes Ehemann und Hüter der »Ehre seines Hauses« und der Institution der Ehe[17] und leugnet, sowohl in seinen erotischen Seitensprüngen als auch in seinen heiligen Prinzipien der Ehrbarkeit, die Dimension des Gefühls und der Leidenschaft. In Derschatta zeichnet Roth das Porträt des kleinen heuchlerischen und beschränkten Satrapen der Nachkriegsbourgeoisie, des Gebieters über Schreibtische und Schreibmaschinen, wie er in der Gestalt Grünhuts, des Adressenschreibers und gefallenen Oberlehrers, das triste Epos eines aus den Rängen der Gesellschaft ausgestoßenen Kleinbürgers exemplifiziert, der im Radikalismus das Werkzeug für die soziale Revanche, das Mittel, um innerhalb einer neuen Gesellschaft zu Ämtern und Namen zu kommen, sieht. »Es ist eine Eigenschaft des Bürgertums, die einfachen Forderungen der Natur hinter komplizierten Idealen zu verbergen[18]«, sagt

Kargan, der es bedauern kann, nicht in einer nicht »mittelmäßigen« und reaktionären Zeit gelebt zu haben, in der Vergangenheit der großen Priester oder Ratgeber, »in der man sein Schicksal noch selbst bestimmen konnte, wenn man außergewöhnlich war[19]«.

Kargans Revolution ist daher ein persönlicher Krieg gegen den *esprit bourgeois,* bei dem es Kargan eher darum geht, »Minister aufzuhängen«, als selbst Minister zu werden; der Eisenbahnzug der Revolution (der legendäre Eisenbahnzug Trotzkis) wird zum Symbol einer »antimilitärischen« und »antibürgerlichen« Taktik[20], wie Friedrich und sein einziger wirklicher Freund, der General Berzejew, sagen. Einer Taktik, die die Soldaten lehren möchte, für sich selbst zu leben, statt für eine Sache oder für ein Ideal zu sterben[21]. Sie ist deshalb antimilitärisch, weil sie alle hierarchische Disziplin umstürzt, und antibürgerlich, weil sie den Menschen seiner eigentlichen, individuellen Wirklichkeit, die von jedem ideologischen Überbau befreit wurde, zurückerstatten möchte. Für Roth wendet sich die Revolution gegen alle Ideologien: Die politischen Gefangenen, die nach Sibirien deportiert werden, schauen auf die Welt, von der sie sich trennen müssen, und sind dabei doch froh, »daß sie nicht untergegangen war, daß die sich nicht einmal verändert hatte[22]«; in der Verbannung klammern sie sich leidenschaftlich an die Erinnerung an eine Ansichtskarte, die in einem Schaufenster ausgestellt war: »Wir waren Ideologen«, kommentiert Friedrich, »keine Menschen. Wir wollten die Welt umgestalten, und wir sind von Ansichtskarten abhängig[23] . . .«

Der Roman ist die Geschichte vom Scheitern dieser Revolution. Nach dem Sieg des Bolschewismus fühlen sich Kargan und die anderen Genossen der alten Garde fremd im neuen offiziellen, effizienten und sportlichen Klima, das die Traurigkeit, »eine reaktionäre Einrichtung[24]«, verjagt. Die Schreibtische sind an die Stelle der Throne getreten[25], aus den Genossen sind Bürger geworden[26], denn auch die Revolution predigt jetzt den Optimismus und die freundliche Illusion des radikalen Fortschritts. »Ich glaube, das Kennzeichen des Bürgers ist Optimismus«, sagt Berzejew. »Es wird schon gehen. Man wird schon siegen. Der General weiß schon, was er zu tun hat. Der Feind ist erledigt. Meine Frau ist treu wie Gold. Jetzt geht's aufwärts und so weiter[27].« Die sowjetischen Diplomaten reisen mit westlichem Zeremoniell und passen sich den Traditionen der alten Regimes an; die Revolution bedient sich der allen Vaterländern so lieben Rhetorik von der Heiligkeit des Opfers; die unsterbliche Macht des Papiers, der Feder, der Schreibpulte ist aus der Asche der verbrannten Kanzleien wieder auferstanden[28]. Im Schatten des Zynismus, der den kollektiven Wesenheiten erlaubt und dem Individuum verboten ist[29], blüht wieder der Schwindel der »großen Sache«, für die im Namen der von den allmächtigen Schreibtischen aus verbreiteten Lügen gestorben wird: Die Romantik ist unsterblich wie das Papier[30]. Ausdrücklich werden diesbezüglich im Roman die polemischen Beobachtungen der *Reise in Rußland* wiederaufgenommen: Die moralische Hygiene des Geschlechtslebens, die veraltete atheistische Propaganda, der »frisch-trocken-fröhliche Rationalismus[31]«. Roth klagt unmißverständlich die bürokratisch-stalinistische Rückentwicklung der Revolution an: Der grausame Savelli schickt am Ende Kargan und Berzejew nach Sibirien und schaltet alle alten Genossen aus. Und an diesem Punkt muß darauf hingewiesen werden, daß Roth nicht zufällig seinen Revolutionär, der sich gegen diese »Verbürgerlichung« auflehnt, nach dem historischen Vorbild Trotzkis gestaltet hat. Trotzki wird in seinen Augen zum Symbol einer jüdischen Dimension der Revolution, er vertritt das Phänomen eines »jüdischen Marxismus«, auf das Friedrich Heer hingewiesen hat[32]. Diese Dimension ist messianisches Feuer, prophetischer Schwung, zukunftsgerichteter Eifer, schöpferischer Geist, der ständig im Werden ist und nie in irgendeiner Formel erstarrt. Es ist der Geist Trotzkis, der 1901 davon träumte, daß der Mensch Herr »über den dahineilenden Strom der Geschichte[33]« werden möge; es ist die Stimmung von Ernst Blochs *Atheismus im Christentum*[34]. Wie Friedrich Heer in seinem Artikel über diesen Band Blochs und über die »Religion des Exodus und des Reiches« schreibt, bezeichnet Trotzkis Niederlage das Verlöschen der messianischen Flamme des Kommunismus und seine Entartung und Versteinerung in »Spießbürgerlichkeit, Bürokratie und Orthodoxie einer Kirchen-Partei[35]«. Gewiß hat sich Roth nur wegen dieser auffallenden und oberflächlichen »jüdischen« Züge für Trotzki oder für einen exemplarischen trotzkistischen Helden interessiert und nicht wegen des eigentlichen ideologischen Inhaltes des Trotzkismus. Kargan und Berzejew wählen die sibirische Verbannung, weil sie sich weigern, in die Dienste der Verbürgerlichung der Revolution, der »Verwandlung (des Proletariats) in einen tüchtigen Mittelstand[36]«, zu treten. Savelli, der zum Alleinherrscher im Kreml wird, verrät die Revolution sowohl durch die Einführung des bürokratischen Moralismus als auch, indem er sich der schlimmsten Elemente und Relikte der alten Welt wieder bedient, deren Symbol der zynische, apolitische Kapturak ist, der ehemalige Menschenschmuggler, den er sich zum vertrauten Helfer erwählt. Der Roman ist die feurige

Verdammung des modernen Machiavellismus, der Identifikation von Politik und Moral, bei der die Moral in der Politik aufgeht. Die Revolution wird als Totalitarismus demaskiert, das heißt als vollkommene Verwirklichung eines neuen Machiavellismus; nur die zerrissene Einsamkeit des einzelnen kann sich gegen ihren Triumph wenden. Man sollte daher nicht, wie es geschehen ist, vom »Scheitern des politischen Romans« sprechen. *Der stumme Prophet* ist im Gegenteil der Roman der Antipolitik, der Ablehnung und der Negation des großen Tieres, von dem Platon spricht. Darin ist er das völlig kohärente Werk, in das die paradoxe antisäkularistische Haltung Roths münden konnte, die unter dem Zwang zur totalen Verweigerung der modernen Welt in allen ihren Komponenten stand und dadurch, in ihrer zu keinem Kompromiß oder zweideutigen Bündnis bereiten Folgerichtigkeit, unfreiwillig das politische Unvermögen eines streng traditionalistischen Denkens enthüllte. Daher unterscheidet sich *Der stumme Prophet* entschieden von allen den Romanen, die aus der Enttäuschung darüber, »daß Gott gescheitert ist«, entstanden; das heißt, die – wie bei Manès Sperber oder Arthur Koestler (um ein paar typische Beispiele unter vielen zu nennen) – aus einer gescheiterten kommunistischen Erfahrung heraus geschrieben wurden. *Der stumme Prophet* bleibt im Grunde immer »außerhalb« der Revolution, bleibt ein – zwar anfänglich mit der Revolution sympathisierender – Apolog des Individuums und des Gefühls, wie *La révolution* von Chagall oder wie die jiddischen Romane Mendel Manns über die Tragödie der Juden im von den Deutschen besetzten stalinistischen Rußland[37].

Der Rückentwicklung der Revolution entspricht in Roths Roman die völlige Dekadenz der westlichen Gesellschaft und auch im besonderen die der westlichen Linken. Im sozialistischen Arbeiterverein hängt das Porträt von Karl Marx nur noch als gewohnter Wandschmuck, und die zusammengerollte rote Fahne in der Ecke erinnert an einen Schirm[38]; im Mikrokosmos der lokalen Auseinandersetzungen in der trübseligen, regnerischen kleinen deutschen Stadt sind sich die politischen Gegner schließlich ähnlich geworden, und es eint sie ein »regionaler Patriotismus«, der stärker ist als ihre ideologischen Überzeugungen[39]. Roth hat die Sozialdemokratie immer, in allen Phasen seines politischen Denkens, angegriffen: Die Sozialdemokratie erscheint ihm stets als Quintessenz des bürgerlichen Geistes, des selbstzufriedenen Fortschrittlertums und vor allem des deutschen Spießbürgers[40]. Die Revolution rückt in die Ferne, unerreichbar und ungreifbar; »den Juden gleich, die sich immer nach dem Osten wenden, wenn sie beten, richteten sich die

Revolutionäre immer nach rechts, wenn sie anfingen, öffentlich zu wirken ... Die Revolution blieb immer links[41].« Der radikale Fortschrittsglaube und das fetischartige mit Enphase von den Politikern gebrauchte »Wir«, »Unser«, »Was« (worunter sie den Staat verstehen), macht sie »Angestellten eines großen Warenhauses« ähnlich, die sich mit ihrer Firma identifizieren[42]. Auch die »Linke« ist unheilbar von der bürgerlichen Gesellschaft verdorben, deren durch den Konsummechanismus erreichten Triumph Roth registriert: Die Informationsindustrie bemächtigt sich Kargans Lebensgeschichte, macht aus seinen erbarmungslosen Taten im Bürgerkrieg Ware für das westliche Publikum[43]; das bürgerliche System sichert sich den Sieg durch die Reduktion der geschichtlichen Tatsachen auf journalistische Details[44]. Weil er das nicht begreift, nennt der Autor Kargan »naiv«, »denn er war ein Revolutionär[45]«; der reine revolutionäre Geist bedeutet Naivität, Blindheit vor der Unveränderlichkeit und Unverbesserlichkeit der Welt. Ein einziger Vermassungsprozeß – vor allem im von Roth so verabscheuten Sportkult exemplifiziert – entmenschlicht Kapitalisten und Proletarier, ebnet sie alle in einer anonymen Entfremdung ein, »als ob es keine Revolution und keinen Krieg gegeben hätte! Nichts! Ausgelöscht[46]!« Die Zukunft gehört nicht etwa Hammer und Sichel, sondern dem Flugzeug und dem Fußball[47]: In dieser Welt der Gleichgültigkeit und der Bedeutungslosigkeit des Individuums gehen Kargan und Berzejew nach Sibirien, »gezwungen und dennoch gerne«, »mit der stolzen Trauer stummer Propheten[48]«.

Der Mann mit Eigenschaften

Auch Kargan ist wieder eine Verkörperung der Rothschen Gestalt »ohne Stelle« in der Geschichte, des Fremden im Abenteuer der Zeit. Im Geiste ist auch er in diesem Sinn ein ewiger Jude, ein Ostjude auf Wanderschaft. Er ist Revolutionär und doch im Grunde auch der Revolution fremd in seinem bürgerlichen Egozentrismus eines schon von Kind auf Frustrierten, in seinem europäischen Intellektualismus[1]. Er ist ein Isolierter, dessen Name in keiner Kanzlei registriert ist, er glaubt nicht an die Veränderung und neigt im Innersten zu gleichgültiger Neutralität[2]; er ist ein »Zuschauer«, der kein »Vaterland« hat[3]; er ist »zu spät geboren oder zu früh . . . eines der Experimente, die hier und da von der Natur gemacht werden, ehe sie sich entschließt, eine neue Gattung hervorzubringen[4]«. Kargan lebt in einer extremen Leere, die noch schlimmer ist als die Franz Tundas, weil das politische Engagement sie nur um so deutlicher hervortreten läßt. Prophet einer anonymen Zukunft, in der es keine Heimat mehr geben wird[5], verweigert sich Kargan dieser Zukunft doch und verneint sie verzweifelt. Gleichzeitig ist er von der Vergangenheit abgeschnitten, kann ihr gegenüber Abscheu oder Ehrfurcht empfinden, aber keine Bindung mehr. Er ist der typische »unzeitgemäße« Held außerhalb von Zeit und Geschichte: Und gerade deswegen ist er für Roth der einzige Mensch *mit Eigenschaften.* »Es gelang Friedrich niemals, auf seine Frage, wer der und jener sei, eine andere Antwort zu erhalten, als: ›X ist aus der Partei ausgetreten. B ist Redakteur an der demokratischen Zeitung. Y ist Generaldirektor der Z-Werke‹.« Die Antworten lauteten so nicht etwa, weil man sich um einander nicht kümmerte, sondern weil in der Tat ein Redakteur nichts anderes zu sein schien als ein Redakteur und ein Generaldirektor nichts als ein Generaldirektor. Es gehörte zu den intimsten Eigenheiten, die man von einem Menschen mitzuteilen wußte, daß er diesen und jenen Beruf ausübte und diese und jene politische Gesinnung zur Schau trug. Und Friedrich, der niemals einen Beruf gekannt hatte, dachte: »Ich bin der einzige mit menschlichen Eigenschaften. Ich bin tückisch, böse, ehrgeizig, hartherzig und gescheit[6] . . .«

Roth sucht also auf das musilsche Fehlen von Eigenschaften durch eine totale Weigerung vor der Logik der Zeit zu reagieren: Seine

Zeitkritik verzichtet im Grunde auf eine wahre Auseinandersetzung mit der Gegenwart, wendet sich von der eigentlichen Dimension der Zeit ab, um sich in ein fragmentarisches, zeitloses Jenseits zu flüchten. Das zeitgeschichtliche Engagement verkehrt sich in die Negation der Kategorie des Aktuellen. Für Roth existieren weder Gegenwart noch Zukunft, weil es keine Möglichkeit gibt, irgendwie auf die Geschichte einzuwirken. Hier wird im Revolutionsroman die reaktionäre Einstellung Roths deutlich, sie ist nur die – paradoxe, aber notwendige – Kehrseite des Rothschen Anarchismus. Kargan ist Anarchist, doch nicht im politischen, sondern im existentiellen Sinn: Er verkörpert die Negation des Gesellschaftlichen an sich. Doch ein solcher existentieller Anarchismus wird in Wirklichkeit wieder – dadurch, daß er die als Glaube und Wille zur Veränderung verstandene Politik verwirft – zur unbewußten, aber unvermeidlichen politischen Einstellung. Kargans Haltung ist dafür ein ausdrückliches Beispiel: »Ich kann ebensowenig wie er glauben, daß sich etwas in der Welt ändert: außer der *Nomenklatur*[7].« Die Wandlungen des Wortes und der epischen Hierarchien (der homerischen Nomenklaturen) sind also nur ironische, formale Variationen, die nichts an der gleichbleibenden Wirklichkeit ändern. Sein pessimistischer Scharfblick und die intellektuelle Skepsis in bezug auf die Modifizierbarkeit des menschlichen Schicksals machen Roth gerade in dem *Stummen Propheten* zu einem »großen Reaktionär« im kürzlich von Umberto Eco definierten Sinn des Begriffs, zu einem Desillusionierten, für den »die Vielfalt der Welt ohne Mitte nach einer Kombinationsregel entsteht, sie ist Ort eines Spiels, das der Reaktionär von Anfang an durchschaut, und das nicht mehr neugestaltet werden kann[8]«. Roth kommt über den jüdischen Pessimismus und Antihistorizismus, über den Begriff der Geschichte als Verbannung, zu dieser Anschauung. Seine Weisheit hat sich von Illusionen frei gemacht und den Blick von der moralischen Reaktion abgewandt; es ist eine Weisheit, die die Welt zu gründlich und zu schmerzlich erfahren zu haben glaubt, um noch gegen den Leviathan kämpfen zu können.

Im Namen desselben Pessimismus lehnt in *The Family Moskat* Asa Heshel, Singers negativer Held (nicht durch Zufall Atheist und Anhänger Spinozas), den Kommunismus ab. Er ist – obwohl er dessen Grausamkeit sieht – für den Kapitalismus, weil er ihn für »auf die menschliche Natur und die ökonomischen Gesetze begründet[9]« hält. Asa Heshel ist zwar Atheist oder vielmehr ein Jude, dessen biologisches Judentum durch den Verlust der transzendenten Perspektive und des Glaubens an das Ende des Exils zerstört wurde; doch auch der jüdische Aufschub der Erlösung auf ein Zeitende und auf ein eschatologisches Ereignis bedeutet Verzicht auf politisches Engagement, Scheidung zwischen Bewußtsein und Handeln. Anderseits hat gerade, weil das Wort nur Ort des Bewußtseins und nicht des Handelns sein kann, der ostjüdische Geist eine so große Literatur hervorgebracht, die das Ziel des Schreibens voll verwirklicht, indem sie meist die Verwechslung von Wirklichkeit und Vorstellung, Aktion und Einbildungskraft vermieden hat und darin hoch über einem der größten und hinderlichsten Mißverständnisse der zeitgenössischen Literatur steht, das heißt über dem chaotischen Engagement, das in der Literatur gesucht hat, wozu diese ihrer Bestimmung nach nicht fähig ist, nämlich die Kraft zur Veränderung der Wirklichkeit. Auf diese Weise sind dem Bereich der Praxis Kräfte und Energien entzogen und zur müßigen, so vielen Avantgarden lieben Fragestellung »Literatur und/oder Revolution[10]« verwendet worden.

Anarchismus und Reaktion. Sehnsüchte eines Unpolitischen

Roths Anarchismus ist zutiefst pessimistisch, und das unterscheidet ihn von jedem politisch organisierten Anarchismus. Er besteht entschieden darauf, daß die Taten der Menschen durch private Gründe bestimmt werden[1] und daß es unmöglich ist, die Menschen nach einem von ihm »bürgerlich« genannten Kriterium zu beurteilen, nämlich nach ihren Taten, zu denen man so unschuldig und unbewußt kommt wie zu Träumen[2]. Die Individualität des Menschen entzieht sich den Worten, und dahinter kommt in ihm als soziales Wesen gleich der »Drache[3]«, in den keine Hoffnung gesetzt werden kann. Als einzige Sicherheiten bleiben diesem Anarchismus in dem *Stummen Propheten* keine transzendenten Prinzipien oder unveränderlichen Werte, sondern Fetzen, Fragmente unverrückbar individueller Gefühle und Leidenschaften. Die Vergangenheit, das heißt ihre im zerstörerischen Lauf der Zeit an die Oberfläche getriebenen Relikte, wird zur Allegorie dieser verzweifelten, leidenschaftlichen Einsamkeit der Person. In der ersten Begegnung mit Hilde ist das Motiv des Wagens und des aufmunternden, feudalen Aufschlags der Pferdehufe übermächtig[4]; die einzige Epiphanie im Wien der Exilrevolutionäre, das einzige bedeutsame Erlebnis ist der Anblick von Hildes Hand hinter der Schaufensterscheibe des Ladens, wie sie langsam und zärtlich »das ganze reizvolle, spannende Spiel der Gelenke und Finger« entfaltend einen Handschuh probiert[5]; Kargan liebt Hildes Stimme, nicht ihre Worte[6]. Nur die Liebe zu Hilde kann sich dem Vorwärtsmarschieren der Geschichte widersetzen und das Wunder bewirken, daß »Geschehenes ausgelöscht wird[7]«. Die Sehnsucht nach Schönheit und Liebe dämpft das politische Engagement: Beim Anblick des von Farben, Geräuschen und Frauenblicken schwirrenden Theatervestibüls empfindet Kargan stark den Reiz der »Harmonie dieser schönen Wirrnis« und sogar fast etwas wie Sympathie für die Polizisten, die darüber wachen, daß sie ungestört bleibt[8]. Die wahre Mitte, um die der »revolutionäre« Roman kreist, ist eigentlich Hildes Gebärde voller Zurückhaltung und Hingabe, die den Beginn der leidenschaftlichen, flüchtigen Liebesbefriedigung zwischen ihr und Kargan bezeichnet. »In dieser einen Bewegung, mit der sie die

Arme hob, lagen alle ihre Schönheiten. Ihre Bewegung erinnerte an ein Flehen, eine Entkleidung, eine Abwehr und eine Hingabe gleichzeitig, an alle Arten von Schönheit. Die Arme senkten sich wieder. Die rechte Hand begann über die linke den Handschuh zu streifen[9] . . .« Damit setzt am Ende des Romans die kurze, verlorene Liebesaffäre zwischen Friedrich und Hilde ein, ihr kurzes Taumeln zwischen Augenblicken und Pausen irrenden Glücks; und es ist auch das letzte Kapitel von Kargans Geschichte vor seiner Rückkehr in die Sowjetunion und der Verbannung nach Sibirien. Nur in der Gefühls- und Sinnenekstase kann sich das Individuum noch verwirklichen, aber es ist ein flüchtiges, fragmentarisches Erlebnis ohne Dauer und dazu bestimmt, im Kampf mit der Zeit zu zerschellen. Die barocke *fugacitas,* die Besessenheit durch Chronos, verschlingt das Rothsche Individuum unwiderruflich, auch und vor allem den Menschen, der den Sprung in die kühnste Moderne, das heißt in die Revolution gewagt hat.

Innerhalb der Zeit und der Geschichte gibt es keine Rettung. Die einzige Möglichkeit, sich zu verteidigen, bietet die konservative Skepsis und der biologische Vitalismus solcher durch epische Gleichgültigkeit vor dem Leben ausgezeichneter Gestalten wie Parthagener und Herr von Maerker, denen die Natur »ohne Rücksicht auf ihre Sünden oder Verdienste . . . (die) weiße Farbe der Würde[10]« und die »Ahnungslosigkeit« und »Selbstverständlichkeit[11]« verleiht. Parthagener und Herr von Maerker verkörpern eine voll verwirklichte Vitalität hinter dem Schutz sicherer Scheuklappen, die sie vom geschichtlichen Wirbel abschirmen. Der eine ist ein Gauner und der andere dumm, beide sind sie blind und borniert, und doch ist ihnen die höhere Weisheit eines vollkommenen psychischen Gleichgewichts und eine Gesundheit der Sinne eigen, die von keiner intellektuellen Bedrängnis oder Frage angefressen ist. Beide sind Menschen der Welt von gestern, im politischen Chaos halten sie noch an den Lebensgewohnheiten und -sitten einer geordneten Welt fest. Herr von Maerker lebt »weiter als der passive Betrachter einer neuen Zeit[12]«, aber weit entfernt von Kargan, der ja auch ein »Zuschauer«, aber ein in seiner Unfähigkeit zerrissener, ist: Herr von Maerker ist so anders, weil ihm die neue Zeit »keineswegs gefiel, . . . ihn aber nicht im geringsten störte, weil sie ihn nicht im geringsten anging[13]«. Dieses epische Desinteresse verleiht von Maerker die Freiheit, die Kargan fehlt, die Würde des Alters, die ihm die mangelnde Intelligenz ersetzt, die Imponenz eines alten Bildnisses, die es mehr der Patina als der Kunst verdankt. Weil ihn die neue Welt nichts angeht, kann er unbeirrbar den guten Manieren seiner Generation treu bleiben, sich nicht anmerken lassen, daß er eine Ungehörigkeit bemerkt hat, seinen intakten Lebensstil bewahren, der es ihm erlaubt, den nunmehr von allen abgelehnten Kargan entgegenkommend zu behandeln und seinen Lebensabend als Überlebender des alten Mitteleuropa wie »unverdiente Ferien« zu verbringen[14]. In ihm ist die Vergangenheit biologische Substanz der Person geworden, das ist seine Stärke: »Und mit der Selbstverständlichkeit eines Mannes, der von seiner Tochter keine Ahnung hat, aber die Traditionen einer alten Ritterlichkeit im Blut, begab sich Herr von Maerker, eine Reitpeitsche in der Hand, zum Herrn Generaldirektor[15].« Die gleiche Kraft besitzt, nicht in dieser adligen, sondern in eher pikaresker Version, Parthagener, und aus demselben Instinkt heraus können sich die politischen Deportierten der magischen »Begeisterung des Erzählens« überliefern, so daß das Erzählen ihnen gerade durch die Beschwörung der sie erwartenden Schrecknisse ihr tragisches Schicksal in die Ferne rückt[16] wie die Wiederholung von *Tausend und eine Nacht,* an die Benjamin erinnert[17].

Kargans und Berzejews parabelhafter Weg endet in der Leere der sibirischen Verbannung, in der eisigen Einsamkeit, nach der sie sich sehnen, und im Wind aus der unermeßlichen Ferne Asiens, den sie wie einen Trost fühlen[18]. Aber der Roman selbst endet nicht in dieser absoluten Reinheit und in dieser totalen Abkehr von der Geschichte und der zerstörerischen Wirklichkeit. Eine neue Sehnsucht nach der Welt der Zerstörung und nach dem alten, verdorbenen und verfaulten und doch unauslöschlichen Europa steigt in seinen umherirrenden Flüchtlingen auf. Friedrichs und Berzejews Platz ist, schreibt Roth, in »der geräuschvollen Leere der Gegenwart[19]«, und sie hören den Ruf ihrer Sirenen: »den faulen Geruch von Wasser und Fischen in den gewundenen Gäßchen alter Hafenstädte, den paradiesischen Glanz der Lichter und Spiegel in den Kellern, in denen geschminkte Mädchen und blaue Matrosen tanzen, den wehmütigen Jubel der Ziehharmonika, der profanen Orgel volkstümlicher Lust, das törichte und schöne Brausen der weiten Straßen und Plätze, der Flüsse und Seen aus Asphalt, die leuchtenden grünen und roten Signale in den Bahnhöfen, den gläsernen Hallen der Sehnsucht[20]«. Am Ende der Parabel von der Revolution steht wieder die Sehnsucht nach der Welt von gestern, nach dem alten, sich auflösenden Europa, nach seinen zärtlichen, doppeldeutigen individuellen Verführungen. Roth macht aus den Gegenständen dieser sentimentalen und sinnlichen Sehnsucht barocke Allegorien der *fugacitas,* einen Epilog auf das flüchtige Individuum, auf den Zauber des

Untergangs. Wie immer mischen sich in seinem Urteil Scharfsicht und Barmherzigkeit (Reich-Ranicki[21]) und die Zärtlichkeit des melancholischen Genießers: Die Welt von gestern erscheint als ein Freudenhaus (das alte Prager Bordell in Werfels *Trauerhaus* oder das Haus der Josephine Matzner in Roths *Geschichte von der 1002. Nacht*), dessen Unmoral nicht verleugnet wird, aber dessen vertrauter Jugendschönheit man doch nachtrauert. Selbst in der starken Bewunderung für die Russische Revolution, von der die *Reise nach Rußland* durchdrungen ist, in der Sympathie für diese Welt, wo »aus Knechten Menschen werden[22]« und wo ohne Rast gebaut und aufgebaut wird, schwingt »ein Heimweh nach unserem Leichtsinn und unserer Verwerflichkeit« mit, »ein Sehnsucht nach dem Aroma der Zivilisation, ein süßer Schmerz um unsere wissenschaftlich schon ausgemachte Dekadenz, ein kindischer, dummer, aber inbrünstiger Wunsch, noch einmal eine Modeschau bei Moulineux zu sehen, ein holdseliges Abendkleid auf einem törichten Mädchen, eine Nummer vom ›Sourire‹ und den ganzen Untergang des Abendlandes: wahrscheinlich ist das ein bourgeoiser Atavismus[23]«. Die Welt, die unter dieser Akzentsetzung betrauert wird, ist die der Herrschaft der Zeit, das heißt die Welt der Vergänglichkeit und der Untreue. Dem enttäuschten Revolutionär bleibt nur noch der Traum von einer unmöglichen Rettung der Dinge aus dem Fluß des Vergehens, bleibt nur die Vorstellung des Meergeruchs oder einer Ziehharmonikamelodie, in der ihm ein letztes Mal an der Schwelle zur totalen Einebnung aller Erfahrung die Züge eines ephemeren Individualismus aufscheinen.

Totenstadt und Gelehrsamkeit

Schon mit dem *Stummen Propheten* hatte Roth also den politischen Roman abgetan; *Der Antichrist,* 1934 geschrieben, ist das extreme Zeugnis für diese ideologische Entwicklung. *Der Antichrist* ist die Klage gegen den völligen, unbedingten Totalitarismus, in den nach Roths Ansicht die moderne Welt geraten ist. Roths Urteil verdammt ausnahmslos alle Tendenzen und Kräfte der zeitgenössischen Ära: Kommunismus, Demokratie, Nazismus, Liberalismus, Rassismus, Faschismus, Kapitalismus, Klerikalismus[1]. Dabei vertritt er keineswegs die übliche Perspektive der »Mitte«, die alle »Extreme« negativ gleichstellt, er lehnt einfach alle gesellschaftlichen Dimensionen und politischen Kräfte ab: Seine Verachtung für die merkantile Eigensüchtigkeit des englischen Liberalismus oder für die engherzige Neutralität der helvetischen Demokratie ist nicht geringer als seine Ablehnung des Faschismus oder des Stalinismus. Es gibt also für Roth keinen politischen Anhaltspunkt mehr, und es könnte bei seiner Kohärenz auch gar nicht anders sein; seiner religiösen Anschauung nach ist die Säkularisation total und die Entmenschlichung universal, es gibt keine Restaurationsmöglichkeiten mehr, denn sie wären nur noch Bastardverbindungen oder schwindlerische Kompromisse. Die ideologische Entwicklung Roths ist ein mathematischer Beweis dafür, daß einem moralisch klaren und kohärenten Reaktionär keine Möglichkeiten des Handelns und der politischen Wahl mehr bleiben.

Seine Ausbrüche – denn es handelt sich sowohl bei dem *Antichristen* als auch bei seinen Umtrieben in den Reihen der antifaschistischen Emigranten eher um heftige, persönliche Ausbrüche als um konkrete politische Stellungnahme – umfassen eine ganze Skala verschiedener und oft launischer politischer Haltungen. Sie reicht vom schärfsten Antimarxismus und von einem Antikommunismus, der auf bösartige Invektiven gegen »die Plebejer« herabsinkt (man lese den Angriff auf Ernst Fischer und die Beschuldigungen des Sozialismus als Ursache und gleichzeitige Ergänzung des Faschismus[2]) bis zur Proklamation der Kampfkameradschaft mit allen Gegnern des Nazismus; vom Entwurf eines Bundes zwischen allen Widersachern der allgemein triumphierenden »Dummheit« und »Bestialität[3]« bis zur ständigen antiamerikanischen Polemik, bis zum entschiedenen Protest gegen die Unterdrükkung der Arbeiter von seiten der österreichischen Regierung im Jahre 1934[4]. Roth, der von einem antinazistischen »Bund« unter dem Zeichen des Katholizismus träumt, wirft dem Papst mangelnde Stellungnahme gegen den Faschismus vor und behauptet, von den Reaktionären als Mann der Linken betrachtet und von der Linken verleugnet zu werden[5]. Diese Haltungen werden mit der Zeit immer wütender, manischer und besessener; immer mehr wird der stur und naiv sich über alle politische Wirklichkeit hinwegsetzend gepriesene habsburgische Legitimismus zur Projektion einer verzweifelten und absoluten persönlichen Isolierung. »L'Empereur . . . moi, je suis le seul vrai serviteur[6].«

Auch die jüdische Welt wird unter harte Anklage gestellt: Roth wirft den Juden vor, sie widersetzten sich nur dem Antisemitismus und nicht der nazistischen Barbarei an sich, und er versichert wiederholt, er verteidige das kulturelle Erbe einer universalen Humanität, die Goethe und Lessing mindestens ebensoviel verdanke wie den Patriarchen[7]. So erklärt er, »Jossel Roth von Radziwillow«, sich für das große Vermächtnis der deutschen Kultur zu schlagen[8], lehnt selbst den Begriff »jüdische Schriftsteller« ab, weil er darin ein unfreiwilliges, aber gefährliches Zusammentreffen mit den nationalsozialistischen Doktrinen sieht[9], und proklamiert – ohne großes Bedauern – das Ende des jüdischen »Volkes[10]« in nicht allzu weiter Zukunft und vor allem durch das Werk der marxistischen Revolution. Trotzdem bedeutet für Roth, der sich katholisch nennt und sein »Judentum« als »westlich« definiert[11], das von allen ethischen und nationalen Beschränkungen gereinigte Judentum eine existentielle Bedingung: »Mir persönlich . . . ist mein Judentum etwa das, was einem chassidischen Wunderrabbi: eine metaphysische Angelegenheit, weit, hoch über allem, was mit ›Juden‹ auf dieser Erde passiert[12].« Daher kann Roth in der Tragik der Stunde jenseits alles Konfessionellen im Talmud das menschliche »Zeitgemäße[13]« wiederfinden; auch für ihn gilt die Unterscheidung, die er in bezug auf Peretz macht, wenn er von der »littérature juife (pas hébraique[14])« spricht.

Der Antichrist entsteht in einer Zeit paranoischer Exaltation, die noch gereizt wird durch demütigende, schlecht ertragene tägliche Schwierigkeiten, durch ständige Geldnot und Auseinandersetzungen mit den anderen Oppositionsgruppen im Exil – Polemiken, die übrigens den guten Willen, aber auch die literarische Abstraktheit und politische Ahnungslosigkeit bei den meisten Emigranten belegen[15]. So bleibt im Falle Roth allein der stolze Rückzug auf sich selbst, das hilflose und beziehungslose Individuum, das nur mit Verachtung wiederholen kann: »Ich aber habe ihn erkannt ... ich durchschaue ihn ... (ich) erkenne ... ihn, den Antichrist ... (ich) will versuchen, ihn zu entlarven ... ich allein aber wußte ... ich gehe unter[16].« Von dieser Position aus kann nur ganz allein und individuell gekämpft werden. Ein beeindruckendes Zeugnis dafür ist der hintergründig gegen jeden Adel des Geistes gerichtete Brief, den Roth zu Verteidigung eines unbekannten antinazistischen deutschen Schriftstellers, David Luschnat, geschrieben hat, als dieser aus der Schweiz, wohin er sich vor den Verfolgungen geflüchtet hatte, ausgewiesen werden sollte: »Er hat keinen ›Namen‹, kein Geld, er kann nicht einmal die Reise zur Grenze bezahlen ... Es ist keine Zeit mehr zu verlieren, als zu individueller Hilfe. Ich erröte bei dem Gedanken, daß ich ohnmächtig bin ... Herr David Luschnat hat nichts mehr getan, als Herr Thomas Mann: beide haben Deutschland verlassen. Beide sind Schriftsteller. Über ihren literarischen Grad hat die Polizei nicht zu entscheiden[17].« In diesem Geist führte Roth den »guten Kampf« seiner letzten Jahre zur Verteidigung der hilflosesten und ärmsten politischen Emigranten in Frankreich, deren Sache er bei der Pariser Fremdenpolizei mit Nächstenliebe und einer königlichen, selbstgefälligen Arroganz gegenüber den Mächtigen betrieb[18].

Emphatisch und beredt, im stilistisch forcierten und oberflächlichen Rückgriff auf die Bibelsprache, schildert *Der Antichrist* die zeitgenössische Welt unter der von Roth ausdrücklich erklärten und oft von anderen hervorgehobenen Allegorie[19] des Turmbaus zu Babel und seiner neuesten horizontalen Entartung. Das Böse wird vor allem in der Entfremdung des Objekts, in der Spaltung von Wahrheit und Wort gesehen: Die Namen sind an die Stelle des Realen getreten und hinter ihnen ist nichts mehr[20]. *En bloc* verdammt Roth die ganze Dialektik zwischen Sprache und Wirklichkeit, aus der die moderne Literatur lebt; die zeitgenössische Kultur erscheint ihm als reiner substanzloser Nominalismus, als Scheidung zwischen Form und Wesen.

Für Roth ist das Kennzeichen dieser Zivilisation der Tod des Wortes, das durch die gemeine »Romantik der Technik« ersetzt worden ist, die zum endlichen Triumph des Bösen geführt hat[21], daher predigt er den kategorischen Imperativ, daß das Verbrechen nicht verschwiegen werden darf[22], proklamiert er die moralische Verantwortung, die ihn später bis zur Ablehnung – wenigstens in der Theorie – der Literatur im Namen der Wahrheit, der Liebe und des Kampfes gegen die triumphierende Bestie bringt. Roth besteht ausdrücklich auf der »kollektiven Schuld«, auf der Mitverantwortlichkeit für die nazistischen Verbrechen aller, die schweigen, die nicht deutlich die Geschichte von Kain und Abel erzählen. Deswegen ereifert er sich gegen die moderne Literatur, die ihm gerade zugunsten des experimentellen Spiels mit dem entweihten oder zerstörten Wort der ethischen Spannung abgeschworen zu haben scheint; in unerbittlicher Kohärenz verwirft Roth daher Lawrence, Joyce, die avantgardistische »Mode«, Gide, Döblin und sogar sich selbst, weil er auch an sich das zerstörerische Werk des Antichristen und des literarischen »Handwerks« sieht[23], was ihn oft zu negativen Urteilen über viele seiner Werke bewegt. Gerühmt wird dagegen bezeichnenderweise der jiddische Erzähler Schalom Asch, der »Homerische Jude«, der »am Trojanischen Krieg (hätte) teilnehmen können[24]«. Von den Großen des 20. Jahrhunderts bleiben eigentlich nur Kafka und Rilke, denn sie sind – wie Roth selber – Österreich[25] . . .

Die Idolatrie beginnt mit der Anbetung der Leere, mit der Auflösung aller Unterscheidungen, Abgrenzungen, Umrisse[26] und vor allem damit, daß die menschlichen Fehler und Grenzen zu Errungenschaften und Wahrheiten erklärt worden sind[27]. Auch die Kritik der Vernunft zielt nach der Spaltung der Totalität und der Verwirrung der Ebenen[28]. Die Allegorien sind nur allzu deutlich: der *Hades* der Filmindustrie mit ihrem Markt der Schatten, die Vertauschbarkeit jedes Elements und Wertes. Trotz der Kohärenz des moralischen Engagements entgeht auch *Der Antichrist* – wie von Rollka angemerkt worden ist[29] – nicht den Mißverständnissen der antitechnologischen Polemik, die gerade auch von der nazistischen Propaganda angepriesen wurde. Monoton in seinem apokalyptischen »Continuo« spricht Roth mit einer gewissen düsteren prophetischen Kraft von der Bedeutung des Untergangs, der Katastrophe, auf die er Europa und vor allem das nationalsozialistische Deutschland unablenkbar zutreiben sieht. Auf jede erzählerische Erfindung verzichtend, nur der ideologischen Botschaft anvertraut und daher schwach, wie alles, was Roth schreibt, wo seine Vereinfachung der Begriffe nicht vom Genie der phantastischen Erfindung erlöst wird, scheint *Der Antichrist* die biblische Beredsamkeit der großen barocken Bußpredigten wieder erwecken zu wollen. Das Buch wird vom Rhythmus der beständigen Wiederkehr, der kreisenden Bewegung, getragen, die die verschiedenen Exemplifikationen der Fastenpredigt in einer entwicklungslosen Folge verbindet und alle Erscheinungen in dieselbe negative Gleichgültigkeit taucht, ob es sich nun um die journalistische Lügenindustrie oder um das atheistische Philistertum der Sowjetunion handelt, um den weißen Rassismus oder um den Krieg. Die Entweihung besteht im Bruch der wahren Beziehungen zwischen den Dingen, die durch falsche ersetzt worden sind: daß im Film das Weidenkörbchen mit dem neugeborenen Moses vor den in Großaufnahme erscheinenden Brüsten der im Nil badenden ägyptischen Prinzessin verschwindet, entweiht sowohl den jüdischen Gesetzgeber als auch die weibliche Schönheit[30].

So sieht Roth das Böse im Bruch der Bindungen und in der Verschiebung der Verhältnisse, das heißt also in der Verbiegung von Prinzipien und Leitbildern, die unveränderlich sein müßten. Auch die Revolution entsteht, wenn an der Spitze der Gesellschaft diese Verwirrung entstanden ist; daher erscheint die Naturwelt – wie Roth zum Rassismus schreibt[31] – der geschichtlichen und menschlichen gegenüber fast exemplarisch, immun gegen deren Delirium und der ursprünglichen Ordnung nahe.

Der moderne Tyrann findet – dank der Unterstützung, die ihm die (von Roth unermüdlich angegriffene) industrielle Maschinerie bietet – weder Gegner noch Hindernisse, seine Herrschaft wird durch das Verschwinden des Individuellen garantiert. Es gibt kein Gesetz mehr, auf das sich ein Widerstand berufen könnte; die Technologie ist zur natürlichen Ordnung der Welt geworden und eliminiert automatisch jede Opposition. Das moderne Ninive würde auch einen Prediger des nahen Endes wie Jonas einschlucken; eine obligate Heiterkeit lächelt von den Photographien, hinter denen schon das Nichts der grauen Lava des unmittelbar bevorstehenden Vulkanausbruchs steht[32]. Zum Leichenredner seiner selbst und seiner Welt geworden, setzt Roth seinen Weg durch die Wirklichkeit fort wie durch eine Totenstadt, auf der Suche nach Urnen und archäologischen Inschriften, die von verschollenen individuellen Schicksalen berichten, die er erzählen kann. Wie im *Wunder vom Judenfriedhof* von Junosz[33] bleibt auch Roth nur die »Gelehrsamkeit«, das Wort, um sich gegen die Unerträglichkeit des Lebens zu wehren.

Die verschollenen Annalen

Roman und »exemplum«: die Welt der Korrektion

Abschluß und fast schon Epigraph zu Gershom Scholems großer Darstellung der jüdischen Mystik bildet eine chassidische Geschichte, die im Kreis des Rabbi Israel von Rischin[1] entstanden und von Agnon berichtet worden ist: »Wenn der Baal-schem etwas Schwieriges zu erledigen hatte, irgendein geheimes Werk zum Nutzen der Geschöpfe, so ging er an eine bestimmte Stelle im Walde, zündete ein Feuer an und sprach, in mystische Meditationen versunken, Gebete – und alles geschah, wie er es sich vorgenommen hatte. Wenn eine Generation später der Maggid von Meseritz dasselbe zu tun hatte, ging er an jene Stelle im Walde und sagte: ›Das Feuer können wir nicht mehr machen, aber die Gebete können wir sprechen‹ – und alles ging nach seinem Willen. Wieder eine Generation später sollte Rabbi Mosche Leib aus Sassow jene Tat vollbringen. Auch er ging in den Wald und sagte: ›Wir können kein Feuer mehr anzünden, und wir kennen auch die geheimen Meditationen nicht mehr, die das Gebet beleben, aber wir kennen den Ort im Walde, wo all das hingehört, und das muß genügen.‹ – Und es genügte. Als aber wieder eine Generation später Israel von Rischin jene Tat zu vollbringen hatte, da setzte er sich in seinem Schloß auf seinen goldenen Stuhl und sagte: ›Wir können kein Feuer machen, wir können keine Gebete sprechen, wir kennen auch den Ort nicht mehr, aber wir können die Geschichte davon erzählen.‹ Und – so fügt der Erzähler hinzu – seine Erzählung allein hatte dieselbe Wirkung wie die Taten der drei anderen[2].«

Auch Roth gehört zu der letzten Generation, die um ihr Erbe gekommen ist, ja, er hat sie überlebt als der Erzähler, der nur noch von in der Zeit verschollenen Werten sprechen und berichten kann. Das Häufchen aus der Bahn geworfener Emigranten, Taxichauffeure und Obdachloser, Stammgäste des russischen Restaurants »Tari-Bari« in Paris[3], wird zum symbolischen Kreis chassidischer Zuhörer, die sich allein aus der Erzählung Rettung und Wahrheit erwarten. Vom Geheimnis bleiben einzig die Worte, das Chaos kann nur noch im Apolog ertragen und gedeutet werden. Die Größe des letzten Roth besteht gerade in dieser konsequenten Reduktion aller Werte aufs

Imaginäre und in der furchtlosen Ironie, mit der er die Irrealität, das Nichts dieses illusorischen Hintergrunds, auf dem er seine Welt errichtet, anerkennt. Die wahre Ironie ist nie entweihend, sondern zärtlich und enttäuscht, barmherzig und unerbittlich zugleich: Sie relativiert, wie Beda Allemann schreibt[4], ihren Gegenstand und das Beziehungsnetz, in das er eingewoben ist, doch in dieser Relativierung wirkt nur eine um so lebendigere und stärkere Liebe zu der unsicheren Realität, die ja die einzige ist, der wir uns nähern, in der wir leben und empfinden müssen. Die Ironie ist Schutz des Gefühls, Projektion der Zärtlichkeit. Roth laisiert das chassidische Verhältnis zwischen Erzähler und Zuhörergemeinde, indem er es in die Atmosphäre nächtlicher Vertraulichkeiten unter Asozialen in einem drittklassigen Lokal verlegt, doch diese demütige Travestie erweist sich als einzige Möglichkeit, noch einen echten Widerhall des Heiligen zu retten, ohne Künstlichkeit die Lehre des chassidischen Gleichnisses zu befolgen, dessen Ziel es ja ist, einen Widerschein der Wahrheit im täglichen Elend aufzufangen.

Roth sucht eine Antwort auf die sinnlose Unordnung des Lebens in Ähnlichkeiten, Allegorien, Anhaltspunkten und Motiven der jüdischen Tradition, die ihm allein noch auf Ordnung und Sinn hinzuweisen scheinen. Die Krise aller Werte wird zur Vertreibung aus dem Paradies, und in den Juden, den »Trauerweiden und menschlichen Zypressen[5]« von *Hotel Savoy,* bekommt die Verwirrung der Nachkriegszeit ein Gesicht; die Allegorie des Judentums liefert die Sprache, in der die Verlorenheit ausgedrückt werden kann, und gleichzeitig auch einen unverrückbaren Damm gegen diese Verlorenheit. Die Raben werden zu Propheten, die Sabbatkerzen im Hause Manes Reisigers zum Zeichen des nahen jüngsten Gerichts, der rothaarige Jude wird zum Emblem für die Revolution und die biblische Geschichte von Rebekka am Brunnen zum vergleichenden Begriff für die archaiische Landschaft Albaniens[6]. Das metaphorische Verfahren bietet dem Erzähler eine transzendente Ebene, oder wenigstens einen Ersatz dafür, und damit die nötige Voraussetzung für einen Bildungsroman oder immerhin für die Überlieferung sinnvoller Erfahrungen. Bezeichnenderweise sind die drei Beispiele für einen Bildungsroman bei Roth *(Hiob, Tarabas, Die hundert Tage)* gleichzeitig auch Romane mit religiösem Hintergrund. Im ersten handelt es sich um jüdische Religiosität, in den beiden andern um einen Katholizismus mit jüdischen Elementen. In der Wüste der geschichtlichen Routine verleiht nur der, wenn auch unsichere, Verweis auf ein Jenseits den Geschehnissen, Gefühlen und Dingen einen Sinn. Die Metapher des Jüdischen stellt nicht nur einen Code zur

Entschlüsselung des Chaos auf, sondern bedeutet auch ein Gegengewicht zum Chaos, einen Fingerzeig auf die mögliche Rettung; sie setzt Bedeutungen, verleiht dem Mechanismus des täglichen Lebens Transzendenz. Im *Radetzkymarsch* hört bei der Ankunft der Sekundanten vor dem absurden, tragischen Duell Doktor Demant, der nach dem götzendienerischen Ritual der ritterlichen Konventionen in den Tod geht, als eine innere Stimme das Glaubensbekenntnis seines Großvaters: »Höre Israel«, sprach die Stimme, »der Herr, unser Gott, ist der einzige Gott[7]!« Demant scheint einen Schimmer der außerirdischen Welt zu erahnen, seit er mit dem Leben abgeschlossen hat, und der Schnaps erstattet ihm das Jenseits der Ahnen wieder zurück[8].

Tarabas ist ein exemplarisches Zeugnis für den erschöpften Glauben Roths und seinen Willen, ihn um jeden Preis wieder aufzurichten. Der Verfasser selbst war sich dessen bewußt, er sah wahrscheinlich in diesem äußeren, nicht immer eingelösten Anspruch die Schwäche des Romans[9]. Mit bewußter, radikal-struktureller Regression greift Roth in *Tarabas* auf das Schema der mittelalterlichen Legende zurück: Der Bildungsroman wird zur Hagiographie, zur Geschichte der plötzlichen, fast wunderbaren Bekehrung eines Sünders und seiner Sühne als Büßer im Pilgergewand und mit dem Pilgerstab. Der große Krieg und die Russische Revolution, vor deren Hintergrund sich der Roman abspielt, berühren seine märchenhafte Reinheit nicht; der Bildungsroman wird zum Gleichnis, in dem alle psychologische Analyse unterdrückt oder vielmehr auf die Ebene der Gebärde und der stilisierten Aufzählung der Ereignisse verlegt ist. Das geschichtliche Geschehen dient nur als Anstoß für eine allegorische Darstellung des sozialen Chaos und der individuellen Erlösung, als abenteuerliche Atmosphäre für das große Thema von Schuld und Sühne. Die Russische Revolution bleibt Kulisse, sie wirkt vergilbt wie ein alter Stich; der neue Kleinstaat, der aus den Erschütterungen des großen Krieges ersteht – eine, wie Anna Halja Horbac[10] geschrieben hat, ziemlich manieristische Ukraine – steht als geistige Landschaft der Unordnung und Gewalt der neuen Zeiten da. Wie eine, allerdings nach einem metaphysischen Plan gelenkte, Marionette wird Tarabas durch dunkle Rufe, geschichtliche Zufälle und willkürliche, alltägliche Banalitäten bewegt, die aber (im Licht des chassidischen Prinzips, nach dem alles und folglich auch der normale Verlauf der Natur durch das ständige Eingreifen Gottes bestimmt wird) wunderbare Bedeutung gewinnen. Der jüdische Wirt Kristianpoller sieht alles als eine Gnade Gottes an, ob nun der gewohnte Markttag abgehalten werden kann oder die Felder reifen[11], und bestätigt damit die Behauptung Bubers, daß alles nur aus Gnade existiert. Ein Film über Simson und Dalila, der aus Tarabas Unbewußtem den animistischen Aberglauben wiederauferstehen läßt (»Schornsteinfeger, Schimmel und rothaarige Juden[12]«, das symbolträchtige Abschneiden der Haare[13]), erweckt in ihm doch ein, wenn auch konfuses und unsicheres, religiöses Gefühl: »Er überlegte, auf welche Weise es möglich wäre, unter den gänzlich von den biblischen verschiedenen amerikanischen Umständen an der Welt der Philister Rache zu nehmen, nach der Art des jüdischen Helden. Mußte es doch auch in New York Wunder geben, wie im alten Lande Israel[14].« Aus Amerika, wo er in die Folgen eines vulgären Raufhändels verwickelt wurde, ruft ihn der Kriegsausbruch ins Vaterland zurück, immer wieder weisen ihm auf seiner blutigen Laufbahn als Soldat und Gewalttäter allegorische Erscheinungen den Weg zur inneren Umkehr und Buße.

Tarabas' Schicksalsweg beginnt mit einer Flucht vor dem Vater und endet nach der vollzogenen Sühne mit der wiedergewonnenen Sohnespietät. Am Anfang erscheint der Vater in seiner fernen, unangenehmen Autorität entfremdet: »In zwei mächtigen, schwarzgrauen Hälften lag der Schnurrbart des Vaters über dem Mund, eine gewaltige Kette aus struppigem Haar, oft im Laufe des Tages gebürstet und gekämmt, natürliches Abzeichen häuslicher Allgewalt[15].« Am Ende, wenn Tarabas unerkannt als wandernder Büßer nach Hause zurückkehrt, ist der Vater schwach und sanft in der Hilflosigkeit des Schlafs und der Krankheit, in der Müdigkeit seiner auf den Sessellehnen liegenden Hände, die der Sohn mit Verehrung küßt, bevor ihn dann die Eltern wie einen unbekannten Bettler wegjagen. Die Sohnespietät hat hier bei Roth nichts Erbauliches, sie ist kein Akt der Unterwerfung, der eine gestörte Harmonie wiederherstellt, sondern eine Geste absoluten Mitleids, die nur dem wohltut, der sie vollzieht. Der Vater ist hart und schuldig, weder verdient noch bekleidet er würdig die patriarchalische *auctoritas:* Der Respekt des Sohnes bedeutet weder Gehorsam noch Unterwerfung, sondern brüderliche Liebe. Keine Ordnung wird wiedererrichtet, nicht einmal die Familie; der verlorene Sohn kehrt als Bruder zurück, um sofort wieder aufzubrechen und sein Umherwandern fortzusetzen. Auf brüderlicher, nicht auf patriarchalischer Ebene vollzieht sich die Versöhnung: Der Sohn ergibt sich demütig, in der Erkenntnis seiner Fehler, aber da ist niemand, der sich zum Richter über seine Handlungen aufwerfen, ihn freisprechen oder verdammen könnte.

Tarabas' Geschichte wickelt sich wie die eines Märchenhelden ab, der – nach der von Lüthi aufgestellten[16] Phänomenologie des Märchens – in eine Reihe von Ereignissen hineingezogen wird, die eine ihm unbekannte Logik des »Wunderbaren« lenkt. Wie Fritz Hackert beobachtet hat, leben viele Rothsche Gestalten, ohne es zu bemerken, in einer Dimension des Märchenhaften, deren Sinn ihnen verschlossen bleibt: so zum Beispiel Angelina Petri und Taittinger, die – im Unterschied zu Napoleon – den großen Vorgang, in den sie verwickelt sind, nicht erfassen[17]. Erst gegen Ende wird Tarabas sich seines Schicksals bewußt, und er wird seiner Herr; zunächst begleiten immer wiederkehrende aufregende Zeichen seinen Weg, die ihn zwar beunruhigen, die er aber nicht zu deuten vermag. Der rothaarige Jude tritt Tarabas wie ein finsterer Bote der Revolution gegenüber[18]; später erscheint ihm der rote Schemarjah fast als Personifizierung seiner Sünde und der folgenden Buße[19]; die Uhr »steppt die Zeit wie eine Nähmaschine[20]«, Wind und Wasser tragen die amerikanischen Zeitungen davon und löschen so die Erlebnisse in der Neuen Welt aus[21], die eiserne Stange aus Kristianpollers Keller ist voller rostiger Flecke, die »an altes Blut« erinnern[22], der Herbstgeruch hinter dem Fenster ruft in Tarabas Gedanken an die Kindheit und Demut hervor[23], der jüdische Sabbat bildet in seiner heiligen Süße einen Kontrast zur Gewalt[24]. Auf dem Höhepunkt seiner grausamen Macht begegnet Tarabas wieder dem jüdischen *Revenant* mit den roten Haaren: ». . . ein hagerer, armseliger, schwächlicher, allerdings außerordentlich rothaariger Jude. Wie ein flammender Kranz umgab der kurzgewachsene Bart sein bleiches, von Sommersprossen übersätes Angesicht. Auf dem Kopf trug er eine verschossene, grünlich schimmernde Mütze aus schwarzem Seidenrips, unter deren Rändern sich brennende rote Löckchen hervorstahlen, um sich mit dem flammenden Bart zu vereinigen. Aus den grüngelblichen kleinen Augen des Mannes, über denen winzige dichte rote Brauen standen, wie zwei angezündete Bürstchen, schienen ebenfalls Flämmchen hervorzuschießen, Feuerchen von anderer Art, eisige Stichflammen[25] . . .« Der jüdische *Revenant* wird später noch oft, besonders in der amerikanischen Literatur, erscheinen: zum Beispiel als der Alte im schwarzen Kaftan mit dem hohen breitkrempigen Hut, der in Philip Roths Erzählung *Eli the Fanatic*[26] (1959) gespenstisch Elis ostjüdisches Gewissen wieder aufweckt.

Die jüdischen Motive bilden in *Tarabas* eine eigentliche allegorische Sprache. Als dunkle Schatten heben sich die Juden von den farbigen, zerrissenen Uniformen der Soldaten ab[27], der Sabbat scheint den Gang der Geschichte aufhalten zu können[28], und die jüdischen Familien sind auch im Krieg weiter mit Kindern gesegnet[29], und es gelingt ihnen, das Leben zu bewahren[30], obwohl sie sich mit der Vorstellung vertraut machen, Opfer der Gewalt zu werden[31]. Der Jude ist »grausam und nachgiebig«, geht »ewig aus allen Gefahren unversehrt hervor[32]« und schwelgt geradezu in Sorgen[33], obwohl er das heilige Gebot befolgt, sein Leben zu bewahren[34]. »Es steht einem Juden . . . nicht an, die Furcht zu verlieren[35]«, und seine einzige Schmach ist, daß der Tempel zu Jerusalem zerstört wurde[36]. In ihrer Schwäche und Gebücktheit scheinen die furchtsamen, aber unerschütterlich auf ihren Gott vertrauenden Juden den angreifenden Bauern gefährlich und teuflisch[37]; als die rasenden Bauern sie in die Luft werfen, erinnern sie in ihren flatternden Kaftanen an »seltsame Nachtvögel[38]«, »ein dunkler Schwarm[39]«, auf ihren schwarzen Kleidern kleben die gelblichen Speichelspuren ihrer Quäler wie absurde Knöpfe[40]. Diese jüdische Präsenz gliedert symbolisch die Thematik des Romans: Die Juden lösen Tarabas' Gewalttaten aus und weisen ihm zugleich den entgegengesetzten Weg der Sühne und Erlösung. In diesem Sinn verkörpern die Juden die Hinwendung zur Transzendenz wie der alte jüdische Wirt aus der *Kapuzinergruft,* der halbgelähmt und taub vor seinem Haus sitzt und dem Abend und dem Sonnenuntergang entgegensieht, »den irdischen Zeichen des Todes«, den Bürgen für »eine nahe Ewigkeit, in der es gar keine Jahreszeiten mehr gibt[41]«. Das oft vorkommende Thema des Sonnenuntergangs ist Symbol für diesen vertikalen Anstoß, für den Versuch, im Zyklus der ewigen Wiederkehr einen Ausweg aus eben diesem unerbittlichen Kreislauf zu entdecken. In der Sonnenwärme spürt Mendel »die trügerische Hinterlist des ewigen Wechsels[42]«. Als Emblem für Ruhm und Fall, Herrschaft und Vernichtung ist der Sonnenuntergang vor allem Emblem für ein Jenseits, das den Taten der Menschen Ordnung und Sinn verleiht. »Und den drei großen Fenstern gegenüber«, schreibt Roth in *Tarabas,* »auf den Schragen, an denen die gebräunten, fettigen Ledergürtel hingen und die blitzenden Säbel, spiegelte sich die rötlich untergehende Sonne des Herbstes. Auf sie richtete der Jude Nathan Kristianpoller seinen Blick. Ein Zeichen schien es ihm, daß der alte Gott noch bestehe. Er wußte, der Jude, daß die Sonne im Westen unterging, und daß sie jeden wolkenlosen Tag auf diesen Schragen fiel: dennoch schöpfte er in diesem Augenblick Trost aus längst vertrautem und selbstverständlichem Tatbestand. Mochte Tarabas, der Fürchterliche, auch gekommen sein. Die Sonne Gottes ging noch unter, wie jeden Tag zuvor. Es war die Zeit gekommen, das Abendgebet zu sagen, das Antlitz gegen Osten gewendet, das heißt eben gegen den Schragen, den Kristianpoller jetzt betrachtete[43].«

Tarabas ist in einem gewissen Sinn die Parodie des »großen Menschen« der Nachkriegszeit, das Gleichnis für den zügellosen Egozentrismus des modernen Individuums. Die politischen Ereignisse sind nur äußerer Anlaß für seine Gewalttaten. Im Zusammenbruch des zaristischen Reiches und in der Unordnung des neuen, auf seinen Trümmern entstandenen Staates (er bleibt absichtlich ungenannt) wandelt sich Tarabas vom Soldaten zum Bandenführer, findet er seine Heimat in der Gewalt. »Der Krieg wurde seine Heimat. Der Krieg wurde seine große, blutige Heimat[44].« Nach dem Weltkrieg wird aus dem »großen Nikolaus Tarabas[45]« das wilde, blutrünstige Zerrbild eines typischen Führers, er wirft sich mit seiner Soldateska – die nur ihm gehorcht und nicht einer nichtexistenten staatlichen Autorität – zum Herrn über das Städtchen Koropta auf und befleckt sich mit der Verantwortung für Aggressionen und Gewalttaten. Den ersten Riß erhält Tarabas' kecke Sicherheit, als er mit der papierenen Ordnung konfrontiert wird, die sich im zierlichen, ihn auf unerklärliche Weise einschüchternden General Lakubeit, Relikt einer überpersönlichen und gewaltlosen Hierarchie, verkörpert. Doch den Gnadenstoß versetzt ihm das häßlichste Verbrechen, das er begeht (die Brutalität gegenüber dem Juden Schemarjah) und ihn in Reue und Krise stürzt. Der grausame Tarabas zieht sich zurück und macht sich auf seine läuternde Bußwanderung über die Straßen des Ostens, Hunger und Winterkälte ausgesetzt. Tarabas' Sühne erfolgt auf rein persönlicher Ebene; wie der Held von *The Magician of Lublin*[46] (1960) von Isaac Bashevis Singer kehrt er sich von der Welt ab und büßt im synkretistischen Geist des Romans wie ein altkatholischer Pilger und zugleich wie ein chassidischer Heiliger.

In dieser religiösen Deutung der Ereignisse findet Roth zu einer epischen Öffnung, das heißt zu einer Möglichkeit, die Realität auch in ihren verwirrendsten Aspekten anzunehmen und jenseits alles Tragischen zu einer Versöhnung mit dem Leben zu kommen. Wenn es Isaac Babel, wie Eridano Bazzarelli[47] geschrieben hat, nicht gelungen ist, einen Sinn in der Gewalt zu finden, und er dadurch psychologisch und gefühlsmäßig die Zerrissenheit nicht überwinden konnte, so kommt das wahrscheinlich daher, daß er sein Judentum in den Bereich der Geschichte und Politik hineintrug, seinen Chassidismus »mit seinen ausgeronnenen Augenhöhlen ... an (die) Kreuzung wütender Stürme der Geschichte« stellte[48]. Der Versuch, die unversöhnlichen

Sphären zu vereinigen, bestimmte die grelle Zerrissenheit, die Babel durch die gezwungene Begeisterung für etwas, das ihm innerlich fremd und unangemessen bleiben mußte, zu übertönen suchte. Roth hingegen umgeht die historisch-politische Frage, verzichtet auf die Errichtung eines dialektischen Zusammenhangs zwischen dem Gesetz und der Geschichte. Nur jenseits der Geschichte findet er die Bedeutungen und die Antworten, die ihn befähigen, den Schmerz hinzunehmen und das Leben auch in seinen tragischen Augenblicken und kleinsten Erscheinungen wert zu halten. Darauf gründet bei ihm die epische Dimension des Erzählens, von der Benjamin spricht[49], und der Reichtum an Meinungen, den Kesten hervorgehoben hat[50]. Nicht aus der oft als bedrückende Last empfundenen Vergangenheit schöpft Roth die epische Weisheit, sondern aus dem, wenn auch verunsicherten, Gefühl für eine jüdische Transzendenz – eine zweifellos irdische und nicht im streng orthodoxen Sinn übernatürliche. Es handelt sich um die »Weisheit des Judentums«, auf die Böll hingewiesen hat[51] und die von jener »immanenten Transzendenz[52]« herrührt, von der Albrecht Weber in bezug auf *Das falsche Gewicht* geschrieben hat[53]. Wie Ladislao Mittner in seiner großen Literaturgeschichte schreibt, ist Roths Grundton »eigentlich noch der der chassidischen Parabel, die belehrt, indem sie mystische Geschichten erzählt, die sich dann als Geschichten von tiefen und einfachen menschlichen Wahrheiten erweisen«. Dieses »Jenseitige im Diesseitigen« macht das Epos und die Freiheit möglich, eine Freiheit der Gefühle und der Liebe, die der modernen Welt entgegengehalten wird, denn in ihr sind, behauptet Roth wie Benjamin, die Menschen anonym und alle gleich geworden, unfähig, noch von privaten Dingen zu sprechen[54]. Mit Singer könnte auch Roth sagen, »die Welt des Bösen (sei) die Welt der Korrektion[55]«; wie bei Handschriften müssen auch die Fehler der Seele korrigiert werden. Und das ist, wieder mit Singers Worten, »die Antwort auf alle Fragen[56]«, eine Antwort, die jenseits der Geschichte und jenseits der Strukturen des Romans gesucht und gefunden wird.

Weltliche Erfahrung, mythische Regression und Schrift

In *Tarabas* wird nichts analysiert oder motiviert, alles wird einfach dargestellt. Das Psychologische wird auf das *exemplum* zurückgeführt und geht wie in einem Gleichnis des Evangeliums in der reinen Erzählung auf. Tarabas' Bekehrung wird weder auf ihre Hintergründe untersucht noch gerechtfertigt, sie wird einfach berichtet. Roth steht hier unter dem Einfluß der literarischen Gattung, die Martin Buber »heilige Anekdote[1]« nennt, die Gattung, in der »der Ausspruch rein aus (der) Begebenheit hervorsteigt[2]«. Im Licht dieser unzertrennbaren Einheit von Tatsachen und Bedeutungen, von Leben und Lehre, löst sich jede angedeutete Ähnlichkeit in einem einzigen ihrer Begriffe: Die sexuelle Symbolik des Schießens wandelt sich so in die legendäre Realität der blasphemischen Schüsse auf die an die Wand gezeichneten nackten Frauengestalten, und durch diese Schüsse wird das fragwürdige, Gewalttaten erzeugende »Wunder« vorbereitet, das die abergläubische, erregte Menge als überirdische, in die Ikonographie der mittelalterlichen Sakralkunst übersetzte Erscheinung betrachtet[3]. Auch in *Tarabas* erscheint das Wunder wie in allen Werken Roths rätselhaft und widersprüchlich, von Ironie umflossen. Diese doppeldeutige Darstellung zielt vor allem auf die Kunst ab, auf eine entweihte, auf das Niveau aufreizender, erotischer Elemente herabgesunkene Kunst. Die Frauenfiguren, die Ramsin im Augenblick ihrer Entkleidung zeichnet, fast als enthülle er sie, indem er sie schafft, was ihre Körper noch aufreizender macht, sind das Bild der modernen Kunst, die Roth – aus der religiösen Perspektive heraus, welche später in Hans Sedlmayr[4] einen ihrer Interpreten finden sollte – als Verdrehung der Zeichen und Umkehrung der Werte empfindet. Ramsin, der gewalttätige, bösartige Deserteur, ist ein Künstler: Seine mit Kreide gezeichneten Frauenakte sind voller Leben, in ihrer Expressivität verführerisch und hinreißend für die Betrachter. Doch seine Kunstfertigkeit und experimentelle Kühnheit sind Abgötterei, wie übrigens – aus der antisäkularistischen Perspektive – die ganze moderne Kunst. Ramsin strebt im Schöpfungsakt nicht nach dem Übernatürlichen, sondern nach dessen Surrogaten; es geht ihm nicht um das Absolute, sondern um das Interessante,

Ungewöhnliche, Bizarre, Unordentliche, das sich jeder wertenden Einordnung entzieht. Unter anscheinendem Realismus (»die Linien der Körper, die Warzen der Brüste, die scharfen Falten in den Schößen, die zarte Festigkeit der Schenkel und die zärtliche Gebrechlichkeit der schlanken, schönen Fesseln[5]«) schließt Ramsins Darstellung die echte Objektivität aus. Die Kategorie des Interessanten verhüllt das Nichts, verfällt durch Konsum und kurzlebige Nutzung sofort wieder, kennt weder Dauer noch Erhebung. Ramsins Zeichnungen schaffen eine Atmosphäre von erotischer Erregung, Verlegenheit, Scham und zugleich schamloser Rückhaltlosigkeit; Kunst als Erotik (hier schon als Obszönität und Pornographie) ist eine deutliche Chiffre für ihre Reduktion auf den Gegenstand vulgären Massenkonsums. Dem Reiz von Ramsins Zeichnungen erliegen ja in der Tat nicht etwa ein oder mehrere Individuen, sondern eine undifferenzierte, nach und nach in Taumel geratene Masse. Das Werk Ramsins erscheint »verhext«; »eine verteufelte Angelegenheit[6]« nennt es Roth: das Interessante, das heißt das aus jedem heiligen Kontext herausgelöste Detail, ist obszön und teuflisch zugleich. In seiner Polemik gegen Ernst Jünger kritisiert Roth gerade diese Beachtung »interessanter« literarischer Erscheinungen[7]. Die profane und profanierte Kunst degradiert auch das Menschliche, in der Begeisterung der Soldaten für Ramsins Schüsse auf die verschiedenen Stellen der weiblichen Körper sinkt das Geschlechtliche auf das Niveau pubertärer Ausschweifungen herab. Allein die Natur entgeht dieser Entweihung: Kontrast zu der bestialischen Dumpfheit der Konsumenten und der teuflischen Meisterschaft des Kunstproduzenten bildet »der letzte, selige Glanz der Abendsonne«, das »tiefe Blau und rote Gold« der vom Widerschein des Abendrots beleuchteten Wand[8]. Die Sonne und die armselige Wand der Abstellkammer, unveränderliche kosmische Wirklichkeit einer metaphysischen Ordnung und demütige Realität kleiner vertrauter Räumlichkeiten: Zwei Dimensionen des Menschlichen, die Roth beide in dem, was die moderne Kunst vermittelt, nicht mehr zu finden glaubt.

Roth verurteilt den Fetischismus der säkularisierten Kunst, doch er macht sich keine Illusionen über eine mögliche Wiederkehr oder Wiederherstellung der heiligen Kunst. Unter den Schüssen Ramsins fällt der Putz von der Wand, und es erscheint wie durch ein Wunder ein Marienbild: »Tiefschwarz war ihre große dichte Haarkrone, von einem silbernen halbrunden Diadem geschmückt. Ihre glühenden, schwarzen Augen schienen mit unsäglichem Schmerz, mit schwesterlichem, fröhlichem Trost und mit kindlicher Verwunderung auf die Männer zu blicken. Aus dem Ausschnitt des rubinroten Kleides schimmerte das gelblich-weiße Elfenbein der Haut, und man ahnte die schöne gnadenreiche Brust, die bestimmt war, den kleinen Heiland zu nähren ... langsam (entschwand) der Abglanz der Sonne an der Wand ... Man sah bald nur noch einen schmalen Streifen, der die Stirn der Mutter Gottes vergoldete. Schmäler und schmäler wurde der Streifen. Nunmehr leuchtete im Schatten nur noch das milde Angesicht und der elfenbeinerne Ausschnitt der Brust. Das rote Gewand mischte sich mit der Dämmerung. Es ertrank in der beginnenden Nacht[9].« Dem ersten Anschein nach erscheint dies die bewegte, sehnsüchtige Beschwörung der heiligen Kunst zu sein: Das Muttergottesbild ist alte volkstümliche Kunst, aus Frömmigkeit, nicht aus künstlerischen Absichten geschaffen; es lebt für die chorale und absolute soziale Wirklichkeit, aus der es – gerade in seiner unpersönlichen bildnerischen Primitivität – entstanden ist, weit entfernt von aller individuellen Hybris und von allem sich selbst genügenden Ästhetizismus. Es scheint also hier um einen Begriff von der Kunst als Dienerin der Theologie zu gehen, um das Gegenteil zur vorhergehenden profanen Exaltation: Die Menge fällt auf die Knie, stimmt ein Lied an, »Jahrhunderte alt, dem Herzen des Volkes selbst entsprossen[10]«, und dann alle Marienhymnen. Doch das Wunder bewirkt nicht Erhebung, sondern Barbarei: Die Bauern erfaßt eine »gewaltige Trunkenheit[11]«, sie fühlen sich durch eine höhere Macht erniedrigt und gleichzeitig erhöht, in einer Leere schwebend. Die Menge, die sich in fanatischem Aberglauben zu dem Heiligenbild drängt, wird nicht von ihrer vorhergehenden blinden Wut erlöst, die Wut richtet sich nur auf ein anderes Ziel. »Ein wilder Zorn, ihnen selbst kaum bekannt, seit ihrer frühesten Kindheit in ihre Herzen versenkt, vom Blut aufgenommen und durch alle Adern getrieben, wurde wach und stark in ihnen, genährt vom Alkohol, den sie heute genossen, verstärkt von den Aufregungen des Wunders, das sie erlebt hatten[12].« Die durch das Wunder bewirkte Psychose schlägt in die Wut um, die zum Pogrom führt. Die Wiederherstellung ist also unmöglich und ebenso teuflisch wie der moderne Nihilismus; das Heiligenbild taucht gleichsam wie ein dunkler atavistischer Instinkt aus der Vergangenheit empor, gesellt sich als Katalysator unbewußter, wilder Triebregungen zur Wirkung des Alkohols, bezeichnet eine Regression in die Kindheit, in ein irrationales Stadium, das keine Werte und keine Humanität kennt. Roths Ablehnung gilt nicht der naiven traditionellen Ikonographie, die er ja im Gegenteil zärtlich achtet, sondern dem Irrationalen in jedem Versuch, dem Mythos eine Bedeutung wiederzugeben, die er in seinem historischen Kontext hatte, die aber jetzt unwiderruflich verlorengegangen ist. Die Tradition – zu Recht voller Sehnsucht betrauert – artet aus und negiert sich selbst in der wütenden, unmenschlichen Regression, sobald sie aus der Vergangenheit exhumiert und zu trügerischem neuem Leben erweckt werden soll. Die konsumistische Fetischisierung der modernen Kunst, hervorgerufen durch das Verschwinden des Heiligen, wird durch diesen barbarischen Rückgriff auf den Mythos nicht bekämpft, sondern noch verstärkt. Roth, der sowohl die Verflachung der Industriegesellschaft als auch die Hysterie ihrer sie im Namen völkischer Bindungen ablehnenden Erlöser, traditioneller und irrationaler, vor Augen hatte, deutet diese Antithese als die beiden Seiten einer Medaille, als die zwei Gesichter einer einzigen Barbarei. Ins Pogrom münden die »profane« wie die »heilige« Erregung gleichermaßen.

Das wahre »Jenseits« von *Tarabas* hat nichts mit irgendeiner kompromißlerischen Wiedererweckung der Vergangenheit zu tun, es liegt ganz woanders: in der Transzendenz oder in der Rhetorik. Sogar der Tod des Feldwebels Konzew - er wird mit seiner Truppe von der wütenden Menge, die die Juden lynchen will, überwältigt - hebt sich in der reinen Allegorie, im imaginären Raum des Wortes, des Zeichens, wieder auf. Wie das Wort Hund bekanntlich ja nicht beißt, so wird auch Konzews Tod zu einem bloßen Zeichen, aus der Wirklichkeit in den schützenden Werten der homerischen Ähnlichkeit geborgen, in der tröstlichen Sicherheit des Epithetons: Konzew wird »der großartige, der tapfere[13] und überragt die »Meute« seiner Angreifer »um seinen ganzen gewaltigen muskulösen Kopf[14]«. Roth scheint in einem rhetorischen Kodex eine objektive Gewißheit zu suchen, der wie im Universum der klassischen Formen die allgemeine Zustimmung sicher ist; er bewegt sich in jenem »winzigen, aber schwindelerregenden Raum[15]«, der sich – nach einem Ausdruck Gérard Genettes – zwischen Zeichen und Sinn öffnet. Der Rückgriff auf eindeutige, von der Tradition geheiligte Zeichen erlaubt auch die Rückeroberung einer Universalität des Sinnes. Vielmehr, die Universalität existiert nunmehr allein noch im Zeichen, im Wort, außerhalb dessen gibt es nur noch Fälschung und Barbarei. Sich ins Labyrinth der Moderne vorzuwagen, bedeutet, sich zu verirren, in ein totales Chaos zu versinken, denn außerhalb des Wortes, in der Wirklichkeit, wird sogar die Tradition falsch, verwandelt sie sich in die durch das falsche Wunder bewirkte Regression. Ort der Wahrheit ist einzig das Wort, das Buch, die *Figur*; so fällt die Erzählung mit der Religion und mit dem Gesetz zusammen, die Literatur deckt sich mit der Schrift. »In seinen heiligen Büchern hatte er oft über Mörder, Räuber, Diebe, verderbte Menschen, Verführer gelesen«, schreibt Isaac Bashevis Singer in seinen Erinnerungen an den Vater, »aber dort, in den Büchern, erschienen sie im Zusammenhang mit dem Gesetz. Beschrieben in der heiligen Sprache, umwehte sie sogar ein Hauch von Thora. Hier im Alltagsjiddischen klang das alles ganz anders[16].« Das Buch ist der Ort der Freiheit, der von den Zufällen und Nöten des Lebens ungestörten und vor allem durch Zeit und Veränderung nicht angegriffenen Ordnung; aus den Entbehrungen und Leiden des Ersten Weltkriegs und der deutschen Besetzung flüchtet sich der Rabbiner in die Unveränderlichkeit der Texte: »In ›Das Gesicht des Joschua‹ war alles, wie es immer gewesen war, und das ›Brüllen des Löwen‹ beschwor die alten Fragen: Beruht das Lesen des Schema, des Kriat-Schema, beim Morgengottesdienst auf mosaischem oder rabbinischem Gesetz? Muß man es stets ganz wiederholen, wie das mosaische Gesetz es vorschreibt, oder genügt der erste Vers? Oder der erste Abschnitt[17].«

In ihrer Identifikation von Wort und Wahrheit im gemeinsamen Bereich der Schrift steht die jüdische Tradition vielleicht wie keine andere, wenn auch auf höchst eigene Weise, einem der Grundprinzipien der modernen Poetik und »neuen Rhetorik« nah: Der Ort des Literarischen wird für absolut autonom erklärt. Die Unbedingtheit der Sprache und ihrer Gesetze in diesem literarischen Raum bewirkt jedoch keineswegs eine Isolierung des poetischen Zeichens in ästhetischem Selbstgenügen, sondern verleiht ihm im Gegenteil sein ganzes menschliches und moralisches Gewicht. Bedeutung kann nur aus der Freiheit entstehen; gerade weil das Wort von jedem historischen, sozialen und psychologischen Determinismus befreit und aus aller groben Dialektik oder unmittelbaren Kausalitätsbeziehung herausgenommen ist, wird es wieder zum Träger von Werten und kann wieder – allerdings indirekt, als »Vermittlung« – auf die Wirklichkeit einwirken. Die Parabel, die in bezug auf die objektive Welt am stärksten autonome Literaturgattung, verwandelt die Welt durch die Wirkung, die sie auf das Bewußtsein ausübt. Die chassidische Erzählung beginnt eigentlich erst richtig zu wirken, wenn die Stimme des Erzählers schon lange verstummt ist und ihr Echo in weiten inneren Räumen widerhallt. Wie der Samen aus dem Gleichnis des Evangeliums trägt der chassidische Apolog viel später erst seine Früchte, wenn sein Kern sich in einem anderen Kontext eingenistet hat und nun im Verborgenen die Alterität, auf die er übertragen worden ist, beeinflußt. Am Schluß seiner Novelle vom Rabbiner, der am Jom Kippur das Fasten bricht, um aus einem höheren frommen Mitleid mit seiner Gemeinde zu sündigen, setzt David Frischmann ergänzend hinzu: »Und Fluten Lichts entströmen diesen Erinnerungen und ergießen sich hierher auf den Tisch und auf das Papier, worauf ich diese Erzählung niederschreibe[18].«

Die Wirklichkeit strömt in das Buch und ordnet sich ihm bei, indem sie ihren wahren Sinn findet; hinwiederum tritt auch das Buch als Bürge für Wert und Dauer in die fließende Wirklichkeit: Es läßt sich nicht sagen, ob die beschriebene Seite bei Frischmann selbst das Licht erzeugt, oder ob das Licht das Papier bescheint. In seiner schönen Erzählung *Ad Olàm* (Auf Allzeit) hat Shmul Yosef Agnun diese positive Zweideutigkeit der Literatur verklärt. Adiel Amzech, der Gelehrte, widmet sein Leben dem Versuch einer Rekonstruktion der Geschichte von Gumlidatha, der antiken, von den Goten zerstörten Stadt; zwanzig Jahre lang verbessert und vervollständigt er das Buch auf der Grundlage ständiger neuer Forschungen, Entdeckungen, Hypothesen. Die Gelehrsamkeit kann ewig noch vervollkommnet werden, wie das Leben. Mit wissenschaftlicher Akribie und der jüdischen Rücksicht vor jedem Buchstaben zeichnet Amzech Karten mit verschiedenfarbigen Tinten, erforscht er ununterbrochen in der Zeit, die im Vergehen seine irdischen Tage einschluckt, eine unter Jahrhunderten vergrabene und verborgene, aber in sich fest umrissene und abgeschlossene Wahrheit, der das Werk der Zeit innerlich nichts mehr anhaben, die nur verhüllt, doch nicht mehr verändert werden kann. Auf der Suche nach dem Gesetz wird das Forschen zum Beten. Als das Buch endlich vollendet ist und gedruckt werden soll, erfährt Amzech, daß im Aussätzigenhaus von Jerusalem ein uralter Pergamentband aufbewahrt wird, tausendjährig, von den Tränen von Generationen Leprakranker befleckt und voller Fäulnisspuren ihrer verseuchten Hände. Es soll »darin die Geschichte einer Stadt verzeichnet (sein), die der Vergangenheit angehört und nicht mehr besteht[19]«. Es muß sich also um Gumlidatha handeln. Auch die vollständigste Gelehrsamkeit stößt immer wieder auf einen höheren Grad des Wissens: Amzech weiß alles über Gumlidatha, nur nicht, von welcher Seite her die Feinde in die uneinnehmbare Festung eingedrungen sind. Um das noch zu erfahren, betritt er das Siechenhaus und macht sich an die Lektüre des Buches, das von der früheren Herrlichkeit der Stadt erzählt. Ihr letzter König hat die Chronik gerettet, bevor ihn die Goten zum Sklaven machten und er schließlich von den Leprakranken aufgenommen wurde. In einem nach der Katastrophe hinzugefügten Epilog findet Amzech die Erklärung für den Fall des Reiches, doch damit ist seine Aufgabe nicht zu Ende: Er liest weiter in dem durch Hunderte von aussätzigen Händen verseuchten und fast mit dem Eiter des Leidens geschriebenen Buch, entdeckt durch die Tränen vieler Generationen verwischte Wörter wieder, aber vor allem diese Tränen der Unterdrückten selbst. So bleibt er im Aussätzigenhaus und erforscht den Text weiter und erzählt ihn den Leprakranken, wie es in alten Zeiten viele vor ihm getan hatten.

Amzech tritt in das Buch ein: Er ist nicht mehr der Geschichtswissenschaftler, der bereits geschehene Tatsachen berichtet, sondern er wird selbst zu einer Gestalt der Geschichte, die er erzählen muß, reiht sich in die unendliche Kette der Hände ein, die diese Seiten berührt, die Geschichte Gumlidathas verwischt oder neu geschrieben haben; er vergießt weitere Tränen über das tausendjährige Leid der verachteten und verjagten Leprakranken, über das Leiden der Geschichte der Menschheit. Amzech bleibt »auf Allzeit[20]« im Haus der Aussätzigen; die Gelehrsamkeit berührt das Ewige. Unermüdlich und genau wie ein kafkascher Held findet Amzech schließlich das, was die kafkaschen Helden nie finden können, weil sie nicht wissen, wo sie es suchen sollen; die Gelehrsamkeit findet wieder zum Wortlaut der Schrift zurück, entdeckt den Buchstaben des Gesetzes wieder, weil sie ihn in den eiternden Wunden der Aussätzigen sucht. Philologie und *pietas* decken sich. Alles fließt im Buch zusammen, es enthält ständig die ganze Totalität der Existenz: Das Wort ist zugleich Bericht, Chronik, Trost und Lehre, das Buch erweitert sich ständig, um auch den einzuschließen, der es im Bemühen liest, es zu entziffern und weiter zu überliefern. In diesem ununterbrochenen Weitergehen der Erzählung verliert und rettet sich der Verfasser: Amzech wird seinen Band nie veröffentlichen, weil sich niemand mehr zum Verfasser der Geschichte erklären könnte, doch gleichzeitig wird keine der vielen Stimmen, die an ihr beteiligt waren oder noch beteiligt sind, verlorengehen, keine der Tränen, die zum festen Bestandteil des Geschriebenen geworden sind, ohne Spur verschwinden. Alle und keiner sind Verfasser der Heiligen Schrift oder der Weltgeschichte, die ja Leidensgeschichte, Geschichte der Schmerzen der Aussätzigen ist. Valéry hat von »einer Geschichte der Literatur« gesprochen, »die als Geschichte des Geistes, insofern er ›Literatur‹ schafft und aufnimmt«, zu verstehen wäre, als Geschichte, die auch geschrieben werden könnte, »ohne daß je der Name eines Verfassers genannt wird[21]«. Bei Agnon erscheint dieses intersubjektive

Gesetz der modernen Dichtung ins Exemplarische einer menschlichen und religiösen Choralität übertragen.

Im Bereich dieses Exemplarischen sind Wort und Gebärde eins; um diese völlige Übereinstimmung von Sprache und Verhalten, die auch Kafka in der Wesentlichkeit der Gebärde zu erreichen suchte, geht es in *Tarabas*. Der Roman wird hier zum Mysterienspiel, erzählerische und mimische Übertragung einer Transzendenz, in der er seine idealen Vorbilder, die hyperuranischen Wirklichkeiten des Scheins, findet. Nicht von ungefähr ist Tarabas »ein Gast auf dieser Erde«, wie die Inschrift auf seinem Grabstein und der Untertitel des Romans sagen, und gerade in diesem auf ein Jenseitiges verweisenden Vorübergleiten enthüllt sich die Wahrheit des Lebens: »Die Welt«, schreibt später ein anderer Erbe des jüdischen Mittelalters, Johannes Urzidil, »ist eine Brücke. Gehe du über sie, aber lasse dich nicht darauf nieder[22].«

Außerhalb dieser Heiligkeit gibt es keine Ordnung, gibt es weder Hierarchie noch Harmonie; es bleibt nur das Gerüst des Rituals, der Gebärden und Formen, der stereotypen Wiederholung vorgeschriebener Handlungen. Das bedeutet, es bleibt eine Rhetorik des Verhaltens, die automatische Befolgung eines Kodex von Modellen, die im Bewußtsein der Ausführenden ihres Sinns und Inhalts entleert sind. So geht es Herrn von Trotta, als ihm durch die Krise des Sohnes und der Monarchie der Glaube genommen wird und die immer noch skrupulöse äußerliche Genauigkeit, mit der er seine Arbeit ausführt, innerlich alle Bedeutung verliert[23]. Mit der gleichen minuziösen Präzision gewohnter Gesten und bedingter Reflexe geht Carl Joseph von Trotta mit seiner Mannschaft gegen die aufrührerischen Streikenden vor[24], und die Offiziere marschieren in ihren tadellosen, mit Kot bespritzten Uniformen »vorschriftsmäßig[25]« in den Tod; mit dem gleichen Pathos der Ordentlichkeit klammert sich Anselm Eibenschütz, als er sich ins Chaos der Leidenschaft, des Vergessens und der Verzweiflung stürzen fühlt, an das schützende Gewohnte, an die Gewohnheit, sich jeden Morgen zu rasieren[26]. Roth, der wie Shakespeares Odysseus aus *Troilus und Cressida* die Notwendigkeit der Ordnung empfindet, spürt auch, daß sie unmöglich geworden und zu Ende gegangen ist. Im verzweifelten Festhalten an den hierarchischen Strukturen des Barocks zeigt er deren Entmachtung und Auflösung und wird darin zum exemplarischen »Erben« Österreichs. Um der moralischen Anarchie zu entgehen, klammert er sich auch an die erstarrte Form, an die ungenügende Vorschrift und feiert den Heroismus dieser konservativen und zugleich nihilistischen Treue.

Auch der an Homer und Tolstoi gemahnende Tod Konzews in *Tarabas* gewinnt zweifache Bedeutung. Auf der einen Seite ist er »der große Tod« eines Soldaten, der sich instinktiv in die adelnde, beruhigende Beispielhaftigkeit einer Tradition einreiht, in der sein »militärisches und ordentliches Gewissen[27]«, das immer noch rational bis in die kleinsten Einzelheiten das Chaos zu bewältigen sucht, seinen Wert gewinnt, obwohl sich die Verwirrung und Erkenntnis der Absurdität bereits seines, des nunmehr unvermeidlichen und unrühmlichen Endes bewußten Geistes bemächtigt haben. Auf der anderen Seite verleiht gerade das Gefühl, für eine ihm völlig fernstehende Sache zu sterben, Konzews Verhalten die Bedeutung einer verzweifelten Beobachtung, der nicht mehr gerechtfertigten Rhetorik und Formen. In der Schilderung des Pogroms – Entstehen, Ablauf und die groteske Solidarität zwischen Verfolgern und Verfolgten vor dem Angriff der Kavallerieschwadron sind meisterlich beschrieben – ist der Tod Konzews daher der Tod eines homerischen oder tolstoischen Helden, barock und bürgerlich. Episch wie Ajax vor den Schiffen, homerisch im Fallen des großen, schweren Körpers und tolstoisch im Schwinden der Sinne und im Gedankenstrom, der an das Ende Hagdi Murats erinnert, ist Konzew ein barocker Held, der nicht mehr an die Sache glaubt, für die er im mechanischen Gehorsam seines von einem zentralen, vereinheitlichenden Willen abgelösten Körpers stirbt; er ist ein fragwürdiger Bürger, der wie Thomas Buddenbrook im Straßenschlamm sein Leben aushaucht, ein Veteran des großen Krieges, der in einem vulgären Raufhandel fällt, getötet von verächtlichen Deserteuren, weil er Juden, die ihn nichts angehen, verteidigen muß.

Die Unterbrechung des biologischen Zyklus

Auch im Napoleonroman *Die hundert Tage* gewinnt die Realität nur über die Ebene der Transzendenz einen Sinn; ja, die Transzendenz liefert sogar wieder einen Anhaltspunkt in der Tragödie der Geschichte. Auch hier ist der klassische Roman möglich, insofern als seine geschlossene Form sich mit der Struktur eines religiösen *exemplum* deckt. Das Leben Napoleons wird zur barocken Parabel, zum Gleichnis von der *vanitas* und der Demut. Napoleon, der geschlagene Despot, wandelt sich zum »Märtyrer«, der sein Schicksal auf sich nimmt und im Geiste Hiobs für seine Schuld büßt. Die Abschnitte des historischen Romans werden zu »Stationen« eines Mysterienspiels, wo die Notwendigkeit der Geschichte in Freiheit umschlägt, in die bewußte Bejahung des Schicksals als Sühne für die begangenen Fehler. Aus dieser Wirklichkeit ziehen alle Details des Romans ihre Bedeutung und die Fülle ihrer Präsenz: Das Vergehen der Jahreszeiten, die Ehre im Feld, die Gefühle, die Weihnachtsstimmung, die Vaterlandslieder. Nur über die Transzendenz gelingt es Roth, das geschichtliche Chaos in den Hierarchien des traditionellen Romans zu ordnen und auch hinter den erschütterndsten Situationen einen Sinn zu entdecken. Roth hält diese Transzendenz dem »trascendimento storico« (um einen Ausdruck von Augusto del Noce zu gebrauchen[1]), das heißt der innergeschichtlichen Transzendenz, entgegen, die der moderne weltliche Progressismus zum absoluten Wert erklärt hat. Der Roman richtet sich in der Tat sowohl gegen die Unmittelbarkeit als auch gegen deren Überschreitung in rein immanentistischen Begriffen; indem in erster Linie dem Ausnahmemenschen mit seiner anmaßenden Selbsterhöhung über die andern der Prozeß gemacht wird, wird auch die ganze Ebene, auf der er sich bewegt, die Geschichte also, angeklagt. Es fallen auch für Roth – wie Franz Rosenzweig geschrieben hat – alle Täuschungen, alle erbaulichen Illusionen über den Gang der Geschichte[2], auf deren Ebene es daher keinerlei Überschreitung der Ich-Bezogenheit gibt. Roth erklärt ja ausdrücklich, daß er die »große Geschichte« verwirft und sich den »kleine(n) Geschichtchen[3]« zuwenden will, für die in der großen kein Platz menschlicher und moralischer Erfüllung ist. Die Welt des Empire zum Zeitpunkt seines Untergangs bietet sich Roth geradezu zum Ausdruck seiner Geschichtsanschauung an; das napoleonische Reich vertritt daher nicht nur eine einstürzende alte Welt oder eine zu Ende gehende historische Epoche, es symbolisiert die Geschichte im ganzen, die – in Roths Augen – immer Niedergangsprozeß, Fall, Götterdämmerung ist. Die Größe der »hundert Tage« wird aus einer verfremdenden Perspektive mit den demütigen, verliebten Augen einer Wäscherin gesehen, der kleinen Angelina Petri, die durch diese sinnlose Größe, zunächst in ihren Gefühlen und schließlich auch körperlich, zerstört werden muß. Auf den Trümmern des napoleonischen Zeitalters entsteht bei Roth keine andere, positive oder negative, historische Epoche, es triumphiert die Zeitlosigkeit der Natur und der kosmischen Ordnung: Es bleiben »die ewige Sonne«, die aufgeht »wie seit undenklichen Zeiten, als wäre nichts geschehen[4]«, das unveränderliche Meer, das den besiegten Herrscher empfängt, der Geruch von Heu und Mist, der nach Waterloo die kaiserliche Karosse auf der Flucht nach Paris begleitet[5].

In ihrer unbeweglichen Milde steht die Natur als Gegensatz und Kontrapunkt neben dem Trug der Macht, deren Nichtigkeit durch diesen demystifizierenden Vergleich mit der Wirklichkeit des Ewigen enthüllt wird. Ein feuchter, regnerischer Frühling begleitet die Flucht Ludwigs des Achtzehnten aus Paris, und als Napoleon von Elba zurückkehrt, blühen in den Vorstädten die Veilchen[6]; eine »eilfertige Reife[7]« läßt schon am Tag, als die neue, zur letzten Kampagne zusammengerufene Armee defiliert, den Flieder verblühen und die Erdbeeren längst zeitig sein; der »späte, goldiggrüne Dämmer des sommerlichen Abends[8]« dringt in das Zimmer des Kaisers und wetteifert mit den zitternden Flämmchen der Kerzen, und das Gold des Sommers fließt durch die Fenster, als die Abdankungsurkunde unterzeichnet werden soll; eine weite Stille hallt im Herzen des treuen Legionärs und polnischen Schusters Wokurka wider, die gelinde Pariser Nacht scheint mit ihrer heiteren Wolkenlosigkeit die Rückkehr des geschlagenen Generals zu höhnen, das Wasser der Seine fließt unaufhörlich hurtig und gleichgültig am geschundenen Leichnam Angelinas vorbei und trägt »den Himmel, der sich darin spiegelt, mit sich fort, und alle seine silbernen Sterne[9]«. Die Gegenwart der Natur hat nichts Tröstliches, sie wirkt beunruhigend, die Weisheit, die ihr entströmt, ist nur Bewußtsein der *vanitas*, wahrhaftiger als die Täuschung des Ruhmes, aber ebenso bitter. Unter diesem Gesichtspunkt erscheint die Natur in denselben negativen Prozeß miteinbezogen, der den Lauf der Geschichte bestimmt. Die Geschichte ist der trügerische Schein und die Natur die öde Wirklichkeit dieses Prozesses der Verderbnis. Als Zyklus, Wiederholung, ewige Wiederkehr ist die Natur dieser Verderbnis unterworfen, allein einige außerzeitliche, unwiederholbare Augenblicke verzauberter individueller Kindheit entziehen sich, wie schon gesagt, der physischen Traurigkeit des kosmischen Rhythmus: für Angelina das Boot auf dem Meer bei Ajaccio, für Wokurka das polnische Weihnachtsbrot.

Neben dieser gerührten Zärtlichkeit für das Individuelle erscheint bei Roth eine mißtrauische Bestürzung angesichts des biologischen Mechanismus, durch den diese Individualität entsteht. Fehlt die Kindheit als konkrete Realität bei Roth (es gibt sie höchstens als Erinnerung), so fehlt in gleicher Weise auch der Zeugungsaugenblick. Die Rothsche Welt ist unfruchtbar und hat die Schwermut der Unfruchtbarkeit: Eine ganze Reihe seiner Romanfiguren hat keine Kinder (man denke an Gabriel Dan, Andreas Pum, Franz Tunda, Arnold Zipper, Paul Bernheim, Nikolai Brandeis, Carl Joseph von Trotta, Tarabas, Golubtschik), sie sind vielmehr selbst Söhne. Es gibt nur die grundlegende Väter-Söhne-Beziehung, doch diese Beziehung ist dazu bestimmt, unterbrochen zu werden, zu erlöschen, sich nicht in der Kette der Generationen fortzupflanzen. Roths typische Romansituation ist, daß das Vermächtnis, welches sich im Vater verkörpert, nicht mehr dem Sohn übertragen werden kann. In Roths Romanen schaut der Sohn mit Sehnsucht auf den Vater, weil ihm dessen Substanz und Energie fehlen und er nicht mehr fähig ist, seinerseits Vater zu werden; es ist die kafkasche Situation, allerdings ohne den Komplex von Anziehung, Abstoßung und Groll. In Roths Erzählwelt ist die Gestalt, die als Wertträger zu gelten hat (meist der Vater), selten der Protagonist, der ist meistens ein Sohn, der immer Sohn bleiben wird. Außerdem steht der Vater in den meisten Fällen einem schon erwachsenen Sohn gegenüber; bei Roth erscheint die Vaterschaft als reife Kraft, an die der hilflose Sohn sich halten kann, während nie oder kaum von der zeugenden Vaterschaft die Rede ist. So bedeutet Vater-Sein starke Selbstgenügsamkeit des Individuums vor dem Ansturm der Geschichte, aber auch Alter, festes, melancholisches Bewußtsein des Untergangs. Die Väter spielen in Roths Erzählwerk eine große Rolle, aber sie sind die letzten Väter, die letzten Glieder einer Kette, die mit ihrer Nachkommenschaft abreißt. Die Vater-Sohn-Beziehung ist also eine Beziehung zwischen Erwachsenen, zwischen einem Stärkeren und einem Schwächeren; es fehlt die Beziehung vom

Erwachsenen zum Kind. Allein die ostjüdische Familie gliedert sich positiv in den Generationenzyklus ein, nur Mendel Singer ist ein Vater, der zum Großvater wird und sich in den Söhnen fortsetzt: Einzig die ostjüdische Lebenskraft in ihrem biologischen Optimismus überwindet das Gefühl, am Ende zu stehen, das ja Todessehnsucht und Wunsch nach dem Ende bedeutet.

Außerhalb des Ostjudentums werden die Väter zu unbeweglichen, aber machtlosen Zuschauern der Vernichtung: zum Beispiel der alte Zipper oder Herr von Trotta. Und im verzweifelten, ironischen Nihilismus seiner letzten Schaffenszeit nimmt Roth auch nicht einmal mehr die ostjüdische Familie von der Auflösung und Unfruchtbarkeit aus: Aus der Ehe von Nissen Piczenik, des Ostjuden im *Leviathan*, geht kein Kind hervor. Roth scheint in seinem verzweifelten, verirrten letzten Jahren absichtlich den Zusammenhang zwischen Liebe und Zeugung, Leidenschaft und Fruchtbarkeit zu übersehen. Nichts könnte die Selbstvernichtung, der er sich hingibt, stärker ausdrücken als diese Verleugnung des jüdischen Familienethos. Gerade die dem Thema und der Struktur nach jüdischste seiner Erzählungen, *Der Leviathan*, kehrt die wesentlichen Motive der jüdischen Tradition um. Oft ist die Beziehung zwischen Leidenschaft und Fortpflanzung als willkürlicher Zufall und schmerzliche Verlegenheit gesehen: »Ein Kind? . . . wozu[10]?«, fragt verwirrt Angelina, die Heldin der *Hundert Tage*, als sie erfährt, daß sie vom Wachtmeister Sosthène Levadour, mit dem sie eine dumpfe, resignierte sexuelle Beziehung hat, ein Kind erwartet. Angelina hat trotz ihres zärtlichen Wesens nie ein echtes Zärtlichkeitsverhältnis zu dem Sohn, bevor er, fast noch ein Knabe, in der Schlacht von Waterloo stirbt. In der *Geschichte von der 1002. Nacht* gelingt es weder Mizzi Schinagl noch Taittinger, den aus ihrem Verhältnis geborenen unehelichen Sohn zu lieben, das unschöne, stumpfe Kind wächst zwischen der Abneigung und gereizten Unduldsamkeit des Vaters und der sentimentalen, aber achtlosen Ratlosigkeit der Mutter auf. Roth scheint eine intensive moralische Abneigung vor der Akzidentialität und dem Zufall zu empfinden, die dem heiligsten aller Ereignisse, der Geburt eines Individuums, vorausgehen. Er scheint sich gegen den blinden Willen des Lebens und gegen die unbegreiflichen höheren Pläne aufzulehnen, die es erlauben, aus reiner Kombination von Zufällen geboren zu werden und zu zeugen, die den Menschen dem Tier, der Pflanze und den primitivsten Formen des Lebens gleichstellen. Man kommt aus einem Irrtum oder Unglück zur Welt, als Folge eines unverantwortlichen physiologischen Triebes: Xandl, das Kind von Taittinger und Mizzi, entsteht aus einer nichtigen, flüchtigen körperlichen Verliebtheit Taittingers und einem zärtlichen, aber kindischen Gefühl Mizzis, beide sind sie nicht reif dazu, Eltern zu sein, ein Individuum in die Stürme der Weltgeschichte zu geleiten. Nicht zufällig ist der Sohn, der im Hause von Anselm Eibenschütz geboren wird *(Das falsche Gewicht),* ein außereheliches Kind seiner ehebrecherischen Frau, das unverschuldet nur Verlegenheit, Ärger und willenlose Abneigung erregt. Allein der bewußte Wille, das biblische Zeugungsgebot zu erfüllen, vereint -- doch nur in der Sphäre der ostjüdischen Familie – Sinnlichkeit und Fruchtbarkeit wieder: Mendel Singer und Deborah sind zugleich Liebende, Gatten und Eltern, sie leben für ihre Kinder und suchen, sich in ihnen zu verwirklichen. Rein leibliche Vater- und Mutterschaft hingegen schafft bedrückende Pseudobindungen, schmerzliche Widersprüche zwischen innerlich nicht gefühlten Pflichten und Gefühlen. Xandl wächst als plumpes, hündisches Geschöpf heran wie ein ständiges *memento* der zerstreuten Bindung, die trotz allem Mizzi und Taittinger eint. Angelinas Sohn erinnert sie dauernd an die unangenehmen Umarmungen des dicken Wachtmeisters mit dem großen Schnauzbart und den breiten Nasenflügeln, die sie mit dem passiven, vererbten Gehorsam der Frau ertragen hat, die daran gewöhnt ist, die Liebe der Männer zu erdulden, als verdamme sie ein Naturgesetz dazu, nur Objekt im Spiel der Triebe zu sein.

Daher erscheint die unerwartete Mutterschaft wie eine Täuschung und Vergewaltigung der Natur, die dem Schwächeren widerfährt, das heißt der Frau, die in Roths Romanen immer wieder als Opfer männlicher Vorherrschaft gesehen wird. Auch in diesem Fall ist der konservative Roth gegen seinen Willen revolutionär: In seinem Protest gegen das, was ihm eine natürliche und deshalb unveränderliche Ungerechtigkeit erscheint, demaskiert er unabsichtlich die repressiven Strukturen der patriarchalischen Gesellschaft, und gerade der furchtlose Pessimismus gibt seiner Anklage eine Durchschlagskraft, die wahrscheinlich durch ein ausdrückliches optimistisches und reformatorisches Engagement gemildert worden wäre. In seinem verzweifelten existentiellen Nihilismus macht sich Roth, ohne sich dessen bewußt zu sein, zum Sprecher eines sozialen Umsturzes. Und im Licht dieses Nihilismus verwirft oder umgeht er auch den Zusammenhang zwischen Liebe und Fortpflanzung, denn alle Anschauungen seiner letzten Jahre richten sich auf das Nichts, auf die Austilgung und Selbstvernichtung, auf das Auslöschen des schmerzlichen Individuationsprinzips und daher auf die Unterbrechnung des biologischen Zyklus. Es bleibt die

Leidenschaft, aber Leidenschaft als Leere, Abwesenheit und Vergessen, das heißt als Vorwegnahme der großen Befreiung im Nichts. Die Liebe zwischen Fallmerayer und der Gräfin Walewska (in der Novelle *Stationschef Fallmerayer)* ist völlige Passivität, Schweigen, mystische Entleerung der Seele und willenlose Hingabe der Körper, Schlaf des Bewußtseins[11]. Die leidenschaftliche Anbetung, die Angelina für Napoleon empfindet, hüllt sie im Glück des Anbetens und der Verehrung, in der äußeren Unempfindlichkeit des Betenden, der nur noch Gefäß eines einzigen absoluten Gefühls ist, in einen Schleier der Trunkenheit und Benommenheit. Angelina weiß nicht einmal, daß sie demütig und treu ist, sie weiß nicht um ihre Heiligkeit und um ihr Elend; ihr Tod (sie wird von den Königlichen gelyncht) ist das Martyrium einer Heiligen, die nicht einmal von der Verführung der Heiligkeit gestreift wurde.

Gegen die innergeschichtliche Transzendenz: der moderne Führer und das Ende der Gemeinschaft

Napoleon, »un ›incroyant‹ (qui) devient *visiblement* petit, tout petit[1]«, wie Roth selbst in einem Brief schrieb, ist sich dagegen seines Weges zu Gott bewußt. Die etwas pathetisch geschilderte »kaiserliche« Szenerie, in der er sich bewegt, wird zur Allegorie der als Vernichtung aufgefaßten Geschichte. Mit einer Fülle von Ausstattungsmitteln wie bei einem verschwenderischen Bühnenbildner oder Filmregisseur verweilt Roth bei dem melancholischen Prunk des Niedergangs, bei den Farben, dem Schimmern und den düsteren Lichtern des verlöschenden Sonnenuntergangs. Die Gewänder des kaiserlichen Hofes scheinen mit ihrem Glanz die Zeit festzubannen, die Palasträume wirken drückend mit ihren Goldrahmen, Silberleuchtern, den schweren Vorhängen und den Kerzenflammen. In trügerisch glänzender Dauer hebt sich das Gold am Thron vom bereits mottenzerfressenen Samt und dem wurmstichigen Holz ab; das unstete Licht einer Laterne höhlt Wokurkas von Kummer gefurchtes Gesicht noch tiefer aus; die Fackel flackert im Wind auf den Feldern der Niederlage von Waterloo, als Napoleon mit entblößtem Degen die Grube grüßt, in der der kleine Trommler, Angelinas Sohn, begraben wird; das zartbraune Gold der Bücherrükken verlischt im Dunkel des Zimmers, wo Napoleon von seiner Mutter Abschied nimmt; der Widerschein der untergehenden Sonne taucht das Zimmer und das Bett, in dem der Kaiser schläft, in blutiges Rot, um dann in blassem silbergrauem Licht zu ersterben[2]. Mit barocker Beredsamkeit schildert Roth die Vernichtung der prunkvollen Herrlichkeit, das Verblassen des Ruhmes, das Abbröckeln der Flitter, das letzte glühende Aufleuchten der Farben und Formen, das Vergehen der Majestät, das Verlöschen der zuckenden Flammen, das triumphierende Gemeinschaftsgefühl und die Einsamkeit, die in der Marseillaise mitschwingen[3].

In der *fugacitas* der Geschichte wird vor allem die Macht demaskiert und zunichte gemacht. Die Macht trennt Napoleon von den einfachen Leuten, deren Held er doch war[4]; sie macht ihn undurchdringlich und entfremdet ihn: Er wird »zum Abbild seiner eigenen Porträts[5]«, er ist gezwungen, »als sein eigenes Denkmal[6]« die von den Bildern her bekannten Haltungen einzunehmen. Als er sein Manifest verliest, klingt ihm plötzlich »die eigene Stimme fremd[7]« und er fühlt zum erstenmal auf der hohen Tribüne, von der aus er spricht, »die unerbittlich wüste Leere der körperlichen Einsamkeit[8]«. Als erfahrener und feiner Kenner der Psychologie des Militärs erfaßt Roth bis ins letzte die aus Liebe, Verachtung, Egoismus und Brüderlichkeit gemischte Beziehung, die den Kaiser mit den Gefährten seiner Schlachten, den Urhebern und zugleich Kindern seines Glücks, verbindet. »Er traute den Menschen nicht, bevor sie nicht bereit waren, für ihn zu sterben: Also machte er aus ihnen Soldaten[9].« Die Psychologie des militärischen Führers exemplifiziert auf der höchsten Stufe die des Übermenschen und seines Hungers nach sozialer Macht und nach Erfolg, durch welche seine individuelle Schwäche kompensiert werden muß. Den Mitmenschen und vor allem denen gegenüber, an die er so eng gebunden ist wie gerade an die Soldaten, hegt der Despot zwiespältige Gefühle: Er liebt sie, weil sie ihm folgen, doch er liebt in ihnen nur sich selbst, verachtet sie, weil sie sich von ihm täuschen lassen, und haßt sie, weil er sie braucht, er beneidet sie um das Glück ihrer Ergebenheit und berauscht sich selbst daran, spürt ihre brüderliche Nähe fast als einen körperlichen Reiz und empfindet sie in tiefer, gieriger und immer egozentrischer Liebe als seine Geschöpfe. Wie Schillers Wallenstein oder Orson Welles' Charles Foster Kane schwankt Roths Napoleon zwischen Treue und Verrat, bereit, sich für die, die er als die Seinen betrachtet, zu exponieren, aber auch, sie zu opfern, um seinem Stern zu folgen, gezwungen, doch auch ehrlich dazu geneigt, großmütig zu sein, um sofort und schnell geliebt zu werden und sich lieben zu lassen[10].

Antrieb seines Ruhmes und folglich Ursache seiner Einsamkeit ist die Unsicherheit: Dieselbe Unsicherheit, die es ihm unmöglich macht, volle sexuelle Befriedigung zu geben und zu empfangen. Die Schwäche Napoleons, der den Wert des Wartens nicht kennt, rührt auch daher, daß er keine echte Beziehung zum Vater hatte, der »groß, klug, tapfer und bescheiden[11]« war und, wie ihm die Mutter vorhält, menschlich so viel höher stand als er, dem der Kaiser alles, was er besitzt, verdanken soll. Napoleons innerstes Sehnen richtet sich daher zurück auf den Schoß der schwarzgekleideten Mutter, auf das Vergessen seiner selbst in den Armen der Geliebten und des Todes[12]. Auch in den manchmal opernhaften Szenen der *Hundert Tage* klingt der Ruf des Nichts und der Selbstauflösung auf, der zum immer stärkeren Leitmotiv der letzten Werke Roths wird. Napoleon findet sein Heil, indem er sich seiner Nichtigkeit bewußt wird, die Wahrheit über sich selbst erkennt. Sich seiner Entfremdung inne zu werden, bedeutet für den Rothschen Menschen, aus den Rängen der gewohnten Ordnung oder sogar der Existenz auszutreten. Gegenüber der Wirklichkeit des Ewigen, des Todes, der undifferenzierten Einheit, ist das Leben eine einzige Entfremdung. Napoleon rettet sich, indem er sich als Angeklagter im existentiellen Prozeß erkennt und die Dimension des Verzichts und die Gelassenheit, welche dieser mit sich bringt, wiederfindet. Übrigens zeigt Roth mit starker Einfühlung den Kampf, der sich bis zum letzten Augenblick in der Seele des Kaisers abspielt, das letzte Aufflackern der Glut und des Machtgefühls, die gefährliche Wonne, »zu können und dennoch nicht zu können[13]«, die den Kaiser erfaßt, als er, schon zum Abdanken entschlossen, denkt, daß er immer noch die Minister, Parlamentarier, die »Advokaten«, die sich schon mit der nachnapoleonischen Ära befassen, erschießen lassen könnte[14]. Doch am Ende ist der Verzicht total, die Sühne vollkommen: Die Gleichung Napoleon – Hiob[15] ist das Zeichen des religiösen Romans. Als religiöser Roman negiert das Werk die Ebene der Geschichte und der Möglichkeit einer Transzendenz auf dieser Ebene, die Transzendenz vollzieht sich jenseits alles Irdischen. In diesem Licht wird alles geschichtliche Geschehen zur ununterbrochenen Allegorie einer ewigen inneren Wirklichkeit, zu rituellen Gebärden eines Mysterienspiels: Napoleon fegt am Anfang mit einer wie zum Schlag geöffneten Hand das Kruzifix mit dem knöchernen Gekreuzigten vom Altar zu Boden, Fouché hat die halbgeschlossenen Augen, die dünnen Lippen und die spitze Zunge der alten Schlange, der Zug der feiernden Royalisten schwenkt eine Puppe aus Fetzen, die den Kaiser darstellt, Angelina geht wie ein Engel mit loderndem Haar und sommersprossigem Gesicht dem Tod entgegen[16]. Die menschliche Komödie und das Geschichtsdrama enden wie im Kasperltheater mit schlaffen Figuren und zertretenen, wie Lumpenpuppen zerrissenen Menschen.

Mit diesem Ende, in dem das äußerste, sinnloseste Chaos mit einem wiedergefundenen, hinter den blutbespritzten Kulissen des *theatrum mundi* aufscheinenden Sinn zusammenfällt, kontrastiert die moralische Symmetrie der Schlacht von Waterloo. Stendhals und Hugos berühmte Beschreibungen dieser Schlacht scheinen Roth nicht zu entmutigen, ja noch anzuregen. Er bezieht sich ja übrigens öfters bewußt auf die Manier der großen Meister: Es sind in diesem Zusammenhang zum

Beispiel die tolstoianischen Stellen des Duells zwischen Doktor Demant und Tattenbach im *Radetzkymarsch* oder von Konzews Tod in *Tarabas* zu nennen, oder auch die dostojewskische und conradsche Prägung der *Beichte eines Mörders*. Roths Schilderung von Waterloo folgt allerdings weder der Monumentalität Hugos noch der Technik des perspektivischen Ausschnitts, die Stendhal anwandte. Sie stellt vielmehr eine über den Abgrund gelegte Symmetrie dar, die Apotheose einer untadeligen Ordnung, der der Boden unter den Füßen zerbröckelt, ohne daß sie von der Strenge ihrer Formierung abwiche. In dieser Schlachtbeschreibung werden weder Heldentum noch andere militärische Tugenden gefeiert, sondern vergängliche Werte, die trotzdem stärker sind als die Tragödie: Der Tod ist nicht die Negation des Lebens, sondern im christlichen Sinn sein bedeutungsvollster Gipfelpunkt. Im Angriff werden die Grenadiere des Kaisers vor dem Tode gleich und besiegen ihn in der Einförmigkeit ihrer Uniformen und ihrer geschlossenen Reihen, weil sie so der individuellen Verwirrung und der Unordnung der Unsicherheit entgehen[17]. Nicht ihre soldatische Kühnheit macht die Größe der Grenadiere aus, sondern ihr innerer Sieg über den Tod, ihre Versöhnung mit dem Tod, die dessen Überwindung bedeutet; der Kanonendonner ist »sinnlos« und »läppisch« wie der Krieg, doch der Schrei der Männer »übertönt[18]« dieses sinnlose Getöse, weil er aus der Treue und Brüderlichkeit kommt. Die Bejahung des Lebens in seiner Ganzheit und folglich auch im Schmerz überwindet den egozentrischen Solipsismus und gestattet die Brüderlichkeit, deren Symbol die mythische Ähnlichkeit der Soldaten untereinander ist. Das Heer ist eine Metapher für die ostjüdische Familie, für eine spontan bejahte Hierarchie, die die Freiheit unter ihren Schutz nimmt; es ist die Metapher jener Gemeinschaft, die auch Kafka als heilig, ja als einzige Bewahrerin des Heiligen, angesehen hat. Doch die Armee von Waterloo wird aufgerieben, sie geht geschlossen und diszipliniert ins Reich des Todes ein, wird von der Zerstörung verschlungen. Wie Singer wußte auch Roth, daß es verboten ist, zurückzukehren[19]; daher ist die Schlacht von Waterloo auch die Metapher des Endes der Gemeinschaft, eines Endes ohne trügerische Hoffnung auf Revanche oder Rückkehr.

Die zerbröckelten Geschichten

Im Apolog des Rabbi Israel von Rischin, der von den Geheimnissen und esoterischen Kräften seiner großen Vorgänger nur noch die Geschichte und die Worte bewahrt hatte, tritt der erzählende Verfasser – sei es nun Agnon oder Scholem – höchstens noch als dritte Stimme hinzu, als Zeuge, der von einem Erzähler spricht, welcher seinerseits einem Kreis von Zuhörern die eigentliche Geschichte berichtet. In *Beichte eines Mörders* weist sich Roth die gleiche epische Stellung zu: »Vor einigen Jahren wohnte ich in der Rue des Quatres Vents. Meinen Fenstern gegenüber lag das russische Restaurant ›Tari-Bari‹. Oft pflegte ich dort zu essen[1].« Der Erzähler Roth schildert, wie in der bizarren Gesellschaft der Stammgäste des Lokals einer von ihnen die tragischen Ereignisse berichtet, von denen sein »Kurzroman« handelt. Der Roman ist also eine Ich-Erzählung auf zwei Ebenen: Roth beschränkt sich nicht darauf, die von Golubtschik erzählte Geschichte wiederzugeben, sondern er beschreibt auch die Wirkung dieser Geschichte auf die Zuhörer und auf ihn selbst; das Werk hat einen zweifachen Inhalt: zum einen das, was in Golubtschiks Erzählung geschieht, zum andern, was Roth, diese Erzählung einschließend, berichtet. Es gibt zwei Ich-Erzähler, beide allwissend und souverän über dem Erzählten schwebend; erst am Ende geht die Erzählzeit, indem sich die beiden Ebenen doppeldeutig überschneiden, von der abgeschlossenen Vergangenheit in die offene beunruhigende Gegenwart über. Die traditionelle Rahmenstruktur legt sich über die chassidische Tradition der mündlichen Erzählung in einer Synthese von Dichtung und *religio,* Fabulierlust und *pietas,* romanhafter Suggestion und religiöser Lehre. Die doppelte Ich-Erzählung löst keineswegs, wie es vom Gebrauch einer typischen Erzähltechnik des modernen Romans zu erwarten wäre, die objektive Realität in der Unsicherheit der verschiedenen Perspektiven auf, sie fordert im Gegenteil paradoxerweise nur die Bemühung um eine vollständige moralische Wirklichkeit. Die verschiedenen Gesichtspunkte heben sich nicht gegenseitig auf, sondern durchdringen einander in vollkommener wechselseitiger Harmonie; nach einer strengen epischen Hierarchie fügt sich einer in den andern ein. Das überlieferte und erinnerte Gleichnis löst sich auf diesem rhapsodischen Weg nicht auf, unversehrt bewahren sich der

Kern seiner Botschaft und sogar Tonfall und Geste, die es begleiten und skandieren. Bis zur vorletzten Seite erfüllen sowohl Roth als auch Golubtschik ganz die Funktion eines chassidischen *Magghid,* der als absoluter Herr über die phantastische Welt, die er zur Auslegung und Belehrung ausbreitet, verfügt. Mit den letzten Sätzen verwandelt Roth durch eine geniale, absolutem Nihilismus entsprungene Erfindung die chassidische Erzählung in einen modernen Roman: Die moralische, bilderreiche Welt der Parabel tritt plötzlich über die festgesetzten Dämme des Apologs, reißt die beruhigenden Grenzen der Fabel ein und strömt in die Gegenwart, nicht länger durch die zeitliche Ferne und epische Ordnung gezähmt, sondern gefährlich aktuell und völlig aus der Gewalt der beiden Ich-Erzähler geraten. Die scheinbare epische Totalität der allwissenden Perspektive verkehrt sich ins Chaos, in völlige Unsicherheit; die Strukturen des modernen Romans zerstören die chassidische Parabel und mit ihr auch die jüdische Überlieferung.

Diese Ambivalenz spiegelt sich auch in der Einheit der Zeit wider, die den ganzen kurzen Roman – den unerwarteten Schluß ausgenommen – umfaßt. Schon der Untertitel, *erzählt in einer Nacht,* ist bedeutsam: Die Erzählzeit geht fast ganz in der Zeit des Erzählens auf, in dieser aus jeder konkreten chronologischen Dimension herausgenommenen, in einer irrealen Pause zu schweben scheinenden Nacht, in der Golubtschik seine Geschichte bekennt. Von Anfang an wird das Werden gleichsam angehalten und blockiert: Von der Uhr an der Wand des »Tari-Bari« heißt es: »Manchmal stand sie, manchmal ging sie falsch; sie schien die Zeit nicht anzeigen, sondern verhöhnen zu wollen[2].« Selbst die Sphäre der Menschen ist ohne zeitliche Bestimmung, aus allen konkreten Beziehungen zur Wirklichkeit der Gegenwart herausgenommen: Die Gäste des Restaurants, das heißt die »Zuhörer« des Romans, sind fast ausschließlich russische Emigranten, Menschen am Rand der Gesellschaft und der Geschichte, auf ihre Weise auch sie irreal und metahistorisch wie die untergegangene Welt, deren Relikte sie sind. Trotz der Suggestion, die die menschlichen und geschichtlichen Schattenzonen auf ihn ausüben, ironisiert Roth sofort den exotischen Reiz dieser Heimatlosen: Sie sind »echte Russen«, aber vor allem aus der Bahn geworfene, die sich bemühen, »echte Russen« zu spielen[3]; ihre Abneigung gegenüber Pünktlichkeit und Genauigkeit – die Roth lieb ist, da sie der westlichen Leistungsgesellschaft widerspricht – wird gleich als Maske, malerische Folklore, Klischee qualifiziert, obwohl gerade die Maske, die malerische Exotik und Farbigkeit dieser heimatlosen und verlorenen Existenzen im Licht einer Sympathie erscheinen, die nicht frei ist von verschwiegener autobiographischer Übertragung.

Golubtschik, der Erzähler und Protagonist der Erzählung in der Erzählung, ist ein exemplarischer Vertreter dieser ungewohnten, abenteuerlichen Atmosphäre: vertraut und rätselhaft, sanft und vage beunruhigend, ganz für sich und doch geheimnisvoll über alle Einzelheiten des Lebens der andern informiert, faßt »unser Mörder[4]« – wie ihn die Stammgäste des »Tari-Bari« vertraulich nennen – in seiner Stimme und in seiner Geschichte die Zeiteinheit des Romans zusammen: die unwirkliche Nacht seiner Beichte. Seine Erzählung wird nach und nach für die Zuhörer zum echten Erlebnis, gräbt Runzeln in ihre Gesichter, als hätten auch sie das Erzählte erfahren und trügen auch sie das Gewicht von Golubtschiks Leben auf der Seele, oder wenigstens von dem Teil seines Lebens, von dem ihnen soeben berichtet worden ist und der nun auch ein wichtiger Teil ihres eigenen Lebens geworden[5]. Aller zeitliche Abstand zwischen den erzählten Ereignissen und dem Moment des Erzählens ist in der augenblicklichen Aktualität der die Sprecher und Zuhörer einenden Parabel und in der unauslöschlichen Dauer des ewig gegenwärtigen Wortes aufgehoben. »Erst viel später habe ich gelernt, daß Worte mächtiger sind als Handlungen«, ruft an einem gewissen Punkt Golubtschik aus. »Wie schwach sind die Taten! Ein Wort besteht, eine Tat vergeht! Eine Tat vollbringt auch ein Hund, ein Wort aber spricht nur ein Mensch[6].« Die Taten, setzt er hinzu, sind nur Phantome, verglichen mit der übersinnlichen Wirklichkeit des Wortes, die Handlungen sind höchstens Kopien des Originals, zweidimensionale Schatten wie die Bilder auf der Kinoleinwand[7]. Das Wort bedeutet Freiheit vom Zwang der Zeit, unveränderliche und daher weitaus echtere Wirklichkeit; es reicht weit über die trügerische Flucht der Zeit hinaus. »Vielleicht bereute sie schon, was vorgefallen war«, denkt Asa Heshel in *The Family Moskat* gleich, nachdem ihm Hadassah ihre Liebe gestanden hat, »aber die Worte, die sie gesagt hatte, würde sie nie mehr zurücknehmen können. Sie gehörten nun schon zur Geschichte des Kosmos[8].«

Aus dieser Sicht gewinnt das Wort einerseits die Konkretheit des Ereignisses, des nicht mehr auszulöschenden Vorgefallenen, wieder; anderseits wird es zum Garanten des Geschehens und der Dauer. Nur im Wort entgeht das Wirkliche dem Chaos der Vergänglichkeit und der Bedeutungslosigkeit, das heißt nur im Wort *bleibt* das Wirkliche. Diese chassidische Unzertrennlichkeit von Handlung und Wort, Geschehen und Erzählen, wie sie in der Wirklichkeit der »Geschichte«, die ja *res gestae* und zugleich *historia rerum gestarum* ist, geeint sind, hat in der Erzählung *Zvishen Beimer* (*Unter den Bäumen*, 1924) von Abraham Mosche Fuchs eines ihrer schönsten und bedeutsamsten Gleichnisse gefunden. In der Schwermut der galizischen Natur und des Herbstes, der sich schon in der dunklen Feuchte der Felder und in den ziehenden Distelflocken, die in Reb Seligs Augenbrauen hängenbleiben, ankündigt, schafft die »Geschichte« eine Bindung zwischen den beiden Obst einsammelnden Männern. Mit meisterhafter epischer Lakonik zeichnet Fuchs eine reale und zugleich symbolische Landschaft: Die Obstbäume im Regen, die Kälte in der Hütte, das rauhe und doch tiefe Verhältnis, das die beiden Protagonisten zueinander haben, der erste Herbstregen, der »schwer, ruhig und traurig[9]« niederrauscht: »Hör zu, Reb Selig, ich erzähle dir eine schöne Geschichte. Hörst du auch zu? . . . Es war einmal, in der Nähe von Brodi[10] . . .« Reb Lippe erzählt, und die Welt seiner Geschichten wird seine Zuflucht und zugleich seine Stärke: »Die leichte Melancholie, mit der die nassen Blätter draußen zittern, wird verwoben und findet Eingang in die Geschichten, die Reb Lippe erzählt. Geschichten, die im Laufe der Jahre zerbröckelt sind, wie seidige Stoffe in Stücke zerfallen, wenn auch viele Fäden noch wie neu aussehen und glänzen. Reb Lippe war geborgen in ihnen. Sie lebten in seiner Phantasie, und er konnte sich in ihr verbergen wie eine flüchtige Schar Vögel im dunklen Wald.«

Wer erzählt, sammelt auf und flickt diese zerstreuten Fetzen der Vergangenheit wieder zusammen, erstellt mit ihnen wieder das Gewebe einer brüderlichen, vertrauten Verbundenheit, wie es auch die Anrede, mit der sich Golubtschik an seine Zuhörer wendet, ausdrückt: »Meine Freunde . . .« Die Geschichte ist Bindung, Klarheit: Als Reb Lippe, auf dem Stroh neben Reb Selig ausgestreckt, nach dessen Geldbörse tastet und sie ihm leise aus der Tasche zieht, scheint es ihm, daß sich seine Geschichten plötzlich ohne Sinn und Ordnung ineinanderschieben[11]. Beim Zählen des Geldes wird er von Reb Selig ertappt, er bemüht sich, das drückende Schweigen zu brechen, indem er ein hurtig zwischen den Ästen verschwindendes Eichhörnchen zu fangen sucht, doch er fühlt, daß seine Geschichten verschwunden sind, aus seinem Geist geflogen wie Vögel aus einem Baum, auf den mit Steinen geworfen wird. Plötzlich spürt er die Last der Jahre, die ihn drücken[12]. Es ist eine großartige Szene stummer Verlegenheit, in der sich ein banales Vorkommnis zur Epiphanie der Innigkeit zwischen den beiden einfachen, groben Männern wandelt. In diesem Augenblick der Leere sucht Reb Lippe nach etwas, an das er sich halten kann, und findet es unerwartet in einer Aufwallung schlauen, aber doch auch ehrlichen Mitleids für einen kleinen Dieb, den er selbst am Morgen im Beisein Reb Seligs beim Stehlen erwischt: Reb Lippe findet die Sprache und seine kecke Beredsamkeit wieder, bestürmt den Gefährten, den Buben, einen armen »Goi« doch laufenzulassen[13]. Und am Abend beim Feuer, auf dem die Suppe kocht, liegen die beiden Alten wieder, in ihre schweren, schon vom Nachttau feuchten Mäntel gehüllt, auf dem Stroh wie in der vergangenen Nacht, und Reb Lippe erzählt wie immer eine schöne Geschichte: »Seine ruhige, sanfte Stimme zittert und verliert sich im Halbdunkel, und ist verwoben in die schwarze Ruhe der Ewigkeit. ›Und der Bettler geht weiter und weiter . . . du hörst doch zu, Reb Selig[14] . . .‹«

Selten ist menschlich Universales durch so winzige Details erreicht worden, in einem Augenblick der Stille oder im Tonfall einer Stimme enthüllt sich hier das Wesentliche eines ganzen Lebens; selten ist das Motiv der chassidischen »Geschichte« so einfach und tief behandelt worden wie hier. Der Erzähler schafft die Bindungen; nur indem es zum Erzähler wird und sich ins Exemplarische des Gleichnisses projiziert, verläßt das Individuum die beziehungslose Isolierung, die psychologische Gebrechlichkeit und den Zwang der Zeit: Reb Lippes Worte verlieren sich in der Nacht wie die Schritte seines Bettlers in der Ferne, und so werden die brüderlichen Beziehungen wieder angeknüpft, stellen sich nach der Störung durch die subjektive Verwirrung der epische Friede und die Ruhe des Ewigen wieder ein. In *Beichte eines Mörders* ist dieses chassidische Thema der Erzählung als Übertragung einer auf die Gegenwart und auf die Zuhörer wirkenden Wahrheit hingegen sozusagen umgekehrt verwendet. Golubtschiks Bericht über seine Lebenstragödie schafft zwar die Zeit ab, doch in negativem Sinn; er schmiedet Erzähler und Zuhörer in der Gemeinschaft der Angst zusammen, nicht in einer brüderlichen Choralität. Die Erzählung hebt die Zeit auf in der endlosen Wiederkehr einer »ewig gültig(en), trostlose(n) Geschichte . . . unabhängig von Zeit und Raum, von Tag und Nacht[15]«. »Da also die Zeit stillestand, war gleichsam auch der Raum, in dem wir uns befanden, aller seiner Raumgesetze ledig; und es war, als befänden wir uns nicht auf der festen Erde, sondern auf den ewig schwankenden Wassern des ewigen Meeres. Wie in einem Schiff kamen wir uns vor. Und unser Meer war die Nacht[16]«.

Das Meer, die Nacht, die ewig schwankenden Wasser sind die geistigen Chiffren der Atmosphäre des Romans und seiner Problematik, die sich ganz im Rhythmus einer ewigen Wiederkehr, einer unerlösbaren horizontalen Folge des Bösen vollzieht; die Wiederkehr hebt sowohl das zeitliche Gesetz des Werdens auf als auch jede vertikale Erlösung. Diese Wasser bringen ohne Rast das Schiff zum Schaukeln, aber es kommt nicht von der Stelle; es dreht sich im wogenden Kreis der Wellen um sich selbst, bleibt immer an demselben Punkt, denn es gibt ja keine Richtung, in die es fahren könnte; auf dem grenzenlosen, einförmigen nächtlichen Meer der Ewigkeit gibt es weder Ziel noch Mitte, weder Ankunfts- noch Aufbruchsstellen, die Geschichte existiert nicht. Das häufige Bild des Kreises – und auch die kreisförmige Struktur des Romans selbst – sind Ausdruck von Roths äußerstem Antihistorizismus und enthüllen den ganzen Nihilismus und die ganze Verzweiflung, die auf ihm lasten. Von Anfang an wird in der Beichte Golubtschiks auf diesen Antihistorizismus verwiesen, denn Golubtschik erklärt, »das Private[17]« zu lieben und »das private Leben, die einfache Menschlichkeit ... (für) wichtiger, größer, tragischer als alles Öffentliche« zu halten[18]. Ja, er fügt hinzu, die sogenannten großen geschichtlichen Ereignisse seien immer auf irgendeinen Moment im Privatleben ihrer Urheber zurückzuführen[19]. Der geschichtsfeindliche, religiöse Individualismus, zu dem sich Roth immer bekannt hat, verliert aber in diesem Roman das Warme, Vertraute chassidischer Prägung, er wird hier zu verirrter Angst vor den dämonischen Kräften des Bösen, des Nichts und auch der Gesellschaft. In *Beichte eines Mörders* wird die Geschichtslosigkeit weniger als religiöse Befreiung von der »großen Geschichte« erlebt, denn als Unmöglichkeit, irgendeinen Augenblick des Lebens hinter sich zu lassen. Alles bleibt unauslöschlich und bestimmt dazu, immer wiederzukehren, und da es sich um tragische, negative Augenblicke handelt, bedeutet eine Wiederkehr keine Bergung des Flüchtigen, sondern ewige Verdammung zum Leid. Aus seiner vertikalen, religiösen Sicht ist es Roth gelungen, die Verzweiflung eines Lebens auszudrücken, das ganz auf der horizontalen Ebene einer schwindelerregenden, augenblicklichen zeitlichen Abfolge verläuft und dabei ewig nicht von der Stelle kommt, in einem mechanischen Verschleiß, der jeden Wert zerstört. Nur die typisch und bewußt »jüdischen« Gestalten wie der deportierte Talmudschüler oder die engelhafte Channa Lea Rifkin sind Ausnahmen. Es scheint, als sei Roth zu diesem Zeitpunkt nur die negative Abseite seiner religiösen Empfindsamkeit verblieben, der untröstliche Schmerz über seine unerlösbare, hoffnungslose Entbehrung. Gewiß ist in *Beichte eines Mörders* verborgen ein unbestreitbarer religiöser Hintergrund gegenwärtig, doch es handelt sich dabei um eine Sicherheit, die keine

Beziehung zum Menschen hat, auf die sich das Individuum weder berufen, noch stützen kann. Roth bejaht einen unbezweifelbaren, klaren Glauben, ja er setzt ihn voraus, aber gleichzeitig verkündet er dessen unüberbrückbare Alterität bezüglich des irdischen Lebens, seine unerreichbare Ferne. Golubtschik verliert nie, auch nicht in der tiefen Erniedrigung, sein religiöses Gewissen, aber das kann ihm in seiner Tragödie nicht helfen.

Die Romanhandlung ist wieder eine Variante des »Spinnennetzes«, dessen Gespinst und Sich-Zusammenschnüren die Fabel fast aller Werke Roths ausmacht. Zwei Motive führen den Protagonisten ins Verderben: der Hunger nach Gerechtigkeit (der sich hier als Rachedurst erweist) und die erotische Leidenschaft. Die Grausamkeit von Golubtschiks Schicksal kündet sich bereits in den ersten Sätzen der *Beichte* an, mit der Geburt des Protagonisten als Frucht eines Ehebruchs und mit dem wilden, bestialischen Kampf im wolhynischen Wald zwischen dem »gesetzlichen« Vater des Helden und dem Bauern, der den Verführer seiner Tochter erschlägt. Unehelicher Sohn des Fürsten Krapotkin, welcher der gleichgültige Liebhaber seiner Mutter gewesen, beginnt Golubtschik nur von diesem einen Gedanken besessen seinen »Weg nach oben[20]«, der ihn jedoch in die tiefsten Niederungen führen wird. Er möchte um jeden Preis von seinem Vater, dem Fürsten, anerkannt werden; doch das gerechtfertigte Bestehen auf seinen Rechten verfärbt sich bei ihm in »lasterhaften Hochmut[21]«, luziferische Anmaßung: Golubtschiks Gerechtigkeitseifer ist nicht zu trennen vom uneingestandenen hochmütigen Stolz auf seine Geburt; der absolute Anspruch seiner fixen Idee, der ihn in der Verfolgung seines Ziels vor keiner Schmach zurückschrecken läßt, wird zu prometheischer Verneinung, wandelt sich zum *principium iniquitatis* und liefert ihn dem Versucher aus.

Erste Station seines materiellen und moralischen Weges ist Odessa und die Begegnung mit dem Meer. Das Meer ist dunkelblau, noch tiefer blau als der Himmel, die schneeweißen Schiffe schwimmen wie Wolken auf seinem Spiegel, der »zärtliche, unermüdliche Anschlag des blauen Wassers an weißes weiches Holz und schwarzes hartes Eisen[22]« erfüllt sein Herz mit Entzücken und läßt ihn einen Augenblick lang den Fürsten vergessen. Diese Schilderung des Meeres kommt mit fast identischen Einzelheiten und Akzentuierungen im *Leviathan* wieder, in der Szene, wo Nissen Piczenik den Hafen von Odessa besucht: Das Meer ist ein doppeldeutiges Symbol, es steht für eine kosmische Freiheit, die die Seele vom verzehrenden individuellen Groll reinigt, aber auch für die absolute und daher dämonische Immanenz, für die Auflösung der Individualität im ununterschiedenen All und für die Negation alles religiösen Ethos. Im *Leviathan* nimmt Roth das Thema des Meeres im Licht der Mythologie und Kosmogonie der jüdischen Überlieferung, besonders der des *Midrash*, wieder auf, in *Beichte eines Mörders* herrscht noch in der Meeressymbolik statt der verzweifelten Trunkenheit der Selbstzerstörung ein düster moralischer Aspekt vor. Keineswegs zufällig trifft Golubtschik gerade in Odessa in der Nähe des Meeres Lakatos, der ja auch später im *Leviathan* das teuflische Prinzip verkörpert: Er ist ein ungarischer, südlicher Teufel mit pechschwarzen Haaren, fliehender Stirn, bleich und mit aufwärts gezwirbeltem Schnurrbärtchen, von geckenhafter Eleganz und hinkt graziös ein wenig[23]. Pünktlich und unfehlbar stellt sich Lakatos regelmäßig zu allen existentiellen Wendepunkten in diesem Roman ein wie der *Deus ex machina*, der die Maschen des Netzes enger knüpft. Er ist das Gestalt gewordene Böse, Symbol für den Reiz des Unrechten und vor allem für die doppeldeutigen, ständig wechselnden Verkleidungen des Dämonischen; bevor es sich in seiner ganzen Verworfenheit enthüllt, verbirgt sich das Böse unter den seidenen Kleidern der Gerechtigkeit und der Liebe.

Zwischen Dostojewski und Conrad

Den ersten unwiderruflichen Schritt tut Golubtschik in Odessa auf Anstiftung Lakatos' hin: Mit eiskaltem, fiebrigem Eigensinn dringt er in den düster prunkvollen Palast des Fürsten vor und tritt in verwirrter, aber unbeirrbarer Zähigkeit vor seinen zynisch gleichgültigen, herablassenden Vater[1]. Als der junge Krapotkin, Frucht eines Ehebruchs der Frau, aber »legitimer« Sohn des Fürsten, dazukommt, ergreift ihn endgültig die Raserei. Damit beginnt die gewundene, manchmal absichtlich triviale Verwicklung von Golubtschiks Geschichte, hinter der ausdrücklich die Vorbilder von Dostojewski und Conrad stehen. Von Dostojewski – den Isaac Bashevis Singer mit der Kabbala verglichen hat[2] – übernimmt Roth den Sinn für die Sünde und das Dämonische, das Thema von *Schuld und Sühne* und vor allem die spannend feuilletonistische Durchführung der Problematik an Hand einer trivialliterarischen Fabel. Aus Rachedurst, das heißt infolge eines bösen Zufalls, verschuldet durch seine ungeschickten Versuche, dem Fürsten Krapotkin und dessen Sohn eine Falle zu stellen, kommt Golubtschik ins Gefängnis und von da aus als Agent zur *Ochrana,* der zaristischen Geheimpolizei. Der Macchiavellismus verkehrt sich in Selbstzerstörung: Golubtschik wird Spitzel der Geheimpolizei, um in Besitz der Macht zu gelangen, die ihm sein Recht verschaffen soll; auf der anderen Seite aber macht ihn gerade seine Besessenheit von dieser Wahnidee zum idealen Element der *Ochrana,* zum perfekten, erbarmungslosen Werkzeug ihres unmenschlichen Mechanismus. Bezeichnenderweise ist das Oberhaupt der Polizei ein Mensch, der auf jede Lust verzichtet hat und deswegen den Schmerz nicht kennt: »Ach! Er war groß und mächtig, denn er war kein Mensch[3]!« In der Gestalt Golubtschiks fallen Opfer und Henker zusammen, das Böse entsteht aus einer erlittenen Ungerechtigkeit und aus einem bis zum Exzeß getriebenen Wunsch nach Wiedergutmachung: Der Durst nach Gerechtigkeit wird, vor allem als ihm der junge Krapotkin auch noch Lutetias Liebe wegnimmt, zu Rachegier. Eines der ersten Gesichter, unter denen sich Golubtschik das Dämonische zeigt, ist die Forderung nach absoluter Gerechtigkeit; für Roth handelt es sich dabei um eine teuflische Verzerrung der Menschlichkeit und des Mitleids, denn Gerechtigkeit gibt es nur in der Hölle, und wer sie auf Erden einführen will, will sich in Wirklichkeit nur rächen wie der von Lakatos aufgehetzte Protagonist der *Beichte*[4]. Doch die ethische Verworfenheit ist vor allem Irrtum, Verirrung: »Wie verworfen war ich! Verworfen und verirrt! Alle Verworfenen sind eigentlich Verirrte[5].« Daher trägt das Verbrechen die Strafe in sich: Mit der Liebe zu Lutetia setzt Golubtschiks moralische Selbstanalyse ein, er beginnt, sich seiner Schuld bewußt zu werden, denn da gerade diese Liebe ihn – um Lutetia zu gewinnen – noch weiter ins Verbrechen treibt, setzt mit ihr auch ein namenloses Leid ein und folglich die Buße, die sich wie bei Dostojewski *im* Verbrechen und *in* der Schuld vollzieht, und nicht nach einer Besserung oder Bekehrung.

Der ganze Roman ist von einer dostojewskischen Verwerfung des Gesetzes beherrscht – das Gesetz ist immer böse, denn es ist dazu bestimmt, den Menschen in eine ausweglose Falle zu locken[6]; die einzige wahre Erkenntnis ist die Liebe: »Die Liebe nämlich, meine Freunde, macht uns nicht blind, wie das unsinnige Sprichwort behauptet, sondern, im Gegenteil, sehend. Ich erkannte plötzlich und dank einer sinnlosen Liebe zu einem gewöhnlichen Mädchen, daß ich bis zu dieser Stunde schlecht gewesen war, und auch, in welchem Grade ich schlecht gewesen war. Ich weiß, seit jener Zeit, daß der Gegenstand, der in menschlichen Herzen Liebe erweckt, gar keine Bedeutung hat im Vergleich zu der Erkenntnis, die uns die Liebe beschert. Wen und was immer man liebt: der Mensch wird dabei sehend und keineswegs blind. Ich hatte bis zu dieser Stunde niemals geliebt; wahrscheinlich deshalb also war ich ein Verbrecher, ein Spitzel, ein Verräter, ein Schurke geworden . . . Ich begann damals zu büßen, es war der Anfang der Buße. Ich wußte damals noch nicht, um wieviel mehr ich später noch zu büßen haben sollte[7].«

Zu diesem allgemeinen dostojewskischen Hintergrund tritt in konkreter Form der Einfluß Joseph Conrads hinzu, den Roth mit glühender Bewunderung – insbesondere für den Roman *Under Western Eyes* (1911) – las und den er in *Panoptikum* den »Ozean[8]« genannt hatte. Die Handlung von Conrads Roman zeigt etliche Analogien zu den Geschehnissen in *Beichte eines Mörders:* Der Student Razumov, der gegen seinen Willen Polizeispitzel wird und die revolutionären Verschwörer anzeigt, befindet sich in der gleichen Lage wie Golubtschik. Der Verrat am Bruder der geliebten Frau erscheint bei Roth in zwei Episoden wieder, das heißt als Verrat am Talmudstudenten aus Charkow und an Channa Lea Rifkin. Der erstere, Salomon Abramowitsch Komrower, beschuldigt sich selbst, um die wegen revolutionärer

Umtriebe verhaftete Schwester zu retten, und man lastet ihm alle Beweise an, die Golubtschik gegen den jungen Krapotkin gesammelt hat; die letztere, eine zarte, gütige Jüdin von absoluter Reinheit, die sogar Golubtschiks inzwischen an alle Niedrigkeiten gewöhntes Herz rührt, wartet in Paris auf eine Möglichkeit, zu ihrem gefangenen Bruder nach Rußland zurückzukehren, und wird schließlich gerade von Golubtschik, dem einzigen, zu dem sie Vertrauen hat, verraten; er händigt ihr – unter dem Zwang der Geheimpolizei, der er sich durch seine Karriere selbst ausgeliefert hat – eine gefälschte Einreiseerlaubnis aus, mit der sie in die bereitgestellte Falle der zaristischen Polizei gehen muß.

Ein genauerer thematischer Vergleich zwischen *Under Western Eyes* und *Beichte eines Mörders* geht aber über das rein Inhaltliche und die Ebene der Handlung hinaus. Auch die moralische Funktion der Fabel und der Erzählstrukturen zeigt bei Roth Conrads Einfluß. Wie Razumov zappelt Golubtschik vergebens in einem verwirrten existentiellen Geflecht, in das er sich immer mehr verstrickt, aus dem es keinen – weder sozialen noch individuellen – Ausweg gibt: Die Gesellschaft erscheint als ein negatives, grausames Schicksal, aber unveränderlich in ihrer Zusammensetzung; der gute moralische Kampf, der als einzig mögliche Verteidigung bleibt, geht unmerklich, winzigen und unbeachteten Irrtümern zufolge, in Entfremdung und Selbstverdammung über, auch er wird zu einer der verräterischen Schlingen, aus denen sich das Individuum mit diesem Kampf ja befreien möchte. Ebenso wie Conrad setzt sich Roth – wenn auch auf gewiß niedrigerem dichterischem Niveau – mit den großen Themen des Allgemeinmenschlichen und vor allem der ethischen Problematik auseinander, mit den großen positiven Themen, die künstlerisch so schwer zu gestalten sind. Von dieser Problematik, die ja so viel größer ist als seine schwachen Kräfte, mitgerissen und doch entschlossen, sich mit ihr zu messen, mit der Natürlichkeit des Menschen, der – edel oder unedel – jedenfalls weiß, daß es hier um die wahre, ja einzige Aufgabe, die das Leben stellt, geht, stürzt Golubtschik in immer tiefere Verlorenheit, in eine Erniedrigung, die im gleichen Maße wie seine moralische Empfindlichkeit wächst.

Die immer komplizierter werdende Handlung illustriert wirksam diesen inneren Weg: die Denunziation der Verschwörer, die Vorsichtsmaßnahmen der Polizei, die das Eingreifen der göttlichen Gerechtigkeit vorwegnehmen und verhindern sollen, das Vorgefühl einer unerbittlichen, ständig drohenden Katastrophe, die Austauschbarkeit der echten und der falschen Beweise, die Golubtschik gegen den jungen Fürsten Krapotkin sammelt, der Kreis der Verbrechen, die immer neue hervorbringen[9], das alles ist vielleicht die radikalste Version, die Roth von seinem großen Thema des menschlichen Sündenfalls gegeben hat. Wie bei Conrad bietet die Gesellschaft nur den Schauplatz und die Gelegenheit für das Erscheinen des Bösen, das aber an sich existiert und mit keiner sozialen Ordnung zusammenfällt. Die Gesellschaft (hier die zaristische) ist nur die ansehnlichste Erscheinungsform des *principium iniquitatis:* Die verfolgten Revolutionäre erscheinen zwar als Märtyrer eines Ideals und ihre Verfolger als gemeine Henker, doch die Lösung dieses Konflikts wird nicht in einem politischen Engagement gesucht. Das Lächeln des mondänen Anstands ist fatal und leer[10], grausam und teuflisch, weil es die Sicherheit und Unsträflichkeit der herrschenden Klasse ausdrückt, aber die Katastrophe ist »nackt[11]«, unbestimmt, existentiell: die Katastrophe des gefallenen Menschen an sich. »Unausweichlich«, sagt Golubtschik, »erschien sie mir[12].« Die Verschwörer sind nur, weil sie isolierte, unterdrückte Individuen sind, positive Gestalten; eine soziale Umwälzung würde aus ihnen Opfer-Henker machen und das Reich Lakatos' nicht angreifen: Als er, der regelmäßig erscheint, um das Netz des Bösen noch fester zu knüpfen, geht, um Channa Lea Rifkin Golubtschiks lügnerische Versicherung der Straflosigkeit zu überbringen, flattert das Papier in seiner Hand »wie eine Fahne[13]«.

Das beharrlich allegorische Verfahren, auf dem der Roman ruht, erfüllt die Funktion einer ausdrücklichen Enthüllung des Bösen. Wie für Baudelaire gilt auch für Roth das »tout . . . devient allégorie[14]«: oft eine Allegorie biblischer Ableitung. Fouché hat den schmalen Mund und die spitze Zunge der alten Schlange wie die dämonische Madame Gwendolin aus *Le Triomphe de la beauté*[15] (1934); auch Lutetia ist eine dämonische Erscheinung, deren Kleid in Golubtschiks Augen an die Farben der Hölle erinnert: »Mehr noch, als mich ihre Nacktheit verwirrt hätte, blendete mich in diesem Augenblick der beinahe höllische – ich finde keinen andern Ausdruck – also der beinahe höllische Zusammenhang dieser Farben. Seit jenem Augenblick glaube ich zu wissen, daß die Farben der Hölle, in die ich gewiß einmal gelangen werde, aus Schwarz, Weiß und Rot bestehen; und an manchen Stellen, an den Wänden der Hölle zum Beispiel, wird hie und da der dreieckige Ausschnitt eines Frauenrückens sichtbar; die Puderquaste auch[16].« Die Liebe zu Lutetia verschlingt ihn, aber sie löscht nicht die »Erkenntnis[17]« aus, sondern fördert sie im Gegenteil: Sie stürzt Golubtschik in den Abgrund, doch sie schärft zugleich sein moralisches Bewußtsein des eigenen »Untergangs[18]«; sie macht ihn in Leidenschaft erglühen, aber sie öffnet ihm auch die Augen darüber, wie elend der Gegenstand seiner Leidenschaft doch ist. Lutetia bewegt sich mit künstlicher, »geometrischer[19]« Anmut, in ihren schönen Augen ist selten ein Blick und ihre langen, feinen und grausamen Finger ziehen Golubtschik in ihrer berauschenden und gleichzeitig eisigen Sinnlichkeit an; in ihrem Mund, in den er sich verliebt, spielt die wollüstige Zunge des Versuchers im Paradies: Als er sie sieht und ihr verfällt, erinnert sich Golubtschik an den Katechismus und die Erbsünde[20].

» . . . banale Symbolik«, denkt Napoleon *(Die hundert Tage)*, als er beobachtet, wie vollkommen Fouché dem Archetypus der satanischen Schlange entspricht[21]; Roth riskiert bewußt diese Banalität, um der Klarheit und Ordnung willen, um die Verwirrung der Zeichen und die entschuldigende Ethik, wie sie durch die Psychologie verbreitet werden, zu vermeiden. Gegen die Psychologie setzt Roth den Mythos wieder ein; aber es handelt sich nicht um einen medusen-, sphinxhaften Mythos, der rätselhaft und daher zerstörerisch aus dem Dunkel der Vorgeschichte oder der Vergangenheit auftaucht, sondern im Gegenteil um eine objektive, archetypische Verbildlichung, in der die unteren Kräfte erkannt und gestellt werden können. Die Entscheidung für die Allegorie macht aus Roth – wie Jansen[22] und Hackert[23] bemerkt haben – einen »Physiognomiker« und einen Gegner der Tiefenpsychologie, denn in ihr sieht er von seinem einseitigen religiösen Standpunkt aus die Vermittlerin dunkler, unbekannter Kräfte, die Wiedergeburt der Sphinx und die Zersetzung aller moralischen Fragestellung. Die klärende Sprache der Physiognomie setzt den objektiven Begriff des Bösen wieder ein: »In jener Stunde, in der ich Krapotkin und Lutetia erblickte, loderte das Böse, dem ich offenbar von Geburt an schon zubestimmt war und das bis jetzt nur sachte in mir geschwelt hatte, als ein offener großer Brand empor. Mein Untergang war gewiß. Ich wußte damals schon um meinen Untergang, und deshalb eben gelang es mir, die beiden Gegenstände meiner Leidenschaften: den meines Hasses und den meiner Liebe, zu beobachten. Niemals sieht man so klar und kalt, wie in einer Stunde, in der man vor sich den schwarzen Abgrund fühlt. Ich empfand den Haß und die Liebe zugleich, in meinem Herzen waren sie ebenso innig vereint wie die beiden im Nebenzimmer: Lutetia und Krapotkin. Ebensowenig wie die beiden Menschen, die ich beobachten konnte, bekämpften sich die beiden Empfindungen; sondern sie vereinten sich in einer Wollust, die gewiß noch größer, gewaltiger, sinnlicher war als die fleischliche Vereinigung der beiden[24].« Das Böse lodert in Globutschik auf als blasphemische Selbstidentifikation mit einer Rechtsinstanz: Er wirft sich zum Richter auf und spricht in seinem Herzen das Todesurteil über Krapotkin[25].

Eines der Werkzeuge des Bösen ist im Roman der verkehrte – manchmal bösartige, manchmal unfreiwillig falsche – Gebrauch des Worts, der Sprache. Bezeichnenderweise beginnt die Tragödie damit, daß Golubtschik sich Lakatos anvertraut; das ganze von Golubtschik erzählte Geschehen und auch selbst noch die ganze Beichte im »Tari-Bari« stehen unter der Einwirkung oder wenigstens geheimen Versuchung eines selbstzerstörerischen Exhibitions- und Profanationszwangs. Es ist die Lust an der Vergewaltigung der Individualität, die Singer seinen Dämonen zuschreibt, deren Macht ja eben in ihrer Zunge sitzt[26] und die (hierin nicht unähnlich dem perversen Shloimele, der die Liebe beschmutzt, indem er sich im Bett von seiner Frau alle Einzelheiten des Ehebruchs, zu dem er sie selbst angestiftet hat, beschreiben läßt[27]) den gotteslästerlichen, masochistischen Imperativ der Befleckung des Intimen verkünden: »Denn alles Verborgene muß einmal ans Licht, das Geheimnis möchte enthüllt sein, jede Liebe verlangt danach, verraten zu sein, alles Heilige muß sich entweihen lassen[28].«

Singer legt diesen Imperativ einem Dämon in den Mund. Zwar macht Golubtschik in seiner Beichte den Versuch, des Bösen Herr zu werden, indem er es nennt und ihm ein bestimmtes und daher eingegrenztes Gesicht gibt, doch stärker als dieser Versuch ist oft die selbststrafende Lust an der Profanation. Golubtschik schweigt nicht vor den Dämonen, beherzigt die Mahnung der chassidischen Frömmigkeit nicht, sondern er leiht ihnen sein Wort: Wie eine Gestalt von Dostojewski und wie ein besessener sabbatianischer Büßer rast er in seinem Büßerwillen gegen sich selbst, aber auch gegen die andern, vergewaltigt mitleidslos Lutetias Seele, stellt so zwangshaft in seiner Erzählung seine Verworfenheit zur Schau, wie er sich in seiner erlebten Geschichte Lakatos aufschloß, ihm Zugang zu den innersten Geheimnissen seines Herzens bot und so das Wort zu schamloser, würdeloser Schwäche erniedrigte. Gleichermaßen macht Singer die jüdische Dämonologie zur Chiffre des Bösen an sich und seines Triumphs: „Ich, ein Dämon, versichere euch, daß es keine Dämonen mehr gibt. Wieso noch Dämonen, da der Mensch selbst ein Dämon ist? Warum einen zum Bösen überreden, der schon überzeugt ist? Ich bin der letzte der Versucher[29].« Und seine Novelle geht mit einer technischen Meisterschaft, die ihresgleichen sucht, unmerklich vom chassidischen Apolog (die Versuchung des heiligen Rabbi durch einen Dämon) in die Schilderung der nazistischen Hölle über: »Es gibt keine Juden mehr, keine Dämonen. Die Frauen schütten kein Wasser mehr zur Wintersonnenwende aus. Sie vermeiden es nicht mehr, Dinge in geraden Zahlen zu schenken. Sie gehen nicht mehr unten im Vorraum der Synagoge klopfen. Sie warnen uns nicht mehr, bevor sie das Spülwasser wegschütten. Der Rabbi wurde an einem Freitag im Monat des Nisanfestes gemartert. Die Gemeinde wurde niedergemetzelt, die heiligen Bücher verbrannt, der Friedhof entweiht. Das *Buch der Schöpfung* dem Schöpfer zurückgegeben. Heiden wuschen sich im rituellen Bad ... Keine Sünden, keine Versuchungen mehr! Die Generation ist schon siebenmal schuldig, aber der Messias kommt nicht. Zu wem sollte er kommen? Der Messias kam nicht für die Juden, so gingen die Juden zum Messias, die Dämonen sind unnötig geworden, auch wir sind zerstört worden[30].« Nun ist es bedeutsam, daß dieser »letzte Dämon« in und von den Büchern lebt, sich nach der Katastrophe des Judentums in ein Buch doppelsinniger Geschichten und das heißt Geschichten von der modernen Verweigerung des ethischen Urteils geflüchtet hat: Nur das Alphabet ist noch das hebräische, heilige der mystischen Buchstaben. Der Dämon und das letzte, wenn auch negative und verkehrte, Relikt des Judentums und damit des Heiligen, nährt sich von Worten, saugt diese Buchstaben aus: Wenn das Buch nicht mehr existieren wird, wird auch er verschwinden[31]. Bei Singer wird also der Zerfall der Werte als Auslöschung der Worte dargestellt: Das Ende des Buches oder seine Profanation fallen mit dem Ende des Menschen zusammen, wie in der großartigen Szene aus *The Family Moskat,* wo Rabbi Dan auf der Flucht vor den Deutschen alle seine Schriften verbrennt: »Während das Papier brannte, lehnte sich der Rabbi an den Türpfosten. In den über vierzig Jahren, in denen er das Rabbineramt versehen hatte, hatten sich drei Säcke mit Manuskripten und Briefen angesammelt. Wie hatte er so viel schreiben können, fragte er sich. Manchmal hatte er mit dem Gedanken gespielt, ein paar seiner Kommentare zu veröffentlichen. Das alles war jetzt überholt. Die Flammen hatten keine Eile. Windstöße aus der andern Richtung bliesen dann und wann ein Blatt aus dem Feuer, und der Rabbi mußte es wieder hineinwerfen und hinunterstopfen. Die großen Manuskriptpacken wären zu langsam verbrannt, man mußte sie zuerst auseinanderreißen und die Seiten zerpflücken. Sogar mitten im Feuer blieb ein vergilbtes Blatt lange unversehrt[32] ...«

Die düstere sittliche Thematik der *Beichte eines Mörders* ist immer frei von allem Moralismus: Die Verworfenen sind Verirrte, Lutetia ist von jeher eine »verlorene Existenz[33]« und ist daher gezwungen, alle zu belügen, zu betrügen, zu verraten und auszunützen. Ihre grausame Unmoral ist vor allem die Selbstverteidigung eines getretenen Geschöpfs: »Die verlorenen Menschen lügen gleichsam unschuldig, wie die Kinder. Die verlorene Existenz bedarf des verlogenen Fundaments[34].« Auch Golubtschik ist »ein Verlorener[35]«; deshalb ist seine Liebesgeschichte mit Lutetia die Geschichte eines dauernden gemeinsamen Sich-Anlügens und Verrats, ständiger Kabalen, die aber immer wieder durch Leidenschaft und Schmerz losgekauft werden. Unter dem Zeichen des Betrugs, der durch die Hilfe des unvermeidlichen Lakatos, das heißt der Fatalität der Umstände, erleichtert, ja fast notwendig wird, steht auch die erste Liebesbegegnung, die Golubtschik erzwingt, indem er als Agent der *Ochrana* die Grenzpolizei dazu bringt, einen Lutetia ins Gepäck geschmuggelten Revolver zu finden, und dann durch sein Eingreifen das Mädchen zu retten vorgibt: »Wir blieben allein, Lutetia und ich. Es dunkelte schon, und der Zug schien durch den immer dichter werdenden Abend immer schneller dahinzurasen . . . (Es) schien mir angebracht, sofort zu sagen: ›Wo ist denn nun mein Revolver?‹ . . . Und es begannen, im Dunkel des Abends, der um uns durch zwei Scheiben hereinfiel, von zwei Seiten her – es war gar nicht *ein* Abend mehr, es waren deren zwei – die Liebkosungen, die ihr alle kennt, meine Freunde[36] . . .«

Die Liebe wird zur Buße für die Schuld, zur Sühne, die bereits während des Verbrechens vollzogen wird. Durch Lutetia aufs tiefste erniedrigt, ihr in einer Leidenschaft voll gegenseitigen Hasses verbunden und von der Geliebten gerade im Augenblick verraten, da er unter der Führung Lakatos' die schlimmste Untat seines Lebens begangen hat (die Auslieferung Channa Lea Rifkins an die *Ochrana)*, überrascht Golubtschik Lutetia und den jungen Krapotkin zusammen im Bett. Bei diesem Anblick (»Es war eine weiße, schwächliche, unbehaarte Jünglingsbrust, eine Knabenbrust, ich weiß nicht, warum sie mich in jenem Augenblick so ärgerte[37]«) stürzt er sich auf das Paar und schlägt wild auf sie ein und flieht dann in der Überzeugung, die beiden umgebracht zu haben.

Die Windungen der Schlange und die falsche kaiserliche Botschaft

Hier setzt nun die geniale Erfindung des Romans ein, der unerwartete Schluß, wo die Tragödie der geschilderten Vergangenheit mit der trostlosen Gegenwart, in der der Protagonist seine Geschichte erzählt, zusammenfließt. Es ist die »Tragödie der Banalität[1]« und der ewigen Wiederkehr. Alles ist in einen Kreis ohne Ende noch Ausgang eingeschlossen. Golubtschik findet nach der Rückkehr aus dem Krieg, in dem er vergebens den Tod gesucht hat, Lutetia wieder, er hat, wie er nun erfährt, die beiden Liebenden damals nur verletzt. Und wenige Minuten nach dem Ende seiner Erzählung, als schon der Morgen hinter den Fenstern des »Tari-Bari« graut, tritt eine knochige, verblühte Frau mit einer schlecht durch ein lächerliches Hütchen verdeckten Narbe ins Lokal: Es ist Lutetia, die mit der typischen Grobheit der versauerten Ehefrau ihren Golubtschik suchen kommt, um ihn nach Hause zu schleppen. Die Erzählung, die bis vor wenigen Sätzen in der Vergangenheit umschrieben und nunmehr in der zwar tragischen, aber beruhigenden Ferne eines längst abgeschlossenen Vorgangs definiert schien, scheint wieder von vorn anzufangen, wobei ihr jetzt auch die dämonische Größe abhanden gekommen ist – alles ist vulgäre Trostlosigkeit. Die Parabel öffnet sich überraschend, ihr exemplarischer Gehalt tritt über die Ufer und strömt banal werdend ins Alltägliche.

Das ist wieder, erzähltechnisch gesehen, der Einfluß Conrads. In *Beichte eines Mörders* wandelt Roth die mündliche chassidische Erzählung zur fragmentarischen, tastenden Rekonstruktion um, wie sie die Erzählerfigur des modernen Romans zu unternehmen versucht: Die berichtende Stimme seiner beiden Ich-Erzähler hat ihren Ursprung im chassidischen *Magghid* und ihre letzte Entwicklungsstufe in Conrads Captain Marlow. Neun Zehntel der *Beichte* gehören entschieden der geschlossenen Struktur des chassidischen Gleichnisses und der traditionellen Erzählung an: Golubtschiks Geschichte ist aus dem Abstand des allwissenden Erzählers berichtet, der sie in die Vergangenheit projiziert, im Augenblick, da er sie beschwört, sein Urteil über sie ausspricht und ausdrücklich bei ihren allegorischen Bedeutungen verweilt. Doch zum Schluß verläßt der Protagonist die Parabel und tritt in den Roman ein, als erscheine der wandernde Bettler plötzlich vor Reb Selig und Reb Lippe und fange ebenfalls an, den Geldbeutel zu stehlen oder zurückzuerstatten; durch die Spalte in der Mauer des Apologs strömt der »offene« Roman, in welchem wir nie erfahren werden, wie die Geschichte Golubtschiks nun wirklich ausgeht und welches ihr wahrer Sinn ist. Wie Captain Marlow wird der Erzähler ins Erzählte hineingezogen: Die Epik verkehrt sich in die Banalität des »Modernen« und zerfällt in der offenen Struktur des Antiromans in Bruchstücke, die Parabel von *Schuld und Sühne* wird zur anonymen *tranche de vie*, wodurch ihre inhärente Denunziation des Mangels noch trostloser gemacht wird.

Der Roman schließt in sich selbst im eigenen Anfang nach dem vielsagenden Bild des Kreises, des immer wieder erwähnten Wellenschlags, der stets über derselben Stelle kreisenden Windungen. Schon während Golubtschiks Erzählen hatte man erfahren, daß der Wirt des »Tari-Bari«, auch er ein russischer Emigrant, damals das gleichnamige Lokal in Odessa besaß, in das Golubtschik zu Beginn seines Leidenswegs mit Lakatos gegangen war. Und am Ende der *Beichte*, als Golubtschik und die andern gegangen sind und der erste »Ich-Erzähler« (das heißt der Verfasser Roth) in sein Hotel zurückkehrt, kommt dort – geschniegelt, salbungsvoll und höhnisch – Lakatos an und wendet sich mit den gleichen Worten wie damals zu Golubtschik in Odessa an ihn: »Sie sind auch fremd hier, nicht wahr[2]?« Alles schickt sich an, wieder von neuem zu beginnen, eine ewige Wiederkehr des Bösen und des Schmerzes nimmt dem geschichtlichen Geschehen und damit dem menschlichen Leben überhaupt allen Sinn, ja selbst die moralische Problematik. Unter diesem Gesichtspunkt stellt die *Beichte eines Mörders* die Parabel einer äußersten Säkularisation dar, eines totalen Verlustes der vertikalen Dimension und damit aller existentiellen Freiheit.

In den gleichen Kreis von Banalität und Verzweiflung ist *Le triomphe de la beauté* eingeschlossen, die großartige, erbarmungslose Geschichte einer ehelichen Leidenschaft und Unterwerfung, in der sich Liebe, Ergebenheit, Sklaverei, Krankheit, Opfer, Schlauheit des Unbewußten, Sublimierung und Flucht in die Neurose verflechten und gegenseitig aufheben – in der Grausamkeit einer Handlung, die die egoistische Gleichgültigkeit des »Lebens« schlechthin exemplifiziert. Die unmittelbare Elementarität des Lebens – wie sie Madame Gwendolin verkörpert – erscheint als sinnloser, amoralischer biologischer Trieb, als natürlicher Zyklus, der keinerlei Wertsetzung zuläßt. Es ist das teuflische Prinzip; auch in *Le triomphe de la beauté* erscheint ja in der Tat Lakatos' lächelndes Gesicht. Die Säkularisierung gewinnt in Roths Augen immer entschiedener – über den historischen Prozeß hinaus – die Bedeutung einer existentiellen Erfahrung und Entwicklung; sie siegt in ihrer Negativität wie ein unwiderstehlicher Naturvorgang, gegen den der Schriftsteller nicht länger auf politischem Bereich oder überhaupt nicht mehr ankämpft, den er nur noch bloßlegt, um sich nach dem Nichts als der einzigen Erlösung zu sehnen. Golubtschik sucht in der Tat vergeblich den Tod und erkennt schließlich, daß er keine Strafe, sondern Befreiung ist; Lakatos tritt auch im *Leviathan*, dem Gleichnis von der völligen Auflösung, als der Versucher auf.

In der Unbeweglichkeit, der kreisenden Wiederholung, ist das äußerste Stadium des unverbesserlichen Exils erreicht. Dieses Stadium, das den Menschen jeder moralischen Entscheidungsmöglichkeit beraubt, ist daher ein teuflisches: Die Phänomenologie dieser menschlichen Lebensform wird zu Dämonologie. Das ist der Sinn der ständigen Präsenz des Dämonischen im phantastischen Universum Singers, der die Hölle – und in den Augenblicken des düstersten Pessimismus den Kosmos selbst – als das Unbewegliche darstellt: »Im Tal der Schatten, auch ›Die Welt‹ genannt, ist alles unaufhörlichem Wandel unterworfen. Aber für uns steht die Zeit still! Adam bleibt unbekleidet, Eva begehrlich und noch immer für die Verführungskünste der Schlange empfänglich. Kain tötet Abel, der Floh liegt beim Elefanten, aus Himmelsschleusen ergießt sich die große Flut, die Juden kneten Lehm in Ägypten, und Hiob schabt sich seinen schwärenbedeckten Körper – schabt sich bis zum Ende aller Zeiten, ohne jemals Erleichterung zu finden ... Die Erde war braun, der Himmel gelb. Im Kreise standen Teufel und wedelten mit dem Schweif. Zwei Turteltauben lagen Schnabel an Schnabel nebeneinander, und ein männlicher Stein gattete sich tiergleich mit einem weiblichen ... Gibt es einen Gott? Ist Er allbarmherzig? Wird Sirel jemals Erlösung finden, oder ist die Schöpfung eine Schlange der Vorzeit, die immerzu Böses gebiert? ... Inzwischen kommen und gehen ganze Menschengeschlechter, eine Sirel folgt einer anderen in Zehntausenden von Abbildern – Zehntausenden von Spiegeln[3].« In *Beichte eines Mörders* entrollt und windet sich die Schöpfung in sich selbst wie eine Schlange; dem hilflosen Erzähler, der sich auf keine religiöse Perspektive mehr berufen kann, bleibt als einzige Waffe das verächtliche Sich-Verweigern vor diesem schmierigen Zyklus, die ironische, verzweifelte Verbeugung, mit der er – Roth – am Schluß des Romans sich dem eben angekommenen und zum Neubeginn seines Werkes bereiten Lakatos entzieht[4].

Dem Passagier des ewig schaukelnden Schiffes bleibt nichts anderes als auszusteigen und im unendlichen Meer des Dunkels zu verschwinden. Das tut Nissen Piczenik im *Leviathan;* das verweltlichte, assimilierte Individuum hat kein anderes Mittel zur Verweigerung des Bösen außer der Selbstzerstörung. Das einzige Licht über diesen dunklen Wogen, den einzigen Ausweg aus dem Sog der Fluten verkörpert noch die jüdische Seele oder vielmehr das wenige, was von ihr im horizontalen Chaos der Erfahrung geblieben ist: die starken jüdischen Hafenarbeiter von Odessa, der einem traurigen Zicklein gleichende Jude (eine Umkehrung der von Saba hervorgehobenen Ähnlichkeit der »Ziege mit dem semitischen Gesicht«), der Talmudschüler, der die Beschuldigung politischer Konspiration auf sich nimmt und brüderlich Golubtschik, der ihn verraten hat, küßt[5], und vor allem Channa Lea Rifkin. In der sinnlosen Geschichte ist Channa Lea Rifkin die einzige Botin von Bedeutungen, die über die blinde, mechanische Kausalität hinausgehen; sie ist »fremd, niegehört und vertraut« und kommt um, weil sie ihr Vertrauen in eine trügerische »kaiserliche Botschaft« gesetzt hat[6]. Mit bitterer Ironie unterstreicht Roth, daß die einzige wirklich abgeschlossene und vollbrachte Handlung in *Beichte eines Mörders* der Tod der Rifkins ist: Golubtschik findet Lutetia wieder, begegnet dem schwachsinnig und gleichgültig gewordenen jungen Krapotkin und erkennt, daß er nur die Rifkins ermordet hat.

Der Anti-Bildungsroman der Welt von gestern

Außer einer vagen, synkretistischen Transzendenz findet Roth keinen Wert mehr, findet er nur und noch verschlimmert das Chaos seiner ersten Romane wieder. Zeichnen *Tarabas* und *Die hundert Tage* eine individuelle Entwicklung bis zur erreichten Fülle der Persönlichkeit, so zeigen nun die nächsten Romane, wie das Individuum ohne religiöse Alternative eine Rückbildung erfährt, ein Wachstum erleidet, das fortschreitende Entleerung und Erstickung seiner menschlichen Möglichkeiten bedeutet. Es entsteht so bei Roth eine Art Anti-Bildungsroman, der auf dem grellen Widerspruch zwischen nihilistischer Zerstückelung aller Sinntotalität und der perfekten, ironischen Tragfähigkeit der Erzählstrukturen angelegt ist. Im *Falschen Gewicht* zum Beispiel wird in Form des klassischen Romans eine alle klassischen Ideale widerlegende Handlung erzählt. Die Geschichte von Anselm Eibenschütz schildert die Regression einer Persönlichkeit, die begleitet wird von einer Verkehrung der symbolischen Funktion der Natur (hier in feindlicher Rätselhaftigkeit und geheimnisvollen und wesentlich negativen Epiphanien verfremdet) und sogar der Laren- und Familienideale selbst. Die – sonst bei Roth immer in ein warmes Licht der Heiligkeit getauchten – Details des Familienlebens scheinen hier ins Trostlose verkehrt: Eibenschütz' Frau erwartet ihn abends zu Hause »mit finsterer Stirn« und er sieht sie »in emsiger, gehässiger und erbitterter Demut« ihre Hausarbeit verrichten; der Knäuel des Strickzeugs ist von gefährlicher, giftig grüner Farbe »mit zwei dräuenden Nadeln«, der angefangene Strumpf sieht aus »wie ein Überrest, ein noch nicht geborenes und schon zerstückeltes Werk«; aus der Küche sind peinliche Geräusche und »grelle und gemeine Stimmen« zu vernehmen; alles zerfällt in »Trümmer, Trümmer, Trümmer[1].«

Im *Falschen Gewicht* setzt Roth scharf das »Innen« und das »Außen« voneinander ab, Eibenschütz' traurige und immer hilfloser werdende Innerlichkeit gegen die öde äußerliche Wirklichkeit. Die Symbole dieser äußeren Realität sind der wie »ein hungriger, grauer Wolf[2]« durchs Fenster dringende Frost, das mehrmals erwähnte Bild der auf den entlaubten Zweigen sitzenden, mit geflügelten überreifen

Früchten verglichenen Vögel[3], das Leiden der sich im Bottich tummelnden Fische[4] und die ganze düstere Atmosphäre der Grenze, in der sich das Reich trotz der Härte seiner Mechanismen als Schranke gegen die Unordnung so stark wie sonst nirgends erweist. Als hellsichtige, distanzierte Aufzeichnung des eigenen seelischen Zustands (Eibenschütz, der »in den Alkohol, wie in einen weichen, verführerischen, sanftgebetteten Abgrund[5]« fällt, ist auch Roths ironisches Ebenbild) ist *Das falsche Gewicht* der Antiroman über die Einsamkeit, in die der Verlust des Heiligen führt, und gleichzeitig ein zärtlicher Abgesang auf die Surrogate des verlorenen *Organons,* unter denen die Armee an erster Stelle steht. Der Roman beginnt, als Eibenschütz schon seinen Abschied vom Heer genommen hat und daher doppelt allein und verloren im Leben steht, ohne irgendeinen Halt und ohne das gewohnte Maß, an das er sich in der wertentleerten Realität mechanisch halten könnte. Auch Taittinger ist verloren, als er aus der Armee austreten muß, wie Mizzi, als sie das Bordell verläßt und die Matzner, als sie in eine andere Gegend der Stadt zieht[6]: jede dieser Gestalten verliert »ihr(en) Boden, . . . ihre Heimat[7]«. Im »Meer der Welt[8]« ist der Rothsche Mensch immer auf der Suche nach dem Bekannten, Vertrauten, nach etwas, was seiner Schwäche zu Hilfe kommt; und Roths Ironie, die dem Heer das Freudenhaus und die Wohnung zur Seite stellt, schwächt keineswegs, ja verstärkt noch diesen Geist der Hingabe und Treue, der in solchen Stellen atmet. Angesichts der »wirkliche(n) Welt«, die »sehr groß« ist und »ganz andere Möglichkeiten der Verlorenheit« hat[9], bedeutet die melancholische ärarische Gleichförmigkeit der Kaserne doch noch eine chorale Brüderlichkeit, einen beruhigenden Kodex, eine feste Norm, eine nostalgische Gemeinschaft. Die Armee ist immer noch ein Abbild, ein wenn auch verwischtes und untreues Bild des Gesetzes; für den gefallenen und völlig verweltlichten Menschen ist sie jedenfalls, auch in ihrer traurigen Unvollkommenheit, der einzige Ersatz für das Gesetz.

Eibenschütz aber ist aus der Armee ausgetreten und verliert sich in diesem »Draußen«. Bezeichnenderweise ist er assimilierter Jude, der bis auf eine ungenaue Erinnerung an den patriarchalischen Großvater keine Bindungen an seine Herkunft mehr hat[10]. Es ist ihm vergönnt, die Wahrheit über sich selbst zu erfahren[11], also, seine Leere, das Falsche oder zumindest Fragwürdige seiner Gewichte zu erkennen, und Schwindel erfaßt ihn. Die plötzlich wiederentdeckte Natur scheint auch in ihrer Schönheit auf ein nihilistisches Grundgefühl anzuspielen, das übrigens in der lakonischen Verfilmung des Romans durch Bernhard

Wicki überraschend und verzweifelt zeitgemäß herausgekommen ist. »Der Abend war schon eingebrochen. Sie rollten dahin, auf der breiten, sandigen Landstraße, zwischen zwei Wäldern. Sie rollten dahin, in westlicher Richtung. Die untergehende Sonne, rötlich und gütig, schimmerte ihnen geradewegs in die Augen und blendete sie. An beiden Seiten des Weges leuchteten die Tannen der Waldränder, gleichsam von innen aus, als hätten sie das rötliche Gold der Sonne getrunken und strahlten es jetzt aus. Man hörte das unermüdliche Pfeifen, das Trillern, das Zwitschern, das Flöten der Vögel, und man roch den scharfen Harzgeruch, den unerbittlichen süßen und herben ... Eibenschütz ... streichelte sanft mit der Peitsche die rechte Flanke des Schimmels, um ihn anzutreiben. Wozu antreiben? ... Nackt, ganz nackt kam sich Eibenschütz vor, es war ihm, als hätte ihn das Schicksal ausgezogen[12].« Auch der Große Eichmeister, das heißt Gott, mit seinem vieldeutigen Freispruch am Ende des Romans[13] wird in einer nicht so ausdrücklichen, aber dafür nicht minder harten Negation wie in der *Rebellion* angeklagt.

Erleichterung in der zur Verzweiflung treibenden Routine bringt nur eine teilweise Vorwegnahme der Vernichtung wie die erotische Anziehung für die »schwarz(e), wild(e) und sanft(e)[14]« Euphemia, deren blaue Augen und klingende Ohrringe und Absätze in Eibenschütz eine große »Trockenheit[15]« hervorrufen, nicht unähnlich dem »uralte(n), unaufhörliche(n) Durst[16]«, an dem Weissenstein Karl, die tragische, hanswurstartige Karikatur des assimilierten Juden aus Urzidils *Prager Triptychon* ständig leidet. In vollkommenem Gleichgewicht zwischen Allegorie und Realismus erzählt Roth sozusagen die Geschichte von Anselms Leidenschaft für Euphemia auf zwei Ebenen: als Parabel eines Rufs zur Selbstvernichtung für Anselm, der den Zusammenhang zwischen Lieben und Gehorchen erkennt[17], und als elementare, unmittelbare, unproblematische biologische Erscheinung bei Euphemia. Noch einmal wird der Wüste der horizontalen Erfahrung die allesumfassende Weisheit des heilen Ostjuden gegenübergestellt: die Frömmigkeit Mendel Singers (des hier als eine Nebenfigur wieder erscheinenden Protagonisten von *Hiob*), der sich nie um etwas anderes als um seine heiligen Bücher gekümmert hat und dabei doch der einzige ist, der in seiner materiellen Armut und dem Reichtum an Liebe in seiner Familie den anderen »Ratschläge« erteilen kann wie ein Lehrer oder antiker Rhapsode[18].

Wie von David Bronsen[19] belegt worden ist, plante Roth in den Jahren 1935/36 einen Roman über sein Geburtsland im Stil einer jiddischen Saga nach dem Vorbild Alejchems. Es sind davon nur einige Seiten geschrieben worden: Als unwiderruflich assimiliertem Juden gelang Roth die Wiederentdeckung seiner östlichen Heimat nur unter der österreichischen Perspektive vom *Falschen Gewicht.* An Stelle des gescheiterten jüdischen Romans, in dem eine heitere, entspannte Atmosphäre hätte vorherrschen sollen, entstand ein düsterer Österreichroman, *Das falsche Gewicht,* das heißt die verzweifelte Version von Roths eigener Kindheitssaga.

Die Familie verkörpert nur als Bild und Widerschein eines religiösen *Kosmos* eine positive Welt; daher ist die wahre Familie die ostjüdische, die Bewahrerin der Werte. Außerhalb des ostjüdischen Bereichs – und vor allem eben im verfälschenden, repressiven Kontext der westlichen bürgerlichen Gesellschaft – wird die Familie zur konventionellen und folglich erstickenden Institution, die das Individuum an seiner Entfaltung hindert. Eibenschütz' Niedergang – seine durchwachten Nächte, seine Räusche, die unwürdige körperliche Vernachlässigung, gegen die er mit rein formalen Überresten einer automatischen, äußeren Ordnung anzugehen sucht, die verschlossene Traurigkeit der trostlosen kalten Morgendämmerungen – ist eine exemplarische Durchführung des Themas der Entfremdung des Individuums in einer Gesellschaft, die seinem Streben keinen Raum läßt. Doch diese negative Gesellschaft ist nicht die in den ersten Romanen verurteilte und in ihren Strukturen widergespiegelte Gesellschaft der Nachkriegszeit, es ist die Gesellschaft des Reichs, der *Felix Austria*[20].

Die Sicherheit des Eunuchen und die »reductio ad unum«

So entstehen die letzten Werke Roths auf dem Hintergrund einer völligen Zerstörung, die in ihre Negation selbst die »Welt von gestern« einschließt und den Schriftsteller an einen schwindelerregenden Abgrund der Leere führt. Die Doppeldeutigkeit, in Roths immer zwischen hingegebener Nostalgie und bitterem Abstand schwebendem Werk eine kennzeichnende Konstante, erweist sich als ironisches, schmerzliches Spiel, als Pendelbewegung zwischen zwei gegensätzlichen, gleichermaßen illusorischen Polen, hinter denen oder darüber hinaus es nichts gibt. In der Ambivalenz wird keine spröde, ausweichende Haltung maskiert, sondern das Fehlen einer Haltung und irgendeines Anhaltspunktes überhaupt verhüllt. Es bleibt nur noch das Märchen, das sich der heilige Trinker, der zum menschlichen und sozialen Wrack heruntergekommene chassidische Lehrer in Erwartung des Endes erzählt, nicht um es hinauszuschieben, sondern um es vorwegzunehmen: Es bleibt die vollkommene, erbarmungslose *Geschichte von der 1002. Nacht,* lächelndes, sehnsüchtiges und unerbittliches Ringelspiel aus Tragödie und Flüchtigkeit, Karussell einer – geliebten – Gesellschaft, in der die menschlichen Werte zertreten werden und die Unmöglichkeit von *Bildung* radikal in Erscheinung tritt.

In der *1002. Nacht* unterzieht Roth die liebenswerte, täuschende Vielfalt der bunten Gesellschaftswelt der *belle époque* einer kohärenten *reductio ad unum:* Die zahllosen Erscheinungen werden auf einige wesentliche Archetypen zurückgeführt, die manchmal gewissen allgemeinen Strukturen des kollektiven Unbewußten zu entsprechen scheinen. Anscheinend treu realistisch wiedergegebene Gebärden, Bewegungen, Handlungen der zahlreichen Figuren werden zu mechanischem Marionettenspiel an den Fäden eines einzigen unbewußten Willens, der sie lenkt. Es ist der Trieb zur Vernichtung und zur Selbstvernichtung. So wird der Roman einer gesellschaftlichen Verwicklung zur figuralen Darstellung eines mythischen Weges zum Tode. Oder vielmehr eines Weges *innerhalb* des Todes, denn es gibt ja »gar keine Abwechslung[1]«, und die Erfahrungen nützen nur, um zu dieser Überzeugung zu gelangen[2]. Der Gesichtswinkel, der die *Geschichte von der 1002. Nacht* beherrscht, geht von »drüben« aus, »wo ... es Sicherheit gibt[3]«, und das heißt vom Tod; für die Schauspieler der trügerischen existentiellen Komödie gibt es keine Rettung, keine Wahrheit, denn es existieren nur die Entfremdung, die sie blendet, und die selbstzerstörerische Befreiung von dieser Blendung, die nur ins Leere und ins Nichts führt: Als Taittinger aus seiner letzten täglichen Entfremdung herausgerissen wird, »verirrt[4]« er sich in eine noch verwirrendere und erschießt sich.

Roth verschmilzt den Roman mit der Parabel, die komplizierte, reizvolle Verwicklung mit der Wesentlichkeit der symbolischen Bedeutungen, die bunte, hinreißende Szenerie des habsburgischen Wien mit der gespenstischen, ausgebluteten Seelenlandschaft, dem dämmerigen Limbus diesseits allen echten Lebens. In der *1002. Nacht* erzielt Roth die gedrängte, bittere Knappheit, in der nichts mehr von der redundanten Emphase und dem sentimentalen Pathos zu spüren ist, die anderswo manchmal auch seine stärksten erzählerischen Momente und seine feinsten psychologischen Intuitionen mit phantastischen Ausschmückungen und unkünstlerischen, erklärenden Selbstkommentaren stören, wie zum Beispiel: »So vielfältig und unbegreiflich ist der Mensch[5]« (*Rechts und Links*) oder »So merkwürdig, so wandelbar und so verworren ist die menschliche Seele[6]« (*Radetzkymarsch*). Die formale Gedrängtheit der *Geschichte von der 1002. Nacht* ist der inhaltlichen totalen Abwesenheit von Hoffnung und Illusionen proportional; jede Hingabe wird unmöglich, und es bleibt nur das parodistische Spiel mit den Variationen des eigenen Schmerzes. Die Weisheit, das heißt das Wissen um die Wahrheit, hat nur der Eunuch: also der Tod, für den das Kastratentum ein durchsichtiges Symbol ist. Der Schah irrt, denn er ist ein Mensch[7], der Eunuch Patominos kann nicht irren, denn er steht über allen existentiellen Täuschungen. Einzig hinsichtlich Patominos findet der Schriftsteller innerhalb des Romans die überwirklichen Akzente und den ironisch heiteren Tonfall eines orientalischen Märchens: »Im Waggon erster Klasse zuerst, später im rückwärtigen Teil des Schiffes, herrschend über den Frauen, saß der Obereunuch Kalo Patominos. Er blickte auf die rotglühende untergehende Sonne. Er breitete den Teppich aus, warf sich auf den Boden und begann das Abendgebet zu murmeln. Man erreichte unerkannt Konstantinopel. Das Meer war sanft, wie ein Kind. Das Schiff schwamm sacht und lieblich, es selbst ein Kind, in die blaue Nacht hinein[8].«

Die einzige »echte und unberührte« Gestalt ist also der Kastrierte; in ihm ist der im Chaos des Lebens heil gebliebene Ostjude der früheren

Erzählungen zum einzigen Menschen geworden, der vom Leben selbst nicht berührt werden kann, nämlich zum Eunuchen, der schon außerhalb des Lebens steht. In Patominos' Gestalt hat Roth sein Draußensein, seine Richterhaltung von einem Standpunkt »außerhalb«, zur extremsten Verkörperung gebracht. In der Tat wirkt Patominos im Roman als *Deus ex machina*, er ist einer von denen, die die Fäden des paradoxen, komplizierten Spiels um das Mißverständnis führen, das den Schah dazu bringt, während seines Wienbesuchs statt, wie er glaubt, in einem Adelspalast mit der Gräfin W., eine Nacht mit Mizzi Schinagl in einem Bordell zu verbringen. Patominos überreicht und kauft am Schluß wieder die Perlen, das Leitmotiv der verwickelten Geschichte; er lenkt also aus der Ferne und mit Abstand den Ablauf des Romans, den Gang der Fabel: Und in diesem Sinn ist er daher eine Projektion und Gegenfigur des Erzählers, also Roths, ein wunderbarer Erzähler des Ostens, der es hier aber mit einer tristen, trüben Skandalaffäre zu tun bekommt, mit einer trostlosen Episode von Egoismus und Gleichgültigkeit. Der *Magghid*, der Meister der Einbildungskraft und der Gelehrsamkeit, ist ein verschnittener Haremswächter geworden; Roth läßt seine Erzählperspektive mit der völligen Lebensentrücktheit des Eunuchen zusammenfallen. Und nur indem er bewußt diese Haltung des Außenstehenden einnimmt, bleibt Roth – oder vielmehr wird er, denn *Die Geschichte von der 1002. Nacht* ist wohl sein Meisterwerk – ein lebendiger, echter Erzähler, Träger von Wahrheit und Weisheit im Sinne Benjamins: Diese Wahrheit und diese Weisheit können nur noch das Negativ der Werte sein, die Erkenntnis eines Unbehagens. Mit kaum fünfundvierzig Jahren ist Roth schon die furchtlose Desillusion des Alters zu eigen, die »schmerzliche Liebe« Sabas, die ohne Ängste und Schwindel in einen unbekannten grenzenlosen Raum sieht, aus dem keine Antwort kommt. Unter diesem Aspekt scheint es unmöglich, die Meinung Franz Bleis zu teilen, der es beklagte, daß der frühe Tod des Schriftstellers sein Werk als Torso abgebrochen und dessen weitere Entwicklung verhindert habe[9]; um im hypothetischen Bereich des »wenn« zu bleiben: Trotz der kurzen Schaffenszeit erweist sich uns im Gegenteil der künstlerische Weg Roths als auf exemplarische Weise abgeschlossen und mit der *Geschichte von der 1002. Nacht*, dem *Leviathan* und der *Legende vom heiligen Trinker* zu inhaltlich und formalen Ergebnissen gelangt, über die hinaus keine folgerichtige weitere oder neue Entwicklung denkbar wäre. Im vorletzten Kapitel, als der Schah nunmehr im vollen Bewußtsein der Lebenslüge zum Eunuchen sagt: »Geh!« und dieser,

»ein behäbiger Schatten«, hinausgleitet[10], verwandelt sich Patominos in Hermes Psychopompos, den mythischen Führer ins Totenreich, von dem sich Roth keine Befreiung oder Erlösung erwartet wie zum Beispiel Broch, sondern völlige Auslöschung. Wie der alte Saba in einem seiner sublimsten Gedichte schildert, bleibt auch Roth nur noch, dem Spiel der flüchtigen weißen Schaumwellen auf dem Wasser zuzusehen, die vielleicht auf hoher See draußen einst Sirenen gewesen sind[11].

Die verwickelte Handlung des Romans ist eine Art Ballett dieser leichtbewegten, unsicheren Erscheinungen, dieser flüchtigen Schatten des Werdens und Scheins, die wie in einem schwindelerregenden, wirbelnden Reigen auftauchen und sich wieder auflösen und ins ununterschiedene Nichts zurückkehren. Die bunten verführerischen Flitter der Welt von gestern werden zu Figuren der trügerischen Vielfalt, Masken eines kurzen, funkelnden Schauspiels, einer Luftspiegelung, an die im notwendigen Selbstbetrug geglaubt wird, um das Nichts nicht erkennen zu müssen. Es ist das Schauspiel der Vorstellung der Lippizzanerpferde in der Spanischen Reitschule, der Kandelaber und Lichter des Balls, der Abendkleider und Haarfarben der Damen[12], aller leuchtenden Farben des Lebens, zart in ihrer Vergänglichkeit und dazu bestimmt, so schnell grau zu werden. Die reizvolle menschliche und gesellschaftliche Landschaft Österreichs liefert Roth die Bühne der menschlichen Komödie *par excellence*, zärtlich wird alles, was sie auszeichnet, beschrieben: die Lebensgier, die Sinnlichkeit, die Gleichgültigkeit, das Provisorische, der trügerische Schein, hinter dem sich eine öde Wirklichkeit verbirgt, der durch Sentimentalität bemäntelte Egoismus, die Übergriffe auf das Recht des anderen, die süße, eindringliche Versuchung zur Selbsttäuschung. Als der Schah sich in das Bordell begibt, das er für einen herrlichen Palast hält, scheint es ein verzaubertes Schloß und seine Besitzerin Josephine Matzner das von der veredelnden Aura einer legendären Vergangenheit umflossene Gespenst einer Dienerin[13].

Doch dauernd fällt vom Raum hinter den Kulissen ein anderes Licht auf die Szene, das ihre Unwirklichkeit oder Leere beleuchtet; die genaue Schilderung der Räume geht plötzlich in symbolische Enthüllung über, in Anspielungen auf den Weg zum Tode. Der Glanz der Kleider wird trüb, bis fast das Skelett durchscheint, das sie verhüllen, so zum Beispiel in der Szene, wo während des offiziellen Balls Polizeiinspektor Sedlaceks Leute im Garderoberaum des Burgtheaters herumstöbern, um die Kleider zu besorgen, mit denen die Prostituierte, die dem Schah als »Lieblingfrau« angeboten wird, ausgestattet werden soll. »Der Nachtwächter leuchtete ihnen mit der Laterne. Vier nobel gekleidete Gespenster in Fräcken, Stöcke in der Hand, Zylinder auf den Köpfen, rumorten sie mitten zwischen dem nächtlichen, verschlafenen Wirrwarr der theatralischen Requisiten. Alles, was seiden zu sein schien, und blaßblauer Farbe war, rafften sie zusammen. Sie hatten die Hosentaschen voll falscher Perlen, funkelnder feuriger Diademe, künstlicher Blumen, vergißmeinnichtblauer Strumpfbänder, glitzernder Agraffen[14].« Das Flämmchen in der tönernen Schale, über dem der Kaffee für den Schah kocht, sieht wie ein Opferfeuer aus; die Pleureusen und Hutnadeln auf der bunten Kopfbedeckung der Josephine Matzner wogen und blitzen bedrohlich; die Meerschaumpfeifen schimmern im dunkeln Laden des alten Schinagl wie weiße Knochen[15]; Taittingers Blick zu den Baumkronen hinauf holt gleichsam – wie Johannes Hösle bemerkt hat[16] – ein »breites Kastanienblatt aus dürrem Gold[17]« herunter, das wirbelnd und leicht auf den Hut der Josephine Matzner niedersinkt, als sei es Vorbote und Beschwörung des Todes, der die Frau kurz darauf trifft.

Die leichteste, kleinste Veränderung kann in einem plötzlichen Schauder die völlige Vergeblichkeit des Lebens enthüllen: »Man begann, die großen Lichter in der Hotelhalle auszulöschen. Eine unsägliche Traurigkeit strömte die weiße Pracht der Treppen und des Geländers aus, die blutrote, plötzlich schwärzlich scheinende Pracht der Teppiche. Die riesigen Palmen in den riesigen Töpfen schienen eben vom Friedhof gekommen zu sein. Auch ihre dunkelgrünen Blätter wurden schwärzlich und erinnerten an eine Art verstorbener und verwelkter Waffen aus uralten Zeiten. Das Gaslicht in den Kandelabern surrte grünlich und giftig, und der große, rötliche, in falsche Bronze eingerahmte Spiegel zeigte Mizzi Schinagl, sooft sie flüchtig und furchtsam hineinblickte, eine andere Mizzi Schinagl ... Sie erkannte, wie trostlos und vergeblich alles war: nicht nur die Spitzen, nicht nur der Lissauer, nicht nur ihr Vermögen, sondern auch ihr Sohn und der Taittinger, und ihre Sehnsucht nach Heim, Liebe, Mann und die falsche Liebe ihres Vaters und alles, alles[18] ...«

Das eigentliche Unglück ist das Mechanische an den menschlichen Leidenschaften. In ihrer Reduktion auf den bloßen biologischen und physiologischen Trieb sind sie nicht einmal mehr vital, denn der Kontext der lügnerischen mondänen Konventionen, in den sie eingelassen sind, läßt sogar die körperliche Natürlichkeit unter dem Flitter, mit dem sie behängt wird, entarten. Die Geschichte zwischen Taittinger und Mizzi ist das exemplarische Porträt einer *Liaison* der Jahrhundertwende: Nur allzu typisch ist der junge Offizier in seinem seichten Egoismus, das süße Mädel endet mit seiner naiven Liebe nach der Geburt des unehelichen Kindes im Freudenhaus, die Liebe bedeutet Gewalt und Unterdrückung des Schwächeren durch den Stärkeren. Taittinger, karikierter Prototyp des k. und k. Offiziers und in diesem Sinn tragikomisches Gegenstück zu Carl Joseph von Trotta, hat als Lebenselement »die alte, liebe, gutvertraute Luft der weltmännischen Lüge[19]«, er ist ein Mensch, dem jede Individualität abgeht, der nur in dem unpersönlichen kollektiven Mechanismus lebt: Ohne die Armee, die Pferde, Frauen, die vertrauten Gewohnheiten ist er wie ausgelöscht. Nachgerade komisch in seiner Lebensträgheit, wird er doch zugleich durch diese Trägheit geschützt: Er verführt Mizzi, öffnet die Briefe, die er bekommt, nicht, empfindet nichts für seinen Sohn, wird nur durch ihn gereizt, als dieser ihm grob antwortet und vom Wachtmeister eine Ohrfeige erhält, die ihn zum Respekt gegenüber dem Herrn Baron mahnen soll, er bemerkt nicht einmal den fortschreitenden Ruin seines Vermögens.

Wie viele andere Gestalten bei Roth ist Taittinger Henker und Opfer zugleich. Als der unverantwortliche Verführer Mizzis bringt er sie unabsichtlich auf den Weg der Prostitution und heckt schließlich selbst die komplizierte Kuppeleiaffäre aus, durch die das Mädchen wegen seiner außerordentlichen Ähnlichkeit mit der vom Schah begehrten Gräfin W. diesem für eine Nacht zugeführt wird. Doch diese schon an sich selbstquälerische Profanation – Taittinger wird zum Kuppler aus einer masochistischen Rachesucht gegen die einst von ihm geliebte Gräfin, die ihn zu »verraten, verkaufen, beschämen und beschimpfen[20]« zwingt – ist das erste Glied der fatalen Kette aus Fehlern, Mißverständnissen, Intrigen, Schnitzern, Ausflüchten und Verwicklungen, in der sich schließlich Taittinger selbst wie in einer ausweglosen Falle verfängt. Eine auf moderne Weise nichtige und seichte Notwendigkeit treibt den Menschen so unerbittlich wie das Orakel der Sphinx in eine Sackgasse. Vergebens sucht Taittinger, Ordnung in seine Gedanken zu bringen, um sie zur beruhigenden Routine zurückzuführen: Die schändliche Episode taucht überall wieder auf, knüpft überall alte und neue Fäden an und mischt sich in alle, auch in die fernsten und alltäglichsten Ereignisse. Mit der Präzision einer boshaften Denkaufgabe und so überraschend wie ein unfaßlicher Einfall begegnet »die Affäre[21]« Taittinger dauernd, wächst und reichert sich unaufhaltsam mit immer neuen in ihr zusammenfließenden Einzelheiten an. Der erstickte und ständig wieder neu aufflakkernde Skandal um die staatliche Kuppelei; die geschenkten, veräußerten und zurückgekauften Perlen, Mizzis plötzlicher Reichtum, durch den sie in ihrer Naivität in ein Betrugsgeschäft verwickelt wird, das ihr eine Gefängnisstrafe einbringt, das unerwartete Mitleid für Mizzi, das dem stumpfen Taittinger die Augen für das Leid des Lebens öffnet, die peinliche Existenz des Sohnes Xandl, der schon als Junge auf einen schlechten Weg gerät, der zweite Besuch des Schahs, durch den die nunmehr fast vergessene fatale Affäre in den Polizeiakten wieder auftaucht, der Akt beim Kriegsministerium betreffs Taittingers Gesuch um Wiederaufnahme in die Armee, der durch den bereits archivierten und nun wieder aufgestöberten »Fall« anschwillt, Mizzis Prozeß, der die Gerüchte um die Hintergründe des Schahbesuchs von neuem ins Interesse der Öffentlichkeit rückt, das Bioskop-Theater lebender Figuren, die ihre eigenen Rollen im Leben verkörpern und den Zuschauern die pikante Geschichte der Lieblingsfrau des Schahs vorführen: Alles zieht sich zusammen, verknüpft sich, das Gewebe wird fest. Wenige haben ebenso stark und glaubwürdig zu erzählen gewußt, wie man im Leben stolpern kann und wie es genügt, sich nur einen Augenblick zu verfangen, um nie mehr aufstehen zu können. Roth hat hier Stellen von überraschender Eindrücklichkeit. Schwer zu vergessen ist die schmutzige Trostlosigkeit und Vulgarität des Lebens, als zum Beispiel der kriecherische Lazik im sicheren Gefühl, den Baron nunmehr in der Hand zu haben, Taittingers Stuhllehne anfaßt, oder, als Taittinger erkennt, daß sogar die Restaurateure der Bahnhofswirtschaften im Besitz seines Geheimnisses, seines Schicksals sind[22].

Roth zeigt, wie die zerstörerische, irrationale Kraft des Mythos in der gegenwärtigen Epoche auf die undurchdringliche und daher ebenso irrationale Bedeutungslosigkeit des Alltäglichen übergegangen ist, wie sich das Labyrinth des Dädalus in das noch verwirrendere Labyrinth gewandelt hat, in das die unmerklichen täglichen Schritte einen führen. Verhängnis und Mythos wohnen in den dauernden, unendlichen Verdrängungen des Alltagslebens, die zusammengezählt riesige Ausmaße annehmen und plötzlich, durch eine winzige Erschütterung, in ihrer ganzen maßlosen Größe ans Licht kommen. Mythisch und verhängnisvoll ist alles, was nicht bewußt anerkannt und vom Verstand angenommen, sondern in die Tiefe zurückgedrängt wird, von wo es mit der dunkeln Macht des Bekannten und Vertrauten, das man ausgelöscht zu haben glaubte, wieder auftaucht, mit der finsteren Gewalt all dessen, was wiederkehrt, des *Revenant,* von dem man nicht wußte, daß man es in sich birgt. Die Gespenster, schrieb Freud über Hoffmann[23], sind keine unbekannten Erscheinungen, sondern nur allzu bekannte, und sie sind gerade deshalb so mächtig, weil sie vergessen geglaubte Züge tragen, weil sie die Gesichter von Verstorbenen zeigen. Das ganze Leben Taittingers, seine Seichtheit und Oberflächlichkeit beruhen auf der ständigen Verdrängung des Beunruhigenden und Problematischen; sein Reservoir an irrationalen, verdrängten Kräften ist, als es aufsteigt und übertritt, grenzenlos, und daher vernichtet es ihn unrettbar.

Die Verweltlichung der mündlichen Erzählung im Roman

In entscheidendem Maß trägt zu dieser Entfremdung des wieder an die Oberfläche drängenden Vergangenen das erbarmungslose ökonomische Gesetz der Informationsindustrie und der Manipulation der Emotionen der Masse bei. Ausgerechnet Lazik, ein drittrangiger Journalist, fischt die ganze Geschichte aus dem Dunkel des Vergessens und rekonstruiert alle Beziehungen zwischen den einzelnen Details der verwickelten Affäre, um daraus einen abenteuerlich-skandalistischen Reißer in Fortsetzungen für die entfremdungssüchtigen Leser zu machen: »Indessen aber spann er Faden um Faden, flocht sie zu Maschen und zertrennte sie wieder, knüpfte Entlegenes zu brüderlichen Knoten, schnitt andererseits auch wieder auseinander, was eigentlich zusammenhing, denn er brauchte die einzelnen Glieder einer bestimmten Gedankenfamilie für andere Ketten, Bande und Verwandtschaften. Er allein spürte einen Zusammenhang zwischen dem Tod des Bankiers Ephrussi und dem der Josephine Matzner. Wenn er sich recht erinnerte, so hatte seinerzeit der Bankier Ephrussi die berühmten Perlen der Schinagl belehnt und sogar wahrscheinlich nach Antwerpen verkauft. Direkte Zusammenhänge zwischen Perlen, Persien, dem Schah, der Matzner, dem Ephrussi und der Schinagl konnte man zwar keineswegs herstellen, aber gerade die indirekten waren ja der Mühe wert und versprachen Erfolg . . . Der ›Stoff‹ war reichlich vorhanden[1].« Lazik veröffentlicht eine Reihe von Artikeln, die auch im Sonderdruck als Heftchen mit bunten Titelbildern erscheinen; die Skandalreportage wird zum Trivialroman: »Er begann mit einer einfachen Feststellung, wie es gelegentlich oft bedeutende Romanciers zu tun pflegen: nämlich mit der Nachricht, daß Josephine Matzner – Lazik schrieb: ›eine gewisse Josephine Matzner‹ – kürzlich gestorben sei[2].« Die negative Macht des Irrationalen, noch genährt durch die zunehmende Schwäche des in den sozialen Mechanismen gefangenen Individuums, wächst und vervielfältigt sich durch die journalistische Fälschung, die jeden Widerstand durch künstliche Hervorrufung kollektiver Psychosen erdrückt. Die Zeitung – ist gesagt worden – hat den Roman getötet; die kleine Information und die Spannung, die von den als Fortsetzungen eines ewig offenen und unvollendenten Kriminalromans verbreiteten Nachrichten ausgeht, zerstören die Selbstgenügsamkeit der epischen Schöpfung, den Raum für eine von den Parolen des Tages und daher des Marktes freie Literatur, für die Entfaltung der entspannten Muße auf der Suche nach dem Wahren. Roth greift als der geschworene Feind des Journalismus, der er war, Zeitung und Zeitungsroman zugleich an, voll Abscheu vor der hybriden Vereinigung von vergänglicher und dauernder Schrift. Nach ein paar Tagen muß die Matzner feststellen, daß die Zeitungen mit dem Prozeßbericht, wo sie eine Hauptrolle gespielt hat, schon als Einwickelpapier im Gemüseladen benutzt werden oder in den Latrinen der öffentlichen Lokale aufgehängt sind[3].

Roth verdammt die Kommerzialisierung und Industrialisierung des Romans, der dem individuellen Zwiegespräch zwischen Buch und Leser entzogen worden und in den konsumistischen Kreislauf einer einförmigen kollektiven Masse von Genießern gesetzt worden ist. Die Verbreitung der Geschichte von Mizzi und Taittinger durch ein Massenmedium – halb in Form einer Berichtserie, halb in Form des Zeitungsromans – ist das Gleichnis vom Ende des Individuums und der Literatur als dessen Ausdruck. Das Urteil trifft nicht nur den Journalismus, sondern auch den Roman als typisches Produkt eines anonymen literarischen Konsums: *Die Geschichte von der 1002. Nacht* ist der letzte Protest der mündlichen Erzählung, die unverwechselbar ist in der Stimme ihres Vortragenden, gegen den nicht mehr nach Kriterien individueller Nutznießung hergestellten Roman. Die mündliche Erzählung ist heilig, sie ist wahr als Gleichnis und Bekenntnis, ist schmerzlich echt wie Taittingers Beichte seiner peinlichen privaten Geschichte vor dem guten, traurigen, soliden Rechnungsunteroffizier Zenower. Im Roman hingegen wird das Private zum Skandal gemacht und vergewaltigt; nur ein Romancier empfindet wie Thomas Mann die Schuldhaftigkeit der Kunst, nie der »Tusitala«, der im brüderlichen Kreise spricht. *Die Perlen von Teheran, Hinter den Kulissen der großen Welt und der Halbwelt* – die Titel der Heftchenreihe Laziks exemplifizieren in ihrem trivialliterarischen, auf den Skandal abzielenden Niveau radikal die Negativität des Romans: Roths Beschreibung der Strukturen der *Perlen von Teheran* ist eine minuziöse, sarkastische Analyse der Herstellungsmethoden eines typischen Erzeugers von erzählerischen Massenprodukten (letzten Ranges, in diesem Fall).

So ist *Die Geschichte von der 1002. Nacht* ein Gleichnisroman; die bittere Parabel der Entweihung der Literatur wird ihrerseits zum

Roman, zum Spiegel und zugleich zum bitteren Ergebnis dieser Entwicklung. Spöttisch und entmutigt und in dieser letzten Schaffenszeit schon zu Selbstvernichtung und Abschied und »zu jenem langsamen Untergang entschlossen, zu dem Trinker immer bereit sind[4]«, möchte Roth eigentlich einen an Sinn und Wahrheit reichen Apolog erzählen, doch die Geschichte, die er schreibt, ist eine Geschichte von Untergang, Gleichgültigkeit und Leere, eine Geschichte ganz moderner Kälte. Um echte Parabel zu bleiben, das heißt, um nicht auf verfälschenden Trost zurückzugreifen, muß sich *Die Geschichte von der 1002. Nacht* in die Kälte des Romans retten; aus der Choralität des Erzählers muß die Einsamkeit des Romanciers werden, aus der Moral der Erzählung die Neutralität des Romans, aus dem persönlichen Erzählton flaubertsche Stille. Als Taittinger Mizzi im Freudenhaus begegnet, fragt er sie nach ihrer Kleinen, und Mizzi, die ihn darauf aufmerksam macht, daß es sich um ein Kind männlichen Geschlechts handelt, errötet dabei, als sage sie eine Lüge[5]; als Josephine Matzner, plötzlich erkrankt, sich von der Hausmeisterin das Mieder aufschnüren läßt, gleicht »der Körper ... einer formlosen, in weißes Linnen gefaßten, überquellenden Masse aus unbestimmter Substanz[6]«; Taitinger läßt sich, einmal in Mitleid und Verwirrung gestürzt, ohne Ziel, Schwung, Freude oder Gedanken einfach treiben; immer wieder zeigt sich das feindliche, zerstörerische Werk der Zeit: »Der Schnurrbart des Rittmeisters war fast grau geworden ... Die Frau Matzner blieb stehen, aus altem Respekt vor dem Rittmeister, aber auch aus einer Art Ehrfurcht vor dem verwandelten Schnurrbart[7].«

Noch stärker als im *Radetzkymarsch* feiert in der *Geschichte von der 1002. Nacht* die Zeit ihren völligen Triumph; unerbittlich und feindlich erweist sie sich jedoch auch als eine Täuschung, löst sich schnell in der leeren Stille des ununterschiedenen Limbus auf, verfließt in der dämmerigen Einheit, in die alle wieder eingehen. Die Dinge werden also sozusagen von einer doppelten Vergänglichkeit mitgerissen: zunächst in der schnell dahinströmenden, trügerischen Zeit und am Ende in der totalen Leere, die nicht einmal mehr die Zeit und damit keinerlei individuelle Wirklichkeit mehr kennt. In der gleichnishaften Perspektive erscheint das phäakische, genußfrohe Wien der Jahrhundertwende, Bühne der *fugacitas par excellence,* als symbolischer Hintergrund für die Öde, die der Roman schildert. Die Welt von gestern wird für Roth zur Welt der absoluten Zeitlichkeit und das heißt der totalen Reduktion aller Werte auf das unrettbar Augenblickliche. Roth sieht also schon in der *Austria felix* den Triumph jener Säkularisation und jenes Verlusts des Heiligen, dessen er unermüdlich die Nachkriegsgesellschaft anklagt. Die habsburgische *belle époque* ist daher nicht das Gegenbild, sondern Urgrund, Spiegel und zugleich Ergänzung der modernen Desintegration; nostalgisch liebt Roth jedes einzelne Detail dieser habsburgischen *belle époque,* doch er verurteilt die Falschheit der Beziehungen, in denen sie zueinander stehen, und damit das Ganze, das sie bilden. So gesehen bedeutet die horizontale kaiserlich-königliche Welt die Negation des jüdischen Geistes. Die Kaffeehäuser, Gärten, Kutschen, Uniformen, Menschentypen (so großartige Figuren wie zum Beispiel Inspektor Sedlacek und Rechnungsunteroffizier Zenower), die Räume dieser realen und zugleich phantastischen Welt erscheinen und verschwimmen im Roman im sarkastischen Licht dieser Doppeldeutigkeit, zärtlich ersehnt und gleichzeitig verworfen, unersetzlich wie Kindheitserinnerungen und leer wie eine vergangene Liebe.

Diese Welt, die auch Taittinger zerstört, findet ihr vorbestimmtes Ritualopfer in Mizzi, der unvergeßlichen Verkörperung eines hilflosen, getretenen Geschöpfs, das Roth mit schmerzlicher, realistischer Poesie schildert (Höhepunkte die Szenen der Verlorenheit und des Schmerzes beim Prozeß und im Gefängnis). Roths Helden sind keine niedrigen Geschöpfe, sondern, wie er selbst schreibt, »Beleidigte und Geschmähte[8]« – »Erniedrigte und Beleidigte« also; mit trockener, unerbittlicher Kraft berichtet der Schriftsteller das Schicksal dieser Opfer, die er als Opfer der gesellschaftlichen Verhältnisse versteht. Verwirrt und verloren während des Prozesses, in den sie unschuldig verwickelt wurde und wo man sie verurteilt, »wunderte sich (Mizzi) nur über die grausame Unerbittlichkeit der Männer, dieses rätselhaften männlichen Geschlechts überhaupt, das sie ja eigentlich längst zu kennen glaubte, wenn überhaupt Erfahrungen Kenntnis verleihen. Aber diese Männer trugen ja auch Roben und sie sahen seltsam aus, wie Kapläne manchmal und auch wie feierliche Zwitter. Ganz anders gekleidet waren sie einst in den Salon (das heißt in das Bordell) der Matzner gekommen[9]«. Weit entfernt von aller sentimentalen Idealisierung zeichnet Roth ein äußerst realistisches Porträt Mizzis: ihrer Einfalt, ihrer Naivität, ihres Instinkts eines kleinen, verfolgten Tieres, der ihr nicht erlaubt, ihrem Sohn eine wahre Mutter zu sein, und ihrer reinen, ahnungslosen, harmonischen Animalität. Taittinger wird vom Leben zerstört, doch Mizzis Los ist noch grausamer, nicht nur in den Zufällen, die ihr zustoßen, sondern auch in der Öde des Alltags, die alle ihre Gefühle und selbst ihre Hilflosigkeit in träger körperlicher

Gleichgültigkeit abstumpfen läßt: »Niemals kam sie (aus dem Gefängnis) mit der Empfindung zurück, daß Xandl ihr Sohn sei und sie seine Mutter . . . Dann wurde sie traurig. Da es aber keineswegs in ihrer Natur lag, traurig zu bleiben, zwang sie sich mit fröhlicher Gewaltsamkeit, an die zweitausend Gulden zu denken, die sicher in der Postsparkasse lagen, und an das gute Geschäft, das sie mit dem Welt-Bioskop-Theater machte. Sie war gesund, munter, manchmal auch ausgelassen. Sie gehörte zu jenen Frauen, die man ihrer knusprigen Fülle wegen ›resch‹ nennt. Und sie hielt manchmal Ausschau nach einem Mann[10].«

In der Welt des Irdischen und der totalen Säkularisation sind alle Leidenschaften und sogar die Dramen dazu bestimmt, in einem Korb mit schmutziger Wäsche zu enden wie bei *Falstaff. Die Geschichte von der 1002. Nacht,* kreisendes Karussell einer Welt, in der es keine Transzendenz und auch kein, nicht einmal mehr metaphorisches, Judentum gibt, zerstört die Illusion der *pietas* und Treue, die Roth im *Radetzkymarsch* auf die Welt von gestern projiziert hatte, als er – wie schon erwähnt wurde – schrieb: »Damals, vor dem großen Krieg . . . war es noch nicht gleichgültig, ob ein Mensch lebte oder starb. Wenn einer aus der Schar der Irdischen ausgelöscht wurde, trat nicht sofort ein anderer an seine Stelle, um den Toten vergessen zu machen, sondern eine Lücke blieb, wo er fehlte . . . alles, was unterging, brauchte lange Zeit, um vergessen zu werden[11] . . .«

In der *Geschichte von der 1002. Nacht* sind diese *pietas* und diese Dauer wie weggefegt; als Taittinger sich erschossen hat, heißt es: »Am Leichenzug nahmen teil: der Direktor des Hotels Prinz Eugen, Mizzi Schinagl, Magdalene Kreutzer und Ignaz Trummer, der Oberstleutnant Kalergi und der Ministerialrat Sachenfeld. Auf dem Rückweg fragte der Ministerialrat: ›Weshalb hat er sich eigentlich umgebracht? Sie waren ja sozusagen dabei?‹ ›Halt so!‹ antwortete Kalergi. ›Ich glaub', er hat sich verirrt im Leben. Derlei gibt's manchmal. Man verirrt sich halt!‹ Dies war der einzige Nachruf auf den ehemaligen Rittmeister, den Baron Alois Franz von Taittinger[12].«

Parodie und Selbstanklage: der »Kaddisch« für die Literatur

Ist dies der *Kaddisch* für Roths letzte Helden, so gleicht ihm auch der, den er kurz vor seinem Tod ohne Erben in der Fremde für sich selber dichtet. Aus allen Bindungen zu den Vätern gelöst und kinderlos, findet sich Roth aus der Kontinuität der Tradition und der Überlieferung der Werte ausgeschlossen; verfolgter, aber nicht faszinierter Zeuge der Barbarei, scheint er in seinen eigenen Augen die tiefe Desintegration des übergewanderten, assimilierten Ostjuden zu verkörpern. Roth kommt sich – er selbst schildert sich so – als die Quintessenz des entwurzelten Ostjuden vor, des völlig von seinen Müttern abgeschnittenen Menschen. Als der spöttische Selbstquäler und Schauspieler seiner Verzweiflung, der er war, hat Roth seine eigene Grabschrift verfaßt, für sich selbst den *Kaddisch* aufgesagt, den der Sohn zum Gedenken des Vaters beten muß – als einen verweltlichten, umgekehrten *Kaddisch* von fast blasphemischer *pietas*. Die Vater-Sohn-Beziehung, das Hauptthema seines Erzählwerks, endet in einem bitteren Spiel: unfruchtbar wie seine letzten Gestalten, wie Andreas Kartak oder Nissen Piczenik, spielt Roth die Rolle des eigenen Sohnes und entbietet sich selbst einen letzten, sarkastischen Gruß. Die Religiosität seiner letzten Erzählungen ist zweischneidig, enthüllend und selbstzerstörerisch zugleich. *Die Legende vom heiligen Trinker,* schön und rätselhaft in ihrer ambivalenten Einfachheit, ist das Märchen einer periodischen und fortgesetzten Nichterfüllung, eines weichen, öden Abstiegs ins Nichts.

Vielleicht ist es ohne Bedeutung, sich zu fragen, ob Roth das Wunder der heiligen Therese oder das Wunder des älteren Herrn, der Andreas' Brieftasche füllt, oder hingegen das Streunerleben des *Clochards* unter den Seine-Brücken ironisiert; es führt vielleicht nicht weiter, sich wie Kesten[1] oder Nigg[2] auf den einen oder den andern Pol der Parodie zu versteifen. Die Ironisierung ist, wie Hackert schreibt[3], allumfassend, doch in einem ganz bestimmten Sinn: Sie drückt nur ein sanftes Kentern des zum Untergang bestimmten Schiffes aus. Unwiderstehlich ist die Verlockung zum Mythischen, aber sinnlos: Roth gibt sich dem Reiz der Dekadenz nicht hin, überläßt sich allein der

Müdigkeit, die nur noch Ruhe ersehnt. Hier ist keine morbide Todesverführung, alles ist ein Sich-Gehenlassen, eine vollkommene Desillusioniertheit, vor der Hades und Tod ihren Reiz verlieren. In den Wiederholungen und im Ablauf der Parabel gleiten die Ereignisse gerade wegen der traumhaften Schärfe aller Details flüchtig und unwirklich vorüber: die wunderbaren Erscheinungen des Herrn gesetzten Alters, die Begegnung mit dem alten Kameraden und mit der Geliebten, das erotische Abenteuer im Hotel. Ein letzter Abglanz des Heiligen leuchtet noch einen Augenblick vor dem Ende in den Pariser *Hotels* und *Bistrots* auf, bevor er verlöscht. Gerade in dieser allem Gefallen am Dämonischen so fernstehenden Lebensmüdigkeit liegt Roths Größe: Der ins Nichts lockende Mythos ist ebenso trügerisch wie die Voraussetzungen des täglichen Lebens.

Der assimilierte Jude erkennt die allgemeine Erschöpfung der Werte, die unverbesserliche, definitive Mangelhaftigkeit des Lebens, und er empfindet mit Erleichterung, daß er nicht Ahasver ist. »Tükkisch und trügerisch ist alles[4]«: Im Licht dieses radikalen Abschieds vom Sein spielt Roth sein letztes Spiel mit dem Leben, seine Komödie »vor der Sphinx, als blickte er ständig ins Antlitz der Medusa«, wie Hermann Kesten geschrieben hat[5], seine existentielle Inszenierung des eigenen im dauernden Wechsel und dauernden Zusammenfallen von Fiktion, Manier und Wahrheit[6] verborgenen Untergangs, seine berechnete, selbstzerstörerische »Dynamik« des Trinkens[7]. Die einzige wirkliche Erleichterung ist paradoxerweise der allgemeine Jammer der Epoche, da er den persönlichen Schmerz in sich aufnimmt, verschlingt und daher in gewisser Weise mildert[8]. Der »leichte Tod[9]« der *Legende* bedeutet nichts anderes als das Auslöschen der Sinne, den Frieden des Vergessens: Er ist ein allesumfassender Abschied, auch vom jüdischen Ethos. Er ist die Entscheidung für das Nicht-Sein, die Aufgabe der Individualität und daher indirekt auch die Aufgabe der geschichtlichen Kategorie des Individuellen *par excellence,* die die jüdisch-mitteleuropäische Kultur gewesen war: Andreas stammt nicht zufällig aus dem polnischen Osten.

Die Schwermut schlägt ins Parodistische um, die scheinbar deutlich gezeichnete Realität des Apologs zerfällt in flüchtige, unfaßliche Schattenzonen; ein Engel des Gerichts scheint sich über das Erzählte und den Erzähler zu erheben, um es, wenn auch verständnisvoll, zu verurteilen. Dieser Prozeß, den die sensibelsten und selbstkritischsten Überlebenden der jüdisch-mitteleuropäischen *Koine* geführt haben, ist auch ein bitterer Prozeß gegen ihre Herkunft und gleichzeitig gegen sich selbst; eine Stimme aus diesem Verhör ist zum Beispiel die des »jüdisch-österreichischen Revenant« Weißenstein Karl in Johannes Urzidils *Prager Triptychon*. Es ist ungewiß, ob Weißensteins Stimme aus dem Jenseits oder aus dem tiefsten Diesseits kommt, ob er »herab« oder »hinab« ruft[10]. Weißenstein ist Weißenstein, ein expressionistischer jüdischer Dichter aus Prag, der wirklich gelebt hat, und gleichzeitig eine Romangestalt Urzidils und wohl auch ein selbstbezichtigendes Selbstporträt. Die Beschuldigung, die aus der Zärtlichkeit und Identifikation mit allem Beschuldigten hervorquillt, trifft auch die mitteleuropäische Literatur, denn in ihr hatte das Ostjudentum zwar sein Bestes ausgedrückt, war aber gleichzeitig über sie von seinen eigenen Wurzeln abgerückt und hatte – in der kulturellen Assimilation – das Heilige verloren. Im ausufernden Monolog Weißensteins, einer strömenden Beichte, die unendlich lange dauern könnte, wird die Literatur zum Gegenstand der Literatur und zugleich zur Sünde, von der sie sich befreien muß. Weißenstein zeigt das Gesicht oder vielmehr die tausend Gesichter des Proteismus der Avantgarde des 20. Jahrhunderts; er ist der Clown, in dem sich das tragische Ende der europäischen Kultur vollzieht, ist das Murmeln, das nicht Wort werden kann, der Erzählgeist, der sich nicht mehr in epische Ordnung übersetzt, das Experiment, das sich nicht als Ergebnis verwirklichen läßt, das Röntgenbild der expressionistischen Literatur, die kämpft, um sich von sich selbst zu erlösen, der Lebenskeim, der sich nicht mehr bis zur Person entwickelt und durch seine gauklerischen Metamorphosen den Leiden der Individuation zu entkommen sucht, doch auch den Schmerz des Mangels an Individualität erleidet und erst in der völligen Auslöschung zu Ruhe kommt.

•

Auch *Die Legende vom heiligen Trinker* ist Ausdruck einer doppelten, bitteren Verweigerung, der Abkehr von der Literatur ostjüdischer Herkunft und gleichzeitig, in noch stärkerem Maße, von der Literatur im allgemeinen. Die Literatur bedeutet nämlich, selbst wenn sie durch die Werte der ostjüdischen Überlieferung beeinflußt ist, immer die Säkularisation dieser Werte – sie werden aus ihrem sakralen Kontext gerissen und zu Ingredienzien eines intellektualistischen, künstlichen und konsumistischen Verfahrens gemacht, als das Roth eben die künstlerische Produktion der Moderne versteht. Roth lehnt vor allem die Überbewertung der Literatur ab: Wiederholt besteht er in den Briefen seiner letzten Jahre darauf, daß die »Schriftstellerei« nur ein bescheidenes Handwerk sei, das keinen Anspruch auf Weihe oder Geistesadel habe, daß sie nicht »Auserwähltheit« bedeute, sondern tägliche Arbeit wie die der Schneider oder Schuster und folglich auf der Ebene des Absoluten nichts zähle[11]. »Es gibt keinen ›Künstler‹ und kein ›Genie‹ in der ganzen Bibel; keinen im Neuen Testament; keinen in der langen Reihe der Heiligen[12] . . . Es gibt nur moralische Hierarchie, keine geistige, gar eine pseudogeistige[13]!« Pathetisch ungerecht in seinen Angriffen auf die dichterischen Tendenzen der Zeit, eifert Roth völlig zu recht gegen jeden Adel der Kunst, gegen alle Ansprüche, Kunst und Leben vertauschen und durch die Kunst die menschlichen Unzulänglichkeiten des Lebens ausgleichen zu können: »Lieber Freund, man muß lieben und lieben, heutzutage[14].« Die Literatur ist das Reich von Lakatos, der Korallen aus Zelluloid, die im *Leviathan* die echten, auf dem Grund des Meeres gewachsenen, ersetzen[15]; die Übertragung des ostjüdischen Vermächtnisses auf die Ebene des literarischen Marktes ist daher ein Sakrileg. Im übrigen erweist sich in den Augen Roths eine sogar völlig von ihrem heiligen Ursprung abgeschnittene Literatur – und das heißt die moderne Literatur samt und sonders – als banal platt und formlos; keine, nicht einmal die verkehrte oder negative Beziehung zu den »Müttern« belebt sie. Der letzte Trotta in der *Kapuzinergruft* wählt das Schweigen, weil er das Schreiben nur *pro nomine Dei* versteht[16]. Daher kann die Abkehr von der ostjüdischen Tradition durch keine Gegenleistung wieder aufgehoben werden. Sicher bedeutet diese Verwerfung auch Ablehnung der Beschränktheit und Enge dieser Tradition; gerade die formale Reflexion über ihre Werte und deren mögliche Universalität geht notwendig über sie hinaus, sprengt die engen Grenzen einer Mythologie und eines extremen geistigen Partikularismus, die schließlich gerade diese potentielle Universalität ersticken müßten. In dem von Isaac Deutscher zitierten talmudischen Apolog überschreitet Elisha ben Abuyàh Akher, der ketzerische Lehrer des großen frommen Rabbi Meir, mit seinem Eselchen die vorgeschriebene Wegstrecke, die am Sabbat zurückgelegt werden darf. Und doch mahnt eben dieser Akher den zerstreuten, ins Gespräch vertieften Rabbi Meir, umzukehren, da er weiß, daß für seinen Schüler jenseits dieser Grenze nur die Wüste läge[17].

Der zwar notwendige Abschied von der festumrissenen, geschlossenen ostjüdischen Welt führt aber in einen unsicheren, schwindelerregenden Limbus, in den zuckenden Molekularraum, in dem sich Singers »Nicht-Geborener« bewegt, der durch Onans Sünde gezeugte Dämon, der zwischen Sein und Nicht-Sein, zwischen dem Nichts und den unendlichen Möglichkeiten der Individuationen schwebt[18]. Diese fliehende, halbexistierende Dimension ist das Reich des Dämonischen, das heißt des Endes. Das Ende tritt als Dämonologie in Erscheinung, und doch zeigt es sich auch am entgegengesetzten Pol als vollkommene Befreiung des Individuellen in der Identifikation der Liebe mit dem geliebten Gegenstand. In der Novelle *A Wedding in Brownsville* hat Singer die verherrlichende Schilderung der ostjüdischen Seele und ihrer Auflösung im Kontext der amerikanischen Gesellschaft vereint. In einem gedämpften innerlichen Raum – realistisch und irreal zugleich, minuziös genau in seinen Details und doch schon voller Verlorenheit – werden die traditionellen jüdischen *Topoi* (zum Beispiel der talmudische Brauch, mit einer Frage zu antworten) als Sprache, in der sich die Verwirrungen einer ganzen Existenz ausdrücken lassen, wieder aufgenommen: »Er war eher überrascht als verwirrt. Er sagte zögernd: ›Seltsam, aber ich habe doch kein Geld‹ – ›Wir werden es ohne schaffen‹ – ›Aber wie soll ich nach Hause kommen?‹ – ›Warum denn nach Hause?‹ erwiderte sie mit einer Frage. Sie lächelte ihr heimliches Lächeln, das so voller Geheimnis war[19].«

Der Leviathan und das »Tohuwabohu«

In *A Wedding in Brownsville* scheint sich alles – wie durch die liebende »grazia«, von der Saba spricht – im nebelhaften Ursprung aufzulösen, in dem herrlichen, vieldeutigen Schluß in der Kapelle, nach welchem es fast unvorstellbar ist, daß diese Themen noch einmal durch einen anderen Schriftsteller aufgegriffen werden könnten. Bei Roth ist das Symbol dieses *cupio dissolvi* vor allem das Wasser. Der Regen begleitet den Ausbruch des großen Krieges, den inneren Zerfall Herrn von Trottas und den Untergang des Reichs[1]; das Wasser ist das Element des Todes (»jenseitiges Ufer[2]«) und der Ewigkeit (»das uferlose tote Meer der Ewigkeit[3]«), der Sintflut und der Unordnung, einer ambivalenten, gefürchteten und ersehnten Unordnung. Die europäische Industriestadt wird oft im unaufhörlichen Regen geschildert, unter dem sie fault und sich zersetzt, er hängt über ihr wie ein grauer Vorhang[4] und verhüllt doch noch hinter diesem Grau sein wahres trostloses Gesicht, er ist ein Vorbote der Sintflut der Revolution, die wie ein uferloses Wasser über alles hinwegfluten wird[5]. Das eintönige Trommeln des Regens begleitet den Tod von Eibenschütz' Frau und die melancholische Flucht Ludwigs XVIII.[6]; der kleinen Fini aus dem *Blinden Spiegel* (1925) jedoch scheint die Narkose ein wohltätiges »Meer des Vergessens[7]«; und nach der Niederlage von Waterloo sucht der Kaiser badend Erholung im »trügerischen Element«, das Roth an anderer Stelle auch ein »heiliges[8]« nennt. Mendel Singer hat vor seiner Auswanderung nach Amerika eine berechtigte »Angst vor dem Wasser[9]«, denn auf dem Ozean ist es ja – schreibt Roth in *Juden auf Wanderschaft* – schwierig auszumachen, wo der Osten liegt, im Fall eines Pogroms gibt es keine Fluchtmöglichkeiten und wer dort stirbt, weiß nicht, wie er am Tag der Ankunft des Messias Palästina erreichen kann[10].

Der Anblick der weiten Meeresfläche flößt gerade Mendel jedoch Frieden und Gottvertrauen ein, und der Segen, den er ausspricht, umfaßt auch den Leviathan, der sich auf dem Grund ringelt, in der heiteren Harmonie der Schöpfung[11], die ja nach den östlichen Kosmogonien aus den Urwassern des Chaos entstanden ist[12]. In Amerika empfindet Mendel einen seltsamen Zusammenhang zwischen dem großen Ozean und den galizischen Sümpfen, und das Wasser zieht ihn an wie eine Stimme der Heimat[13]; auch der Korallenhändler Nissen Piczenik *(Der Leviathan)* spürt, »daß es einen geheimen Zusammenhang zwischen dem verborgenen Gewässer der Sümpfe und den gewaltigen Wassern der großen Meere gebe[14]«, doch für ihn ist diese Beziehung ein Ruf der Heimat im umgekehrten Sinn, der ihn nicht ins *Shtetl* zurücklockt, sondern zur Auslieferung seiner selbst an »die gewaltige unbekannte See mit dem unermeßlichen Leviathan auf ihrem Grunde und mit all ihren süßen und herben und salzigen Geheimnissen[15]«. Für Napoleon bedeutet, sich »dem grollenden, gleichmäßigen Anschlag der Wogen«, der »liebenden Wollust[16]« der schäumenden, tosenden Fluten und ihrer weißen Schaumkronen zu ergeben, einen Versuch, die vertraute Heimat seines Korsika wiederzufinden, doch diese einförmige, grenzenlose Fläche, auf der sich alle seine Schlachtfelder in der Gegenwärtigkeit des Unendlichen aneinanderzureihen scheinen, ist auch eine feindliche Erscheinung[17]. Der Nebel im Städtchen aus *April* hüllt die Dinge ein wie »geschmolzenes Blei«, er suggeriert die Vorstellung eines weiten Meeres zu beiden Seiten der Landstraße[18]; für Fallmerayer ist der Regen das Leitmotiv, das mit der seine Existenz erschütternden erotischen Leidenschaft für die Gräfin Walewska verflochten ist[19]. Das Wasser ist immer ein Sexualsymbol, Symbol einer Urerotik, die die Individualität aufhebt: Als der emsige Staatsbeamte Anselm Eibenschütz Euphemia Nikitic begegnet, erinnern ihn ihre blauen Augen an »das unbekannte Meer[20]«, dessen vernichtenden Reiz er sofort spürt.

Von den ältesten Kosmogonien an stellt das Meer die negative, formlose Kraft dar, die sich der als Individuation verstandenen Schöpfung widersetzt. Im Chaos, sagt ein sumerisch-babylonisches Epos, »waren alle Länder See« und als eines seiner ersten Werke errichtete der Herr, Marduk, »einen Damm längs des Meeres[21]«. In verschiedenen Büchern der Bibel wird vom Aufruhr der tosenden Wasser des Abgrunds und ihrer Königin Tehom erzählt, die das Werk Gottes verschlingen wollten und schließlich – zusammen mit den Meeresungeheuern Leviathan und Rahab, ihren Verbündeten (oder eigentlich mythische Personifikationen des Elements selbst), von Gott besiegt, zurückgedrängt und (nach der Darstellung von Graves und Patai) »hinter mit eisernen Stangen verrammelten Toren[22]« eingeschlossen wurden. Im Untergrund ihrer Seele rührt sich bei den Rothschen Gestalten zwingend dieser unterdrückte Trieb, in die ununterschiedene Einheit, die der Schöpfung vorangegangen ist, zurückzukehren; die Fesseln des Ethos und der Rhetorik binden diesen Ruf des Chaos und des Aufruhrs, dessen durchsichtige Metapher der durch eine Lüge heraufbeschworene Seesturm in der *Geschichte von der 1002. Nacht*[23] ist. Nissen Piczenik gibt einer lockenden Stimme nach, er sehnt sich nach dem Leviathan und nach dem urweltlichen Grund des Meeres, möchte in die Heimat der geheimnisvollen Korallen vordringen, die, vom mythischen Ungeheuer bewacht, in der Tiefe wachsen. Die glänzenden Korallen auf der Brust der jungen Bäuerinnen, die sie bei Nissen kaufen, werden auch in einigen *Midrashim* und in einigen talmudischen Traktaten mit dem Namen Bohu bezeichnet, also mit dem gleichen Begriff wie der für die Leere[24]. Tohu und Bohu sind das Chaos und die Leere (*inane et vacuum* übersetzt Hieronymus), sie gehen der Schöpfung und jeder Unterscheidung voraus und weisen auf die Unordnung hin, die »unter den alten Gesetzen des Wassers[25]« herrschte, wie auch Tehom, die Königin des Wassers, ihrerseits den Abgrund bedeutet[26].

Roth identifiziert ausdrücklich das *Tohuwabohu* (das heißt das Chaos, das übrigens bei vielen modernen Schriftstellern – zum Beispiel im so betitelten Roman Sammy Gronemanns aus dem Jahr 1929 – wiederkehrt) mit Nissens unwiderstehlicher Leidenschaft für die Korallen und das Meer. Nissen hört im armseligen Sumpf »das Rauschen der riesigen grünblauen Wogen« und träumt davon, daß der Ozean eines Tages Rußland überschwemmen wird[27]. Das Wasser ist ihm vertraut und ihm selbst scheint es, als sei er »geradezu aus dem Meer, aus der Tiefe des Schwarzen Meeres[28]« gestiegen. Der Leviathan – das Ungeheuer, das im Mythos das Meer *ist*, wie Northrop Frye anmerkt[29] – ist nicht nur der Gegenstand seiner Sehnsucht und das Ziel, das er erreichen möchte, sondern auch die Personifizierung seiner unbewußten Bestimmung zur Selbstvernichtung, die zur bewußten Oberfläche seiner Seele aufsteigt »wie zuweilen ein kostbares und seltsames Tier, gewohnt und heimisch auf dem Grund des Meeres[30]«. So ist die Odyssee Nissen Piczeniks eine Odyssee in den Untergang, der als erstes die bürgerliche Ordnung und ihre Werte zerstört. Im bürgerlichen Haus Nissens, Zentrum seines Familienlebens und Handels, herrscht »eine schöne, geheimnisvolle Dämmerung, die an Meeresgrund erinnerte[31]«. Nissen selbst gleicht mit seinem rötlichen Bart einem »Meergott[32]«.

Der Jude verwandelt sich in eine heidnische und dämonische Gottheit, über oder unter allem Ethos und Gesetz, wie der *Pagan*

Rabbi der gleichnamigen Erzählung von Cynthia Ozick[33]. Übrigens zieht nach einem jüdischen Glauben das Wasser die Dämonen an, es ist das dämonische Element Liliths, der ersten Gefährtin Adams, die die zerstörerische Macht des Geschlechtlichen verkörpert und – nach dem *Targum,* der aramäischen Paraphrase zur Bibel – zum Roten Meer[34] geflüchtet ist und in Zmargad, das heißt im Aquamarin *(smaragdos),* also (nach der Auslegung von Graves und Patai[35]) auf dem Grund des Meeres herrscht. Auch der Salon der Zippers gleicht ja einem Aquarium, in dem die bürgerliche Ordnung sich aufzulösen und zu verschwimmen scheint[36]. Mit Nissens Leidenschaft für das Meer geht in der Tat ein fortschreitender Verfall seines ostjüdisch-bürgerlichen Ethos einher. Nissen entfremdet sich seiner unfruchtbaren, reizlosen Frau, erfüllt die religiösen Riten und Vorschriften nur noch rein mechanisch und schließlich gar nicht mehr, ergibt sich am Ende der Sinnlichkeit, dem Alkohol, der Apathie und der schlampigsten Ungebührlichkeit in den verrufenen Wirtshäusern und verrät die bürgerliche Geschäftsethik. Lakatos, der Dämon, der ihn verführt, bekehrt ihn zur widernatürlichen Fälschung der industriellen Erzeugnisse. Der Wind, der ihn mitreißt, kommt von unten »aus den Tiefen des Wassers[37]«; das vertikale Streben des Ostjuden steht hier unter umgekehrtem Vorzeichen. Nissens Heimat ist der Ozean, doch Melvilles »all the watery world of woe[38]« bedeutet auch die anonyme Gleichförmigkeit der Zukunft, von der im *Stummen Propheten* die Rede ist[39] ...

In der vollkommenen strukturellen Kohärenz der Parabel schildert *Der Leviathan* – wie übrigens auch *Die Legende vom heiligen Trinker* – die bürgerliche Dekadenz nicht in einer historizistischen Dimension, sondern im reinen stilistischen Raum des Imaginären. Als eine ostjüdische Version von Gustav Aschenbach zerstört Nissen Piczenik die bürgerliche und damit jede Ordnung überhaupt. Bezeichnenderweise verschmelzen etymologisch (nach Graves und Patai) im Ungeheuer Leviathan Tehomot und Behomot (oder Behemot), also wieder Tohu und Bohu, die Leere und das Chaos, die mit dem seinerseits sprachlich dem »Äußersten« und dem »Nichts[40]« verwandten Wasser identifiziert werden. Andreas Kartak, Protagonist der *Legende vom heiligen Trinker* geht im Alkohol unter und findet darin nicht die idyllische Heiterkeit wie die Helden der talmudischen Legenden[41] oder chassidischen Geschichten[42], sondern den Frieden des Nicht-Seins, den Nissen durch freiwilliges Ertrinken erreicht. Andreas' Alkohol und Nissens Meer werden zu Symbolen einer rein imaginären Realität, ironisch, weil bewußt auf dem Nichts errichtet, und melancholisch auf den unwiderstehlichen, aber im Grunde sinnlosen Ruf des Mythos anspielend. *Der Leviathan* besiegelt das Ende aller Illusionen Roths und damit auch aller seiner Hinwendungen zur Vergangenheit: Der Schriftsteller läßt alles willkürliche Vertrauen in die Restauration einer positiven Literatur und einer klassischen Dimension fahren und hält gleichzeitig an seiner Verweigerung vor der Kunst des Negativen fest. Im *Leviathan* gehen beide – die positive und die negative Kunst – in einem Nihilismus auf, der um so umfassender ist, als er nicht einmal mehr irgendeine »kritische« Kompensation kennt und über alle Bereitschaft zur Debatte über den »Tod der Kunst« und das »Ende der Werte« hinaus ist.

Im letzten Werk Roths, der in diesen Jahren auch persönlich eine »mythomanische« (David Bronson[43]) Selbstvernichtung vollzieht, scheint der ostjüdische Ulysses die Leere seines archimedischen Standpunkts außerhalb der Wirklichkeit zu erkennen und die Niederlage in absichtlichen Untergang zu verkehren. Dieser Ulysses negiert in diesem Sinn die hebräische Überlieferung, das heißt das heilige Gebot zu leben, das Roth an anderer Stelle selbst gepredigt hat[44], als er bewundernd vom Selbsterhaltungstrieb der ans Ruder gefesselten Galeerensklaven sprach, die aus allen Kräften gegen den Sturm kämpfen, um das Schiff und mit ihm ihr Leben und das ihrer Peiniger zu retten[45], ohne die geringste Hoffnung auf eine Zukunft ohne Peitsche und Ketten. Kürzlich hat auch wieder Maurice Samuel in einem Band über Schalom Alejchem die jüdische Liebe zum Leben unterstrichen, die nicht als Erlebnishunger verstanden werden darf, sondern als Liebe zum Leben an sich, zum Leben in seinen alltäglichen Aspekten[46]. Abraham und Moses, heißt es, lehnten sich gegen den von Gott gesandten Tod auf, weil sie nicht sterben wollten[47]. Doch der Widder, der dem Schlachtmesser Abrahams zu entkommen sucht und sich dabei im Gebüsch verfangen hat – sagt der *Midrash*[48] –, verstrickt sich gerade durch seine verzweifelten Befreiungsversuche immer mehr in den Dornen; zu viele Bienenschwärme stürzen sich unaufhörlich auf den Verdammten. Weniger gefestigt als sein idealer »ewig aus allen Gefahren unversehrt hervorgehende(r) Jude[49]«, scheint sich Roth der Wiederholung des Bösen und der Müdigkeit zu beugen und dem Lebenswillen zu entsagen. Wie in *Di takhrikhim inzl (Die Toteninsel,* 1910) von Eliachoff trifft auch für Roth der Messias – in Eliachoffs Märchen kommt er vom Meer her – zu spät ein: Als die Insel nunmehr ein Friedhof geworden, wo selbst die Alltagsprache eine ständige unwillkürliche Metapher des Todes ist und alle sich bereits des Lebens entwöhnt haben, so daß der unnütze Erlöser nur noch das Haupt senken und schweigen kann angesichts dieser Larven, die keine Rettung mehr wünschen[50].

Die messianische Hoffnung ist völlig zu ihrem Gegenteil geworden; auch für Nissen Piczenik gelten die Worte, die in *The Family Moskat* der gescheiterte Heilige Hertz Yenovar unter dem Bombenhagel der Nazis sagt: »Der Messias wird bald kommen ... Der Messias ist der Tod. Das ist die Wahrheit[51].« So verkehrt sich die messianische Hoffnung in die totale, ununterschiedene Identifikation, in jene »letzte Stille«, die, wie Singer versichert, »das Eigentliche alles Eigentlichen« ist und wo man, hat man sie einmal erreicht, sich auch der Stille nicht mehr bewußt ist, denn sie ist nichts anderes als Gott selbst, der ohne Pose in seine unendliche Tiefe hinabsteigt[52]. Die messianischen Fermente des kabbalistischen Okkultismus wandeln sich zu dämonischem Glauben, zum Glauben an den Sieg der Finsternis und der ewigen Nacht, in der – wußte Shiddah – »alle Sterne ausgelöscht werden würden, alle Stimmen zum Schweigen gebracht, alle Oberflächen hinweggefegt. Gott und Satan würden eins sein[53]«.

An diesem äußersten und letzten Punkt ihrer Geschichte kann »die Tradition des Exils« nur noch Symbol des Endes und der Zerstörung bedeuten. Auf dieselbe Weise spürt Nathan Jozefover im Todeskampf die große vernichtende Einheit, die in der Umarmung der zweistirnigen Frau alle Gesichter und alle Ziele der Wahrheit und der Liebe miteinander verschmilzt[54].

Das ist auch das Schicksal Nissen Piczeniks, der in seine wahre Heimat beim Leviathan auf dem Grund des Meeres[55] eingeht, und des guten Trinkers Andreas Kartak, der einen »schönen und leichten[56]« Tod stirbt, wie ihn sich Roth für sich selbst erhofft[57]. Wie am Anfang decken sich für Roth wieder am Ende Ostjuden und Austriazität, die habsburgische und die jüdische Metapher: Der Held, der dieses Ende besiegelt, ist ebensogut Nissen Piczenik wie der letzte Trotta, der beschließt, zu schweigen und zu verschwinden und der Literatur entsagt, indem er »das Schicksal, ein Verschollener zu sein« auf sich nimmt, »aber nicht jenes, der Erzähler des Verschollenen zu werden[58]«. Dieser Verzicht auf die Historisierung, den Johannes Schaaf in seinem Film *Trotta*[59] diskret und eindringlich ins Atmospärische übersetzt hat, macht die große Aktualität Roths aus: sein Sich-Beschränken auf den unnütz schönen und schmerzlichen Augenblick ohne Dauer und ohne Erlösung. Am Ende seines Weges steht Roth der Erkenntnis gegenüber, völlig jeden realen Bezugspunkt aufgelöst und den Boden zerstört zu haben, auf dem noch irgendeine Erzählstruktur zu errichten wäre. Es bleibt ihm allein der Raum des Imaginären: Die Erzählung ist nur noch als Parabel möglich, als Stilisierung des Nichts, ironische Flucht ins Buch. » ›In den verschollenen Annalen der alten österreichisch-ungarischen Armee aber‹, sagt der letzte Trotta, ›ist unser Name verzeichnet, und ich gestehe, daß ich stolz darauf bin, gerade deshalb, weil diese Annalen verschollen sind[60]‹.«

Verschollen heißt verloren, verschwunden, vergessen; die Gestalt, von der Roth erzählt, lebt nunmehr nur noch in einem nicht mehr wahrnehmbaren Zeichen, auf einem nicht mehr auffindbaren Blatt, in einem verklungenen Wort. Wie für Musil ist auch für Roth Kakanien das Reich des Imaginären geworden: eines Imaginären, das nicht mehr existiert, nicht einmal mehr im Wort, weder als Hypothese noch als Alternative und auch nicht mehr in den staubigen Annalen einer aufgelösten Armee.

Anmerkungen

Die Flucht aus dem Shtetl

Chronik und Klage

1 D. Bergelson, *An Ejdess,* Übersetzung von H. Hakel, *Ein Zeuge,* in: *Jiddische Geschichten aus aller Welt,* Auswahl, Übersetzung und Bearbeitung von H. Hakel, Tübingen und Basel 1967, S. 325–334. Eine der wichtigsten Anthologien der jiddischen Novellistik in westlichen Sprachen ist I. Howe-E. Greenberg, *A Treasure of Yiddish Stories,* New York 1953

2 D. Bergelson, a. a. O., S. 334

3 D. Bergelson, a. a. O., S. 330

4 W. Benjamin, *Der Erzähler. Betrachtungen zum Werk Nikolai Lesskows,* in: *Schriften,* herausgegeben von Th. W. Adorno und Grete Adorno, unter Mitwirkung von Fr. Podszus, Frankfurt am Main 1955, Band II, S. 236–237

5 S. Landmann, *Die Wanderung des Schneiders. Ein Frühwerk Ilja Ehrenburgs aus chassidischem Geist,* in: *Die Zeit* Nr. 14, 4. April 1969, Lit. 4; dieselbe, *Verderbnis dem Heil zuliebe. Isaac Bashevis Singers »Satan in Goraj«,* in: *Die Zeit,* Nr. 7, S. 18; vergleiche vor allem auch den ganzen Band *Der jüdische Witz.* Soziologie und Sammlung von S. Landmann, mit einem Geleitwort von Prof. C. Schmid, Olten und Freiburg im Breisgau 1962 (1. Ausgabe 1960), jetzt neugedruckt unter dem Titel *Jüdische Witze,* eingeleitet von S. Landmann; vergleiche auch *Die Juden als Rasse,* Olten und Freiburg im Breisgau 1967; vergleiche ebenfalls J. Meyerowitz, *Der echte jüdische Witz,* Berlin 1971; vergleiche außerdem einige klassische Texte wie N. Ausubel, *A Treasury of Jewish Humor,* New York 1951; B. J. Bialostotski, *Yidisher humor un yidishe letsim,* New York 1963; J. Kh. Ravnitski, *Yidishe vitsn,* 2 Bände, New York 1950; Th. Reik, *Jewish wit,* New York 1962; I. Olsvanger, *Royte pomerantśen,* New York 1947

6 S. Alejchem, *Tewje der Milchiger,* 1896 ff. (zitiert nach *Die Geschichten Tewjes des Milchhändlers,* deutsch von A. Eliasberg, Berlin-Wien, S. 107. Die wechselnde Schreibweise des Namens (Schalom, Scholem, Shalom, Aleichem, Alejchem und so weiter) wird jedesmal nach dem Text, auf den sie sich bezieht, wiedergegeben. (Die gleichen Unsicherheiten gelten für die Schreibung aller hebräischen und vor allem der jiddischen Namen, deren unregelmäßige Schreibung und Aussprache von der kaum normierten jiddischen Graphik, von den Ausspracheunterschieden innerhalb des Jiddischen verschiedener Gegenden und von der Ungleich-

heit zwischen der – früher üblichen, heute ungebräuchlich gewordenen – deutschen Verschriftung des Jiddischen und zum Beispiel der englischen besteht: der Name des berühmten Verfassers der *Sintflut* erscheint zum Beispiel unter den Formen Asch und Ash; selbst die Karteikarten, die mir von den Forschern und Instituten, an die ich mich wegen des Originaltitels oder Erscheinungsjahrs eines Werks wandte, zugekommen sind, bringen die gleichen Wörter in den verschiedensten Schreibweisen: Forlog, Ferlog, Forlag; Band, Bond; *Chaim Ledeerers Zurikkommen, Khaym Ledeerers Tsurikkommen* und so weiter). Für die wertvollen, oft schwierig zu beschaffenden bibliographischen Auskünfte möchte ich mich herzlich bedanken bei: Dina Abramowicz vom Yivo Istitute for Jewish Research, Friedbert Aspetsberger, Fred Grubel vom Leo Baeck Institute, Francesco Hajek, Hermann Hakel, Israele Kalk, Martin Pollack, Miriam Procacci, Gioacchino Stern, Salman Z. Yovely. Mein besonderer Dank gilt Giorgio Voghera.

7 D. Bergelson, *Ein Zeuge,* a. a. O., S. 330

8 H. Böning, *Joseph Roths »Radetzkymarsch«. Thematik, Struktur, Sprache,* München 1968 (es wird auch wegen der reichhaltigen Bibliographie auf das Buch hingewiesen), S. 46–47. Franz Blei spricht von einer unvollendet gebliebenen Gestaltenwelt, von einem epischen Zyklus, der noch im torsohaften Zustand vom Tod unterbrochen worden ist (F. Blei, *Joseph Roth,* in: *Schriften in Auswahl,* mit einem Nachwort von A. P. Gütersloh, München 1960, S. 312–313); Bodo Rollka unterstreicht die Funktion des »pars pro toto«, bei einigen häufig vorkommenden Figuren Roths (B. Rollka, *Joseph Roths Amerikabild,* in: *Literatur und Kritik,* Dezember 1972, Nr. 70, S. 594)

9 Jetzt veröffentlicht von I. Sültemeyer, *Studien zum Frühwerk Joseph Roths. Mit einem Anhang: bisher unbekannte Arbeiten aus dem Zeitraum 1915–1926,* Dissertation, Frankfurt am Main 1965, S. 272–284

10 G. Lukács, *Marš Radeckogo,* in: *Literaturnaja gazeta,* 15. August 1939 (Übersetzt von M. Enberg, G. Lukács: *Radetzkymarsch,* in: F. Hackert, *Kulturpessimismus und Erzählform. Studien zu Joseph Roths Leben und Werk,* Bern 1967, S. 147–151

11 J. Roth, *Werke in drei Bänden,* Köln–Berlin 1956, Band I, S. 345

12 Derselbe, *Polemik,* in: *Werke* a. a. O., Band III, S. 617

13 Man denke im ersten Fall an Romane wie *Das Spinnennetz* (1923), *Hotel Savoy* (1924), *Die Rebellion* (1924), *Die Flucht ohne Ende* (1927), *Der stumme Prophet, Zipper und sein Vater* (1928), *Rechts und Links* (1929), *Le buste de l'Empereur* (1934) oder *Die Kapuzinergruft,* in bezug auf das letztere hingegen an Werke wie *Radetzkymarsch* oder *Die Geschichten von der 1002. Nacht.*

14 Vergleiche unter diesem Gesichtspunkt die Beobachtungen von Lukács, a. a. O.

15 P. Milano definiert Roth als den *Musil der Einfachen;* vergleiche

P. Milano, *Joseph Roth ovvero il Musil dei semplici,* in: *L'Espresso,* 9. August 1964, S. 19

16 C. Hohoff, *Der Erzähler Joseph Roth und seine Welt,* in: *Die Tat,* Zürich, 18. Mai 1957; vergleiche auch *Geist und Ursprung. Zur modernen Literatur,* München 1954, S. 112–117

17 J. Roth, *Der neue Tag. Unbekannte politische Arbeiten 1919 bis 1927 Wien – Berlin – Moskau,* Köln–Berlin 1970

18 F. Th. Csokor, *3. November 1918,* Hamburg–Wien 1957, S. 59

19 F. Werfel, (zitiert nach der italienischen Übersetzung) *Nel crepuscolo di un mondo,* Übersetzung von C. Baseggio, Mailand 1950, S. 19

20 S. Zweig, *Die Welt von gestern,* Wien 1948, S. 14

21 J. Urzidil, *Prager Triptychon,* München 1960, S. 13

22 F. Abendroth, *Reichs- und Bundesvolk. Das zweifache Zeugnis des Joseph Roth,* in: *Hochland,* 50, H. 5, 1957–1958, S. 425

23 B. Marin, *4 novembre 1918,* in: *Trieste,* Nr. 28, November–Dezember 1958, S. 11

24 J. Roth, *Polemik,* a. a. O., S. 570

25 Derselbe, *Werke,* a. a. O., Band III, S. 189, 181, 189

26 Derselbe, *Die Kapuzinergruft,* in: *Werke,* a. a. O., Band I, S. 339–340

27 L. Goldmann, *Sur la peinture de Chagall. Réflexions d'un sociologue,* in: *Structures mentales et création culturelle,* Paris 1970, S. 419

28 J. Roth, *Juden auf Wanderschaft,* in: *Werke,* a. a. O., Band III, S. 637

29 J. Roth an E. Křenek, 10. September 1932 (*Briefe,* in: *Werke,* a. a. O., Band III, S. 817) J. Roth, *Briefe 1911–1939,* herausgegeben und eingeleitet von Hermann Kesten, Köln–Berlin 1970, S. 227

30 E. Lasker–Schüler, *Chaos,* in: *Styx, Gesammelte Werke in drei Bänden,* Band I: *Gedichte,* München 1961, S. 39

31 G. Baioni, Presentazione a E. Lasker-Schüler, *Poesie,* Mailand 1963, S. 25

32 Der Nistr, *Jossl Bonzjes Riwe,* in: *Jiddische Geschichten aus aller Welt,* a. a. O., S. 309

33 *Dos shtetl,* 1904–1905, zitiert nach *Das Städtchen,* in: *Von den Vätern,* herausgegeben und übertragen von S. Schmitz, Berlin–Wien–Leipzig 1931

34 J. Roth, *Juden auf Wanderschaft,* a. a. O., S. 629, 639

35 Vergleiche P. Reimann, *Karl Emil Franzos,* in: *Von Herder bis Kisch. Studien zur Geschichte der deutsch-österreichisch-tschechischen Literaturbeziehungen,* Berlin 1961, S. 40–52

36 Vergleiche S. Alejchem, *Die Geschichten Tewjes des Milchhändlers,* a. a. O.

37 Vergleiche J. L. Peretz, *Der feter Shakhne un di mume Yakhne,* 1895, zitiert nach *Onkel Schachne und Tante Jachne,* in: *Adam und Eva,* deutsch von A. Eliasberg, Berlin–Wien 1923

38 Th. Mann, *Erzählungen,* Stockholm 1948, S. 147

39 C. Leviant, *Introduction,* in: S. Alejchem, *Stories and Satires,* Übersetzung von Curt Leviant, Illustrationen von Arthur Zaidenberg (1959), New York–London 1970

40 J. Roth, *Le buste de l'Empereur,* in: *Werke,* a. a. O., Band III, S. 183

41 Vergleiche zu diesem Problem

A. Agnelli, *Questione nazionale e socialismo. Contributo allo studio del pensiero di K. Renner e O. Bauer,* Bologna 1969

42 G. Baioni, *Franz Kafka. Romanzo e parabola,* Mailand 1962, besonders S. 161

43 F. Langer, Vorwort von J. Langer, *Le nove porte (Devet bran. Chasida tajemstvi),* übersetzt von E. Ripellino, Mailand 1967, S. XXI

44 Zur *Ghettogeschichte* siehe unter anderem: *Die jüdische Literatur seit Abschluß des Kanons.* Eine prosaische und poetische Anthologie mit biographischen und literargeschichtlichen Einleitungen. Unter Mitwirkung von W. Bacher, S. Bäck, Ph. Bloch, J. Fürst, M. Grünbaum, J. Hamburger, A. Kaminka, M. Kayserling, A. Lewin, A. Sulzbach und anderen, herausgegeben von J. Winter und A. Wünsche; vergleiche Band III: *Geschichte der poetischen, kabbalistischen, historischen und neuzeitlichen Literatur der Juden,* unter der Redaktion von Dr. J. Winter und Prof. A. Wünsche, bearbeitet von A. Sulzbach, Ph. Bloch, A. Lewin, A. Ackermann, M. Grünbaum, S. Bäck und M. Kayserling, Berlin 1897, S. 881–893; siehe außerdem H. Gross, *Das Ghetto in der Dichtung,* in: *Allgemeine Zeitung des Judentums,* 72, 1908, S. 68–70, 81–83; M. Schiffmann, *Die deutsche Ghettogeschichte,* Dissertation, Wien 1931

45 A. Landsberger, *Einleitung* zu *Das Volk des Ghetto,* Unter Mitwirkung von H. Blumenthal und J. E. Poritzky, herausgegeben von D. A. Landsberger, München 1916

46 G. Janouch, *Gespräche mit Kafka,* Frankfurt am Main 1961 (1951), S. 72

47 A. a. O.

48 J. Roth, *Reisebilder,* in: *Werke,* a. a. O., Band III, S. 488

49 Derselbe, *Panoptikum,* in: *Werke,* a. a. O., Band III, S. 328

50 A. a. O., S. 360–361

51 A. a. O., S. 361

52 S. Asch, *Rückblick,* in: *Von den Vätern,* a. a. O., S. 334

53 F. Hackert, a. a. O., S. 106

54 J. Roth, *Radetzkymarsch,* in: *Werke,* a. a. O., Band I, S. 280

55 G. Janouch, a. a. O., S. 81. Zu den verschiedenen Geschichtsauffassungen in der jüdischen Kultur siehe: H. M. Graupe, *Die Entstehung des modernen Judentums,* Hamburg 1969, S. 172 ff.

56 J. Roth, *Juden auf Wanderschaft,* a. a. O., S. 633

57 Derselbe, *April. Die Geschichte einer Liebe,* in: *Werke,* a. a. O., Band III, S. 57

58 Derselbe, *Die Geschichte von der 1002. Nacht,* in: *Werke,* a. a. O., Band I, S. 634

59 Zum Thema des Exils siehe: G. Scholem, *Die jüdische Mystik in ihren Hauptströmungen,* Zürich 1957

60 J. Roth, *Der stumme Prophet,* Köln–Berlin, 1966, S. 97

61 T. Hughes, *The Genius of Isaac Bashevis Singer,* in: *New York Review of Books,* 22. April 1965, S. 8–10; zitiert in: *Isaac Bashevis Singer nel giudizio della critica internazionale,* Mailand 1966, S. 20

Der Aufbruch zur Suche nach dem Bekannten

1 Zur austrojüdischen Symbiose siehe R. Schwarz, *The Lost World of Joseph Roth*

2 M. Robert, *L'ancien et le nouveau, Das Alte im Neuen. Von Don Quichotte zu Franz Kafka* (Übersetzung aus dem Französischen von K. A. Horst), Hamburg 1968, S. 136

3 J. Roth, *Radetzkymarsch,* a. a. O., S. 202

4 Derselbe, *Juden auf Wanderschaft,* a. a. O., S. 630

5 J. Epstein, *Mein Weg von Ost nach West. Erinnerungen,* Stuttgart 1929

6 A. J. Herzberg, *Brieven aan mijn Kleinzoon. De Geschiedenis van eene Joodse Emigrantenfamilie,* Übersetzung von B. Bultmann, *Haus der Väter. Briefe eines Juden an seine Enkel,* Salzburg 1967

7 Siehe jeweils *Hotel Savoy, Das Spinnennetz, Die Flucht ohne Ende, Zipper und sein Vater, Rechts und Links, Die Kapuzinergruft*

8 Siehe jeweils *Der stumme Prophet, Das Spinnennetz*

9 Siehe jeweils *Hiob, Tarabas, April. Die Geschichte einer Liebe*

10 J. Roth, *Zipper und sein Vater,* in: *Werke,* a. a. O., Band I, S. 624

11 Derselbe, *Im mittäglichen Frankreich,* in: *Werke,* a. a. O., Band III, S. 515

12 Derselbe, *Zipper und sein Vater,* a. a. O., S. 625

13 Derselbe, *Die Flucht ohne Ende,* in: *Werke,* a. a. O., Band II, S. 470

14 A. a. O.

15 Vergleiche M. Pines, *Die Geschichte der jüdischdeutschen Literatur,* nach dem französischen Original bearbeitet von G. Hecht, Leipzig 1922, S. 81

16 L. Kompert, *Judith die Zweite,* in: *Aus dem Ghetto* (1848), in: *Gesammelte Schriften,* 8 Bände, Leipzig 1887, Band I, S. 1–27, vergleiche zu diesem Problem auch V. Carpin, *Der Jude im modernen Roman,* in: *Monatsschrift für neue Literatur und Kunst,* 1896–1897, S. 662–676; H. Bieber, *Jews and Jewish Problems in German Literature,* in: *Jewish People Past and Present,* 3 Bände, New York 1952, S. 239–256; *Jewish Life in Poetry and Fiction,* in: *German Jewry. Its History, Life and Culture,* London 1958, S. 118–120

17 S. Y. Agnon, *We-Hajà He-Aqōv Le-Mîshôr,* 1927–1928; Übersetzung *Und das Krumme wird gerade*

18 I. Olbracht, *O smutných očich Hany Karadžičové*

19 M. M. Sfurim, *Kizur Maisses Binjāmin ha – Schlischi, dās hēißt Die Nessiā, oder a Reisebeschreibung vun Binjāmin dem Dritten, wās er is auf seine Nessies vergāngen hat weit aź unter die Heree Chōschech un' hāt sich genug āngesehen un' āngehört Chiduschim schoene Sachen; wa see senen arāusgegeben gewor'en in alle schiwim Leschones un' kunt äuch in unser Loschen Sseefer rischōn,* Wilna 1878 (zitiert nach der Übersetzung von E. Frisch, *Die Fahrten Benjamins des Dritten,* in: M. M. Sfurim, *Werke,* Übersetzt von E. Frisch und S. Birnbaum, Olten und Freiburg im Breisgau 1962, S. 9)

20 Derselbe, *Die Fahrten Benjamins des Dritten,* a. a. O., S. 14

21 M. Robert, a. a. O.

22 M. M. Sfurim, *Die Fahrten Benjamins des Dritten,* a. a. O., S. 14

23 A. a. O., S. 62

24 Vergleiche K. Wagenbach, *Nachwort,* in: M. M. Sfurim, *Fischke der Krumme und der Wunschring,* Übersetzt von A.

Eliasberg und S. Birnbaum, Olten und Freiburg im Breisgau 1961, S. 466–467
25 M. M. Sfurim, *Die Fahrten Benjamins des Dritten,* a. a. O., S. 52
26 A. a. O., S. 50
27 A. a. O., S. 60
28 A. a. O., S. 19, 14
29 A. a. O., S. 59, 64
30 Derselbe, *Fischke der Krummer, a Maisse vun jüdische āreme Leut',* Shitomir 1869; Übersetzung *Fischke der Krumme,* a. a. O., S. 26, 49
31 S. Alejchem, *Die Geschichten Tewjes des Milchhändlers,* a. a. O., S. 8
32 M. M. Sfurim, *Das Wünschfingerl, wās mit den kānn itlichen Mensch dergreichen allsding, wās sein Herz wünscht un' begehrt, un' durchdem nützlich sein sich un' der Welt,* Warschau 1865 (Übersetzung von S. Birnbaum, *Der Wunschring,* a. a. O.)
33 M. M. Sfurim, *Die Klatsche, oder Zar-bale-chaim. A Maisse, wās hāt sich varwalgert zwitschen die Kwawin vun Jisrolik dem Meschugenem,* Wilna 1873 (Übersetzung von S. Birnbaum, *Die Mähre,* Olten und Freiburg im Breisgau 1962)
34 M. Pines, a. a. O., S. 91
35 M. M. Sfurim, *Die Fahrten Benjamins des Dritten,* a. a. O., S. 42
36 Derselbe, *Fischke der Krumme,* a. a. O., S. 148–150
37 Im Roman *Der Wunschring,* a. a. O.
38 M. M. Sfurim, *Fischke der Krumme,* a. a. O., S. 157, 159–160
39 Derselbe, *Die Fahrten Benjamins des Dritten,* a. a. O., S. 58
40 S. Alejchem, *Die Geschichten Tewjes des Milchhändlers,* a. a. O., S. 182
41 S. Asch, *Rückblick,* a. a. O.
42 Jetzt in: *Das Volk des Ghetto,* a. a. O.
43 *Chajm Esra Kapitän*
44 *Tsvey martirer,* 1925, Übersetzung *Zwei Märtyrer,* jetzt in der Sammlung *Jiddische Geschichten aus aller Welt,* a. a. O.
45 I. Ehrenburg, *Das bewegte Leben des Lasik Roitschwantz,* aus dem Russischen von W. Jollos, München 1969, S. 58
46 L. Goldmann, *Le interdipendenze tra la società industriale e le nuove forme della creazione letteraria,* in: *Le due avanguardie e altre ricerche sociologiche,* a cura di P. Fabbri, Urbino 1966, S. 9
47 A. a. O., besonders S. 11–17
48 Vergleiche F. Hackert, a. a. O., S. 59, 61; R. Seligmann, *Die jüdische Kleinstadt und die jiddische Literatur,* in: *Ostjuden,* in: *Die Rundschau,* Februar 1916, S. 807–809
49 J. Roth, *Die Flucht ohne Ende,* a. a. O., S. 428–429
50 Derselbe, *Polemik,* a. a. O., S. 606
51 B. Malamud, *The Fixer,* 1966 (zitiert nach *Der Fixer,* aus dem Amerikanischen von H. Haas, Köln-Berlin 1968, S. 339); siehe auch den Angriff auf den Roman von M. Reich-Ranicki, der Malamud folkloristische Banalisierung des jüdischen Themas vorwirft. (M. Reich-Ranicki, *Juden in der Literatur,* in: *Die Zeit,* 20. September 1968, Nr. 38, S. 20)
52 Vergleiche G. Baioni, *Franz Kafka,* a. a. O.
53 A. Suhl, *Ein Jiddischist über Roths »Hiob«,* in: *Jüdische Rundschau* 36, Nr. 25–26, 1. April 1931, S. 162
54 Vergleiche zum Beispiel den Angriff M. Georgs auf J. Roths *»Antizionismus«, Segen der*

Wanderung, in: *Jüdische Rundschau,* 39, Nr. 83, Berlin 1934, S. 7, vergleiche auch A. Außerhofer, *Joseph Roth: im Widerspruch zum Zionismus,* in: *Emuna Horizonte,* V. Jahrgang, Nr. 5, Oktober 1970, S. 325–330

55 J. Roth, *Das falsche Gewicht,* in: *Werke,* a. a. O., Band I, S. 444

56 A. a. O., S. 484

57 Derselbe, *Der stumme Prophet,* a. a. O., S. 23

58 A. a. O.

59 F. Hackert, a. a. O., S. 56

60 M. M. Sfurim, *Fischke der Krumme,* a. a. O., S. 72

61 *A roman fun a ferd-ganev* (Übersetzung von H. Hakel, *Pferdediebe,* in: *Jiddische Geschichten aus aller Welt,* a. a. O.)

62 J. Roth, *Die Rebellion,* in: *Werke,* a. a. O., Band II, S. 359

63 Derselbe, *Zipper und sein Vater,* a. a. O., S. 565

Die Tradition und die Hierarchien des säkularisierten Universums

1 J. Roth, *Im mittäglichen Frankreich,* a. a. O., S. 515

2 Derselbe, *Juden auf Wanderschaft,* a. a. O., S. 630

3 A. a. O., S. 634

4 A. a. O., S. 648

5 A. a. O., S. 638–639

6 J. Roth, *Die Rebellion,* a. a. O., S. 289

7 I. Sültemeyer, *Vorwort,* in Roth, *Der neue Tag,* a. a. O., S. 10 ff.

8 D. Bronsen nennt Roth einen »Mythomanen« (*Tod eines Mythomanen. Die letzten Tage und die Beerdigung Joseph Roths,* in: *Monat,* Heft 254, November 1969)

9 Vergleiche *Der neue Tag,* a. a. O., S. 22 ff., 49 ff., 57 ff., 87–100

10 Von D. Bronsen, der die erste erschöpfende und vollständige Biographie Roths vorbereitet, siehe außer dem den bereits zitierten Artikel: *Phantasie und Wirklichkeit. Geburtsort und Vaterschaft im Leben Joseph Roths,* in: *Die Neue Rundschau,* 3, 1968; derselbe, *Die journalistischen Anfänge Joseph Roths,* in: *Literatur und Kritik,* 41, Januar 1970, S. 37–54; derselbe, *Der unwillkommene Gast,* in: *Emuna Horizonte,* a. a. O., S. 320–324

11 Derselbe, *Die journalistischen Anfänge Roths,* a. a. O.

12 Vergleiche *Naturgeschichte des Generals,* in: *Der neue Tag,* a. a. O., S. 27–29

13 Vergleiche *Der neue Tag,* a. a. O., S. 22 ff., 71 ff., 38 ff.

14 A. a. O., S. 62 ff., 57 ff., 60 ff., 127 ff., 34 ff., 45 ff., 109 ff., 79 ff., 43 ff., 69 ff.

15 Derselbe, *Porträts,* in: *Werke,* a. a. O., Band III, S. 396

16 A. a. O.

17 A. a. O., S. 394

18 M. Robert, a. a. O., S. 140

19 Vergleiche A. de Saint-Exupéry

20 Vergleiche die Briefe (oder Telegramme) Roths an W. Landauer, 1934 (o. D.); an V. Gollancz, 1934 (o. D.); an S. Zweig, 12. Juli 1934, Sommer 1934, 19. und 20. Juli 1934; an B. Gidon, 20. August 1934; und die Briefe von S. Zweig an J. Roth Juli 1934, Juli 1934, 18. Juli 1934, Juli 1934, Juli 1934 (siehe *Briefe 1911–1939,* a. a. O., S. 350, 351–354, 354, 354, 355, 356–358, 358–359, 360, 361, 362, 371)

21 J. Roth, *Der Antichrist,* in:

Werke, a. a. O., Band III, S. 712–716, 745 ff., 730 ff., derselbe, *Juden auf Wanderschaft,* a. a. O., S. 683; derselbe, *Der Antichrist,* a. a. O., S. 739
22 Derselbe, *Juden auf Wanderschaft,* a. a. O., S. 636
23 A. a. O., S. 635
24 Vergleiche G. Friedmann, *Fin du peuple juif?* Paris 1965. Einen allgemeinen Überblick gibt unter anderem der kürzlich erschienene Band von W. Laqueur, *A History of Zionism,* London 1972. Zu Roths Verhältnis zum Zionismus siehe D. Bronsen, *Joseph Roths lebenslange Auseinandersetzung mit dem Zionismus,* in: *Zeitschrift für die Geschichte der Juden,* VII. Jahrgang, 1970, Nr. 1, S. 4–9
25 Derselbe, *Reisebilder,* a. a. O., S. 494; derselbe, *Panoptikum,* a. a. O., S. 232, 287; derselbe, *Reisebilder,* a. a. O., S. 418, 461
26 Derselbe, *Tarabas,* in: *Werke,* a. a. O., Band II, S. 166–167
27 Vergleiche jeweils *Der zeyger,* 1900, und *Tsvishn emigrantn,* 1930; Übersetzung *Die Uhr* und *Ein Kranker?* jetzt in der Sammlung *Jiddische Geschichten aus aller Welt,* a. a. O.
28 J. Roth, *Panoptikum,* a. a. O., S. 369; derselbe, *Die hundert Tage,* in: *Werke,* a. a. O., Band II, S. 304, 792
29 Derselbe, *Das falsche Gewicht. Die Geschichte eines Eichmeisters*
30 J. Habermas, *Der deutsche Idealismus der jüdischen Philosophen,* in: *Porträts deutsch-jüdischer Geistesgeschichte,* herausgegeben von Th. Koch, Köln 1961, S. 114
31 W. Benjamin, *Geschichtsphilosophische Thesen,* in: *Schriften,* a. a. O., Band I, S. 498

Der Weg in die Wüste: Heimkehrerroman und Gleichnis vom ewigen Juden

1 J. Roth, *Hotel Savoy,* in: *Werke,* a. a. O., Band I, S. 799
2 A. a. O., S. 851
3 A. a. O., S. 818
4 A. a. O., S. 820
5 A. a. O., S. 821, 830, 875, 831
6 M. M. Sfurim, *Die Fahrten Benjamins des Dritten,* a. a. O., S. 44
7 Vergleiche F. Hackert, a. a. O., S. 59, 61; Seligmann, a. a. O., S. 807–809
8 S. Alejchem, *Menachem Mendel,* 1892; Vergleiche R. Seligmann, a. a. O., S. 808 und F. Hackert, a. a. O., S. 59
9 J. Roth, *Hotel Savoy,* a. a. O., S. 861
10 R. Paoli, *I cento giorni,* in: *Il Tempo,* 13. November 1969
11 Vergleiche L. Goldmann, *Sur la peinture de Chagall,* a. a. O.
12 J. Roth, *Hotel Savoy,* a. a. O., S. 869
13 L. Goldmann, *Sur la peinture de Chagall,* a. a. O., S. 432
14 J. Roth, *Hotel Savoy,* a. a. O., S. 858–859
15 J. L. Peretz, *Inm post-vogn,* 1891; Übersetzung *Im Postwagen,* in: *Adam und Eva,* a. a. O., S. 152–153
16 S. Alejchem, *Three Widows,* in: *Stories and Satires,* a. a. O., S. 182–213
17 L. A. Frankl, *Im Circus Maximus,* in: *Gesammelte poetische Werke,* 3 Bände, Wien-Pest-Leipzig 1880, Band I, S. 124
18 I. Ehrenburg, a. a. O., S. 82
19 J. Roth, *Juden auf Wanderschaft,* a. a. O., S. 674–675
20 Derselbe, *Hotel Savoy,* a. a. O., S. 849

21 M. Blanchot, *L'espace littéraire,* Paris 1955, S. 67–68
22 J. Roth, *Der Antichrist,* a. a. O., S. 705
23 Derselbe, *Der stumme Prophet,* a. a. O., S. 254
24 Derselbe, *Panoptikum,* a. a. O., S. 357
25 A. a. O., S. 237
26 Derselbe, *Rechts und Links,* in: *Werke,* a. a. O., Band II, S. 595
27 Derselbe, *Zipper und sein Vater,* a. a. O., S. 576
28 I. B. Singer, *A Wedding in Brownsville,* in: *Short Friday and Other Stories,* New York 1964, S. 197; Von I. B. Singers Novellen wird der englische Titel statt des jiddischen angegeben, da Singer oft selbst an der englischen Übersetzung mitgearbeitet hat und sie in vielen Fällen als »zweites Original« der ursprünglichen Fassung betrachtete, oder jedenfalls als deren Geist sehr nahestehende. Bezeichnenderweise zitiert zum Beispiel Ben Siegel in seinem Essay über Singer sowohl im Text als auch in der Bibliographie die englischen Ausgaben des Schriftstellers (B. Siegel, *Isaac Bashevis Singer,* University of Minnesota Press, Minneapolis 1969)
29 J. Roth, *Hotel Savoy,* a. a. O., S. 836
30 Derselbe, *Im mittäglichen Frankreich,* a. a. O., S. 512
31 Derselbe, *Hotel Savoy,* a. a. O., S. 822
32 A. a. O., S. 832
33 A. a. O., S. 849
34 I. Sültemeyer, *Studien zum Frühwerk Joseph Roths,* a. a. O., S. 205
35 H. Kesten, *Einleitung,* in: J. Roth, *Werke,* a. a. O., Band I, S. XXV
36 J. Roth, *Hotel Savoy,* a. a. O., S. 869
37 A. a. O., S. 818
38 Zitiert in M. Pines, *Die Geschichte der jüdischdeutschen Literatur,* a. a. O., S. 135. Auch Leo Wiener bringt diese in der ursprünglichen jiddischen Fassung zitierten Verse in seiner grundlegenden *The History of Yiddish Literature in the Nineteenth Century,* New York, 1899, S. 310. Von Wiener siehe auch das ganze Kapitel über Mendele Moicher Sfurim. Vergleiche außerdem S. Simchowitz, *Die jüdisch-deutsche Literatur,* Dortmund 1910

Das Reich des Betrugs und die Verweigerung vor dem Gesetz

1 G. Baioni, *Franz Kafka,* a. a. O., S. 195
2 F. Kafka, *Der Prozeß* (in: *Gesammelte Werke,* herausgegeben von M. Brod), Frankfurt am Main 1965, S. 264
3 J. Roth, *Die Rebellion,* a. a. O., S. 290
4 A. a. O., S. 311
5 N. Frye, *Anatomy of Criticism,* Princeton 1957
6 J. Roth, *Die Rebellion,* a. a. O., S. 353
7 K. E. Franzos, *Der Bart des Abraham Weinkäfer,* Nachwort von W. Martin, Leipzig 1964, S. 121–130
8 Tsvishn emigrantn, a. a. O., und *Di royte rayter un der prints-der hunt,* 1934; Übersetzung *Ein Kranker?* und *Der Prinz, die Hündin und die roten Reiter,* in der Sammlung *Jiddische Geschichten aus aller Welt,* a. a. O.

9 J. Roth, *Die Rebellion,* a. a. O., S. 291

10 Vergleiche zu diesem Thema zum Beispiel B. Engelmann, *Deutschland ohne Juden. Eine Bilanz,* München 1970

11 J. Roth, *Die Rebellion,* a. a. O., S. 291

12 A. a. O., S. 345

13 A. a. O., S. 333

14 A. a. O., S. 335, 339

15 A. a. O., S. 333

16 A. a. O.

17 A. a. O., S. 323

18 A. a. O., S. 345

19 A. a. O.

20 A. a. O., S. 346, 333

21 F. Hackert, a. a. O., S. 31

22 A. a. O.

23 M. M. Sfurim, *Der khiluf,* 1911–1913; Übersetzung *Der Tausch,* in: *Jiddische Geschichten aus aller Welt,* a. a. O., S. 12

24 *Mesushelekh,* 1902; Übersetzung *Methusalem, Geschichte eines jüdischen Pferdes,* in: *Jiddische Geschichten aus aller Welt,* a. a. O.

25 S. Alejchem, *Die Geschichten Tewjes des Milchhändlers,* a. a. O., S. 6

26 A. a. O., S. 187

27 Vergleiche I. B. Singer, *The Slave,* 1962; Übersetzung *Jakob der Knecht, deutsch* von W. v. Einsiedel, mit einem Nachwort von S. Landmann, Hamburg 1965, S. 15; wie in der lurianischen Kabbala werden hier die Hunde mit den Heerscharen Satans verglichen); I. J. Singer, *A fremder,* 1949 (Übersetzung *Ein Fremder,* in: *Jiddische Geschichten aus aller Welt,* a. a. O., S. 242); D. Bergelson, *Tsvishn emigrantn,* Übersetzung a. a. O., S. 156; Anonimo Triestino, *Il Segreto,* Turin 1961, S. 44–49

28 In der Erzählung *Ikh un dos kelbl,* 1907 (einem Kapitel aus *Motl Pejssi dem chassus;* Übersetzung *Ich und das Kälbchen,* Übersetzung von S. Goldenring, in S. Alejchem, *Stempenju,* bearbeitet von S. Meisels, Berlin–Wien, o. Dt., S. 150)

29 I. B. Singer, *Alone,* in: *Short Friday and Other Stories,* a. a. O., S. 53

30 Derselbe, *Blood,* in: *Short Friday and Other Stories,* a. a. O., S. 29

31 In *Newsweek* vom 23. Februar 1964; zitiert in: *Isaac Bashevis Singer nel giudizio della critica internazionale,* a. a. O., S. 36

32 I. B. Singer, *Jakob der Knecht,* a. a. O., S. 63

33 A. a. O., S. 62

34 A. a. O.

35 G. Scholem, *Die jüdische Mystik in ihren Hauptströmungen,* (1957), Frankfurt am Main 1967, S. 314

36 *Das Vergehen Juda Hanassis,* in: *Der Born Judas, Märchen und Geschichten,* gesammelt von M. I. Bin Gorion, Berlin 1934, S. 242–243

37 H. Sinsheimer, *Talmudische Szene,* in: *Jüdische Rundschau,* 23. Februar 1937, S. 8

38 A. a. O.

39 T. Perlini, *Infanzia e felicità in Adorno,* in: *Comunità,* Nr. 161–162, S. 84–85

40 J. Roth, *Die Rebellion,* a. a. O., S. 332

41 A. a. O., S. 333

42 A. a. O., S. 368

43 Derselbe, *Juden auf Wanderschaft,* a. a. O., S. 669

44 L. Goldmann, *Sur la peinture de Chagall,* a. a. O., S. 421

45 H. Salus, *Die Beschau. Eine Ghettogeschichte,* Wien und Leipzig 1920, S. 36

46 A. a. O., S. 35

47 J. Roth, *Juden auf Wanderschaft,* a. a. O., S. 641
48 A. a. O.
49 Derselbe, *Die Rebellion,* a. a. O., S. 370
50 A. a. O.
51 A. a. O., S. 372
52 A. a. O., S. 374
53 A. a. O., S. 372
54 A. a. O., S. 370
55 A. a. O.
56 Zitiert in W. Benjamin, *Franz Kafka,* in: *Schriften,* a. a. O., Band II, S. 219

Totalität und Bedeutungen

1 J. Roth, *Die Flucht ohne Ende,* a. a. O., S. 377
2 A. a. O., S. 401, 403, 413
3 I. Buchen, *Il Messia è la morte* (1965), jetzt in: *Isaac Bashevis Singer nelgiudizio della critica internazionale,* a. a. O., S. 51
4 J. Roth, *Die Flucht ohne Ende,* a. a. O., S. 463–464
5 A. a. O., S. 428–429
6 H. Böning, a. a. O., S. 25
7 F. Hackert, a. a. O., S. 84
8 A. a. O., S. 1–7
9 A. a. O., S. 7
10 J. Roth, *Die Flucht ohne Ende,* a. a. O., S. 380
11 R. Seligmann, a. a. O., S. 806
12 J. Roth, *Die Flucht ohne Ende,* a. a. O., S. 415
13 A. a. O., S. 412
14 Derselbe, *Rechts und Links,* a. a. O., S. 568
15 Derselbe, *Die Flucht ohne Ende,* a. a. O., S. 469
16 A. a. O.
17 A. a. O., S. 474
18 A. a. O., S. 478
19 I. B. Singer, *A Tale of Two Liars,* in: *The Spinoza of Market Street,* New York 1961, S. 51; (Übersetzung *Geschichte von zwei Lügenmäulern,* in: *Gimpel der Narr,* a. a. O., S. 207)
20 A. a. O.
21 Derselbe, *The Destruction of Kreschev,* in: *The Spinoza of Market Street,* a. a. O., S. 160; (Übersetzung *Die Zerstörung von Kreschew,* in: *Gimpel der Narr,* a. a. O., S. 311)
22 Derselbe, *Zeidlus the Pope,* in: *Short Friday and Other Stories,* a. a. O., S. 176; (Übersetzung *Zeidlus der Papst,* in: *Gimpel der Narr,* a. a. O., S. 177)
23 A. a. O., S. 188 (Übersetzung, S. 190)
24 Derselbe, *The Mirror,* in: *Gimpel the Fool and Other Stories,* New York 1957, S. 79; (Übersetzung *Der Spiegel,* in: *Gimpel der Narr,* a. a. O., S. 29)
25 Derselbe, *The Last Demon,* in: *Short Friday and Other Stories,* a. a. O., S. 122
26 Derselbe, *Gimpel the Fool,* in: *Gimpel the Fool,* a. a. O., S. 18; (Übersetzung *Gimpel der Narr,* in: *Gimpel der Narr,* a. a. O., S. 22)
27 Derselbe, *The Shadow of a Crib,* in: *The Spinoza of Market Street,* a. a. O., S. 74–75
28 J. Roth, *Die Flucht ohne Ende,* a. a. O., S. 480
29 J. Roth an S. Zweig, 24. Januar 1928, in: *Briefe 1911–1939,* a. a. O., S. 121
30 A. Drach, *Das große Protokoll gegen Zwetschkenbaum,* München 1964, S. 154
31 A. a. O., S. 65
32 A. a. O., S. 170, 38 ff., 100, 171
33 F. Schiller, *Brief an Goethe* vom 21. April 1797, in: Derselbe, *Briefe* München 1955, S. 456
34 J. Roth, *Die Flucht ohne Ende,* a. a. O., S. 429–430
35 F. Hackert, a. a. O., S. 122
36 F. Trommler, *Roman und Wirk-*

lichkeit, Stuttgart–Berlin–Köln–Mainz 1966, S. 59
37 J. Roth, *Der stumme Prophet,* a. a. O., S. 81
38 Derselbe, *Rechts und Links,* a. a. O., S. 613

Assimilation und Unsicherheit. Der *Graeculus* und der Clown

1 J. Roth, *Rechts und Links,* a. a. O.
2 A. a. O., S. 544
3 A. a. O., S. 613
4 A. a. O.
5 Derselbe, *Der stumme Prophet,* a. a. O., S. 206
6 Derselbe, *Rechts und Links,* a. a. O., S. 525
7 Derselbe, *Der stumme Prophet,* a. a. O., S. 232
8 Derselbe, *Rechts und Links,* a. a. O., S. 550
9 Derselbe, *Juden auf Wanderschaft,* a. a. O., S. 659
10 Derselbe, *Rechts und Links,* a. a. O., S. 560
11 A. a. O., S. 632
12 A. a. O., S. 488, 491, 494, 503, 529, 530, 531, 532, 541
13 A. a. O., S. 496, 485, 525, 524, 525
14 A. a. O., S. 530, 531
15 A. a. O., S. 560
16 A. a. O., S. 521, 535, 541, 577
17 A. a. O., S. 582, 592, 611, 612
18 Derselbe, *Die Kapuzinergruft,* a. a. O., S. 406
19 Derselbe, *Rechts und Links,* a. a. O., S. 583
20 A. a. O., S. 613
21 A. a. O., S. 611
22 A. a. O., S. 615
23 A. a. O., S. 629
24 Derselbe, *Juden auf Wanderschaft,* a. a. O., S. 683. Auch in zahlreichen Briefstellen Roths ist liebevoll vom Sohn Manga Bells die Rede und wird auch im allgemeinen seine Sympathie für die Schwarzen laut. Siehe den Brief an F. Bertaux vom 14. Februar 1933 (*Briefe 1911–1939,* a. a. O., S. 249–250)
25 Vergleiche zum Beispiel die Romane von J. Lander, *Ein Sommer in der Woche der Itke K.*, Frankfurt am Main 1971 und B. Malamud, *The Tenants,* New York 1971
26 Derselbe, *Rechts und Links,* a. a. O., S. 616–617
27 A. a. O., S. 504
28 A. a. O., S. 505, 507
29 Derselbe, *Der stumme Prophet,* a. a. O., S. 135
30 Derselbe, *Rechts und Links,* a. a. O., S. 541
31 A. a. O., S. 595
32 A. a. O., S. 503. Vergleiche zu dieser Episode die Auslegung als mythisches Motiv von F. Hakkert, a. a. O., S. 49
33 J. Roth, *Polemik,* a. a. O., S. 572
34 Derselbe, *Rechts und Links,* a. a. O., S. 538, 562–563
35 A. a. O., S. 555
36 S. An-Ski, *Am haseyfer,* 1925; Übersetzung *Das Volk der Schrift,* jetzt in: *Jiddische Geschichten aus aller Welt,* a. a. O.
37 O. Dymow, *Der Eid,* jetzt in: *Jiddische Geschichten aus aller Welt,* a. a. O.
38 I. Ehrenburg, a. a. O., S. 152
39 A. Zweig, *Caliban oder Politik und Leidenschaft,* Potsdam 1927, S. 125, 193
40 A. a. O., S. 125–126
41 A. a. O., S. 159
42 A. a. O., S. 193
43 A. a. O., S. 199–202
44 J. Roth, *Juden auf Wanderschaft,* a. a. O., S. 684 ff.
45 J. Habermas, *Der deutsche*

Idealismus der jüdischen Philosophen, a. a. O., S. 116–118
46 J. Roth, *Hiob,* in: *Werke,* a. a. O., Band II, S. 95
47 Vergleiche zu diesem Motiv die Dissertation von F. Micelli, *Il rapporto fra tedeschi ed ebrei nell'opera di Max Brod,* Triest 1970 (Maschinschrift)
48 S. Bellow, *The Last Analysis,* London 1966
49 J. Roth, *Juden auf Wanderschaft,* a. a. O., S. 674–675
50 Derselbe, *Panoptikum,* a. a. O., S. 302–303
51 F. Palmieri, *La letteratura della terza diaspora,* in: *Uomini e Idee,* Nr. 9–12, Mai–Dezember 1967, S. 43
52 S. Pinsker, *The Schlemiel as Metaphor. Studies in the Yiddish an American Jewish Novel,* with a Preface by H. T. Moore, Southern Illinois University Press, London–Amsterdam 1971, S. 63, 70
53 R. R. Wisse, *The Schlemiel as Modern Hero,* Chicago–London 1971
54 J. Roth, *Zipper und sein Vater,* a. a. O., S. 575
55 A. a. O., S. 624

Dichter und Kaufmann

1 B. Auerbach, *Dichter und Kaufmann,* 2 Bände, Stuttgart 1840, Band I, S. 110–111
2 A. a. O., S. 265
3 A. a. O., S. 110
4 A. a. O., S. 111
5 A. a. O., S. 266
6 A. a. O., S. 131
7 A. a. O., S. 157
8 S. Landmann, *Jüdische Witze,* a. a. O., S. 32, 27; vergleiche auch im selben Band das *Geleitwort* von C. Schmidt, S. 7–9; vergleiche auch R. Neumann, *Was sie redt, das sagt sie nicht,* in: *Die Zeit,* Nr. 19, 7. Mai 1971, S. 21–22
9 B. Auerbach, a. a. O., Band I, S. 191
10 A. a. O.
11 A. a. O., S. 192
12 A. a. O., S. 195
13 A. a. O.
14 A. a. O., S. 191, 204
15 A. a. O., S. 199
16 A. a. O., S. 265, 223
17 A. a. O., S. 198
18 A. a. O., S. 147 ff.
19 A. a. O., S. 266
20 A. a. O., S. 200
21 A. a. O., Band II, S. 44–53
22 A. a. O., S. 48
23 A. a. O., S. 55
24 A. a. O., S. 132
25 A. a. O., Band I, S. 193
26 A. a. O., Band II, S. 134
27 A. a. O., S. 219
28 A. a. O., S. 211
29 A. a. O., Band I, S. 7
30 A. a. O., Band II, S. 207
31 A. a. O., S. 183
32 A. a. O., Band I, S. 137, 237; Band II, S. 30
33 A. a. O., S. 71
34 A. a. O., S. 191
35 A. a. O., Band II, S. 71, 77, 56–57
36 A. a. O., S. 56–57
37 A. a. O., S. 103
38 A. a. O., S. 78, 82, 81, 89
39 Zur Typologie des Juden vergleiche die Arbeiten von L. Ch. Klein, *The Portrait of the contemporary Jew in English and German fiction from 1830 to 1880,* Dissertation (M. A.), London 1963 und *The Portrait of the Jew in English and German fit-*

tion and drama (1830–1933), Dissertation (Ph. D.), London 1967. Vergleiche auch J. Bass, *Die Darstellung des Juden im deutschen Roman des 20. Jahrhunderts,* in: *MGWJ,* 57 (1913), S. 641–665; 58 (1914), S. 97–112, 209–240, 359–377, 483–504, 562–585; 59 (1915), S. 13–33, 82–90, 213–226; 60 (1916), S. 140–148, 302–312

40 Vergleiche *Der Kadisch vor Col-Nidre in der Altneusynagoge,* a. a. O. und *Gabriel,* 1875

41 B. Auerbach, a. a. O., Band II, S. 90

42 A. a. O., Band I, S. 31, 33, 119, 123

43 A. a. O., Band II, S. 225

44 I. B. Singer, *Blood,* a. a. O.

45 Derselbe, *The Spinoza of Market Street,* a. a. O., S. 11

46 Derselbe, *The Family Moskat,* 1950 (italienische Übersetzung von B. Fonzi, *La famiglia Moskat,* Mailand 1967, S. 770)

47 Vergleiche L. Goldmann, *Sur la peinture de Chagall,* a. a. O., S. 440

Der Standpunkt »außerhalb«

1 J. Roth, *Die Kapuzinergruft,* a. a. O., S. 427

2 A. a. O.

3 Derselbe, *Der stumme Prophet,* a. a. O., S. 171

4 R. Bernstein-Wischnitzer, *Synagogen im ehemaligen Königreich Polen,* in: *Das Buch von den polnischen Juden,* herausgegeben von S. J. Agnon und A. Eliasberg, Berlin 1916, S. 90

5 Zitiert nach A. Landsberger, in: *Das Volk des Ghetto,* Einleitung, a. a. O., S. 25

6 M. Nadir, *Der Mann, der den jüngsten Tag verschlief,* jetzt in: *Jiddische Geschichten aus aller Welt,* a. a. O.

7 A. Suhl, a. a. O.

8 D. Bergelson, *Nuch Alemen,* 1923 (*Das Ende vom Lied,* Übersetzung von A. Eliasberg, Frankfurt am Main 1965, S. 278)

9 I. B. Singer, *In My Father's Court,* 1966, S. 232 (Übersetzung *Mein Vater der Rabbi,* deutsch von O. F. Best, Hamburg 1971, S. 235)

10 Derselbe, *Jakob der Knecht,* a. a. O., S. 56

11 Th. W. Adorno, *Minima Moralia,* Frankfurt am Main 1970, S. 334

12 B. Auerbach, a. a. O., Band II, S. 35

13 A. a. O., S. 175

14 J. Lander, a. a. O., S. 67

15 J. Roth, *Die Flucht ohne Ende,* a. a. O., S. 480

16 A. a. O., S. 413

17 A. a. O., S. 414

18 Vergleiche R. Graves und R. Patai, *Hebrew Myths. The Book of Genesis,* London 1964, S. 92, die sich auf das *Bereshit Rabba,* Midrash aus dem 5. Jahrhundert, auf das *Sanhedrin* und auf einige *Agadòt* zum *Hohen Lied* beziehen.

19 M. Blanchot, *L'espace littéraire,* a. a. O.

20 J. Roth, *Die Flucht ohne Ende,* a. a. O., S. 403

21 A. a. O., S. 478

22 A. a. O., S. 416

23 F. Kafka, *Kleine Fabel,* in: *Beschreibung eines Kampfes,* Frankfurt am Main 1946, S. 119

24 J. Roth, *Der stumme Prophet,* a. a. O., S. 97

25 A. Zweig, *Aufzeichnungen über eine Familie Klopfer,* München 1911, S. 69

26 A. a. O., S. 70
27 A. a. O.
28 A. a. O., S. 70–71
29 A. a. O., S. 71–72
30 A. a. O., S. 74
31 A. a. O., S. 75
32 A. a. O., S. 83–89
33 A. a. O., S. 72
34 A. a. O., S. 93–94
35 J. Roth, *Reisebilder,* a. a. O., S. 484
36 Derselbe, *Radetzkymarsch,* a. a. O., S. 12

Die Metaphern der Rückkehr

1 J. Roth, *Panoptikum,* a. a. O., S. 324
2 Derselbe, *Juden auf Wanderschaft,* a. a. O., S. 632
3 Derselbe, *Panoptikum,* a. a. O., S. 355
4 Derselbe, *Hotel Savoy,* a. a. O., S. 876
5 A. a. O., S. 863
6 A. a. O.
7 A. a. O., S. 875–876
8 H. Bausinger, *Möglichkeiten des Märchens in der Gegenwart,* in: *Märchen, Mythos, Dichtung. Festschrift zum 90. Geburtstag Friedrich von der Leyens,* München 1963, S. 30
9 J. Roth, *Hotel Savoy,* a. a. O., S. 886
10 Derselbe, *Die hundert Tage,* a. a. O., S. 783
11 B. Glasman, *A shpas,* 1935; Übersetzung *Ein Spaß,* jetzt in: *Jiddische Geschichten aus aller Welt,* a. a. O.
12 A. a. O., S. 216
13 A. a. O., S. 210
14 J. Roth, *Hiob,* a. a. O., S. 18
15 Derselbe, *Die hundert Tage,* a. a. O., S. 762–763
16 Derselbe, *Rechts und Links,* a. a. O., S. 602
17 I. B. Singer, *Caricature,* in: *The Spinoza of Market Street,* a. a. O., S. 106–107 (Übersetzung *Zerrbild* in: *Gimpel der Narr,* a. a. O., S. 112–113)
18 J. Roth, *Die Rebellion,* a. a. O., S. 360
19 Derselbe, *Die hundert Tage,* a. a. O., S. 757, 763
20 Derselbe, *Zipper und sein Vater,* a. a. O., S. 553–554
21 A. a. O., S. 555
22 A. a. O., S. 555, 556, 546
23 A. a. O., S. 535
24 A. a. O.
25 A. a. O.
26 A. a. O., S. 564
27 A. a. O.
28 W. Benjamin, *Franz Kafka,* a. a. O., S. 199
29 J. Roth, *Zipper und sein Vater,* a. a. O., S. 583
30 A. a. O., S. 561
31 A. a. O., S. 598
32 A. a. O., S. 593, 585, 595, 596
33 A. a. O., S. 596
34 A. a. O., S. 593, 594, 589, 588
35 A. a. O., S. 611
36 A. a. O., S. 575
37 A. a. O., S. 577
38 A. a. O., S. 571

Der Roman der Väter

1 J. Roth, *Zipper und sein Vater,* a. a. O.
2 G. Janouch, a. a. O., S. 36
3 J. Roth, *Zipper und sein Vater,* a. a. O., S. 621
4 A. a. O.
5 A. a. O.
6 Derselbe, *Die Kapuzinergruft,* a. a. O., S. 315
7 Derselbe, *Polemik,* a. a. O., S. 617, 624

8 Derselbe, *Zipper und sein Vater*, a. a. O., S. 624
9 A. a. O.
10 A. a. O., S. 627
11 A. a. O.
12 A. a. O., S. 624
13 A. a. O., S. 627
14 A. a. O., S. 624
15 J. Roth an R. Schickele, 20. Januar 1930 (*Briefe 1911–1939*, a. a. O., S. 156)
16 J. Roth an S. Zweig, 5. November 1933 (a. a. O., S. 285)
17 T. Perlini, *Infanzia e felicità in Adorno*, a. a. O.

Die Welt der Väter und die Möglichkeiten der Epik

Mythisierung und Verfremdung

1 L. Härzberg-Fränkel, *Polnische Juden,* Wien 1867, S. 16–17. Es handelt sich um ein häufiges Motiv in der Literatur jüdischer Herkunft, zum Beispiel bei Sacher-Masoch, Franzos und Ehrenburg

2 J. Roth, *Juden auf Wanderschaft,* in: *Werke in drei Bänden,* Köln–Berlin 1956, Band III, S. 639

3 H. Broch, *Die Schlafwandler,* Zürich 1952, S. 458–459

4 Renato Saviane, *Apocalissi e Messianesimo nei romanzi di Hermann Broch,* Padua 1971

5 A. Döblin, *Reise nach Polen,* Olten 1968

6 M. Beradt, *Die Straße der kleinen Ewigkeit,* Frankfurt am Main 1965; vergleiche die Besprechung von R. Sanders, *Berlin, Grenadierstraße,* in: *Die Zeit,* Nr. 14, 1. April 1966, S. 27

7 G. Baioni, *Franz Kafka. Romanzo e Parabola,* Mailand 1962

8 A. a. O., S. 180 ff.

9 *Hochzeit am Hofe von Ger – Chassidisches Leben in dieser Zeit,* in: *Jüdische Rundschau,* 12. Februar 1937, S. 14–15 (Der Artikel ist mit der Initiale H. gezeichnet.)

10 *Das Ghettobuch. Die schönsten Geschichten aus dem Ghetto,* herausgegeben von Landsberger, Berlin–Wien 1921, S. XII

11 Der Ausdruck stammt von I. Sültemeyer, *Studien zum Frühwerk Joseph Roths. Mit einem Anhang: bisher unbekannte Arbeiten aus dem Zeitraum 1915–1926,* Dissertation, Frankfurt am Main, 1965, S. 231

12 A. Swientochowski, *Chawa Rubin,* in: *Das Volk des Ghetto.* Unter Mitwirkung von H. Blumenthal und J. E. Poritzky, herausgegeben von D. A. Landsberger, München 1916

13 N. Samuely, *Das Tüpferl auf dem i,* in: *Das Volk des Ghetto,* a. a. O.

14 A. Mapu, *Ait Zawu'a*

15 P. Smolenski, *Hatoch bedarkhè hachajim;* vergleiche dazu J. Klausner, *Geschichte der neuhebräischen Literatur,* deutsch von H. Kohn, Berlin 1921; in denselben Zusammenhang gehört auch der jiddische Roman von J. J. Linetzki, *Das pōlische Jüngel, oder A Biographie vun sich allēin. Drinnen is' geschildert akurat der polischer Chossid vun Geborenheit ān, sein Erziehung, sein Bocher-leben, sein Chappene un' sein Parnosse mit alle Khols-sachen, un' Gemēinde-leben,* Odessa 1875

16 I. Deutscher, *The non Jewish Jew and other Essays,* edited with an Introduction by T. Deutscher,

London – New York – Toronto 1968, S. 47

17 G. Scholem, *Die jüdische Mystik in ihren Hauptströmungen,* Zürich 1957, Frankfurt am Main 1967, S. 383

18 F. M. Kaufmann, *Über Mendele und die Übersetzbarkeit seiner Dichtungen (Bemerkungen zu einer Übersetzung),* in: *Vier Essais über ostjüdische Dichtung und Kultur,* Berlin 1919, S. 7–21, vor allem S. 21

19 G. Janouch, *Gespräche mit Kafka,* Frankfurt am Main 1961, S. 79

20 M. Blanchot, *L'espace littéraire,* Paris 1955, S. 20

21 L. A. Frankl, *Joachannan ben Sakai, Gesammelte poetische Werke,* Wien–Pest–Leipzig 1880, Band II, S. 159

22 I. B. Singer, *The Shadow of a Crib,* in: *The Spinoza of the Market Street,* New York 1961, S. 77–78

23 E. Bloch, *Das Prinzip Hoffnung,* Band III, Berlin 1959, S. 489

Die Ordnung der Vergangenheit und der Bildungsroman

1 I. Sültemeyer, *Studien zum Frühwerk Joseph Roths,* a. a. O., S. 231

2 G. Bàrberi Squarotti, *Prevaricazione ideologica e strutturalismo,* in: *Nuova Corrente* Nr. 46–47, 1968, besonders S. 232–234

3 Vergleiche S. Perosa, *Le vie della narrativa americana,* Mailand 1965, S. 115 ff.

4 J. Roth, *Hiob,* in: *Werke,* a. a. O., Band II, S. 7

5 Derselbe, *Das falsche Gewicht,* in: *Werke,* a. a. O., Band I, S. 433

6 Derselbe, *Tarabas,* in: *Werke,* a. a. O., Band II, S. 141

7 Derselbe, *Der Leviathan,* in: *Werke,* a. a. O., Band III, S. 119

8 G. Lukács, *Marš Radeckogo,* in: *Literaturnaja gazeta,* 15. August 1939 (übersetzt von M. Enberg, G. Lukács: *Radetzkymarsch,* in: F. Hackert, *Kulturpessimismus und Erzählform. Studien zu Joseph Roths Leben und Werk,* Bern 1967, S. 147–151

Die zwei Gesichter des Bürgers

1 J. Roth, *Juden auf Wanderschaft,* a. a. O., S. 633

2 F. Hackert, a. a. O., S. 37 ff.

3 Vergleiche dazu die Untersuchung von Fritz Hackert (a. a. O., S. 37 ff.)

4 J. Roth, *Polemik,* in: *Werke,* a. a. O., Band III, S. 608

5 A. a. O., S. 617, 624

6 J. Roth an Klaus Mann, 12. Januar 1934 *(Briefe 1911–1939,* herausgegeben und eingeleitet von H. Kesten, Köln–Berlin 1970, S. 303, 304)

7 J. Roth, *Der Stumme Prophet,* Köln–Berlin 1966, S. 243

8 A. a. O., S. 177

9 Derselbe, *Die hundert Tage,* in: *Werke,* a. a. O., Band II, S. 800

10 R. Seligmann, *Die jüdische Kleinstadt und die jiddische Literatur,* in: *Die Rundschau,* Februar 1916, S. 805 ff.

11 J. Roth, *Juden auf Wanderschaft,* a. a. O., S. 654, 655

12 A. Reisen, *Der arme reiche Mann,* in: *Jiddische Geschichten aus aller Welt,* Auswahl, Übersetzung und Bearbeitung von H. Hakel, Tübingen und Basel 1967

13 Vergleiche F. Hackert, a. a. O., S. 37

14 J. Roth, *Juden auf Wanderschaft,* a. a. O., S. 670
15 Vergleiche A. Léon, *Il marxismo e la questione ebraica,* pref. di N. Weinstock, Rom 1968
16 C. Cases, Rezension von A. Léon, a. a. O., in: *Quaderni piacentini,* Jahrgang VIII, Nr. 39, November 1969, S. 219
17 Vergleiche G. Baioni, *Classicismo e Rivoluzione, Goethe e la Rivoluzione francese,* Neapel 1969
18 J. Roth, *Polemik,* a. a. O., S. 601
19 Derselbe, *Radetzkymarsch,* in: *Werke,* a. a. O., Band I, S. 12
20 A. a. O., S. 95; derselbe, *Die Kapuzinergruft,* in: *Werke,* a. a. O., Band I, S. 425
21 Derselbe, *Radetzkymarsch,* a. a. O., S. 309
22 A. a. O., S. 298
23 Derselbe, *Die Kapuzinergruft,* a. a. O., S. 346
24 Derselbe, *Das falsche Gewicht,* a. a. O., S. 456
25 Derselbe, *Die Kapuzinergruft,* a. a. O., S. 386
26 A. a. O., S. 343
27 A. a. O., S. 413
28 E. Wilson, *Axel's Castle. A Study in the Imaginative Literature of 1870–1930,* New York (1931) 1959, S. 145
29 J. Roth, *Hiob,* a. a. O., S. 9
30 A. a. O., S. 104
31 A. a. O., S. 49
32 A. a. O., S. 46
33 A. a. O., S. 47
34 A. a. O., S. 50
35 A. a. O., S. 71
36 A. a. O., S. 72
37 A. a. O., S. 73
38 A. a. O.
39 A. a. O.
40 M. Katz, *Reise nach Südamerika,* in: *Jüdische Rundschau,* 4. März 1938, S. 3
41 E. Wiesel, *Célébration hassidique,* Paris 1972. Vergleiche zu diesem Thema auch G. Steiner in *Language and Silence,* New York 1966

Frömmigkeit und Lebenskraft

1 H. Kohn, *Martin Buber. Sein Werk und seine Zeit,* Köln 1961
2 G. Baioni, *Franz Kafka,* a. a. O., S. 148 ff.
3 A. a. O., S. 149–150
4 Martin Buber, *Gog und Magog,* in: *Werke,* Band III, Zürich 1963, S. 1166
5 A. a. O., S. 1235
6 J. Roth, *Hiob,* a. a. O., S. 32
7 A. a. O., S. 37
8 A. a. O., S. 60–61
9 A. a. O., S. 30
10 A. a. O., S. 18–19
11 A. a. O., S. 30–31
12 A. a. O., S. 98
13 *Eine Tat Rabbi Meirs,* in: *Der Born Judas, Märchen und Geschichten,* gesammelt von M. I. Bin Gorion, Berlin 1934, S. 223
14 A. Zweig, *Caliban oder Politik und Leidenschaft,* Potsdam 1927, S. 150
15 H. Salus. *Die Beschau. Eine Ghettogeschichte,* Wien und Leipzig 1920, S. 22
16 A. a. O., S. 21–22
17 L. A. Frankl, zitiert in E. Wolbe, *Ludwig August Frankl. Der Dichter und Menschenfreund,* Frankfurt am Main 1910, S. 73
18 B. Auerbach, *Dichter und Kaufmann,* Stuttgart 1840, Band I, S. 133; Band II, S. 22, 30
19 L. Goldmann, *Sur la peinture de Chagall. Reflexions d'un sociologue,* in: *Structures mentales et création culturelle,* Paris 1970, S. 433

20 R. Seligmann, a. a. O., S. 812
21 S. Asch, *Reb Schloyme Nogid,* 1913; Zitiert nach der deutschen Übersetzung *Der reiche Herr Salomon,* in: *Von den Vätern,* herausgegeben und übersetzt von S. Schmitz, Berlin–Wien–Leipzig 1931, S. 33
22 E. M. Arndt, *Erinnerungen aus dem äußeren Leben,* in: *Das Volk des Ghetto,* a. a. O., S. 12
23 P. Wengeroff, *Memoiren einer Großmutter. Bilder aus der Kulturgeschichte der Juden Rußlands im 19. Jahrhundert,* Band I, mit einem Geleitwort von G. Karpeles, Berlin 1908 (Band II, 1910); Dritte Ausgabe, Berlin 1922
24 A. a. O., S. 174
25 A. a. O., S. 177
26 Vergleiche J. E. Poritzky, *Sabbat-Abschied,* jetzt in *Das Volk des Ghetto,* a. a. O., besonders S. 180
27 S. Kohn, *David Leb Magdeburger, Erzählung aus dem letzten Viertel des vorigen Jahrhunderts,* in: *Prager Ghettobilder,* Leipzig, o. Dt. (1884), S. 213
28 M. M. Sfurim, *Der Wunschring,* in: *Fischke der Krumme und der Wunschring,* übersetzt von A. Eliasberg und S. Birnbaum, Olten und Freiburg im Breisgau 1961, S. 175
29 A. a. O., S. 174
30 B. Auerbach, a. a. O., Band I, S. 31, 33, 123
31 I. B. Singer, *Mein Vater der Rabbi* (Originaltitel *In My Father's Court,* 1962–1966), deutsch von O. F. Best, Hamburg 1971, S. 192
32 J. Roth, *Hiob,* a. a. O., S. 132
33 P. Wengeroff, a. a. O.
34 S. Asch, *Der reiche Herr Salomon,* a. a. O., S. 68
35 M. M. Sfurim, *Fischke der Krumme,* a. a. O., S. 27
36 S. Landmann, *Koschere Kostproben. Rezepte für Feinschmecker,* Zürich 1964
37 Zitiert bei M. Beradt, a. a. O., S. 5
38 I. B. Singer, *The Unseen,* in: *Gimpel the Fool and Other Stories,* New York 1957, S. 176–177
39 Derselbe, *Short Friday and Other Stories,* New York 1964, S. 233–234; (übersetzt *Kurzer Freitag,* in: I. B. Singer, *Gimpel der Narr,* deutsch von W. von Einsiedel, Hamburg 1968, S. 265–266)

Der absolute Bürger und die beziehungslose Individualität

1 Zitiert bei W. Benjamin, *Franz Kafka,* in: *Schriften,* herausgegeben von Th. W. Adorno und Grete Adorno unter Mitwirkung von F. Podszus, Band II, S. 206
2 J. Roth, *Die Kapuzinergruft,* a. a. O., S. 330–332
3 A. a. O., S. 328, 332–333, 374, 417, 425
4 Derselbe, *Das Spinnennetz,* Köln–Berlin 1967, S. 10
5 Derselbe, *Hiob,* a. a. O., S. 113
6 Derselbe, *April. Die Geschichte einer Liebe,* in: *Werke,* a. a. O., Band III, S. 62
7 Derselbe, *Rechts und Links,* in: *Werke,* a. a. O., Band II, S. 604
8 Derselbe, *Juden auf Wanderschaft,* a. a. O., S. 644
9 Derselbe, *Das Spinnennetz,* a. a. O., S. 88
10 I. Ehrenburg, *Das bewegte Leben des Lasik Roitschwantz,* aus dem Russischen von W. Jollos, München 1969
11 J. Roth, *Radetzkymarsch,* a. a. O., S. 7

12 A. a. O., S. 56
13 A. a. O., S. 236
14 Derselbe, *Rechts und Links,* a. a. O., S. 555
15 A. a. O., S. 563
16 Derselbe, *Die hundert Tage,* a. a. O., S. 737
17 Derselbe, *Stationschef Fallmerayer,* in: *Werke,* a. a. O., Band III, S. 78
18 J. Roth an B. Reifenberg, 30. Juli 1928 *(Briefe 1911–1939,* a. a. O., S. 136)
19 J. Roth an B. von Brentano, 2. und 14. Juni 1925 (a. a. O., S. 46–48)
20 A. Agnelli, *Questione nazionale e socialismo,* Bologna 1969, S. 167–202
21 Vergleiche W. H. Powell, *The Problem of Primitivism in the Novels of Joseph Roth,* Dissertation, Colorado 1956
22 J. Roth, *Radetzkymarsch,* a. a. O., S. 57
23 Derselbe, *Reisebilder,* in: *Werke,* a. a. O., Band III, S. 485
24 A. a. O., S. 488
25 Derselbe, *Die Kapuzinergruft,* a. a. O., S. 342
26 Derselbe, *Das Spinnennetz,* a. a. O., S. 91
27 A. Landsberger, *Das Volk des Ghetto,* a. a. O., S. 36
28 P. Wengeroff, a. a. O., S. 174
29 L. Goldmann, *Sur la peinture de Chagall,* a. a. O., S. 439
30 I. Deutscher, a. a. O., S. 159
31 J. Roth, *Hiob,* a. a. O., S. 54
32 F. Schneersohn, *Der verirrte Kosak,* in: *Jiddische Geschichten aus aller Welt,* a. a. O., S. 10
33 I. Deutscher, a. a. O., S. 162
34 J. Zangwill, *The King of Schnorrers,* 1894
35 J. Roth, *Der stumme Prophet,* a. a. O., S. 17, 123
36 A. a. O., S. 244
37 Derselbe, *Hiob,* a. a. O., S. 93
38 L. Wirth, *The Ghetto* (1928), Chicago 1960, S. 207
39 J. Roth an P. Grübel, 23. Februar 1918 *(Briefe 1911–1939,* a. a. O., S. 36)
40 I. B. Singer, *The Family Moskat*
41 J. Roth, *Zipper und sein Vater,* in: *Werke,* a. a. O., Band I, S. 539
42 A. a. O., S. 538, 549, 553, 554, 567
43 A. a. O., S. 586, 589, 603, 609, 612, 613, 614
44 H. Scheible, *Joseph Roth. Mit einem Essay über Gustave Flaubert,* Stuttgart–Berlin–Köln–Mainz 1971, besonders S. 26, 29 ff. Leider ist mir die anregende Arbeit erst nach der Drucklegung meines Buches zugekommen.
45 A. Mitscherlich, *Auf dem Weg zur vaterlosen Gesellschaft. Ideen zur Sozialpsychologie,* München (1963¹) 1970, S. 68
46 R. Alter, *Introduzione a Racconti D'Israele,* a cura di J. Blocker, tr. di L. Corte, Mailand 1964, S. 9 (Originaltitel *Israeli Stories*)
47 J. Roth, *Juden auf Wanderschaft,* a. a. O., S. 639
48 Derselbe, *Radetzkymarsch,* a. a. O., S. 287–290; vergleiche dazu H. Böning, *Joseph Roths »Radetzkymarsch«. Thematik–Struktur–Sprache,* München 1968, S. 32–33
49 J. Roth, *Der stumme Prophet,* a. a. O., S. 266–267
50 Derselbe, *Die Kapuzinergruft,* a. a. O., S. 600
51 S. Bellow, *Herzog* (1964), aus dem Amerikanischen von W. Hasenclever, Köln–Berlin 1965, S. 96

Arnheim und Papa Fischel

1 A. Zweig, *Caliban,* a. a. O., S. 327
2 A. a. O., S. 125
3 R. Musil, *Der Mann ohne Eigenschaften,* in: *Gesammelte Werke,* herausgegeben von A. Frise, Hamburg 1952, S. 110
4 A. a. O., S. 492 ff.
5 I. Ehrenburg, a. a. O., S. 45
6 A. Zweig, a. a. O., S. 14–15
7 S. Zweig, *Die Welt von Gestern,* Wien 1948, S. 29
8 *Der tate mit di fir bonim oder naches fun sport,* Übersetzung *Sportfreuden,* in: *Jiddische Geschichten aus aller Welt,* a. a. O.
9 Übersetzung von H. Hakel, *Seltsame Freundschaft,* in: *Jiddische Geschichten aus aller Welt,* a. a. O.
10 *In Muschews Sekanim,* 1946, Übersetzung *Im Altersheim,* in: *Jiddische Geschichten aus aller Welt,* a. a. O.
11 S. Kohn, *Der Kadisch vor Col-Nidre in der Altneusynagoge, S. 123*
12 L. *Bato, Am Schwungrad der Zeit,* in: *Jüdische Rundschau,* 9. Februar 1937, zweite Fortsetzung, die erste ist in der Nummer vom 26. Januar 1937, S. 7
13 H. Salus, a. a. O., S. 21–22
14 E. Orzesko, *Das Bindeglied,* in: *Von polnischen Juden,* Novellen und Skizzen polnischer Dichter, München 1917, besonders S. 183 ff.
15 E. Canetti, *Die Blendung* (1935), München 1963, S. 170
16 B. Auerbach, a. a. O., Band II, S. 31
17 W. Benjamin, *Geschichtsphilosophische Thesen,* in: *Schriften,* a. a. O., S. 506
18 S. Kohn, *Die Antipoden,* in: *Prager Ghettobilder,* a. a. O., S. 7–8, 7, 23, 8, 44
19 Zitiert bei L. Mittner, *L'Espressionismo,* Bari 1965, S. 24
20 Vergleiche zu diesem Thema P. Chiarini, *L'Espressionismo. Storia e struttura,* Florenz 1969, besonders S. 64, wo die Thesen von F. Martini, *Das Wagnis der Sprache,* Stuttgart 1954, und L. H. Eisner, *Lo schermo demoniaco,* Rom 1955, behandelt werden.

Väter und Söhne

1 J. Roth, *Hiob,* a. a. O., S. 79, 97, 103–105, 133, 111, 102
2 A. a. O., S. 54
3 A. a. O., S. 69
4 A. a. O., S. 76
5 A. a. O., S. 98
6 J. Roth an S. Zweig, 22. Mai 1933 *(Briefe 1911–1939,* a. a. O., S. 266)
7 J. Roth, *Hiob,* a. a. O., S. 107
8 S. Asch, *Onkl Moses,* 1918; Übersetzung *Onkel Moses (übersetzt von E. Schmitz, Berlin o. Dt., S. 34)*
9 J. Roth, Hiob, a. a. O., S. 77
10 A. a. O.
11 A. a. O., S. 95
12 A. a. O., S. 92
13 C. Gorlier, *Gli Ashkenazi,* in: *Corriere della Sera,* 19. November 1970. Vergleiche auch L. Fiedler, *Waiting for the End (Stein and Day),* 1964
14 G. Voghera, *Gli anni della psicanalisi,* in: *Quassú Trieste,* a cura di L. Mazzi, Bologna 1968, S. 205
15 A. a. O.
16 C. Ozick, *The Pagan Rabbi and Other Stories,* New York 1971,

besonders die Novelle *Envy; or, Yiddish in America*

17 A. Guttmann, *The Jewish Writer in America. Assimilation and the Crisis of Identity,* New York 1971

18 Über den patriarchalischen Charakter und die väterlichen Archetypen der jüdischen Kultur siehe F. Michelini Tocci, *La letteratura ebraica,* Florenz–Mailand 1970, S. 10–11

19 S. Asch, *Khayim Lederers tsurikkumen,* 1927; Übersetzung *Chaim Lederers Rückkehr,* übersetzt von S. Schmitz, Berlin–Wien–Leipzig 1929

20 Derselbe, *Chaim Lederers Rückkehr,* a. a. O., S. 102

21 A. a. O., S. 6

22 A. a. O., S. 41

23 A. a. O.

24 A. a. O., S. 114

25 A. a. O., S. 11

26 A. a. O., S. 12

27 J. Roth, *Hiob,* a. a. O., S. 104

28 G. Fohrer, *Studien zum Buche Hiob,* Gütersloh 1963, S. 7

29 S. Asch. *Onkel Moses,* a. a. O., S. 71; vergleiche auch S. 67–70, 80–84

30 A. a. O., S. 66

31 A. a. O., S. 149

32 A. a. O., S. 70

33 Derselbe, *Chaim Lederers Rückkehr,* a. a. O., S. 6, 11, 15, 22, 27, 30, 121, 124, 153; derselbe, *Onkel Moses,* a. a. O., S. 27, 59, 84, 218, 230

34 Derselbe, *Chaim Lederers Rückkehr,* a. a. O., S. 30, 26, 27

35 A. a. O., S. 90; derselbe, *Onkel Moses,* a. a. O., S. 202–203

36 Vergleiche G. Gorer, *The Americans, a Study in National Character,* New York–London 1948; zitiert bei A. Mitscherlich, a. a. O., S. 187–188

37 A. Mitscherlich, a. a. O., S. 21

38 Vergleiche G. Mendel, *La crise de génération,* Paris 1969; vergleiche auch E. Fromm, *Analytische Sozialpsychologie und Gesellschaftstheorie,* Frankfurt am Main 1970

39 A. Mitscherlich, a. a. O., S. 180

40 Vergleiche zu diesem Punkt T. Perlini, *Infanzia e felicità in Adorno,* in: *Comunità,* Nr. 161–162, S. 88

41 Vergleiche A. Mitscherlich, a. a. O., S. 189

42 A. a. O., S. 348

Jüdischer Stoizismus und mitteleuropäische Humanität

1 S. Maimon, *Ein Lob der polnischen Juden,* in: *Das Buch von den polnischen Juden,* a. a. O., S. 83

2 J. Roth, *Hiob,* a. a. O., S. 100, 109, 113, 116, 101, 119, 89

3 I. B. Singer, *Mein Vater der Rabbi,* a. a. O., S. 314

4 M. M. Sfurim, *Die Mähre,* Olten und Freiburg im Breisgau 1962, S. 178 ff.

5 L. A. Frankl, zitiert bei E. Wolbe, a. a. O., S. 77

6 I. B. Singer, *Place My Reliance on No Man,* in: *Short Friday,* a. a. O., S. 216

7 M. Buber, a. a. O., S. 1145

8 Akibas Lehrjahre, in: *Der Born Judas,* a. a. O., S. 180

9 Vergleiche, E. Hurwicz, *Erinnerungen an David Koigen,* in: *Jüdische Rundschau,* 4. März 1938, S. 6

10 Vergleiche zu diesem Problem P. L. Berger und sein Prinzip der globalen Relativierung, das, in seiner Kohärenz, alle Möglichkeiten der Wahl und damit auch die religiösen wieder ins Spiel

bringt: (*A Rumor of Angels. Modern Society and the Rediscovery of the Supernatural,* Garden City 1969)

11 I. B. Singer, *Place My Reliance on No Man,* a. a. O., S. 212

12 Derselbe, *Mein Vater der Rabbi,* a. a. O., S. 192

13 Vergleiche zum Beispiel S. Asch, *Iast Riwer,* 1946

14 G. Voghera, *Figure della vecchia Trieste,* Sendung Radio Triest, 8. Oktober 1970

15 S. Asch, *Der kleyner daytsh,* 1928

16 So definiert ihn P. Wiegenstein, *Die gerettete Welt des Joseph Roth,* in: *Frankfurter Hefte,* August 1957, S. 582

17 Vergleiche, D. Rothblum, *Die Tat,* in: *Das Volk des Ghetto,* a. a. O., S. 372

18 F. Grillparzer, *Der arme Spielmann,* in: *S. W.*, herausgegeben von A. Sauer, I. Abt., Band XIII, Wien 1930, S. 50

19 Vergleiche, *Die Gefährtin, Der einsame Weg, Der Puppenspieler*

20 G. Voghera (Anonimo Triestino) *Pamphlet postumo,* mit einer Biographie seines Sohnes Giorgio und einer Einleitung von A. Gruber Benco, Triest 1967; vergleiche auch R. Iltis, *Jüdische Thematik im tschechoslowakischen Gegenwartsfilm,* in: *Emuna Horizonte,* V. Jahrgang, Nr. 5, Oktober 1970, S. 304–318

21 Q. Principe, *Limiti e forza della cultura mitteleuropea,* in: *Iniziativa Isontina,* Jahrgang XII, Nr. 46, Januar-Mai 1970, besonders S. 54–55

22 G. Voghera, *Pamphlet postumo,* a. a. O., S. 37

23 J. Roth, *Panoptikum,* in: *Werke,* a. a. O., Band III, S. 328

24 Derselbe, *Juden auf Wanderschaft,* a. a. O., S. 629

25 Zur deutsch-jüdischen Symbiose siehe M. Reich-Ranicki, *Juden in der deutschen Literatur,* in: *Die Zeit,* Nr. 18, 2. Mai 1969, S. 18

26 E. Canetti, *Aufzeichnungen 1942–1948,* München 1969, besonders S. 75, 77

27 Vergleiche S. Kohn, *David Leb Magdeburger. Erzählung aus dem letzten Viertel des vorigen Jahrhunderts,* in: *Prager Ghettobilder,* a. a. O., S. 219

28 D. Feuchtwang, *Der Rabbi von Rothenburg,* in: *Das Volk des Ghetto,* a. a. O., S. 305–306

29 I. B. Singer, *Mein Vater der Rabbi,* a. a. O., S. 49

Die Epiphanie des Alltags und die Verurteilung der Melancholie

1 J. Roth, *Hiob,* a. a. O., S. 40

2 A. a. O., S. 83

3 A. a. O., S. 110

4 A. a. O.

5 A. a. O., S. 122

6 I. B. Singer, *Mein Vater der Rabbi,* a. a. O., S. 293

7 A. a. O., S. 199

8 J. Roth, *Hiob,* a. a. O., S. 84

9 Derselbe, *Die hundert Tage,* a. a. O., S. 709

10 F. Werfel, *Aus der Dämmerung einer Welt,* New York 1937 (zitiert nach der italienischen Übersetzung von C. Baseggio, *Nel crepuscolo di un mondo,* Mailand 1950, S. 41)

11 I. B. Singer, *The Family Moskat,* a. a. O.

12 *Zwei Feslech Vain,* 1912; Übersetzung *Zwei Fässer Wein,* jetzt in: *Jiddische Geschichten aus aller Welt,* a. a. O.

13 W. Benjamin, *Ursprung des deutschen Trauerspiels,* in: *Schriften,* a. a. O., Band I, S. 264

14 A. a. O.

15 H. Miller, *Un mondo magico di demoni e di contadini,* Übersetzt ins Italienische, in: *Isaac Bashevis Singer nel giudizio della critica internazionale,* Mailand 1966, S. 6–7

16 M. Reich-Ranicki, *Die kommunistische Erzählerin Anna Seghers,* in: *Die deutsche Literatur in West und Ost,* München 1963, 1966, S. 356 ff.

17 A. Seghers, *Jude und Judentum im Werk Rembrandts,* Dissertation, Heidelberg 1924

18 O. Levertin, *Kalonymos,* übersetzt von F. Marco, in: *Das Ghettobuch. Die schönsten Geschichten aus dem Ghetto,* herausgegeben von A. Landsberger, Berlin–Wien 1921, S. 125, 143, 166

19 W. Benjamin, *Ursprung des deutschen Trauerspiels,* a. a. O., S. 263

20 Vergleiche zum Beispiel T. Burckhardt, *Moderne Psychologie und überlieferte Weisheit,* zitiert nach der Anthologie *Scienza moderna e saggezza tradizionale* (ins Italienische übersetzt von A. Terzani-Staude, Turin 1968)

21 J. Roth an S. Zweig, 2. April 1936 (*Briefe 1911–1939,* a. a. O., S. 464–465)

22 M. Buber, a. a. O., S. 1004; J. Langer, *Neun Tore. Das Geheimnis der Chassidim,* aus dem Tschechischen übersetzt von F. Thierberger, Einleitung von G. Scholem, München-Planegg 1959, S. 137

23 A. a. O., S. 1009–1010

24 I. I. Peretz, *Fun veg arop,* 1905–1910; Übersetzung *Vom Wege ab,* in: *Adam und Eva,* deutsch von A. Eliasberg, Berlin–Wien 1923

25 F. Jesi, *Novalis e Hoffmann dinanzi al patto di Faust,* in: *Letteratura e mito,* Turin 1968, S. 68 ff.

26 E. T. A. Hoffmann, *Der Kampf der Sänger,* J. W. Tagebücher, Briefe, herausgegeben von R. Frank, München und Leipzig 1924, Band V, S. 355, 357, 363, 370, 373, 374, 383, 385 ff.

27 F. Jesi, a. a. O., S. 69

28 I. B. Singer, *Jakob der Knecht,* deutsch von W. von Einsiedel, mit einem Nachwort von S. Landmann, Hamburg 1965, S. 56

29 Derselbe, *The Black Wedding,* in: *The Spinoza of Market Street,* a. a. O., S. 26 (Übersetzung *Schwarze Hochzeit,* in: *Gimpel der Narr,* a. a. O., S. 115)

30 Derselbe, *The Destruction of Kreschev,* in: *The Spinoza of Market Street,* a. a. O., S. 214, (Übersetzung *Die Zerstörung von Kreschew,* in: *Gimpel der Narr,* a. a. O., S. 367–368)

31 A. Zweig, *Aufzeichnungen über eine Familie Klopfer,* München 1911, S. 44

32 I. B. Singer, *Jakob der Knecht,* a. a. O., S. 68

33 Derselbe, *Short Friday,* a. a. O.; *The Unseen,* a. a. O.

34 L. Goldmann, *Sur la peinture de Chagall,* a. a. O., S. 178

Die Tafeln des Gesetzes

1 J. Roth, *Der Antichrist,* in: *Werke,* a. a. O., Band III, S. 793

2 I. B. Singer, *The Brothers Ashkenazi,* übersetzt aus dem Jiddischen von M. Samuel, New York 1965, S. 89

3 Derselbe, *A Piece of Advice,* in: *The Spinoza of Market Street,* a. a. O., S. 144

4 *Gojische Gescheftn*, 1946; Übersetzung *Ihre Geschäfte* in: *Jiddische Geschichten aus aller Welt*, a. a. O.
5 *Ein Fremder*, a. a. O., in: *Jiddische Geschichten aus aller Welt*, a. a. O.
6 J. Roth an S. Zweig, 27. August 1935 (*Briefe 1911–1939*, a. a. O., S. 426)
7 W. Benjamin, *Der Erzähler. Betrachtungen zum Werk Nikolai Lesskows*, in: *Schriften*, a. a. O., Band II, S. 233
8 I. B. Singer, *The Destruction of Kreschev*, a. a. O., S. 198 (Übersetzung *Die Zerstörung von Kreschew*, a. a. O., S. 350)
9 Derselbe, *Mein Vater der Rabbi*, a. a. O., S. 42; derselbe, *In the Poorhouse*, in: *The Spinoza of Market Street*, a. a. O., S. 158–159
10 Derselbe, *Taibele and Her Demon*, in: *Short Friday*, a. a. O., S. 11–12 (*Taibele und ihr Dämon*, in: *Gimpel der Narr*, a. a. O., S. 173–174
11 Derselbe, *Mein Vater der Rabbi*, a. a. O., S. 9–17, 187–192
12 U. Saba, *Preludio*, in: *Il Canzoniere*, Turin 1957, S. 391
13 I. B. Singer, *The Spinoza of Market Street*, a. a. O., S. 23 (Übersetzung *Der Spinoza von der Marktstraße*, in: *Gimpel der Narr*, a. a. O., S. 148)
14 Derselbe, *Shiddah and Kuziba*, in: *The Spinoza of Market Street*, a. a. O., S. 91

Idyll und Revolution

1 H. Kesten, *Ode an Joseph Roth*, in: *Jahresring 69/70*, Stuttgart 1969, S. 122
2 L. Mittner, *L'espressionismo*, a. a. O., S. 17–18
3 S. Landmann, *Die Wanderung des Schneiders. Ein Frühwerk Ilja Ehrenburgs aus chassidischem Geist*, in: *Die Zeit*, 4. April 1969
4 Vergleiche zu diesem Thema T. Perlini, *Critica del progresso. Temi del pensiero negativo in Benjamin e Adorno*, in: *Comunità*, XXIII (1969), Nr. 156, S. 53–74
5 J. Roth, *Die hundert Tage*, a. a. O., S. 800
6 Derselbe, *Beichte eines Mörders*, in: *Werke*, a. a. O., Band II, S. 814
7 J. Langer, a. a. O., S. 35–36
8 A. a. O.
9 J. Roth, *Die Kapuzinergruft*, a. a. O., S. 407
10 J. Wassermann, *Die Juden von Zirndorf*, Berlin–Wien 1918, S. 21, 23, 44, 54–55
11 H. Miller, a. a. O., S. 8
12 F. Nietzsche, *Die Geburt der Tragödie*, in: *Werke*, in drei Bänden, herausgegeben von K. Schlechta, München 1954, Band I, S. 98
13 I. Ehrenburg, *Das bewegte Leben des Lasik Roitschwantz*, a. a. O., S. 121, 134, 135
14 J. Roth, *Tarabas*, a. a. O., S. 174
15 W. Benjamin, *Franz Kafka*, a. a. O., S. 227
16 So definiert sie B. Auerbach, a. a. O., Band II, S. 20
17 A. a. O., S. 19, 218
18 M. Buber, a. a. O., S. 1236
19 J. Roth an S. Zweig, 23. Oktober 1930 (*Briefe 1911–1939*, a. a. O., S. 186)
20 J. Roth an F. T. Gubler, 31. Januar 1931, a. a. O., S. 192
21 G. Kühne, *Die Bosheit des Juden – psychologisch gesehen*, in: *Die Zeit*, 4. April 1969
22 J. Eberle, *Einleitung*, in: J. Picard, *Die alte Lehre*, Stuttgart 1963, S. 12

23 S. Alejchem, *Tewje der Milchiger,* 1896 ff. (Übersetzung *Die Geschichten Tewjes des Milchhändlers,* deutsch von A. Eliasberg, Berlin–Wien o. Dt., S. 108

24 J. Roth, *Hiob,* S. 81

25 I. Dienesohn, *Die Geschichte vom Wilnaer Balhabessel – Erzählung eines Jeschiwabachurs,* 1928–1929 (Übersetzung von H. Hakel, in: *Jiddische Geschichten aus aller Welt,* a. a. O.)

26 S. Kohn, *Durch Trauer zum Glück,* in: *Prager Ghettobilder,* a. a. O., S. 61

27 L. Bato, a. a. O.

28 A. Szymanski, *In der Verbannung,* in: *Von polnischen Juden,* a. a. O., S. 139 ff.; J. Niemirower, *Chajim Esra Kapitän,* a. a. O., S. 261

29 I. Babel, *Prefazione ad una raccolta di racconti odessiti,* in: *Manoscritto da Odessa,* a cura di A. Doni, aus dem Italienischen übersetzt von M. Olsoufieva, Bari 1966, S. 135 (Der Text stammt aus dem Jahr 1926 und ist nur in der zitierten italienischen Übersetzung des Manuskripts veröffentlicht worden)

30 S. Alejchem, *Die Geschichten Tewjes des Milchhändlers,* a. a. O., S. 187, A. Sakheim spricht von »Abdera-Historchen«; A. Sakheim, *Das jüdische Element in der Weltliteratur,* Hamburg 1924, S. 172

Der politische Roman: *Natura Lapsa und Imperium*

Der auferstandene Bourgeois und der Triumph der Zeit

1 J. Roth, *Reise in Rußland,* in: *Der neue Tag. Unbekannte politische Arbeiten 1919 bis 1927, Wien, Berlin, Moskau,* Köln–Berlin 1970, S. 188–192
2 Derselbe, *Vortrag über die Eindrücke der Rußlandreise (Fragment eines Entwurfs,* in: *Der neue Tag,* a. a. O., S. 149)
3 K. Peter, *Die Stummheit des Propheten,* in: *Basis, Jahrbuch für deutsche Gegenwartsliteratur,* Band I, Frankfurt am Main 1970, S. 154
4 Zum Beispiel unterschrieb Roth einen Brief an B. Reifenberg vom 16. Februar 1926 mit »Mojsche Christus = Joseph Roth«; in einem anderen Brief an Reifenberg (vom 1. Oktober 1926) bezeichnete er sich als »Katholik mit jüdischem Gehirn«; in einem Schreiben an M. von Hohenlohe-Langenburg nannte er sich ein »gläubiger Katholik«, für den das Judentum eine existentielle Bedingung sei. (*Briefe 1911–1939,* herausgegeben und eingeleitet von H. Kesten, Köln–Berlin 1970, S. 81, 98, 275)
5 J. Roth an S. Zweig, 24. Juli 1935 (a. a. O., S. 418)
6 J. Roth an S. Zweig, 10. Juli 1937 (a. a. O., S. 497)
7 J. Roth an die Redaktion der *Frankfurter Zeitung,* 2. Juni 1926 (a. a. O., S. 91)
8 J. Roth an B. von Brentano, 26. September 1926 (a. a. O., S. 95)
9 J. Roth an B. Reifenberg, 1. Oktober 1926 (a. a. O., S. 98)
10 J. Roth, *Porträts,* in: *Werke in drei Bänden,* Köln–Berlin 1956, a. a. O., Band III, S. 392
11 A. a. O., S. 394
12 Vergleiche besonders A. del Noce, *Il problema dell' ateismo,* Bologna 1964 und *L'epoca della secolarizzazione,* Mailand 1970
13 Zitiert bei H. Böning, *Joseph Roths »Radetzkymarsch«. Thematik – Struktur – Sprache,* München 1968, S. 192
14 Joseph Roth an B. von Brentano, 31. Juli 1927, *(Briefe 1911–1939,* a. a. O., S. 107)
15 J. Roth, *Porträts,* a. a. O., S. 397
16 Derselbe, *Radetzkymarsch,* in: *Werke,* a. a. O., Band I, S. 12
17 A. a. O., S. 5
18 A. a. O., S. 31
19 A. a. O., S. 31–32
20 A. a. O., S. 36
21 A. a. O., S. 176–177
22 A. a. O., S. 37
23 A. a. O., S. 38
24 A. a. O., S. 81
25 A. a. O., S. 91
26 A. a. O.
27 I. B. Singer, *The Shadow of a*

Crib, in: *The Spinoza of Market Street,* New York 1961, S. 80, 84

28 J. Roth, *Radetzkymarsch,* a. a. O., S. 109

29 Vergleiche L. Goldmann, *Sur la peinture de Chagall. Reflexions d'un sociologue* in: *Structures mentales et création culturelle,* Paris 1970, S. 421

30 J. Roth, *Radetzkymarsch,* a. a. O., S. 151

31 A. a. O., S. 57

32 A. a. O., S. 119

33 Vergleiche M. Pines, *Die Geschichte der jüdischdeutschen Literatur,* nach dem französischen Original bearbeitet von G. Hecht, Leipzig 1922, S. 114

34 R. Musil, *Der Mann ohne Eigenschaften, Ges. Werke* in Einzelausgaben, herausgegeben von A. Frisé, Hamburg 1952, S. 33

35 *Munje der Vojgelhendler,* übersetzt *Munje, der Vogelhändler,* in: *Jiddische Geschichten aus aller Welt,* Auswahl, Übersetzung und Bearbeitung von H. Hakel, Tübingen und Basel 1967, S. 296–305

36 *Gesang fun Fajgel,* 1947, Übersetzung *Der Gesang der Vögel,* in: *Jiddische Geschichten aus aller Welt,* a. a. O., S. 306

37 Vergleiche A. Fuchs, *Zvishen Beimer,* 1924; Übersetzung *Unter den Bäumen,* in: *Jiddische Geschichten aus aller Welt,* a. a. O., S. 218

38 M. Buber, *Gog und Magog,* in: *Werke,* Band III, Zürich 1963, S. 1038, 1071

39 A. a. O., S. 1191

40 A. a. O.

41 I. Ehrenburg, *Das bewegte Leben des Lasik Roitschwantz,* übersetzt von W. Jollos, Nachwort von P. Hamm, München 1969, S. 292

42 M. Buber, a. a. O., S. 1066

43 A. a. O., S. 1049

44 I. B. Singer, *The Family Moskat,* zitiert nach der italienischen Übersetzung *La famiglia Moskat,* übersetzt von B. Fonzi, Mailand 1967, S. 582

45 Derselbe, *The Black Wedding,* in: *The Spinoza of Market Street,* a. a. O., S. 31; Übersetzung von W. Einsiedel, *Schwarze Hochzeit,* in: *Gimpel der Narr, Ausgewählte Erzählungen,* deutsch von W. Einsiedel, Hamburg 1968, S. 121

46 Ch. Madison, *Yiddish Literature: Its Scope and Major Writers,* New York 1968, S. 479

47 I. L. Peretz, *Klotz-geshikhtn,* 1899, Übersetzung *Klotzgeschichten,* in: *Adam und Eva,* deutsch von A. Eliasberg, Berlin–Wien 1923, S. 195

48 Vergleiche I. B. Singer, *The Destruction of Kreshev,* in: *The Spinoza of Market Street,* a. a. O., S. 162; Übersetzung *Die Zerstörung von Kreschew,* in: *Gimpel der Narr,* a. a. O., S. 313

49 Derselbe, *Mein Vater der Rabbi,* deutsch von O. F. Best, Hamburg 1971, S. 53

50 Derselbe, *Joy,* in: *Gimpel the Fool and Other Stories,* New York 1957, S. 123

51 A. a. O., S. 128, 129

52 A. a. O., S. 126

53 Derselbe, *A Piece of Advice,* in: *The Spinoza of Market Street,* a. a. O., S. 139

54 Derselbe, *Jachid and Jechidah,* in: *Short Friday and Other Stories,* New York 1964, S. 81 ff.

55 L. v. Sacher-Masoch, *Vorwort,* in: *Das Eigenthum,* Band I, Bern 1877, S. 40 ff.

56 J. Roth, *Radetzkymarsch,* a. a. O., S. 160

57 A. a. O., S. 181

58 M. Blanchot, *L'espace littéraire,* Paris 1955, S. 24
59 J. Roth, *Radetzkymarsch,* a. a. O., S. 20
60 A. a. O., S. 56
61 A. a. O., S. 107
62 A. a. O., S. 233
63 A. a. O., S. 123
64 Derselbe, *Das falsche Gewicht,* in: *Werke,* a. a. O., Band I, S. 461
65 Derselbe, *Rechts und Links,* in: *Werke,* a. a. O., Band II, S. 562
66 Derselbe, *Die hundert Tage,* in: *Werke,* a. a. O., Band II, S. 698, 711

Der Sündenfall und das Reich als »remedium«

1 Vergleiche F. Kafka, *Ein altes Blatt,* in: *Erzählungen, Ges. Werke,* herausgegeben von M. Brod, Frankfurt am Main 1946, S. 155–158
2 I. B. Singer, *Gimpel the Fool,* in: *Gimpel the Fool and Other Stories,* New York 1957, S. 18–21; Übersetzung von W. v. Einsiedel, *Gimpel der Narr,* a. a. O., S. 23–25
3 I. L. Peretz, *Di goldene keyt,* 1907; vergleiche L. Goldmann, a. a. O., S. 431
4 *Die Schlange und der Mensch,* in: *Der Born Judas,* Märchen und Geschichten gesammelt von M. I. Gorion, Berlin 1934, S. 39–41, besonders S. 40
5 G. Baioni, *Franz Kafka. Romanzo e parabola,* Mailand 1962, S. 206–211
6 Vergleiche I. B. Singer, *The Slave,* 1962; Übersetzung *Jakob der Knecht,* deutsch von W. von Einsiedel, Nachwort von S. Landmann, Hamburg 1965
7 A. a. O., S. 42
8 A. a. O.
9 J. Roth, *Radetzkymarsch,* a. a. O., S. 103–104
10 H. Böning, a. a. O., 127; In dem in der Zeitschrift der österreichischen Emigranten veröffentlichten Nekrolog schrieb Stefan Fingal, Roth habe die Welt der Vorkriegszeit nur im Rückblick, in der Geisterhaftigkeit der Erinnerung, geliebt und nicht als konkrete, in der Gegenwart erlebte Realität. (S. Fingal, *Joseph Roth gestorben,* in: *Nouvelles d'Autriche,* Nr. 5, Juni 1939, S. 171)
11 G. Lukács, *Marš Radeckogo,* in: *Literaturnaja gazeta,* 15. August 1939, übersetzt von M. Enberg, G. Lukács: *Radetzkymarsch,* in: F. Hackert, *Kulturpessimismus und Erzählform. Studien zu Joseph Roths Leben und Werk,* Bern 1967
12 *Marš Radeckogo,* übersetzt von N. Man, Moskau 1939
13 Vergleiche F. Werfel, *Nel crepuscolo di un mondo,* übersetzt von C. Baseggio, Mailand 1950, S. 31
14 J. Roth, *Radetzkymarsch,* a. a. O., S. 250
15 A. a. O., S. 214
16 A. a. O., S. 156
17 A. a. O., S. 227
18 Derselbe, *Die Kapuzinergruft,* in: *Werke,* a. a. O., Band I, S. 321
19 H. Böning, a. a. O., S. 155
20 J. Roth, *Radetzkymarsch,* a. a. O., S. 90
21 A. a. O., S. 72
22 A. a. O.
23 A. a. O., S. 181
24 A. a. O., S. 208

Verfinsterung der Ewigkeit und Pantomime

1 J. Roth, *Radetzkymarsch,* a. a. O., S. 206
2 A. a. O., S. 201–205
3 A. a. O., S. 195
4 E. Rocca, *Storia della letteratura tedesca dal 1870 al 1933,* Florenz 1950, S. 324
5 J. Roth, *Radetzkymarsch,* a. a. O., S. 212
6 A. a. O., S. 201
7 A. a. O., S. 201–211
8 Derselbe, *Porträts,* a. a. O., S. 407
9 Derselbe, *Radetzkymarsch,* a. a. O., S. 203
10 A. a. O., S. 159
11 A. a. O., S. 150
12 A. a. O., S. 217
13 A. a. O., S. 221
14 A. a. O., S. 293–294
15 A. M. Ripellino, *Introduzione* (Vorwort) zu B. Schulz, *Le botteghe color canella,* übersetzt von A. Vivanti Salmon, Turin 1970, S. XXI (*Sanatorium pod klepsydra,* 1937)
16 Joseph Roth an E. Křenek, 31. Oktober 1934, (*Briefe 1911–1939,* a. a. O., S. 390)
17 I. B. Singer, *Three Tales,* in: *Short Friday,* a. a. O., S. 172 ff.
18 S. Alejchem, *Motl Pejssi dem chassus,* 1911–1915
19 G. Davico Bonino, *Cinque lire di stelle,* in: *La Stampa,* 11. Dezember 1970
20 E. Zolla, *Prefazione,* zu G. Meyrink, *Il Golem,* übersetzt von C. Mainoldi, Mailand 1966, S. XIV

Die Bienen

1 J. Roth, *Radetzkymarsch,* a. a. O., S. 222
2 A. a. O., S. 258
3 A. a. O., S. 6
4 A. a. O., S. 21–23
5 H. Böning, a. a. O., S. 67
6 J. Roth, *Radetzkymarsch,* a. a. O., S. 130
7 S. Juschkewitsch, *Ghetto,* deutsch von A. Vondey, in: *Das Volk des Ghetto,* Unter Mitwirkung von H. Blumenthal und J. E. Poritzky, herausgegeben von D. A. Landsberger, München 1916, S. 458
8 A. a. O., S. 458–459
9 J. L. Peretz, *Inm post-vogn,* 1891, Übersetzung *Im Postwagen,* in: *Adam und Eva,* a. a. O., S. 166–167
10 M. M. Sfurim, *Die Fahrten Benjamins des Dritten,* übersetzt von E. Frisch und S. Birnbaum, Olten und Freiburg im Breisgau, 1962, S. 49
11 A. a. O., S. 46
12 I. L. Peretz, *Im Postwagen,* a. a. O., S. 165–166
13 J. Roth, *Radetzkymarsch,* a. a. O., S. 131
14 S. Alejchem, *Die Geschichten Tewjes des Milchhändlers,* a. a. O., S. 143
15 Vergleiche S. Landmann, *Jüdische Witze,* a. a. O., S. 45
16 S. Alejchem, a. a. O., S. 105

Der zweite Sündenfall

1 A. Zweig, *Aufzeichnungen über eine Familie Klopfer,* München 1911, S. 96–97
2 J. Roth, *Radetzkymarsch,* a. a. O., S. 12
3 C. Cases, *Introduzione,* zu Th. Mann, *I Buddenbrook,* übersetzt von A. Rho, Turin 1967, S. XVI
4 J. Roth, *Radetzkymarsch,* a. a. O., S. 5, 222, 217, 214, 221; *Die Kapuzinergruft,* a. a. O., S. 349,

343; *Reisebilder,* in: *Werke,* a. a. O., Band III, S. 432

5 Derselbe, *Radetzkymarsch,* a. a. O., S. 305, 308

6 Vergleiche A. Pegoraro Chiarloni, *Antisemitismo in Germania 1848–1871,* in: *Studi storici,* Jahrgang XI, Nr. 1, Januar–März 1970, S. 97–112 (Bibliographie zum Thema)

7 A. a. O., S. 98

8 G. Hermann, *Jettchen Gebert,* Berlin 1907, S. 107

9 Vergleiche H. Kohn, *Der Roman des Entwurzelten (Georg Hermann: Die Nacht des Herzfeld),* in: *Juden in der deutschen Literatur. Essays über zeitgenössische Schriftsteller,* herausgegeben von G. Krojanker, Berlin 1922, S. 27–40

10 G. Freytag, *Die Juden in Breslau,* in: *Die Grenzboten,* Leipzig 1849; siehe dazu Pegoraro Chiarloni, a. a. O., S. 108 ff.

11 So definiert im Roman Leo Golowski die geistige Stellung des Juden.

12 Zum Wienerischen Judentum und seinen Spiegelungen in der Literatur vergleiche unter anderem: H. Tietze, *Die Juden Wiens,* Leipzig–Wien 1933; F. Walter, *Wien, Die Geschichte einer deutschen Großstadt an der Grenze,* 3 Bände, Wien 1940–1944, besonders Band III liefert einen nützlichen Überblick trotz der entschieden antisemitischen Haltung; F. Heer, *Judentum und österreichischer Genius,* in: *Land im Strom der Zeit,* Wien 1958, S. 293–314; W. Jenks, *The Jewish in Austria,* New York 1960; H. Kohn, *Karl Kraus, Arthur Schnitzler, Otto Weininger. Aus dem jüdischen Wien der Jahrhundertwende,* Tübingen 1962; A. Breycha-Vauthier (Herausgeber), »*Sie trugen Österreich mit sich in die Welt.*« *Eine Auswahl aus den Schriften der österreichischen Emigration,* Wien 1962; H. Gold, *Geschichte der Juden in Wien,* Tel Aviv 1966; J. Fraenkel (Herausgeber), *The Jews of Austria,* London 1967; E. Weinzierl, *Antisemitismus in der österreichischen Literatur 1900 bis 1938,* in: *Mitteilungen des österreichischen Staatsarchivs,* Band 20, Wien 1967; H. Zohn, *Wiener Juden in der deutschen Literatur,* Tel Aviv 1969

13 I. J. Singer, *The Brothers Ashkenazi,* zitiert nach der italienischen Übersetzung von B. Fronzi, *I fratelli Ashkenazi,* Mailand 1970, S. 261

14 A. a. O., S. 759

15 In: *Prager Ghettobilder,* Leipzig o. Dt. (1884)

16 A. M. Goldschmiedt, *Masser,* übersetzt aus dem Dänischen von L. von Liliencron, in: *Das Volk des Ghetto,* a. a. O., S. 209

17 G. Gorlier, *New York come Varsavia,* in: *La fiera letteraria,* Jahrgang XLVIII, Nr. 9, 29. Februar 1968, S. 19

18 S. Mayer, *Ein jüdischer Kaufmann,* Leipzig 1911

19 E. E. Kisch, *Geschichten aus sieben Ghettos,* Amsterdam 1934; vergleiche auch J. Prinz, *Das Leben im Ghetto. Jüdisches Schicksal in fünf Städten,* Berlin 1937

20 F. W. Foerster, *Die jüdische Frage,* Freiburg im Breisgau 1959, S. 66

21 Vergleiche *Denkwürdigkeiten des Glückel von Hameln,* aus dem Jüdisch-Deutschen übersetzt, mit Erläuterungen versehen und herausgegeben von Dr. A. Feil-

chenfeld, Berlin 1913, siehe besonders S. 11 ff., 54 ff., 111 ff., 279 ff.

22 I. B. Singer, *Satan in Goray,* 1955 (Original 1935); zitiert nach der italienischen Übersetzung von A. Dell'Orto, *Satana a Goray,* Mailand 1960, S. 33–34

23 *Der Zelem,* 1919; übersetzt *Das Kreuz,* in: *Jiddische Geschichten aus aller Welt,* a. a. O., vergleiche besonders S. 144, 145, 148–149

24 D. Bergelson, *Tsvishn emigrantn,* 1930; übersetzt *Ein Kranker?* a. a. O., vergleiche besonders S. 154, 156, und siehe zu diesem Motiv auch die Novelle *Mendel Gnesner* von Maria Konopnika, in: *Von polnischen Juden, Novellen und Skizzen polnischer Dichter,* München 1917

25 I. B. Singer, *The Family Moskat,* zitiert nach der italienischen Übersetzung von B. Fonzi, Mailand 1967, *La famiglia Moskat,* S. 782

26 A. a. O., S. 706

27 I. J. Singer, *I fratelli Ashkenazi,* a. a. O., S. 559 ff., 562

28 S. Asch, *Onkl Moses,* übersetzt von G. Schmitz, Berlin o. Dt., S. 202–203

29 S. Alejchem, *Die Geschichten Tewjes des Milchhändlers,* a. a. O., S. 184

30 M. M. Sfurim, *Fischke der Krumme,* a. a. O., S. 138, 132–133

31 I. J. Singer, *I fratelli Ashkenazi,* a. a. O., S. 767

Umwertung der Werte, Säkularisation und Faschismus

1 J. Roth, *Hausse und Baisse,* in: *Der neue Tag,* a. a. O., S. 104

2 A. a. O., S. 103

3 Derselbe, *Die Kapuzinergruft,* a. a. O., S. 334

4 A. a. O., S. 316, 322–323, 334–335, 400

5 Derselbe, *Die Flucht ohne Ende,* a. a. O., S. 429

6 J. Roth an S. Zweig, 31. August und 5. November 1933 (*Briefe 1911–1939, S. 276–277, 285)*

7 B. Bazlen, *Lettere editoriali,* Mailand 1968, S. 29

8 F. C. Weiskopf, trotz der großen ideologischen Kluft zwischen ihnen, großer Bewunderer Roths, nannte den Roman zu Recht wegen seiner strukturellen Inkohärenz einen »zerbrochenen Spiegel« (*Totentanz,* in: *Gesammelte Werke,* gesammelt von G. Weiskopf und S. Hermlin, unter Mitarbeit von F. Arndt, Berlin 1960, siehe *Über Literatur und Seele,* S. 180). In anderen Werken lobt Weiskopf hingegen Roths Fähigkeit, »die Geschichte zu vermenschlichen« (*Abschiedssymphonie,* in: *Gesammelte Werke,* a. a. O., S. 281)

9 J. Roth an E. Křenek, 24. Oktober 1934 (*Briefe 1911–1939,* a. a. O., S. 388)

10 J. Roth an S. Zweig, 4. Januar 1934(35), a. a. O., S. 398

11 J. Roth an B. Gidon, 27. Februar 1935 (a. a. O., S. 406)

12 J. Roth an B. Gidon, 27. Februar 1935, a. a. O.

13 J. Roth an S. Zweig, 14. August 1935, a. a. O., 420–421

14 J. Roth, *Rechts und Links,* a. a. O., S. 608

15 A. a. O., S. 604

16 Derselbe, *Radetzkymarsch,* a. a. O., S. 228

17 M. Brod, *Jüdinnen,* in: *Ausgewählte Romane und Novellen,* Band 3, Leipzig–Wien 1915, S. 105. Siehe E. Bonfatti, *Presenta-*

zione zu M. Brod, *Il Maestro* (Der Meister), übersetzt von I. Marini-Piazzoli, Turin 1970, S. 11–12
18 J. Roth, *Rechts und Links,* a. a. O., S. 608
19 Derselbe, *Das Spinnennetz,* Köln–Berlin 1967, S. 92
20 A. a. O., S. 10
21 A. a. O., S. 87
22 A. a. O., S. 129–130
23 A. a. O., S. 96
24 A. a. O., S. 130
25 A. a. O., S. 150
26 A. a. O.
27 P. W. Jansen, *Nachwort,* a. a. O., S. 155
28 A. a. O., S. 158
29 J. Roth, *Das Spinnennetz,* a. a. O., S. 99
30 A. a. O.
31 Vergleiche Jansen, *Nachwort,* a. a. O., S. 157

Revolution und bürgerlicher Geist

1 J. Roth, *Der stumme Prophet,* Köln–Berlin 1966, S. 8
2 A. a. O., S. 10
3 Vergleiche dazu G. Negrelli, *Dal municipalismo all'irredentismo: appunti per una storia dell'idea autonomistica a Trieste,* in: *Rassegna storica del Risorgimento,* Jahrgang LVII, Heft Juli-September 1970, S. 347–416
4 J. Roth, *Der stumme Prophet,* a. a. O., S. 15; zum Roman siehe den zitierten Artikel von K. Peter, a. a. O., S. 153–167; vergleiche jetzt auch R. Paoli, *Joseph Roth: un romanzo su Trotzki?,* in: *Cultura e scuola,* X. Jahrgang Nr. 38, April-Juni 1971, S. 93–96, und K. Zelewitz, *Joseph Roth: zweimal politische Illusion,* in: *Peripherie und Zentrum,* herausgegeben von G. Weiss und K. Zelewitz, Salzburg–Stuttgart–Zürich 1971, S. 347–358
5 J. Roth, *Der stumme Prophet,* a. a. O., S. 45
6 A. a. O., S. 69
7 A. a. O., S. 70
8 A. a. O.
9 J. Roth an S. Zweig, 7. August 1932 (*Briefe 1911–1939,* a. a. O., S. 223)
10 J. Roth, *Der stumme Prophet,* a. a. O., S. 161–162
11 Derselbe, *Radetzkymarsch,* a. a. O., S. 150
12 Derselbe, *Der stumme Prophet,* a. a. O., S. 152–153, 146, 142, 28
13 A. a. O., S. 212
14 A. a. O.
15 A. a. O.
16 A. a. O., S. 213
17 A. a. O., S. 215
18 A. a. O., S. 177
19 A. a. O., S. 176
20 A. a. O., S. 203
21 A. a. O.
22 A. a. O., S. 92
23 A. a. O., S. 109
24 A. a. O., S. 223
25 A. a. O.
26 A. a. O., S. 225
27 A. a. O.
28 A. a. O., S. 241, 242, 251, 250
29 A. a. O., S. 255
30 A. a. O., S. 252
31 Derselbe, *Der neue Tag,* a. a. O., S. 229, 232, 238
32 F. Heer, *Ein Feuer auf der Erde. Ernst Blochs »Atheismus im Christentum«,* in: *Die Zeit,* Nr. 49, 6. Dezember 1968, S. 25
33 Zitiert bei Heer, a. a. O.
34 E. Bloch, *Atheismus im Christentum. Zur Religion des Exodus und des Reiches,* Frankfurt am Main 1968
35 F. Heer, a. a. O.

36 J. Roth, *Der stumme Prophet,* a. a. O., S. 274
37 M. Mann, *Baj di tojeren fun Moskau,* übersetzt von N. Maor, *Vor Moskaus Toren,* Frankfurt am Main 1961; *Bei der Vajsl,* übersetzt von N. Maor und L. Wikler, *Der Aufstand,* Frankfurt am Main 1963
38 J. Roth, *Der stumme Prophet,* a. a. O., S. 132
39 A. a. O., S. 232–233
40 Vergleiche die Briefe an B. von Brentano, 22. August 1925, und an B. Reifenberg, 26. August 1925 (*Briefe 1911–1939,* a. a. O., S. 57, 59)
41 J. Roth, *Der stumme Prophet,* a. a. O., S. 232–233
42 A. a. O., S. 237
43 A. a. O., S. 205
44 A. a. O., S. 206
45 A. a. O.
46 A. a. O., S. 257
47 A. a. O., S. 275
48 A. a. O.

Der Mann mit Eigenschaften

1 J. Roth, *Der stumme Prophet,* a. a. O., S. 79
2 A. a. O., S. 167, 176, 171
3 A. a. O., S. 244, 254
4 A. a. O., S. 254
5 A. a. O.
6 A. a. O., S. 243
7 A. a. O., S. 176
8 U. Eco, *L'uomo senza speranza,* in: »L'Espresso«, 29. November 1970, S. 12
9 I. B. Singer, *La famiglia Moskat,* a. a. O., S. 703
10 Vergleiche zum Beispiel Enzensberger–Michel–Schneider, drei Aufsätze aus dem *Kursbuch,* in italienischer Übersetzung von L. Berti erschienen unter dem Titel *Letteratura e/o rivoluzione,* Mailand 1970

Anarchismus und Reaktion. Sehnsüchte eines Unpolitischen

1 J. Roth, *Der stumme Prophet,* a. a. O., S. 55
2 A. a. O., S. 53
3 A. a. O., S. 91
4 A. a. O., S. 33
5 A. a. O., S. 57
6 A. a. O., S. 147
7 A. a. O., S. 269
8 A. a. O., S. 60
9 A. a. O., S. 264–265
10 A. a. O., S. 17
11 A. a. O., S. 215
12 A. a. O., S. 269
13 A. a. O.
14 A. a. O., S. 266, 267, 268
15 A. a. O., S. 215
16 A. a. O., S. 280, 286
17 W. Benjamin, *Franz Kafka,* in: *Schriften,* herausgegeben von Th. W. Adorno und Grete Adorno, unter Mitwirkung von F. Podszus, Band II, Frankfurt am Main 1955, S. 217
18 J. Roth, *Der stumme Prophet,* a. a. O., S. 280, 86
19 A. a. O., S. 280
20 A. a. O.
21 Vergleiche M. Reich-Ranicki, *Joseph Roth – barmherzig und unerbittlich. Aus dem Nachlaß: Der stumme Prophet,* in: *Die Zeit,* 1966, Nr. 25, S. 23; jetzt auch *Joseph Roth und »Der stumme Prophet«,* in: *Die Ungeliebten, Sieben Emigranten,* Pfullingen 1968, S. 18–22
22 J. Roth, *Der neue Tag,* a. a. O., S. 244
23 A. a. O., S. 206

Totenstadt und Gelehrsamkeit

1 J. Roth, *Der Antichrist,* in: *Werke,* a. a. O., Band III, S. 696

2 J. Roth an S. Zweig, 30. November 1933 (*Briefe 1911–1939)*, a. a. O., S. 295–296

3 J. Roth an S. Zweig, 7. November und 28. April 1933 (a. a. O., S. 286, 262)

4 J. Roth an S. Zweig, 24. Juli 1933; an K. Mann, 6. Oktober 1934 (a. a. O., S. 273, 385)

5 J. Roth an S. Zweig, 14. August, 18. Oktober und 12. Dezember 1935 (a. a. O., S. 419–420, 430, 437)

6 J. Roth an B. Gidon, 20. August 1934 (a. a. O., S. 371)

7 J. Roth an S. Zweig, 26. März 1933 und 22. März 1933 (a. a. O., S. 259, 257)

8 J. Roth an S. Zweig, 24. Juli 1935 (a. a. O., S. 417); vergleiche auch den Brief an S. Zweig, 26. März 1933 (a. a. O., S. 260)

9 J. Roth an C. Seelig, 1. Oktober 1933 (a. a. O., S. 281)

10 J. Roth an S. Zweig, 22. März 1933 (a. a. O., S. 257)

11 J. Roth an S. Zweig, 24. Juli 1935 (a. a. O., S. 417)

12 J. Roth an M. v. Hohenlohe-Langenburg, 24. August 1933 (a. a. O., S. 275)

13 J. Roth an S. Zweig, 13. Juli 1938 (a. a. O., S. 522)

14 J. Roth an B. Gidon, 11. April 1935 (a. a. O., S. 411)

15 *Briefe 1911–1939*, a. a. O., passim

16 J. Roth, *Der Antichrist*, a. a. O., S. 696, 796; Brief an S. Zweig, 13. Juli 1934 (*Briefe 1911–1939*, a. a. O., S. 353)

17 J. Roth an C. Seelig, 19. November 1934 (a. a. O., S. 396)

18 P. Stöcklein spricht von den »Melodien« des Rothschen »Ethos«. (P. Stöcklein, *Literatursoziologie. Gesichtspunkte zur augenblicklichen Diskussion*, in: *Literatur und Geistesgeschichte*, Festschrift für H. O. Burger, herausgegeben von R. Grimm und C. Wiedemann, Berlin 1968, S. 417)

19 Vergleiche M. Bonwit, *The tower of Babel in four contemporary Novels*, Prog. Phil. Ass. of the Pac. Coast, Berkeley, November 1946

20 J. Roth, *Der Antichrist*, a. a. O., S. 693

21 J. Roth an S. Zweig, 9. Oktober 1933; an P. Bertaux, 26. Januar 1929; an S. Zweig, Februar 1933 (*Briefe 1911–1939*, a. a. O., S. 283, 142, 249)

22 J. Roth an B. Reifenberg, 9. August 1932 (a. a. O., S. 224)

23 J. Roth an F. T. Gubler, 25. April 1932; an B. Gidon, 11. Oktober 1932; an B. Reifenberg, 17. Januar 1928; an S. Zweig, 5. November 1933; an R. Schickele, 31. Januar 1934; an S. Zweig, 8. August 1937 (a. a. O., S. 215, 234, 120, 121, 286, 285, 312, 502)

24 J. Roth an S. Zweig, 5. November 1933 (a. a. O., S. 285)

25 Brief an B. Gidon, 30. Juni 1934 (a. a. O., S. 346)

26 J. Roth, *Der Antichrist*, a. a. O., S. 699–700

27 A. a. O., S. 700, 705

28 A. a. O., S. 730

29 B. Rollka, *Joseph Roths Amerikabild*, in: *Literatur und Kritik*, Dezember 1972, Nr. 70, S. 591

30 J. Roth, *Der Antichrist*, a. a. O., S. 708

31 A. a. O., S. 725

32 Derselbe, *Polemik*, in: *Werke*, a. a. O., Band III, S. 622

33 K. Junosz, *Das Wunder vom Judenfriedhof*, in: *Von polnischen Juden*, a. a. O., S. 212

Die verschollenen Annalen

Roman und »exemplum«: die Welt der Korrektion

1 Kenèseth Yisra'èl, Warschau 1906, S. 23
2 G. Scholem, *Die jüdische Mystik in ihren Hauptströmungen,* Zürich 1957 (Frankfurt am Main 1967[2]), S. 384
3 Vergleiche zum Beispiel *Die Beichte eines Mörders, Die Legende vom heiligen Trinker*
4 B. Allemann, *Ironie und Dichtung,* Pfullingen 1956, S. 23
5 J. Roth, *Hotel Savoy,* in: *Werke* a. a. O., Band I, S. 830, 875
6 Derselbe, *Radetzkymarsch,* in: *Werke* a. a. O., Band I, S. 293; derselbe, *Die Kapuzinergruft,* in: *Werke* a. a. O., Band I, S. 346–347; derselbe, *Tarabas,* in: *Werke,* a. a. O., Band II, S. 164; derselbe, *Reisebilder,* in: *Werke,* a. a. O., Band III, S. 506
7 Derselbe, *Radetzkymarsch,* a. a. O., S. 101
8 A. a. O., S. 96–97
9 J. Roth an C. Seelig, 7. Juli 1934 (*Briefe 1911–1939,* a. a. O., S. 347)
10 A. H. Horbac, *Ukräins'ki motyvy u tvarcosti Jozefa Rota,* Sucastnist', V, München 1965, besonders S. 56 und 59. Ich danke Frau Dr. Maria Pia Crisanaz Palin von der Universität Triest für die Übersetzung, die sie mir von dem Text gemacht hat.
11 J. Roth, *Tarabas,* a. a. O., S. 203–204
12 A. a. O., S. 149
13 Zu diesem Motiv siehe F. Hakkert, *Kulturpessimismus und Erzählform. Studien zu Joseph Roths Leben und Werk,* Bern 1967, S. 98
14 J. Roth, *Tarabas,* a. a. O., S. 149
15 A. a. O., S. 151–152
16 Vergleiche M. Lüthi, *Das europäische Volksmärchen,* Bern 1960, S. 12; vergleiche auch F. Hackert, a. a. O., S. 125
17 F. Hackert, a. a. O., S. 120
18 J. Roth, *Tarabas,* a. a. O., S. 164–165
19 A. a. O., S. 241, 280
20 A. a. O., S. 166
21 A. a. O., S. 152
22 A. a. O., S. 178
23 A. a. O., S. 193
24 A. a. O., S. 205–206
25 A. a. O., S. 238
26 Jetzt in Ph. Roth, *Goodbye, Columbus and five Short Stories,* Cambridge (Mass.) 1959
27 J. Roth, *Tarabas,* a. a. O., S. 169
28 A. a. O., S. 174
29 A. a. O., S. 175
30 A. a. O., S. 176
31 A. a. O., S. 178
32 A. a. O., S. 211, 225
33 A. a. O., S. 278
34 A. a. O., S. 231
35 A. a. O.
36 A. a. O.
37 A. a. O., S. 212
38 A. a. O., S. 213

39 A. a. O., S. 220
40 A. a. O., S. 214
41 Derselbe, *Die Kapuzinergruft,* a. a. O., S. 345
42 Derselbe, *Hiob,* in: *Werke,* a. a. O., Band II, S. 45
43 Derselbe, *Tarabas,* a. a. O., S. 183–184
44 A. a. O., S. 161
45 A. a. O., S. 171
46 Siehe die italienische Übersetzung von B. Oddera, *Il mago di Lublino,* Mailand 1963
47 E. Bazzarelli, *L'armata di Babel',* in: *Corriere della Sera,* 8. Mai 1969
48 I. Babel, *Budjonnis Reiterarmee und anderes.* Das erzählte Werk mit einem Nachwort von W. Jens, deutsch von D. Umanskij, Olten und Freiburg im Breisgau, 1960, S. 49
49 W. Benjamin, *Der Erzähler. Betrachtungen zum Werk Nikolai Lesskows,* in: *Schriften,* herausgegeben von Th. W. Adorno und Grete Adorno unter Mitwirkung von F. Podszus, Band II, Frankfurt am Main 1955, S. 233
50 H. Kersten, *Der Schriftsteller Joseph Roth,* in: *Joseph Roth. Leben und Werk. Ein Gedächtnisbuch,* herausgegeben von H. Linden, Köln 1949, S. 36
51 H. Böll, *Ein Denkmal für Joseph Roth,* in: *Erzählungen, Hörspiele, Aufsätze,* Köln–Berlin 1961, S. 361
52 A. Weber, *Das falsche Gewicht,* München 1968, S. 78 ff.
53 L. Mittner, *Storia della letteratura tedesca dal realismo alle sperimentazione (1820–1970),* Band II, Turin 1971, S. 1454
54 J. Roth, *Reisebilder,* a.a.O., S. 432
55 I. B. Singer, *Three Tales,* in: *Short Friday and Other Stories,* New York 1964, S. 175
56 A. a. O.

Weltliche Erfahrung, mythische Regression und Schrift

1 M. Buber, *Gog und Magog,* in: *Werke,* Band III, Zürich 1963, S. 1256
2 A. a. O.
3 J. Roth, *Tarabas,* a. a. O., S. 207–210
4 H. Sedlmayr, *Der Tod des Lichtes,* Salzburg 1965
5 J. Roth, *Tarabas,* a. a. O., S. 208
6 A. a. O.
7 J. Roth an Klaus Mann, 12. Januar 1934 (*Briefe 1911–1939,* a. a. O., S. 303)
8 J. Roth, *Tarabas,* a. a. O., S. 208
9 A. a. O., S. 209–210
10 A. a. O., S. 210
11 A. a. O.
12 A. a. O., S. 211
13 A. a. O., S. 217
14 A. a. O.
15 G. Genette, *Figures,* Paris 1966, S. 221
16 I. B. Singer, *Mein Vater der Rabbi,* deutsch von O. F. Best, Hamburg 1971, S. 104
17 A. a. O., S. 250
18 D. Frischmann, *Gegesn;* Übersetzung. *Von dreien, die am Jom Kippur aßen,* übersetzt von M. Schor, in: *Jiddische Geschichten aus aller Welt,* Auswahl, Übersetzung und Bearbeitung von H. Hakel, Tübingen–Basel 1967, S. 120
19 S. Y. Agnon, *Ad Olàm; Auf Allzeit,* in: *Im Herzen der Meere und andere Erzählungen,* übersetzt von K. Steinschneider und M. Strauß, Zürich 1966, S. 392
20 A. a. O., S. 413
21 Zitiert bei Genette, a. a. O., S. 164–165
22 J. Urzidil, *Prager Triptychon,* München 1960, S. 231

23 J. Roth, *Radetzkymarsch,* a. a. O., S. 227
24 A. a. O., S. 164
25 A. a. O., S. 196
26 Derselbe, *Das falsche Gewicht,* in: *Werke,* a. a. O., Band I, S. 489
27 Derselbe, *Tarabas,* a. a. O., S. 217

Die Unterbrechung des biologischen Zyklus

1 Vergleiche A. Del Noce, *L'epoca della secolarizzazione,* Mailand 1970, S. 12, 113 ff.
2 Zitiert bei J. Habermas, *Der deutsche Idealismus der jüdischen Philosophen,* in: *Porträts deutsch-jüdischer Geistesgeschichte,* herausgegeben von Th. Koch, Köln 1961, S. 102
3 J. Roth, *Die hundert Tage,* in: *Werke,* a. a. O., Band II, S. 800
4 A. a. O., S. 769
5 A. a. O., S. 787, 755
6 A. a. O., S. 643, 646
7 A. a. O., S. 669
8 A. a. O., S. 683
9 A. a. O., S. 729, 760, 772, 806
10 A. a. O., S. 713
11 Derselbe, *Stationschef Fallmerayer,* in: *Werke,* a. a. O., Band III, S. 87

Gegen die innergeschichtliche Transzendenz: der moderne Führer und das Ende der Gemeinschaft

1 J. Roth an B. Gidon, 17. November 1934 (*Briefe 1911–1939,* a. a. O., S. 395)
2 J. Roth, *Die hundert Tage,* a. a. O., S. 648, 696, 759, 735, 781, 789–790
3 A. a. O., S. 647
4 A. a. O., S. 719
5 A. a. O.
6 A. a. O., S. 654
7 A. a. O., S. 671
8 A. a. O.
9 A. a. O., S. 645
10 A. a. O., S. 652
11 A. a. O., S. 676–677
12 A. a. O., S. 782, 783
13 A. a. O., S. 765
14 A. a. O.
15 A. a. O., S. 757, 767
16 A. a. O., S. 653, 654–655, 771, 804, 805
17 A. a. O., S. 749–750
18 A. a. O., S. 750
19 I. B. Singer, *The Man Who came back,* in: *The Spinoza of Market Street,* New York 1961, S. 125

Die zerbröckelten Geschichten

1 J. Roth, *Beichte eines Mörders. Erzählt in einer Nacht,* in: *Werke,* a. a. O., Band II, S. 809
2 A. a. O.
3 A. a. O.
4 A. a. O., S. 813
5 A. a. O., S. 845
6 A. a. O., S. 849
7 A. a. O.
8 I. B. Singer, *The Family Moskat,* zitiert nach der italienischen Übersetzung: *La famiglia Moskat,* übersetzt von B. Fonzi, Mailand 1967, S. 155
9 *Zvishen Beimer,* 1924; übersetzt *Unter den Bäumen,* in: *Jiddische Geschichten aus aller Welt,* a. a. O., S. 231
10 A. a. O.
11 A. a. O.
12 A. a. O., S. 231, 237
13 A. a. O., S. 237
14 A. a. O., S. 239
15 J. Roth, *Beichte eines Mörders,* a. a. O., S. 877

16 A. a. O.
17 A. a. O., S. 814
18 A. a. O.
19 A. a. O., S. 816
20 A. a. O., S. 825
21 A. a. O., S. 817
22 A. a. O., S. 826
23 A. a. O., S. 827

Zwischen Dostojewski und Conrad

1 J. Roth, *Beichte eines Mörders*, a. a. O., S. 834 ff.
2 I. B. Singer, *Mein Vater der Rabbi*, a. a. O., S. 226–227
3 J. Roth, *Beichte eines Mörders*, a. a. O., S. 871, 872
4 A. a. O., S. 847–848
5 A. a. O., S. 872
6 A. a. O., S. 847
7 A. a. O., S. 858
8 »Lesen Sie den Ozean!« schreibt Roth über Conrads Werk (*Panoptikum*, in: *Werke*, a. a. O., Band III, S. 320)
9 J. Roth, *Beichte eines Mörders*, a. a. O., S. 853, 857, 865, 870, 916
10 A. a. O., S. 866
11 A. a. O., S. 865
12 A. a. O.
13 A. a. O., S. 916
14 Ch. Baudelaire, *Le Cygne*, in: *Œuvres complètes*, herausgegeben von Y. G. Le Dantec und C. Pichois, Paris 1961, S. 82
15 J. Roth, *Die hundert Tage*, a. a. O., S. 771; Derselbe, *Le triomphe de la beauté*, in: *Werke*, a. a. O., Band III, S. 210
16 Derselbe, *Beichte eines Mörders*, a. a. O., S. 862
17 A. a. O., S. 858
18 A. a. O., S. 867
19 A. a. O., S. 887
20 A. a. O.
21 Derselbe, *Die hundert Tage*, a. a. O., S. 771
22 P. W. Jansen, *Weltbezug und Erzählhaltung. Eine Untersuchung zum Erzählwerk und zur dichterischen Existenz Joseph Roths*, Dissertation, Freiburg im Breisgau, 1958, S. 57, 120
23 F. Hackert, a. a. O., S. 65–75
24 J. Roth, *Beichte eines Mörders*, a. a. O., S. 867
25 A. a. O., S. 868
26 I. B. Singer, *The Mirror*, in: *Gimpel the Fool and Other Stories*, New York 1957, S. 79; *Der Spiegel*, übersetzt von W. v. Einsiedel, in: *Gimpel der Narr, Ausgewählte Erzählungen*, Hamburg 1968, S. 28
27 Derselbe, *The Destruction of Kreshev*, in: *The Spinoza of Market Street*, New York 1961, S. 129, 205
28 Derselbe, *The Mirror*, a. a. O., S. 78–79; *Der Spiegel*, a. a. O., S. 28
29 Derselbe, *The Last Demon*, in: *Short Friday and Other Stories*, a. a. O., S. 119
30 A. a. O., S. 129
31 A. a. O., S. 129–130
32 Derselbe, *La famiglia Moskat*, a. a. O., S. 373
33 J. Roth, *Beichte eines Mörders*, a. a. O., S. 886
34 A. a. O.
35 A. a. O.
36 A. a. O., S. 976
37 A. a. O., S. 919

Die Windungen der Schlange und die falsche kaiserliche Botschaft

1 J. Roth, *Beichte eines Mörders*, a. a. O., S. 924
2 A. a. O., S. 928
3 I. B. Singer, *The Mirror*, a. a. O., S. 85–87; *Der Spiegel*, a. a. O., S. 35, 37; F. Hackert hebt überzeu-

gend die symbolische Funktion der schlangenförmigen Bewegung in vielen Novellen Roths, zum Beispiel im *Leviathan,* hervor, a. a. O., S. 78

4 J. Roth, *Beichte eines Mörders,* a. a. O., S. 928

5 A. a. O., S. 842, 851, 897, 898

6 A. a. O., S. 898, 916

Der Anti-Bildungsroman der Welt von gestern

1 J. Roth, *Das falsche Gewicht,* a. a. O., S. 440

2 A. a. O., S. 519

3 S. 437, 455–456; zu diesem Bild vergleiche auch *Die Geschichte von der 1002. Nacht,* in: *Werke,* a. a. O., Band I, S. 749

4 Derselbe, *Das falsche Gewicht,* a. a. O., S. 464

5 A. a. O., S. 504

6 Derselbe, *Die Geschichte von der 1002. Nacht,* in: *Werke,* a. a. O., Band I, S. 753–755, 675–678, 694

7 A. a. O., S. 677

8 A. a. O., S. 678

9 A. a. O., S. 739

10 Derselbe, *Das falsche Gewicht,* a. a. O., S. 466

11 A. a. O., S. 479

12 A. a. O., S. 473

13 A. a. O., S. 523

14 A. a. O., S. 451

15 A. a. O., S. 452

16 J. Urzidil, *Prager Triptychon,* a. a. O., S. 117

17 J. Roth, *Das falsche Gewicht,* a. a. O., S. 482

18 A. a. O., S. 511

19 D. Bronsen, *Die verlorene Heimat. Zur Klärung eines fingierten Briefes und eines unveröffentlichten Romans von Joseph Roth*/Essays on European Literature, in Honour of L. Dickmann, Washington Univ. Press. St. Louis 1972, S. 101–112

20 Zur Bedeutung der österreichischen Welt für Roth siehe auch J. Strelka, *Ein Erzähler Österreichs,* in: *Brücke zu vielen Ufern. Wesen und Eigenart der österreichischen Literatur,* Wien 1966, S. 105–112 und natürlich G. Baumann, in: *Handbuch der deutschen Gegenwartsliteratur,* herausgegeben von H. Kunisch, München 1970, Band II, S. 143 ff.; vergleiche auch M. Grossberg, *Joseph Roth, sein Schicksal und sein Werk,* in: *Bulletin des Leo Baeck Instituts,* 25, 7. Jahrgang 1964, S. 76–94

Die Sicherheit des Eunuchen und die »reductio ad unum«

1 J. Roth, *Die Geschichte von der 1002. Nacht,* a. a. O., S. 634

2 A. a. O.

3 A. a. O., S. 794

4 A. a. O., S. 789

5 Derselbe, *Rechts und Links,* in: *Werke,* a. a. O., Band II, S. 504

6 Derselbe, *Radetzkymarsch,* a. a. O., S. 244

7 Derselbe, *Die Geschichte von der 1002. Nacht,* a. a. O., S. 794

8 A. a. O., S. 635

9 F. Blei, *Joseph Roth,* in: *Schriften in Auswahl,* mit einem Nachwort von A. P. Gütersloh, München 1960, S. 312 ff.

10 J. Roth, *Die Geschichte von der 1002. Nacht,* a. a. O., S. 794

11 Vergleiche U. Saba, *Entello,* in: *Mediterranée* (Il Canzoniere, Turin 1961, S. 507)

12 J. Roth, *Die Geschichte von der 1002. Nacht,* a. a. O., S. 647, 649–651

13 A. a. O., S. 666
14 A. a. O.
15 A. a. O., S. 668, 690, 761
16 J. Hösle, *Joseph Roth*, in: *Rivista di letterature moderne e comparate*, Band 15, Faszikel 3, September 1962, S. 208
17 J. Roth, *Die Geschichte von der 1002. Nacht*, a. a. O., S. 698
18 A. a. O., S. 679–680
19 A. a. O., S. 643
20 A. a. O., S. 661
21 A. a. O., S. 727
22 A. a. O., S. 722, 727
23 S. Freud, *Das Unheimliche*, in: *Gesammelte Werke*, Band XII, London 1955, S. 227–269

Die Verweltlichung der mündlichen Erzählung im Roman

1 J. Roth, *Die Geschichte von der 1002. Nacht*, a. a. O., S. 715–716
2 A. a. O., S. 718
3 A. a. O., S. 693
4 Derselbe, *Die Legende vom heiligen Trinker*, in: *Werke*, a. a. O., Band III, S. 164
5 Derselbe, *Die Geschichte von der 1002. Nacht*, a. a. O., S. 656
6 A. a. O., S. 709
7 A. a. O., S. 697
8 A. a. O., S. 767
9 A. a. O., S. 690
10 A. a. O., S. 794–795
11 Derselbe, *Radetzkymarsch*, a. a. O., S. 103–104
12 Derselbe, *Die Geschichte von der 1002. Nacht*, a. a. O., S. 789

Parodie und Selbstanklage: der »Kaddisch« für die Literatur

1 H. Kesten, *Joseph Roths »Legende vom heiligen Trinker«*, in: *Berliner Hefte für geistiges Leben*, 4, Heft 6, 1949, S. 533
2 W. Nigg, *Glanz der Legende*, Zürich und Stuttgart 1964, S. 19
3 F. Hackert, a. a. O., S. 142 ff. (gegen die Meinungen von Kesten und Nigg)
4 J. Roth an F. T. Gubler, 1932 (*Briefe 1911–1939*, a. a. O., S. 218)
5 H. Kesten, *Joseph Roth schreibt Briefe* (*Briefe 1911–1939*, a. a. O., S. 16)
6 A. a. O., S. 11, 12, 18
7 J. Roth an E. Křenek, 31. Oktober 1934 (*Briefe 1911–1939*, a. a. O., S. 390)
8 J. Roth, *Die Kapuzinergruft*, a. a. O., S. 401–402
9 Derselbe, *Die Legende vom heiligen Trinker*, a. a. O., S. 178
10 J. Urzidil, *Prager Triptychon*, a. a. O., S. 67
11 J. Roth an S. Zweig, 17. November 1935 (*Briefe 1911–1939*, a. a. O., S. 440)
12 J. Roth an S. Zweig, 17. November 1935, a. a. O.
13 J. Roth an S. Zweig, 17. Februar 1936, a. a. O., S. 452
14 J. Roth an S. Zweig, 7. Mai 1936 (a. a. O., S. 470)
15 J. Roth, *Der Leviathan*, in: *Werke*, a. a. O., Band III, S. 140 ff.
16 Derselbe, *Die Kapuzinergruft*, a. a. O., S. 373
17 I. Deutscher, *The Non-Jewish Jew and other Essays*, Edited with an Introduction by T. Deutscher, London–New York–Toronto 1968, S. 25–26
18 I. B. Singer, *From the Diary of One Not born*, in: *Gimpel the Fool and Other Stories*, a. a. O., S. 135 ff.
19 I. B. Singer, *A Wedding in Brownsville*, in: *Short Friday and Other Stories*, a. a. O., S. 204

Der Leviathan und das »Tohuwabohu«

1 J. Roth, *Die Kapuzinergruft,* a. a. O., S. 345; derselbe, *Radetzkymarsch,* a. a. O., S. 225, 311
2 Derselbe, *Die Kapuzinergruft,* a. a. O., S. 350
3 Derselbe, *Radetzkymarsch,* a. a. O., S. 111
4 Derselbe, *Hotel Savoy,* a. a. O., S. 861–862
5 Derselbe, *Die Flucht ohne Ende,* in: *Werke,* a. a. O., Band II, S. 398
6 Derselbe, *Das falsche Gewicht,* a. a. O., S. 499; derselbe, *Die hundert Tage,* a. a. O., S. 643
7 Derselbe, *Der blinde Spiegel,* in: *Werke,* a. a. O., Band III, S. 31
8 Derselbe, *Die hundert Tage,* a. a. O., S. 761; derselbe, *Im mittäglichen Frankreich,* in: *Werke,* a. a. O., Band III, S. 519
9 Derselbe, *Hiob,* a. a. O., S. 71
10 Derselbe, *Juden auf Wanderschaft,* in: *Werke,* a. a. O., Band III, S. 681
11 Derselbe, *Hiob,* a. a. O., S. 73
12 Vergleiche R. Graves und R. Patai, *Hebrew Myths. The Book of Genesis,* London 1964, S. 21–22
13 J. Roth, *Hiob,* a. a. O., S. 85, 119
14 Derselbe, *Der Leviathan,* a. a. O., S. 123–124
15 A. a. O., S. 124
16 Derselbe, *Die hundert Tage,* a. a. O., S. 789, 787
17 A. a. O., S. 794, 787
18 Derselbe, *April. Die Geschichte einer Liebe,* in: *Werke,* a. a. O., Band III, S. 47
19 Derselbe, *Stationschef Fallmerayer,* a. a. O., S. 72, 84
20 Derselbe, *Das falsche Gewicht,* a. a. O., S. 453
21 Vergleiche Graves und Patai, a. a. O., S. 22–23
22 A. a. O., S. 29
23 J. Roth, *Die Geschichte von der 1002. Nacht,* a. a. O., S. 639
24 Vergleiche Graves und Patai, a. a. O., S. 40; Graves und Patai sprechen von »gewissen glänzenden Steinen, die in den Abgrund, wo der Leviathan lauert, gesunken sind«; offensichtlich handelt es sich dabei um Korallen, die Roth als vom Leviathan bewachte schimmernde Steine bezeichnet.
25 A. a. O., S. 40
26 A. a. O., S. 29
27 J. Roth, *Der Leviathan,* a. a. O., S. 124
28 A. a. O., S. 137
29 N. Frye, *Anatomy of Criticism,* Princeton 1957
30 J. Roth, *Der Leviathan,* a. a. O., S. 129
31 A. a. O., S. 121
32 A. a. O.
33 C. Ozick, *The Pagan Rabbi and Other Stories,* New York 1971
34 Vergleiche Graves und Patai, a. a. O., S. 68
35 A. a. O., S. 65–68
36 J. Roth, *Zipper und sein Vater,* in: *Werke,* a. a. O., Band I, S. 578
37 Derselbe, *Der Leviathan,* a. a. O., S. 138
38 H. Melville, *Moby-Dick or the Whale.* Edited by Luther S. Mansfield and Howard. P. Vincent, New York 1952, S. 47
39 J. Roth, *Der stumme Prophet,* Köln–Berlin 1966, S. 254
40 Vergleiche Graves und Patai, a. a. O., S. 31–32
41 F. Hackert erwähnt zwei hebräische Legenden über das Thema des Trinkers, gesammelt in *Micha Josef Bin Gorion,* in: *Der Born Judas,* Märchen und Ge-

schichten gesammelt von A. I. Bin Gorion, Berlin 1934; vergleiche Hackert, a. a. O., S. 55 ff.

42 Siehe zum Beispiel die zitierte Erzählung von M. Spektor, *Zwei Fässer Wein* (in der zitierten Übersetzung von H. Hakel)

43 D. Bronsen, *Tod eines Mythomanen. Die Letzten Tage und die Beerdigung Joseph Roths,* a. a. O.

44 J. Roth, *Polemik,* in: *Werke,* a. a. O., Band III, S. 571

45 Derselbe, *Der Antichrist,* in: *Werke,* a. a. O., Band III, S. 756

46 M. Samuel, *The World of Sholom Aleichem,* New York 1956, S. 36

47 Siehe: *Testament of Abraham,* 2. Jahrhundert n. Ch., zitiert bei Graves und Patai, a. a. O., S. 192–193

48 Vergleiche Graves und Patai, a. a. O., S. 178

49 J. Roth, *Tarabas,* a. a. O., S. 225

50 J. Eliachoff, *Di takhrikhim inzl* (A maysele), 1910; Übersetzung *Die Toteninsel,* übersetzt von M. Stöckel, in: *Das Volk des Ghetto,* a. a. O., S. 243

51 I. B. Singer, *La famiglia Moskat,* a. a. O., S. 685

52 Derselbe, *Shiddah and Kuziba,* in: *The Spinoza of Market Street,* a. a. O., S. 92–93

53 A. a. O., S. 95–96

54 Derselbe, *The Unseen,* in: *Gimpel the Fool,* a. a. O., S. 205

55 J. Roth, *Der Leviathan,* a. a. O., S. 148

56 Derselbe, *Die Legende vom heiligen Trinker,* a. a. O., S. 178

57 Über Roths Lebensuntüchtigkeit und seine Flucht in den Alkohol siehe: M. Reich-Ranicki, *Filou und Poet dazu. Ein außergewöhnliches Buch: Joseph Roths Briefe 1911–1939,* in: *Die Zeit,* Nr. 4, 22. Januar 1971, S. 19

58 J. Roth, *Die Kapuzinergruft,* a. a. O., S. 373

59 Zum Film von J. Schaaf siehe P. W. Jansen, *Ein trauriger Untergang,* in: *Die Zeit,* Nr. 48, 26. November 1971, S. 20 und G. Guzzini, *Un eroe passivo sullo schermo die Cannes,* in: *Corriere della Sera,* 17. Mai 1972

60 J. Roth, *Die Kapuzinergruft,* a. a. O., S. 315

Personenregister